백제멸망과 부흥전쟁사

이재준 李在俊

1982년 육군사관학교를 졸업하고, 2014년 육군대령으로 전역하였다.

■ 주요 군 경력은
중부전선 DMZ작전·강릉무장공비작전을 수행하였고,
육사·1군사령부·육군본부·대통령 경호실·
9군단·2군사령부 등지에 근무하였으며,
97연대장 및 501여단장 등을 역임하였다.

■ 주요 학력은
대전 보문고등학교를 졸업하고,
고려대학교에서 국제정치학 석사학위를
영남대학교에서 한국학 박사학위를 받았으며,
현재 영남대학교 한국군사문제연구소 연구원으로 활동 중이다.

■ 주요 논문으로는
「고려말 김성우(金成雨)부대의 왜구토벌에 관한 군사학적 검토」
「660년 소정방의 백제 공격로에 대한 연구」
「나당연합군의 침공전략과 백제의 대응」
「백제부흥군의 백제부성 포위공격과 웅진강구 전투」
「백제의 멸망과 부흥전쟁에 대한 군사학적 연구」 등이 있다.

백제멸망과 부흥전쟁사

값 30,000원

2017년 06월 20일 초판 인쇄
2017년 06월 25일 초판 발행

저　　자 : 이재준
　　　　　E-mail : 55q100@daum.net
발 행 인 : 한정희
발 행 처 : 경인문화사
　　　　　경기도 파주시 회동길 445-1 경인빌딩B동 4층
　　　　　전화 : 031-955-9300, 팩스 : 031-955-9310
　　　　　E-mail : kyungin@kyunginp.co.kr
　　　　　홈페이지 : www.kyunginp.co.kr
등록번호 : 제406-1973-000003호

ISBN : 978-89-499-4282-7 93910

백제멸망과 부흥전쟁사

이 재 준

景仁文化社

책을 펴내며 …

모든 것이 전체 중 다수를 차지하는 사람들의 생각대로 결정되고 움직여간다. 세상을 변화시키는 중요한 결정은 관련된 조직의 리더가 하지만, 조직 구성원들의 지배적인 이념에 의해 좌우되기도 한다. 대중들의 이념적 사고는 태어나고 자라면서 보고 듣고 배우며 경험한 모든 인식을 바탕으로 한다. 그 인식에 영향을 미치는 것 중 하나는 바로 역사다.

역사는 개인으로부터 국가에 이르기까지 모두가 다 중요하다. 개인이나 국가를 나무라고 한다면 역사는 나무의 뿌리라고 할 수 있다. 뿌리가 건실하고 튼튼해야 나무가 무성하듯, 역사를 바로 알고 가르치고 배워야 개인도 국가도 번창할 것이다.

백제멸망과 부흥전쟁의 역사는 수많은 연구성과에도 불구하고, 전쟁사라는 측면에서 이해할 수 없는 부분이 많았다. 전해지는 사료가 주로 승전국인 당나라와 신라의 사료밖에 없고, 지명자체도 수차례 변경됨은 물론 1,300년의 시간이 지나며 지형이 많이 변화되었기 때문이다.

그동안 연구방법으로 문헌사학·역사지리학·음운학·미술사학·고고학적 방법 등이 다양하게 시도되었다. 하지만 전쟁이라는 본질 자체를 먼저 고려하여야 하는 점이 간과되었다. 따라서 잘못된 전쟁의 역사를 바로잡기 위해서는 전장상황을 고려한 병력운영을 해본 군인의 경험이 필요했다. 이에 군 경험을 살리고, 전역했다 하더라도 군인의 본분을 다하여야 한다는 사명감에서 오랜 시간 이 연구에 몰두하게 되었다.

필자의 할아버지 함자銜字는 상相자 면冕자이다. 일제강점기에 21명의 학생결사대로 천안·평택 소재 일본헌병대를 습격하고 살아남은 6명 중 한 분이다. 1933년에 만주로 피신하여 독립군으로 활동하셨으며, 대장이 되어야 돌아오신다고 했던 할아버지는 끝내 돌아오지 못했다. 해방 전 마지막 편지가 왔으나 일제日帝가 무서워 보내온 편지를 모두 불태워버려, 독립운동가의 명예도 받을 수 없었다.

필자는 독립군 복장의 사진 한 장만을 남긴 할아버지의 무용담을 수없이 듣고 자랐다. 이는 곧 할아버지의 뒤를 이어 군인이 되는 계기가 되었고 30여 년간 군복을 입는 결과가 되었다. 그리고 오랜 군 경험과 남북통일 고토회복의 초심은 전쟁역사를 군사학적으로 바로 볼 수 있는 혜안慧眼을 주었다.

연구과정에서 백제의 마지막 전쟁사를 올바르게 규명하기 위해 무수한 날을 보냈다. 산으로 강으로 헤매며 곳곳의 지형을 확인하면서 지역주민과 해당지역에 오랫동안 근무했던 군인들과도 토의하였다. 수년간 머릿속에 맴돌던 백제멸망과 부흥전쟁의 의문점들은 관련논문과 저서를 탐독하며 서서히 윤곽을 잡을 수 있었다. 물론 그 윤곽은 선학들이 일궈놓은 업적이 기초가 되었다.

각각의 연구가 퍼즐게임과 같이 맞아들어 가며 완성될 때 쯤 인식되는 사물은 개별실체가 있을 수 없다는 연기법緣起法이 기억났다. 백제부흥군이 의병義兵으로 불리는 것처럼 구한말에 독립군으로 활동하신 할아버지, 백제의 마지막 왕성 중 하나로 추정되는 장곡면 대현리 일대에 어릴 적 비럭질 가서 돌을 나르던 기억, 군복무 시절 보령·청양·부여·서천지역을 책임지는 연대장 근무인연 등은 큰 행운이었다.

이 책은 필자의 박사학위논문을 정리한 것이다. 책이 나오기까지 많은 분들의 도움을 받았다. 우선 오랫동안 만학도를 지도하며 '삶과 생존' 등 교훈을 주신 김정숙 교수님께 진심으로 감사드린다. 우리나라 고대전쟁사를 연구한 이상훈 교수님은 방향을 잡아주고 막힌 곳을 뚫어주셨다. 양철호 장군님은 군사·작전적 측면의 검토를 해주셨고, 김종열·이수환 학과장님들은 군수·역사적 측면을 꼼꼼하게 검토해주셨다. 여러분에게 깊은 감사를 드린다.

그리고 고령에도 불구하고 장시간 곳곳을 함께 답사하면서 현장토의를 해주셨으나, 지금은 고인故人이 되신 '백강'의 저자 엄정용 선생님의 명복 冥福을 빈다.

또한 필자의 보직을 연장해주어 본고를 완성할 수 있도록 배려해주신 영남대학교 서길수 총장님께 감사드린다. 그리고 졸고를 출판하는데 쾌히 승낙하신 경인문화사 한정희 대표님, 김환기 이사님과 관계자 여러분께 감사드린다.

가족들로는 팔순을 넘긴 연세에도 홀로 농사를 지으며 자식들을 위해 새벽마다 정화수기도와 성원을 보내주셨던 어머니 김여원 여사님!

남편의 군 생활과 뒤늦은 공부 뒷바라지를 해주며 수없이 현장을 함께 답사하고 양책兩柵의 아이디어를 준, 변변한 주거환경 없이 고생만 시켜 미안한 사랑하는 아내 남경옥! 전후방 각지를 떠도는 군인 아버지 밑에서 도 훌륭하게 장성해준 나래오니! 동건이!

만나는 것만으로도 즐겁고 의좋은 형제들인 재철이와 제수씨! 재란이 혜란이 식구 등 모두에게 감사할 따름이다.

끝으로 정신적 영향을 많이 받았으나 독립유공자로 등록시켜드리지 못 해 죄송한 상면相冕 할아버지께 이글을 바친다. 알평謁平 할아버지 41세손 이자, 고려 말 신돈을 탄핵하다 유명을 달리한 석탄石灘 존오存吾 할아버 지 23세손인 두리종가杜里宗家 아들의 큰일을 고대하며 사당 뒤 솔밭에 영 면하고 계신 아버님 묘소에 이글을 고한다.

2017년 6월
영남대학교 참나무 연구실에서

‖ 목차 ‖

서 론

수많은 전쟁 중, 한국사에 가장 큰 영향을 끼친 전쟁은 20세기의 6·25 전쟁과 7세기의 삼국통일전쟁이었다.[1] 백제가 멸망에 이르는 일련의 전쟁역사는 삼국통일전쟁의 시발이자, 역사상 큰 축을 담당하고 있으므로 한국사에 가장 큰 영향을 끼친 전쟁 중의 하나라고 할 수 있다. 백제는 660년 7월 9일 나당연합군과 전쟁을 시작한 지 10일 만인 7월 18일에 의자왕이 항복함으로써[2] 공식적으로는 멸망하였다.[3]

『삼국사기』 백제본기에 의하면 백제는 B.C. 18년에 건립되어 A.D. 660년까지 존속되었으므로 678년의 역사를 가진 나라였다. 한때 중국의 요서遼西까지 경략하였다[4]는 기록을 남길 만큼 강력한 국가였다. 또한 백제유적지구가 세계문화유산으로 등재[5]될 만큼 문화면에서도 탁월한 보편적 가치를 지닌 나라였다. 이러한 유구하고 강력하며 보편적 가치를 가진 백제의 저력은 멸망 후 곧이어 백제부흥운동으로 나타났다. 그 중 무력에 의한 백제부흥운동은 660년 7월 18일 의자왕의 항복 직후부터 임존성이

---

1) 노대돈, 『삼국통일전쟁사』, 서울대학교출판부, 2009, iii쪽.
2) 『삼국사기』 권5, 신라본기, 무열왕7년.
3) 일반적으로 660년 7월을 백제의 멸망으로 보는 가운데, 주류성이 항복하는 663년 9월로 보는 견해(최재석, 「일본서기에 나타난 백제왕 풍에 관한 기사에 대하여」 『백제연구』 30, 1999, 49~65쪽 ; 이병렬·조기호, 「7세기 동아시아 국제대전과 백제멸망에 관한 재고찰」 『인문학논총』 3, 2003, 431쪽), 임존성이 함락되는 663년 11월로 보는 견해(노중국, 「부흥백제국의 성립과 몰락」 『백제부흥운동의 재조명』, 공주대학교백제문화연구소, 2002, 37~38쪽), 신라가 소부리주를 설치하는 672년으로 보는 견해(이도학, 『새로 쓰는 백제사』, 푸른역사, 1997, 281쪽) 등이 있다.
4) 『송서』 권97, 夷蠻傳, 백제국조 ; 『양서』 권54, 諸夷傳, 백제조.
5) 공주시, 부여군, 익산시의 백제 관련 역사유적 지구가 2015년 7월 4일 독일 본에서 열린 제39차 유네스코 세계유산위원회(WHC)에서 세계유산으로 등재되었다("유네스코와 유산"(http://heritage.unesco.or.kr, 2016.12.28 검색)).

함락되는 663년 11월까지 3년 4개월간 전개되었다. 이는 곧 백제부흥전
쟁이라 할 수 있다. 고대에 나라가 멸망하였는데도 불구하고 3년 4개월간
국가를 회복하기 위해 전쟁을 수행한 사례는 유래를 찾아보기 힘든 사건
중에 하나이다.

물론 백제의 부흥전쟁과 같이 국가라는 실체가 없는 상태에서 국가를
위해 자신들의 생명을 걸고 조직적으로 투쟁하였던 역사적인 사례는 적지
않다.6) 그러한 사례들 중에서 백제부흥전쟁은 사료史料에 나타난 최초 기
록이다.

따라서 백제의 멸망과 부흥전쟁은 한국사에서 중요한 전쟁의 하나로써
올바르게 고찰되고 복원되어야 한다. 그러나 지금까지의 연구결과는 전쟁
사적 측면에서 이해가 안 되거나 혼란스러운 부분이 많았다.

일반적으로 백제와 나당연합군과의 전쟁은 신라의 삼국통일전쟁이라
는 주제로 상당부분 연구가 진행되어 왔다. 그럼에도 불구하고 군사학적
으로 이해할 수 없는 부분이 많은 것이 사실이다. 특히 당군의 기동일정
및 상륙지점, 백제의 군사력 운용, 백제부흥군의 군사력, 백제부흥군의 목
표와 전략 등은 제대로 검토되지 않았다.

이러한 문제들은 기본적으로 패망한 백제가 역사를 남기지 못했기 때
문이다. 또한 승전국인 당나라나 신라의 사료밖에 없으며, 사료 자체도
영성하여 많은 혼란을 주고 있기 때문이다. 무엇보다 중요한 것은 지금까
지 대부분의 연구가 전쟁이라는 본질을 고려하지 않은 채 문헌사학적, 역
사지리학적, 고고학적 연구방법에만 의존하다 보니 혼란이 가중된 것이
다. 즉 백제의 멸망과 부흥전쟁에 대하여 전쟁사적 측면에서 군사학적 접
근과 검증이 이루어지지 않았다.

본 연구는 백제의 멸망과 부흥전쟁에 대하여 역사지리나 문헌사학적

---

6) 국가라는 실체 없이 투쟁했던 사례는 고구려 부흥운동, 구한말 의병활동 등이 있다.

연구가 아닌 현장적 군사학적 연구로써 역사적 사실을 파악하고자 한다. 따라서 본 연구의 목적은 백제멸망과 부흥전쟁에 있어 군사학적인 개념과 이해부족으로 잘못된 부분을 바로잡고, 보다 객관적인 전쟁 및 전투상황을 복원하는 것이다.

다음은 그동안의 연구동향이다. 백제멸망에 대한 연구는 신라의 삼국통일전쟁이나 나당전쟁 등을 다루면서 상당수 연구되어 왔다.[7] 이러한 연구들은 대부분이 정치·외교·제도사에 관한 연구들이었는데 최근 들어 군사학적 연구성과도 일부 나타나고 있다.[8] 이러한 과정에서 구체적으로 백제멸망을 중심으로 한 연구성과가 정리되기도 하였다.[9]

백제부흥운동[10]에 관해서는 국내외 수많은 논저가 제출되어 있다.[11] 이러한 백제의 부흥운동에 관한 연구는 일제강점기인 1910년대 초부터 일본 학자들에 의해서 시작되었다.[12] 당시 일제강점기라는 시대적 상황

---

7) 삼국통일전쟁 및 나당전쟁에 관한 대표적인 연구는 다음과 같다.
   이호영, 『신라삼국통합과 려·제패망원인 연구』, 서경문화사, 1997.
   서영교, 『나당전쟁사 연구』, 아세아문화사, 2007.
   노태돈, 앞의 책, 2009.
8) 이상훈, 『나당전쟁 연구』, 주류성, 2012.
9) 양종국, 「부흥운동기 백제사 연구의 성과와 과제」 『백제문화』 33, 2004.
   남정호, 「의자왕 후기 지배층의 분열과 백제의 멸망」 『백제 사비시대 후기의 정국 변화』, 학연문화사, 2016.
10) 서론은 선행연구에 대한 검토이므로, 백제부흥전쟁이라고 하지 않고 그동안 일반화되어있는 백제부흥운동으로 표기하고자 한다.
11) 우리나라의 백제멸망과 관련한 연구는 1960년대부터 지금까지 약 170여 편이 있으며 그 중 백제와 나·당간의 전쟁관련 연구는 약 140여 편이 되고, 그 중에 백제부흥운동에 관한 연구는 총 130여 편이 된다. 결국 백제멸망에 대한 연구 대부분은 백제부흥운동에 관한 것이라 할 수 있다. 한편 저서로는 백제부흥운동을 간접적으로 다루고 있는 저서를 포함하여 50여 편이 넘는다.
12) 津田左右吉, 「百濟戰役地理考」 『朝鮮歷史地理』 1, 南滿洲鐵道株式會社, 1913.
   大原利武, 「朝鮮歷史地理」 『朝鮮一般史』, 朝鮮總督府, 1924 : 「百濟故地における 唐の州縣考」 『朝鮮』 159, 朝鮮總督府, 1928.
   小田省吾, 「朝鮮上世史」 『朝鮮一般史』, 朝鮮總督府, 1924 : 『朝鮮史大系』, 朝鮮

을 고려하면, 일본 학자들의 연구는 일제의 한반도 지배에 대한 역사적
당위성을 합리화하는 제국주의적 식민사관 입장에서의 연구였다. 따라서
일본인에 의한 연구는 왜가 한반도에 출병하여 당과 일전을 벌인 백촌강
(백강구)과 주류성 전투에 대한 것이 주를 이루고 있다. 이에 따라 당연히
백촌강과 주류성의 위치가 어디인가에 초점이 맞추어져 있다.

   이후의 연구방향은 1950년대는 왜의 백제 구원전쟁의 역사적 의의,
1960년대에는 백촌강 전투 후 당과 한반도 삼국과의 관계 등으로 바뀌기
시작한다.13) 그러나 연구의 방향이 위치비정 위주에서 당시의 동아시아
정세나 각국의 외교관계, 왜의 한반도 출병이유 등으로 다양화되었을 뿐
이지 일본사적인 시각에서의 연구방향은 크게 변하지 않고 있다.

   1970년대 이후 지금까지 일본 학자들의 연구를 개략적으로 구분해 보
면 위치비정에 대한 연구가 지속되는 가운데14) 왜의 출병동기, 당과의 관
계, 한반도 삼국과 왜와의 관계 등 대외관계와 전후 왜의 율령국가 성

　　史學會, 1927.
　　山口照吉, 「百濟の白江と白江口(白村江)について」『歷史と地理』 23-6, 1929.
　　池內宏, 「百濟滅亡後の動亂及び唐羅日三國の關係」『滿鮮地理歷史硏究報告』 14,
　　　1933.
　　今西龍, 「周留城考」, 「白江考」, 「百濟略史」『百濟史硏究』, 近澤書店, 1934.
　　末松保和, 「百濟の故地に置かれた唐の州縣について」『靑丘學叢』 19, 1935.
　　林泰輔, 『朝鮮通史』, 遊光社, 1944.
13) 鈴木祥造, 「齊明·天智朝の朝鮮問題 - 百濟救援戰爭の歷史的意義 - 」『大阪學藝大
　　學紀要』 1, 1952.
　　池內宏, 「百濟滅亡後の動亂及び唐·羅·日三國の關係」『滿鮮史硏究』, 吉川弘文館, 1960.
　　利光三津夫, 「百濟亡命政權考」『法學硏究』 35-12, 慶應義塾大學 法學硏究會,
　　　1962.
　　鈴木靖民, 「百濟救援の役後の百濟および高句麗の使について」『日本歷史』 241, 1968.
14) 輕部慈恩, 「百濟都城及び百濟末期の戰跡に關する歷史地理硏究檢討」『百濟遺跡の
　　硏究』, 吉川弘文館, 1971.
　　村尾次郎, 「白村江の戰」『軍事史學』 7-1, 1971.
　　光岡鴉産, 「白村江」『古代文化を考える』 12, 1985.

립15)과 백제의 풍장왕豊璋王에 대한 연구 등16)으로 구분된다. 이러한 일

---

15) 八木充, 「百濟の役と民衆」『小葉田淳退官紀念國史論集』, 1970.
鬼頭淸明, 「7世紀後半の國際政治史試論」『朝鮮史硏究會論文集』7, 1970.
鈴木靖民, 「百濟救援の役後日唐交涉－天智紀唐關係記事の檢討－」『續日本古代史論集』上, 1972.
鬼頭淸明, 「白村江の戰いと律令制の成立」『日本古代國家の形成と東アジア』, 校倉書房, 1976.
栗原益男, 「7·8世紀の東アジア世界」『隋唐帝國と東アジア世界』, 波古書店, 1979.
田村圓澄, 「百濟救援考」『文學部論集』5, 能本大學文學會, 1981 : 「百濟救援の歷史的意義」『日本佛敎史』4, 1983.
坂元義種, 「白村江の戰い－百濟の滅亡を中心に－」『歷史讀本』28-19, 1983.
井上秀雄, 「變動期の東アジアと日本－遣隋使から日本國の成立－」『百濟の滅亡と白村江の戰い』, 日本書籍, 1983.
長瀨一平, 「白村江敗戰後における百濟王權について」『千葉史學』6, 千葉歷史學會, 1985.
鈴木英夫, 「百濟救援の役について」『林陸郎先生還曆紀念－日本古代の政治と制度－』, 續群書類完成會, 1985.
鈴木靖民, 「對新羅關係と遣唐使」『古代對外關係史の硏究』, 吉川弘文館, 1985.
直木孝次郎, 「近江朝末年における日唐關係－唐使·郭務悰の渡來を中心に－」『古代日本と朝鮮·中國』, 講談社, 1988.
山尾幸久, 「百濟復興戰朝の日朝關係」『古代の日朝關係』, 塙書房, 1989.
新藏正道, 「白村江の戰後の天智朝外交」『史泉』71, 1990.
森公章, 「朝鮮半島をめぐる唐と倭－白村江會戰前夜－」『古代を考える 唐と日本』, 1992.
直木孝次郎, 「百濟滅亡後の國際關係－とくに郭務悰の來日をめぐって－」『朝鮮學報』147, 1993.
鬼頭淸明, 「白村江の戰いと山陽道」『大和朝廷と東アジア』, 吉川弘文館, 1994.
鈴木英夫, 「大化改新直前の倭國と百濟」『古代の倭國と朝鮮諸國』, 靑木書店, 1996 : 「百濟復興運動と倭王權－鬼室福信斬首の背景－」『朝鮮社會の史的展開と東アジア』, 山川出版社, 1996.
森公章, 『白村江以後－國家危機と東アジア外交－』, 講談社, 1998.
笠井倭人, 「白村江の戰と水軍の編成」『古代の日朝關係と日本書紀』, 吉川弘文館, 2000.
佐藤信, 「白村江の戰いと倭」; 新川登龜南, 「白村江の戰いと古代の東アジア」『百濟復興運動과 白江戰爭』, 公州大學校 百濟文化硏究所, 2003.
16) 胡口靖夫, 「百濟豊璋王について」『國學院雜誌』80-4, 1979.
西本昌弘, 「豊璋と翹岐－大化改新前後の倭國と百濟－」『ヒストリア』107, 1985.
渡邊康一, 「百濟王子豊璋の來朝目的」『國史學硏究』19, 1993.

본 학자들에 의한 백제부흥운동에 관한 연구는 일본인 입장에서의 연구라
고 하는 한계가 있다.

　최근 들어『일본서기』에 대한 기록을 그대로 믿을 수 없다며, 비교적
객관적으로 접근하려는 연구들이 일부 나타나고 있다. 즉 왜가 백촌강 전
투에서 패한 후 웅진도독부에서 왜에 건너온 곽무종이나 유덕고는 당 고
종의 칙명을 받고 왔을 것이며, 율령체제나 방위시설 등도 전승국인 당의
간접지배권 차원의 지시로 이루어진 것으로 보는 견해도 제시되었다.[17]
그리고 백촌강 전투 이후 백제유민들이 일본에 준 영향에 대한 연구들도
보이고 있다.[18] 그러나 대부분의 일본 측 연구는 기본적으로 일본사적인
시각에 의한 것으로 최초 일제강점기 연구자들의 틀을 크게 벗어나지 않
고 있다.

　일본 외에 중국에서도 백제부흥운동에 관한 연구가 일부 진행되었
다.[19] 연구내용은 일본의 초기와 유사하게 백강의 위치와 관련된 것, 중·
일 또는 동아시아 정세와 관련된 것, 당의 수군과 관련된 것 등이다. 인물
로는 흑치상지 등에 대한 연구가 있다. 이들 연구는 백촌강 전투에 관심
을 보이고 있고, 중국 학자들이어서 당의 유인궤나 흑치상지 등에 관한 연

　　高寬敏,「百濟王子豊璋と倭國」『古代朝鮮諸國と倭國』, 雄山閣出版, 1997.

17) 中村修也,「白村江戰鬪以後日本社會」『韓日關係史研究』36, 2010.

18) 菱田哲郎,「白村江以後日本の仏敎寺院に見られる百濟遺民の影響」『東洋美術史學』
　　2, 2013.

19) 余又蓀,「白江口之戰」『大陸雜誌』15-1, 1957.
　　石曉軍,「唐日白江之戰的兵力及幾個地名考」『狹西師大學報』1983-3, 1983.
　　嚴佐之,「唐代中日白江之戰及其對兩國關係的影響」『華東師範大學學報』1986-1,
　　1986.
　　韓昇,「唐平百濟前後東亞國際情勢」『唐硏究』1, 北京大學, 1995.
　　馬馳,「『舊唐書』黑齒常之傳의 補闕과 考辨」『百濟의 中央과 地方』, 충남대학교
　　백제연구소, 1997.
　　胡戟,「中國水軍与白江口之戰」『百濟史上의 戰爭』, 서경문화사, 2000.
　　態義民,「縱平百濟之役看唐初海軍」『隋唐時代東北亞政局』, 上海辭書出版社, 2003.

구들이 주를 이루고 있다. 이와 같이 중국 측 연구는 백제부흥군의 활동에 관한 연구가 많다고 볼 수 없다.

우리나라의 백제부흥운동 연구는 일본이나 중국에 비해 상대적으로 늦게 시작되었다. 하지만 현재는 일본이나 중국의 연구를 압도할 만큼 많은 성과를 내고 있다. 연구방법과 연구범위가 다양화되었다. 연구 참여자도 역사학자·고고학자·사회학자·국어학자·미술사학자·구비문학자·향토사학자 등 아주 다양하게 나타나고 있다. 또한 학계의 연구와 더불어 지방자치단체들의 참여도 백제부흥운동 연구의 활성화에 큰 몫을 담당하고 있다.

백제부흥운동에 관한 국내 연구는 1960년대에 시작되어 1970년대부터 서서히 진행되었다고 할 수 있다. 홍사준은 1967년 「탄현고」를 시작으로 1970년에 「백제지명고」를 발표하면서 그 서막을 열었다.[20] 이후 1970년대의 연구는 지명고증에 관한 연구가 주를 이루었는데 주로 두량윤성·주류성·백강 등에 관한 것으로 일본 연구자들의 연구방향과 크게 다르지 않았다.[21]

백제부흥운동에 관한 연구는 1980년대부터 본격화되었다고 할 수 있다. 하지만 이 시기만하더라도 여전히 위치비정에 관한 연구가 주를 이루고 있다. 이 무렵을 전후하여 점차 향토사학적 연구도 점차 활성화되는 경향을 보이고 있다.[22] 이후 1990년대에 이르러 백제부흥운동에 관한 연

---

20) 홍사준, 「탄현고」 『역사학보』 35·36, 1967 : 「백제지명고」, 『백제연구』 창간호, 1970.
21) 이숭녕, 「백제어 연구와 자료면의 문제점 — 특히 지명의 고찰을 중심으로 하여 —」 『백제연구』 2, 1971.
　　지헌영, 「탄현에 대하여」, 『어문연구』 6, 1970 : 「두량윤성에 대하여」, 『백제연구』 3, 1972 : 「山長山下 地名考」, 下, 『백제연구』 4, 1973.
　　성주탁, 「대전부근 古代城址考」, 『백제연구』 5, 1974.
　　전영래, 『주류성·백강의 위치비정에 관한 신연구』, 부안군, 1976.
　　노도양, 「백제 주류성고」 『명지대논문집』 12, 1979.
22) 김재붕, 『전의 주류성 고증』, 연기군, 1980.
　　박성홍, 『홍주 주류성고』, 홍주문화원, 1989.

구가 본격화되어 정치사·위치비정·관련인물·관련전설 등에 대한 연구가
진행되었다. 2000년대 이후에는 연구가 폭발적으로 증가하면서 주제도
세분화된다.23) 연구주제는 백제부흥운동과 관련된 정치사·위치비정·관
련인물·연구사 정리·문제점·실패원인·의의·교과서 분석 등으로 세분화
되었으며 상당한 연구가 축적되었다.

이와 같은 백제부흥운동에 관한 국내의 연구성과는 크게 몇 가지 주제
로 구분해 볼 수 있다. 위치비정·대외관계·관련인물·관련전설·전체종합·
연구성과·문제제기·군사관련 등이다.

① 위치비정에 관한 연구는 주로 백강·주류성·임존성 등을 그 대상으
로 하고 있다. 전영래는 백강을 동진강으로 비정하고, 기벌포는 부안의
계화도이며, 주류성을 부안의 우금산성에 비정하였다. 그리고 피성을 김
제라고 보고 있다.24) 박성흥은 김정호의『대동지지』의 기록에 의거 주류
성을 홍성의 학성 = 두류성으로 보고 백강은 아산만으로 보았으며, 당진
면천의 혜성을 발음상『일본서기』의 피성으로 비정하였다.25)

한편 노도양은 주류성 = 두릉윤성 = 지라성이라고 보고 부흥군에 의한
웅진도 차단이 성공적이었던 662년 7월까지는 청양에 있는 계봉산성이
주류성이라고 비정하고, 김유신전에 나오는 두율성은 주류성 = 주유성으
로 663년 백제가 멸망할 때의 또 다른 주류성으로 보아 두 개의 주류성이

23) 노중국,『백제부흥운동사』, 일조각, 2003 :『백제부흥운동 이야기』, 주류성, 2005.
   공주대학교 백제문화연구소,『백제부흥운동사 연구』, 서경문화사, 2004.
   김영관,『백제부흥운동 연구』, 서경문화사, 2005.
   문안식,『백제의 흥망과 전쟁』, 혜안, 2006.
   양종국,『의자왕과 백제부흥운동 엿보기』, 서경문화사, 2008.
24) 전영래,「삼국통일과 백제부흥운동 - 주류성·백강의 군사지리학적 일고찰 -」『군
   사』4, 1982.
25) 박성흥,『백제부흥전쟁사의 역사지리적 고찰』, 예산향토사연구회, 1989 :『홍주 주
   류성고』, 홍주문화원, 1989 :『임존성·주류성고』, 예산문화원, 1989 :『내포지방의
   古代史와 홍주주류성, 당진백촌강연구』, 내포지방고대문화연구소, 2004.
   박성흥·박태신,『진번·목지국과 백제부흥전』, 주류성, 2008.

있다고 주장하였다.26)

　심정보는 백강은 금강하구이며 주류성은 서천군 관내에 있다고 보았
다.27) 김재붕은 연기의 운주산성을 주류성으로 보고 백촌강은 동진강이
나 금강하구가 아닌 안성천이 될 수밖에 없다는 입장을 보이고 있다.28)
이외에도 위치비정과 관련된 논문들이 다수 제출되었다.29)

　이러한 위치비정과 관련하여 국어학적인 접근도 진행되었다. 도수희는
백제어 연구를 통하여 백강은 사비하泗沘河를 방사원점으로 하여 하류의

---

26) 노도양, 「백제 주류성고」, 『명지대논문집』 12, 1979·1980.

27) 심정보, 「대전부근의 역사지리 연구」, 『대전공업전문대학 논문집』 28, 1982·3 : 「백
　　제부흥군의 주요거점에 관한 연구」, 『백제연구』 14, 1983 : 「백제 두량윤성에 대하
　　여」, 『대전개방대논문집』 1, 1984 : 「우술성고」, 『윤무병박사 화갑기념논총』, 1984 :
　　「백제부흥운동시의 웅진도에 대한 연구」, 『대전개방대논문집』 3, 1985 : 「백강에
　　대한 연구」, 『대전개방대논문집』 5, 1986 ; 「백제고지 대방주고」, 『백제연구』 18,
　　1987 : 「중국측 사료를 통해본 백강의 위치문제」, 『진단학보』 66, 1988 : 「白江의
　　위치에 대하여」, 『한국상고사학보』 2, 1989 : 「대전의 고대산성」, 『백제연구』 20,
　　1989 : 「백제의 부흥운동」, 『백제의 역사』, 공주대학교 백제문화연구소, 1995 : 「대
　　전지방의 백제부흥운동」, 『대전문화』 5, 1996 : 「삼국사기 문무왕답서에 나타나는
　　웅진도에 대하여」, 『황산이홍종박사화갑기념논총』, 1997 : 「백강과 주류성」, 『건지
　　산성』, 충청지방 매장문화재연구원, 서천군, 1998 : 「계족산성에 대한 고고학적 조
　　사와 문제점과 그 성격」, 『대전문화』 8, 1998 : 「백제 주류성고」, 『백제문화』 28,
　　1999 : 「백강에 대한 연구현황과 문제점」, 『백제문화』 32, 2003.
　　심정보·공석구, 「계족산성 정밀지표조사보고서」, 대전공업대학, 1992.

28) 김재붕, 『전의 주류성 고증』, 보전출판사, 1980 : 『연기지구 고적연구조사보고서』,
　　전의고적보존회, 1981 : 『백제 주류성 연구』, 연기군, 1995 : 『연기 주류성의 정립』,
　　연기군, 1997 : 『백제 주류성의 연구』, 연기군, 2001.

29) 이도학, 「백제부흥운동의 시작과 끝, 임존성」, 『백제문화』 28, 1999.
　　이남석, 「예산 봉수산성(임존성)의 현황과 특징」, 『백제문화』 28, 1999.
　　김갑동, 「백제 이후의 예산과 임존성」, 『백제문화』 28, 1999.
　　서정석, 「충남지역의 백제산성에 관한 일연구」, 『백제문화』 22, 1992 : 「백제 5방성
　　의 위치에 대한 시고」, 『호서고고학』 3, 2000 : 「부흥운동기 백제의 군사활동과 산
　　성」, 『백제문화』 32, 2003 : 「백제백강의 위치」, 『백산학보』 69, 2004 : 「사비도성의
　　방비체제와 금강」, 『백제와 금강』, 2007 : 「홍성 석성산성에 대한 고찰」, 『백제문화』
　　39, 2008 : 「홍성지역 산성과 백제의 군현」, 『백제문화』 7, 2012.

곳곳에 분포한다고 보았다. 강헌규도 국어학자로서 백제어의 어원에 따른
연구로 여러 곳의 위치비정을 시도하였다.[30]

② 대외관계에 관한 연구는 왜의 출병원인을 중심으로 이루어졌다. 변
인석은 왜의 파병원인을 백제계 도래인의 귀소적 참전으로 조국을 구하기
위한 것으로 보았다.[31] 정효운은 왜가 백제구원이라는 범위를 벗어나 신
라정벌이라는 슬로건 아래 전쟁을 수행하였던 것으로, 왜국의 국가적 이
익 때문에 파병이 이루어진 것이라고 주장하였다.[32]

김현구는 왜가 일본열도에 대한 당의 위협을 사전에 제거하기 위해 파
병하였다고 보고, 백제 구원군은 백제의 부흥운동군 요청에 따라 움직이
고 백제부흥운동도 백제부흥군의 주도하에 있었다고 보았다.[33] 연민수는
왜 왕권에 형성된 친 백제적 관인층들과 개신정권의 중대형 황자 등이 백

---

30) 도수희, 「白·熊·泗沘·伎伐에 대하여」『백제연구』14, 1983.
    강헌규, 「백제의 우술군(/성)·옹산성 및 그 주변 지명과 고려 이후의 계족산(/성)에
    대하여」『백제문화』25, 1996 : 「백제어 연구의 현황과 그 문제점」『백제문화』25,
    1996 : 「남천/남천주·사라에 대하여」『백제문화』27, 1998.
31) 변인석, 「7세기 백강구전의 서설적 고찰」『부산사총』1, 1985 : 「7세기 중엽 백강
    구전의 연구사적 검토」『부산사총』2, 1986 : 「7세기 중엽 일본의 백강구전 파병의
    성격에 대한 고찰」『인문논총』2, 1991 : 「7세기 중엽 백강구전에 있어서의 일본의
    패인에 관한 고찰」『동방학지』75, 1992 : 「7세기 중엽 백강구전을 둘러싼 동아시
    아의 국제정세」『일본연구논총』6, 1993 : 「고대 한일관계에 있어서의 백강구전의
    제문제」『일본연구논총』6, 1993 : 「백강구 전쟁을 통해서 본 고대 한일관계의 접
    점 - 백강·백강구의 역사지리적 고찰 중심으로 - 」『동양학』24, 1994 : 「7세기 중
    엽 백강구전에 참가한 일본군의 성격에 대하여」『국사관논총』52, 1994 : 『백제의
    최후, 백강구전쟁』, 무공문화, 2015.
32) 정효운, 「7세기 한일관계연구 - 백강구전에의 왜군 파견동기를 중심으로」『고고역
    사학지』5·6·7, 1990·1991 : 「天智朝의 대외정책에 대한 일고찰 - 백강구전후의 대
    외관계를 중심으로 - 」『한국상고사학보』14, 1993 : 「7세기 중엽의 백제와 왜」『백
    제연구』27, 1997.
33) 김현구, 「백촌강싸움 전야의 동아시아 정세」『사대논집』, 고려대학교, 1997 : 「백
    촌강 싸움 직후 일본의 대륙관계 재개」『일본역사연구』8, 1998 : 「동아시아 세계
    와 백강구 싸움」『일본학』20, 2001 : 「백강전쟁과 그 역사적 의의」『백제문화』
    32, 2003 : 「일본의 위기 팽창의 구조」『문화사학』25, 2006.

제를 통한 선진문물을 수입해오던 국가적 이익에 대한 불안과 왕권강화 목적 등 내부적 이해관계를 대외적 긴장을 통해 해결하려는 차원에서 왜 군의 파병이 이루어졌다고 주장하였다.[34]

이재석은 왜군의 파견동기는 왜국이 느끼는 현실적 위기감을 제거하고 자 한 것으로, 기회를 엿보다가 당의 군사력이 약해지고 고구려가 건재하 며 부흥군 세력이 강해짐에 고무되어 출병하였으며 백제를 부흥하여 려· 제라인을 복구하려 했기 때문이라 하였다.[35] 최재석은 백강구 전쟁에 참 전한 왜군은 부여풍의 군대였으며, 풍은 백제의 서부와 북부 사람들에게 지지와 호응을 얻었던 것으로 파악하였다.[36]

한편 김은숙은 백촌강 전투 이후 천지조天智朝의 대외관계에 대하여 연 구하였으며,[37] 송완범은 백촌강 전투 이후 재편된 당·신라·일본의 3국 체제는 지금의 한·중·일의 원형이 되었다고 하였다. 또한 백촌강 전투 이 후 신생 일본의 율령국가 대외관으로 중국을 흉내 낸 소중화제국을 목표 로 하였으며, 이는 대 반도 우위관으로 나타나 9세기 중반 이후에는 반도 멸시관으로 변모하고 있다고 분석하였다.[38] 그리고 박해현은 일본 교과서 가 백촌강 전투의 전개과정·결과·의미 등을 상세히 소개하고 있는데 반해 한국의 교과서는 그 서술이 소략하거나 생략되어있다고 지적하였다.[39]

③ 관련 인물에 관한 연구는 주로 흑치상지黑齒常之·부여풍扶餘豊·부여

34) 연민수, 「개신정권의 성립과 동아시아 외교－을사의 정변에서 백촌강 전투까지－」 『일본역사연구』 6, 1997.

35) 이재석, 「백제부흥운동과 야마토 정권」 『史叢』 57, 2003 : 「7세기 후반 백제부흥운 동의 두 노선과 왜국의 선택」 『백제연구』 57, 2013.

36) 최재석, 「663년 백강구전쟁에 참전한 왜군의 성격과 신라와 당의 전후 대외정책」 『한국학보』 90, 1998 : 「일본서기에 나타난 백제왕 풍에 관한 기사에 대하여」 『백 제연구』 30, 1999 : 「일본서기에 나타난 백제에 의한 大和倭 경영기사와 그 은폐기 사에 대하여」 『한국학보』 96, 1999.

37) 김은숙, 「백제부흥운동 이후 天智朝의 국제관계」 『일본학』 15, 1996.

38) 송완범, 「백촌강싸움과 왜」 『한국고대사연구』 45, 2007.

39) 박해현, 「백촌강 전투와 한·일 역사교과서 서술」 『한국학논총』 34, 2010.

융扶餘隆·도침道琛 등에 관심이 집중되고 있다. 먼저 백제부흥운동을 이끌었던 흑치상지 묘지명이 발견됨에 따라, 이문기의 연구를 필두로 다양한 연구가 이루어졌다.[40] 주로 흑치상지와 아들 흑치준을 통한 흑치가문에 대한 연구가 진행되었으며, 이도학에 의해 흑치상지에 관한 평전이 저술되기도 하였다.[41]

양기석은 부여융이 백강구전에 참전하였고 웅진도독으로 임명되어 670년 당으로 돌아갈 때까지의 백제부흥운동에 대한 검토를 하였고, 홍성지역의 고대사를 통하여 복신福信과 흑치상지 등 지도급 인물이 서방성 방령일 것이며 교통 및 철기 생산여건 등 부흥운동의 가능성을 검토하였다.[42]

부여풍에 대한 연구로는 김선민과 남정호 등의 연구를 들 수 있으며,[43] 이들은 모두 풍장豊璋과 교기翹岐를 동일 인물로 파악하고 있다. 그리고 성주탁은 도침의 사상은 법화사상이며 8개월간 부흥군의 총수로서 복신에게 살해될 때까지의 활동 등에 대한 의의를 서술하였다.[44] 한편 최병식은 부흥운동의 지역별 전개양상과 주도인물들을 검토하였다.[45] 최근에는 복신에 대한 연구도 발표되었다.[46]

④ 관련전설에 관한 연구는 충남지역에 퍼져있는 천방사 전설연구가

40) 이문기, 「백제 흑치상지 부자 묘지명에 대한 검토」『한국학보』64, 1991.
   유원재, 「백제 흑치씨의 흑치에 대한 검토」『백제문화』28, 1999.
   강종원, 「백제 흑치가의 성립과 흑치상지」『백제연구』38, 2003.
41) 이도학, 『백제장군 흑치상지 평전』, 주류성, 1999.
42) 양기석, 「백제 부여융 묘지명에 대한 검토」『국사관논총』62, 1995 : 「홍성지역의 고대사회-지배세력의 성장과 변화를 중심으로-」『백제문화』47, 2012.
43) 김선민, 「일본서기에 보이는 豊璋과 翹岐」『일본역사연구』11, 2000.
   남정호, 「일본서기에 보이는 풍장과 교기의 재검토」『백제연구』60, 2014.
44) 성주탁, 「백제승 도침의 사상적 배경과 부흥운동」『역사와 담론』19·20, 1992.
45) 최병식, 「백제부흥운동의 시기구분 연구」『상명사학』10, 2006 : 「백제부흥운동과 공주연기지역」, 상명대학교 박사학위논문, 2006.
46) 김병남, 「백제부흥전쟁기 복신의 활동과 좌절」『한국인물사연구』21, 2014.

대표적이다. 황인덕은 백제멸망과 관련된 전설에 대한 연구를 시도하였는데, 특히 천방사 전설 등이 백제패망 관련 연구의 단서가 될 수 있다고 보았다.[47] 이외에 백제말기의 전설에 관해서는 한상수와 강현모 등[48]의 연구가 있다.

　⑤ 백제부흥운동의 전체를 종합하고 있는 연구는 다음과 같다. 김수태는 668년부터 672년까지 웅진도독부의 백제유민에 의한 부흥운동의 실체와 전개양상을 밝히면서 백제의 부흥운동 기간을 672년 소부리주에 신라의 총관이 파견될 때까지로 확대시켜 보았다.[49]

　노중국은 사료들이 백제부흥군에 대하여 여적餘賊·잔적殘賊·고장故將·고왕자故王子 등으로 표기되어 있는 것에 대해 비판을 가하면서 백제입장에서 사료를 해석하고 연구하고자 하였다.[50]

　김영관은 백제유민의 동향, 부흥운동의 발생 배경, 부흥운동군의 활동, 당군의 대응 등 백제부흥운동 전반에 관한 연구를 진행하였다. 아울러 백제부흥운동의 실패원인과 역사적 성격을 정리하여, 백제부흥운동이 지니는 역사적 위상을 자리매김하였다.[51]

　⑥ 연구성과를 정리하거나 문제를 제기하는 연구도 나오고 있다. 이도학은 부흥운동 연구의 문제점과 해결과제에 대해서 제시한 바 있다.[52] 이

47) 황인덕, 「백제패망의 전설들로 본 백제사, 백제의식」, 『백제연구』 24, 1994 : 「천방사 전설과 백제말기 역사상황」, 『백제연구』 32, 2000 : 「의자왕 관련 전설의 전개양상」, 『백제연구』 33, 2004.
48) 한상수, 「충남전설의 특성 연구」, 『목원대논문집』 3, 1980.
　　강현모, 「은산 별신제의 배경설화와 무가의 의미연구」, 『한민족문화연구』 21, 2007.
49) 김수태, 「백제 의자왕대의 태자책봉」, 『백제연구』 23, 1992 : 「웅진도독부의 백제부흥운동」, 『백제 부흥운동의 재조명』, 공주대학교, 2002 : 「연기지방 백제부흥운동」, 『선사와 고대』 19, 2003.
50) 노중국, 『백제부흥운동사』, 일조각, 2003.
51) 김영관, 『백제부흥운동연구』, 서경문화사, 2005 : 「백제부흥운동기 홍성에 대한 연구」, 『백제문화』 47, 2012 : 「백제유민들의 당 이주와 활동」, 『한국사연구』 158, 2012.

후 양종국은 백제부흥운동 관련 연구들을 정리하여 현재까지의 성과와 앞으로의 과제를 구체적으로 제시하였다.[53]

⑦ 근자에는 군사학 관련 연구도 점차 늘어나고 있다. 김영관은 나당연합군의 침공전략과 백제의 방어전략을 전체적으로 조망한 바 있다.[54] 이희진은 백제부흥운동의 군사상황에 대해 검토하면서 신라 5만 군사들의 대부분은 전투부대가 아니라 당군의 보급부대라고 주장하였다.[55] 한편 김병남은 백제부흥운동 시기에 발생한 고사비성 전투 및 웅산성 전투 등을 전론으로 다루면서 전투사 중심의 연구를 진행하였다.[56] 최근에는 이상훈이 웅산성 전투와 백제멸망 당시의 나당연합군의 군사전략에 대해 다루었다.[57]

이상으로 백제부흥운동과 관련된 주요 연구성과를 주제별로 살펴보았다. 백제부흥운동에 관한 연구는 전체적으로 볼 때 위치비정 문제와 대외관계를 중심으로 이루어졌다. 그리고 위치비정을 위해 다양한 접근방법이 동원되었고 여러 가지 설이 제기되었다. 이와 같이 백제부흥운동에 관한 여러 가지 의견은 사료의 혼선과 다양한 가설로 인해 그 접점을 찾기 어려운 상태이다. 물론 이와 관련하여 군사학적 관점에서도 일부 연구가 진

---

52) 이도학, 「백제 조국회복 전쟁기의 몇 가지 쟁점 검토」, 『백제문화』 32, 2003.

53) 양종국, 「7세기 중엽 의자왕의 정치와 동아시아 국제관계 변화」, 『백제문화』 31, 2002 : 「부흥운동기의 백제사 연구의 성과와 과제」, 『백제문화』 33, 2004 : 「의자왕의 후예들의 과거와 현재」, 『백제문화』 33, 2004 : 「백제부흥운동과 웅진도독부의 역사적 의미」, 『백제문화』 35, 2006 : 「취리산 회맹지점 검토」, 『선사와 고대』 31, 2009.

54) 김영관, 「나당연합군의 백제 침공전략과 백제의 방어전략」, 『STRATEGY』 21-2, 1999 : 「백제부흥운동의 성세와 당군의 대응」, 『한국고대사연구』 35, 2004.

55) 이희진, 「백제의 멸망상황에 나타난 군사상황의 재검토」, 『사학연구』 64, 2001.

56) 김병남, 「백제부흥전쟁기 고사비성 전투의 의미」, 『정신문화연구』 35, 2012 : 「백제 풍왕 시기의 정치적 상황과 부흥운동의 전개」, 『정신문화연구』 36, 2013 : 「백제부흥전쟁기 웅산성 전투와 그 의미」, 『전북사학』 42, 2013.

57) 이상훈, 「백제부흥군의 웅산성 주둔과 신라군의 대응」, 『역사교육논집』 57, 2015 : 「나당연합군의 군사전략과 백제멸망」, 『역사와 실학』 59, 2016.

행되었지만, 여전히 다음과 같이 해결해야 할 문제들이 남아 있다.

첫째, 당군의 기동일정에 관한 문제이다. 소정방이 660년 6월 21일 덕물도에 도착한 이후 7월 9일 웅진강구에 상륙할 때까지 걸린 20일이라는 기간에 대하여 구체적인 연구가 진행된 적이 없다.

둘째, 당군의 상륙지점에 대한 문제이다. 7월 9일 소정방의 상륙지점을 대체로 서천이나 군산에 비정하고 있다. 7월 10일 부여 남쪽 20여 리 지점에서 신라군과 만나기로 한 소정방의 군대가 7월 9일 서천이나 군산에 상륙하였다면 수륙양면으로 진격하여 하루 만에 부여까지 50~60km를 기동해야 한다. 이것은 오늘날 군대로도 불가능하며 고대군대의 일일 행군거리58)로 볼 때 군사학적으로 전혀 이해가 되지 않는 부분이다.

셋째, 백제멸망 당시의 군사력 운용에 관한 문제이다. 백제가 10일 만에 항복한 직접적인 원인은 군사적인 측면이 커다란 요인이었음이 명백하다. 일반적으로 백제가 황산벌에서 5천명, 웅진강구에서 수천명, 그리고 사비성 전투에서 1만여 명이 항거하다 중과부적으로 패하여 항복한 것으로 보고 있는데, 당시 백제의 군사력이 실제 어떻게 운용되었는지에 대한 연구는 보이지 않는다.

넷째, 백제부흥운동의 성격에 관한 문제이다. 백제부흥운동의 면모를 자세히 살펴보면 무력을 이용한 백제부성59) 포위공격 등 조직적인 무장

---

58) 1숨는 고대군대의 1일 행군거리인데 30리로 본다(『左傳』 僖公二十八年). 1리는 1902년(광무6)년에 정해진 도량형규칙에 의하면 0.4239km로써 1일 12.717km가 된다. 한편 현대의 전투부대 기동속도에 관한 자료는 다음과 같다. 6·25전쟁 때 소련의 군사고문단 주도하에 북한군 총참모부가 참여하여 수립한 남침계획에는 38도선으로부터 남해안까지 350km의 거리를 3단계로 구분하여 한 달 만에 점령 완료한다고 수립한 계획을 보면 일일 11.7km 약 12km를 진군하도록 계획하였고(육군본부, 『1129일간의 전쟁 6·25』, 국군인쇄창, 2014, 80쪽) 낙동강 방어선까지 실제 전진한 속도는 평균 10km/일이다. 반면 국군이 북상할 때, 차량에 의한 군수지원에도 불구하고 미군과 평양입성 경쟁을 벌인 백선엽은 고랑포에서평양까지 하루 25km밖에 행군하지 못했다(백선엽, 『군과 나』, 시대정신, 2009, 126쪽).

투쟁을 지속적으로 하고 있다. 즉 군인들에 의한 군사적 행동임이 명확하다. 그러나 지금까지 대부분의 연구는 백제부흥운동이라는 관점에서 접근하고 있다.

다섯째, 백제부흥군의 군사력에 관한 문제이다. 지금까지 거의 모든 연구는 백제부흥운동의 주체를 백제유민으로 보아왔다. 그런데 백제부흥군은 나당연합군이 철수하기 이전부터 그들을 공격하여 포로로 잡힌 사람을 구해내고, 백제부성을 공격하였다. 이는 이들이 처음부터 무기를 가지고 있었고 전술적인 행동을 할 수 있는 군인들이었으며, 전투력이 남아 있었다는 증거이다. 그런데 이러한 군사력의 출처에 대한 연구가 없었다.

여섯째, 백제부흥군의 목표와 전략에 관한 문제이다. 백제부흥운동의 개별 전투에 대한 연구는 있으나, 전쟁으로 보고 백제부흥군이 추구하고자 했던 전쟁수행의 전반적인 목표와 전략에 대한 연구는 없는 실정이다.

이는 전투현장에 대한 이해 없이 사료 중심으로 연구가 진행되다 보니, 실제 전투나 전장상황에 대한 분석이 미흡하였던 것이다. 이러한 문제들을 해결하기 위해 전투의 실제상황과 결과에 대한 이해를 분명히 하려면 군대의 이동이나 전쟁수행 방법 등 전문적인 군사지식이 필요하다. 또한 동원된 군대가 전투부대인지 보급부대인지에 대한 구분을 해야 하며 이들의 비율은 어떠했는지 등에 대한 인식과 분석이 선행되어야 한다.[60] 따라서 백제부흥군의 전반적인 전략수행 측면을 고려하여 전쟁의 본질에 접근하려는 시도를 할 필요가 있다.

다음은 연구방법이다. 본고는 백제의 멸망과 부흥전쟁에 대한 연구이다. 즉 전쟁에 대한 연구이다. 국제정치학이 전쟁의 원인과 결과에 초점

---

59) 백제부성의 위치는 사비 즉 부여이고, 당이 설치한 웅진도독부의 府城이라는 뜻이다. 실제 유인원의 직책이 도호 또는 도독으로 기록되어 있어 웅진도호부 또는 웅진도독부라 할 수 있으며, 백제를 지배하는 당의 관부로 보아 백제부성으로 통일하고자 한다.

60) 양종국, 「부흥운동기 백제사 연구의 성과와 과제」『백제문화』33, 2004, 70쪽.

을 맞추는 반면 군사학은 전쟁수행 자체를 주된 연구 대상으로 하고 있
다.[61] 따라서 전쟁에 대한 기본적인 연구방법으로 군사사적 연구가 되어
야 한다.

이와 같은 군사사軍事史[62] 즉 전쟁사 연구의 구체적인 방법으로는 문헌
중심적 방법과 객관적 검증방식이 있다.[63] 문헌 중심적 방법은 어떤 사건
이 객관적·현실적으로 불가능한데도 사료에 기록된 허위사실에 의하여
남에게 잘못 전달될 가능성이 있다. 객관적 검증방식은 과거와 현재의 상
황 차이로 인하여 과거에 일어난 사실을 그대로 단정해버릴 위험성이 있
다. 따라서 연구 전 단계에 걸쳐 문헌 중심적 방법과 객관적 검증방식을
병용하면서 서로 검증할 수 있도록 해야 한다.

먼저 문헌연구에 있어 고려할 사항은 문헌내용의 진위여부이다. 즉 사
료가 승자의 시각으로 기록된 점을 감안하여, 한·중·일 사료를 상호 비교
하면서 진위여부 및 적용정도를 판단하여 활용해야 한다. 또한 사료를 작
성한 찬자의 의도를 읽어내며, 후대에 기록된 2·3차 사료까지도 확인의
대상으로 삼아야 한다. 다음 객관적 검증방식은 실제 당시의 상황을 군사
학적 방법으로 재연시키는 것이다. 이를 위해서는 다음의 몇 가지 사안을
적용하여 보다 객관화시키고자 한다.

첫째, 고대군대의 일일 행군기리를 적용하고자 한다. 고대군대는 일사

---

61) 군사학 연구회, 『군사학 개론』, 도서출판 플래닛미디어, 2014, 4쪽.
62) 軍事의 개념은 기능적 요소와 가치(목적)적 요소를 가지고 있다. 기능적 요소란 외
교, 재정, 경제, 교육 등 행정기능으로써의 지위에 있는 법적개념이며 군대의 관리,
운영에 관한 것을 뜻한다. 가치적 요소는 전쟁에 임하여 보유하고 있는 군사력을
어떻게 행사할 것인가 하는 임무를 가지고 있다. 따라서 전쟁을 떠나서 군사를 생
각할 수 없다. 전쟁사는 軍事史의 중추적 지위를 차지하며, 군사사의 범위는 전략,
전술, 군수 등을 다루게 된다. 즉 군사사의 범위는 전쟁사, 제도/기술사, 국방사, 군
대사, 군사적 사료편찬 등으로 고려되고 있다.
63) Hans Delbrück(민경길 역), 『Geschicte der Kriegskunst, 兵法史』 제1편, 육군사관
학교화랑대연구소, 2006, 14~16쪽.

一舍[64]라 하여 하루에 30리를 행군한 것으로 기록되어 있다. 물론 오늘날 군대개념으로 하루에 30리 약 12.7km[65]를 행군한다는 것은 너무 짧은 거리라 할 수 있다. 그러나 고대에는 많은 수의 병력이 우마차가 끄는 치중대와 함께 주로 주간에만 행군하여야 하며, 행정적 행군이 아닌 적과 접촉 하에서 어느 정도 대형을 갖추고 기동해야 한다. 이러한 점을 고려하면『좌전左傳』등에서 밝힌 하루 30리 행군거리 적용은 타당한 것이다.

둘째, 고대선박의 항해속도를 적용하고자 한다. 기본적으로 고대선박의 형태나 항해속도의 기준을 정하는 것은 쉽지 않다. 하지만 송나라 서긍徐兢의『고려도경高麗圖經』기록을 참고하여 고대선박의 속도를 산출한 연구가 있다.[66] 연구에 따르면 고대선박은 시간당 평균 약 6.29km의 속도로 항해하였다. 이러한 항해속도를 보완하기 위해 고대선박과 유사한 형태의 노를 사용하는 전투함의 실험결과도 일부 적용하였다.

셋째, 병력의 식량 소요량을 추정하여 고대 군량수송부대의 물동량을 판단하고자 한다. 이를 위해 고대군대의 병사 1인당 1일 급식기준을 적용하였다. 또한 고대 기동로나 군량수송로 등은 소요되는 물동량을 수송하기 위한 우마차의 대수와 강이나 하천 등 자연장애물들을 고려하여 검토하였다.

넷째, 전략이나 전술 그리고 전투지역 위치비정 등에 있어서는 현대전술의 계획수립 과정이나 개념 등을 적용하고자 한다. 물론 고대전쟁·중세전쟁·근대전쟁·현대전쟁·미래전쟁은 서로 큰 차이가 있다. 그러나 전쟁의 승패를 좌우하는 전략과 전술의 기본원칙은 고대로부터 현대까지 큰

---

64) 『左傳』, 僖公二十五年, "晋侯圍原 命三日之粮 原不降 命去之 退一舍而 原降 : 『左傳』, 僖公二十八年, "退三舍辟之 晋 杜預 注 : 一舍三十里"

65) 1902년(광무6)에 정해진 도량형 규칙의 1리는 423.9m이므로 30×0.4239=12.717 km이다.

66) 윤일영, 「고대선박의 항해속도 연구-고려도경을 중심으로-」『군사학 연구』7, 2009, 157쪽.

변함이 없기 때문이다. 그중에 고대전쟁에 대한 연구는 무기체계의 발달 및 국제정치적 여건이 복잡한 근대 이후 전쟁에 비해 전략전술의 기본원리를 파악하기가 용이한 면도 존재하고 있다.[67]

다섯째, 부족한 사료의 방증자료로써 후대사료나 전설 등도 적극적으로 검토하고자 한다. 그 이유는 전통사회가 중앙 위주의 역사를 기록하여 왔기 때문에 지방 자체의 읍지나 그 외 기록이 존재하지 않는 한 그 흔적을 알기란 매우 어렵기 때문이다.[68] 이러한 자료 활용은 철저한 사료비판을 거쳐 개연성을 확보한 후 적용하고자 하였다.

여섯째, 현재의 지형이 고대와 차이가 많음을 고려하여, 고대의 지형정보를 최대한 확인하고자 한다. 이를 위해 「대동여지도大東輿地圖」 등 고지도와 조선총독부의 「조선반도전도朝鮮半島全圖」[69]를 활용하였다. 또한 도상연구와 함께 수차례 현장답사를 하고 해당 지역에 거주한 자는 물론 근무한 경험이 있는 이들의 증언까지도 참고하여 고대의 현상을 최대한 근접하게 확인하고자 하였다.

일곱째, 본고는 전쟁사 연구로써 전역도戰役圖를 제시하고자 한다. 현재까지 백제멸망이나 부흥전쟁과 관련하여 신라군이나 당군의 진격로 수준의 요도가 일부 제시되었으나, 군사학적 차원의 전역도 작성은 제대로 이루어지지 못했다. 현지답사를 토대로 나당연합군이나 백제군이 구사했을 전략전술을 군사학적인 방법으로 도식하고자 하였다. 즉 부대가 기동하거나 배치할 수 있는 충분한 공간이 되는지, 당시의 전략이나 전술이 병법에 부합되는지 등을 고려하여 작전 상황도를 제시하였다.

여덟째, 고대의 병법서나 현재의 군사교범 그리고 전략전술 등에 대한

---

67) Hans Delblück(민경길 역), 앞의 책, 2006, 1쪽.
68) 김정숙, 「울릉도·독도의 역사 지리적 인식」 『울릉도·독도의 종합적 연구』, 영남대학교출판부, 2005, 88쪽.
69) 조선총독부에서 1918년 발행한 「朝鮮半島全圖」는 국토가 개발되기 이전에 실측에 의해 현대적으로 제작된 상세한 지도이다.

기본교리서 등을 망라하여 적용하고자 한다. 부족한 문헌이나 사료내용 등에 있어 병법이나 군사교리 등 군사학적인 방법을 통해 접근하고자 하였다. 이와 같이 군사전략과 전술 그리고 부대기동 등 군사학적인 방법을 적용한다면 백제멸망과 부흥전쟁의 논란이 되는 부분들에 대해서 어느 정도 사실에 근접한 결론을 가져올 수 있을 것이다.

역사를 총체적·체계적으로 이해하려면 그 사회를 구성하는 다양한 부분에 대한 탐색과 연구가 이루어져야 한다.[70] 그리고 전쟁을 제대로 이해하기 위해서는 우선 전투와 전쟁 자체를 분석한 후에 정치적인 해석이 더해 질 때 보다 객관적이고 선명한 결과가 도출될 것이다.[71] 이에 본고에서는 기존의 연구성과들을 바탕으로 하여, 군사학적 접근 방식을 통해 백제의 멸망과 부흥전쟁에 대한 전장상황을 조망하였다. 본고의 논지전개는 다음과 같이 진행하고자 한다.

제1장은 나당연합군의 침공전략과 백제의 대응이다. 즉 나당의 침공전략과 백제의 방어전략을 비교분석하고, 전략수행 측면에서 지형분석과 기동일정 등을 검토하였다. 특히 웅진강구 전투를 재연하였다.

제2장은 백제의 멸망과 부흥전쟁 발발이다. 이를 위해 백제멸망의 원인을 살펴보면서 기벌포와 탄현이 연계된 방어계획과 그 결과를 알아보았다. 그리고 이어진 백제부흥전쟁의 배경과 원인, 전체적인 전개양상과 시기구분 문제도 전쟁사적인 측면에서 제시하였다.

제3장은 백제부흥군의 전투력과 전략목표이다. 전투력은 백제부흥군이 전쟁을 수행할 수 있었던 배경으로 백제의 군사제도에서 유추하였다. 또한 군사전략의 개념과 유형을 분석해보고, 백제부흥군의 전략목표인 웅진도독부의 지리적 위치에 대해서도 제시하였다.

제4장은 백제부흥군의 전략과 군사활동이다. 백제부흥군은 2차에 걸친

---

70) 노중국, 『백제사회사상사』, 지식산업사, 2010, 4쪽.
71) 이상훈, 『나당전쟁 연구』, 주류성, 2012, 22쪽.

백제부성 포위공격을 실시하였으며, 여의치 않자 3차에 걸친 운량도[72] 차단작전을 실시하였다. 이에 백제부흥군의 포위전략과 고립전략에 대한 군사활동을 분석하고 전역도와 함께 전쟁사적으로 복원하고자 하였다. 그리고 웅진강구·두량윤성·고사비성 등에 대해서도 군사학적인 측면에서의 위치비정을 시도하였다.

제5장은 백제부흥전쟁의 종결과 그 의미이다. 백제부흥전쟁은 백촌강·주류성·임존성 전투로 사실상 종결되었다. 따라서 이들 전투에 대하여 군사학적 분석과 더불어 위치비정에 대한 새로운 시각을 제시하면서 나당연합군의 임존성 공격일정을 검토하여 전장상황을 복원하고자 하였다. 그리고 백제부흥전쟁의 역사적 의의는 물론 당시 각국에 미친 영향과 군사사적인 전쟁교훈을 도출하여 제시하였다.

---

72) 웅진도는 『삼국사기』에 661년 옹산성 전투가 있었던 신라 경주로부터 사비 부여에 이르는 보급수송로였다. 중국 측 사료에는 662년 7월에 개통한 보급수송로를 운량지로로 표기하고 있다. 그러나 두 길은 같은 보급수송로였다. 그런데 지금까지 학계에서는 웅진도로 명명하여 웅진 즉 공주로 가는 길로 보아왔다. 그러나 검토결과 웅진으로 가는 길이 아닌 사비 부여로 가는 길이었다. 따라서 웅진도가 아닌 군량을 수송하는 보급수송로로써 운량도라는 명칭을 사용하고자 한다.

제1장
나당연합군의 침공과 백제의 대응

7세기 한반도 삼국에 있어 백제는 군사적으로 결코 허약한 나라가 아니었다. 『삼국사기』 백제본기에 의하면, 600년 무왕 즉위 이래 659년까지 백제는 신라를 21회 침공하였고 8회에 걸쳐 승리하였으며 81개성을 빼앗았다. 이러한 수치는 백제의 군사력이 다른 나라에 비해 결코 뒤지지 않는 전력이었음을 말해주고 있다.[1] 구체적인 사례로 648년 신라군이 의직義直이 이끄는 백제군을 크게 물리친 옥문곡 전투를 들 수 있다. 출전하기 전 김유신이 "백제를 쳐서 대량주 싸움에서 패한 원수를 갚겠다"고 청하니 진덕왕이 "적은 군사로써 많은 군사와 접촉하다가 위급하게 되면 어떻게 하려는가?"[2]하고 물었다. 그리고 같은 해에 당에 병력을 요청하기 위해 파견된 김춘추가 당 태종에게 "백제가 강하고 교활하여 자주 함부로 침범한다"[3]고 말하였다. 신라가 백제를 표현하는 내용들은 곧 백제의 군사력이다. 이러한 7세기 동안의 전쟁횟수나 표현된 내용들로 볼 때 백제가 군사적으로 약소국은 아니었다는 것이 입증되고 있다.

그러나 백제는 660년 나당연합군의 침공사실을 정확히 알고 난 후 한 달도 안 되는 기간에[4] 그리고 계백장군이 황산벌에서 신라의 김유신과 전투를 시작한 7월 9일 이후 10여일 만인 7월 18일에 항복하였다. 백제가

---

1) 7세기 전반기 신라와 백제 사이에 발생했던 전쟁의 일반적인 양상은 백제의 선제공격과 이에 대한 신라의 방어로 요약할 수 있다. 이는 국력과 군사력에서 백제가 신라보다 우위에 있었음을 입증하는 것이다(이문기, 「648·649년 신라의 대 백제전 승리와 그 의미」, 『신라문화』 47, 2016, 195쪽).
2) 『삼국사기』 권41, 열전1, 김유신.
3) 『삼국사기』 권5, 신라본기, 진덕왕2년.
4) 소정방 6월 21일 도착하였으므로 백제가 조정에 알리는 소요시간을 2일로 본다면 의자왕은 6월 23일에는 나당연합군의 침공사실을 정확히 알았을 것이다(『삼국사기』 권28, 백제본기, 의자왕20년).

나당연합군의 군세가 대단하다 하더라도 개전 후 10여일 만에 항복했다고 하는 것은 선뜻 이해가 가지 않는다. 여기에는 사료에 전하지 않은 어떤 이유가 반드시 있을 것이다.

기존의 연구들은 의자왕이 웅진성으로부터 사비성에 와서 항복5)한 사실을 다음과 같이 보고 있다. 먼저, 당과 의자왕 사이에 어떤 밀약이나 묵계가 있었다6)는 것이다. 또한 당과 백제 사이에 벌어진 전쟁의 성격에서 원인7)을 찾기도 한다. 그리고 당시의 상황이 의자왕으로 하여금 너무 큰 힘의 차이를 느끼게 하여 불가항력으로 모든 것을 포기하고 항복8)하였다고도 한다. 한편 웅진성의 방령 예식禰植이 반란을 일으켜 의자왕을 사로잡아 사비성으로 온 것9)이라고도 한다. 이들은 의자왕의 항복을 정치적인 측면에서 검토한 것이다.

정치적인 논리를 뒷받침 해주는 것은 군사력이다. 군사력은 전쟁을 할 수 있는 능력이며 힘이다. 즉 군사력이 부족했기 때문에 의자왕이 항복할 수밖에 없었다. 전쟁을 계속할 군사력이 남아 있었다면 쉽게 항복하지는 않았을 것이다. 의자왕은 자기가 사용할 수 있는 군사력을 다 소진했거나 없다고 판단했던 것 같다.

백제는 무왕 3년에 신라의 옹잠성 등 4개성을 공격할 때 4만 명을 동원하였다. 의자왕 2년에 미후성 등 40여성을 공격하여 함락시켰을 때는 더

---

5) 『삼국사기』 권5, 신라본기, 무열왕7년.
6) 사비성 함락 후 5일이 지나는 동안 백제와 당측이 어떠한 협상을 하였을 것으로 추정하고 있다. 즉 의자왕의 신변안전을 전제로 한 항복권고와 당군의 시한부 철수를 전제로 하였기 때문에 지방 세력인 흑치상지가 부를 들어 항복하였다. 그러나 약속과 달랐기 때문에 흑치상지가 탈출하여 거병한 것이다(이도학, 『흑치상지 평전』, 주류성, 1996, 98~99쪽).
7) 백제와 신라의 싸움은 영토문제이지만 당은 조공과 책봉의 주종관계를 정상화 시키는 완전 한 영향력 확보가 궁극적 목적이었다(양종국, 『백제멸망의 진실』, 주류성, 2004, 88쪽).
8) 양종국, 앞의 책, 2004, 87~88쪽.
9) 권덕영, 「백제멸망 최후의 광경」 『역사와 경계』 93, 2014, 13~16쪽.

많은 병력을 동원했으리라 짐작된다. 실제 전투에 동원된 병력과 각종 문헌을 검토하면, 백제의 병력은 대략 6만 명 내외로 추정된다.[10) 그 중 660년 황산벌 전투와 기벌포 전투 및 도성방어 즉 사비성 전투에서 약 2만 명 정도가 손실을 입었다. 계산상으로 4만의 병력이 남아있었을 것이다. 따라서 의자왕이 항복한 것은 4만의 병력을 다 잃었거나 사용할 수 없다고 판단했던 것이다.

한편 의자왕이 웅진방령 예식의 반란으로 잡혀왔다고 하는 논리는 중국에서 발견된 예씨 일가의 묘지명을 분석한 내용을 근거로 어느 정도 타당성이 있어 보인다. 예씨의 묘지명에 그들의 선조가 영가永嘉말(307~313)에 난리를 피해 동쪽으로 가서 집안을 이루었다고 하며, 북위와 남송사이의 전란 와중에 준사淮泗에서 배를 타고 건너와 마침내 백제의 웅천(혹은 웅진)사람이 되었고, 백제가 당 조정에 조회하지 않자 그 왕을 이끌고 고종황제에게 귀의하였다[11)며 구체적으로 서술하고 있기 때문이다.

여하튼 백제가 전투 개시 10여일 만에 항복한 것은 군사력의 문제일 가능성이 크다. 그리고 웅진방령 예식이 반란을 일으켜 의자왕을 사로잡아왔다 하더라도 이 또한 군사력의 문제였을 것이다. 의자왕이 활용할 병력이 없었으므로 반란이 가능했을 것이기 때문이다. 이에 백제의 군사력이니 그 운용에 어떤 문제가 있었는지 알아보기 위해 나당연합군의 침공 전략과 백제의 대응에 대하여 검토해보자.

---

10) 사비시대 백제 지방군을 6만~10만으로 보고 있다(김종수, 「삼국시대의 군사제도」, 『군사연구』 131, 2011, 97쪽). 또한 웅잠성 공격 시 4만을 동원한 사례를 보아 국가 위기 시에는 6만 명까지는 동원할 수 있었던 것으로 추정할 수 있다.

11) 권덕영, 앞의 논문, 2014, 13~14쪽.

1. 나당연합군의 전략과 백제의 대응

1) 신라군의 양동작전[12]

신라가 진평왕 47년 백제의 침공을 당에게 하소연 한 이래 5회[13]에 걸친 청병요구가 현실화되기에 이르렀다. 660년 3월에 당 고종이 칙명을 내려 소정방을 신구도神丘道 행군대총관으로 삼고 신라왕 김춘추를 우이도嵎夷道 행군총관으로 삼아, 장군 3명과 신라 군사를 거느리고 백제를 치도록 하였다.[14] 이 사실은 비밀에 붙여졌고 신라도 뒤늦게 알게 되었다. 659년 10월 당나라에 청병하러 갔던 신라 사신이 당의 출병 결정소식과 출격명령을 받아 신라 경주로 돌아온 것은 해를 넘긴 660년 4월경이다.[15] 무열왕은 이때가 되어서야 출병사실을 알게 되었다.

그 후 무열왕은 660년 5월 26일 유신·진주·천존 등과 함께 군사를 거느리고 경주를 출발하여 6월 18일 경기도 이천의 남천정[16]에 도착하였다. 21일에는 태자 법민에게 병선 1백 척을 거느리고 덕물도[17]에 가서 소정방을 맞이하게 하였다. 이날 법민은 소정방의 "나는 7월 10일 백제에

---

12) 양동(Demonstration)작전은 적을 기만할 목적으로 결정적인 작전을 고려하지 않는 지역에서 실시하는 무력시위로, 양공작전과 비슷하나 적과 접촉을 하지 않는 것이 다르다.

13) 『삼국사기』에 따르면, 신라가 당에 보고하거나 청병한 사실은 진평왕 47년(625), 선덕왕 11년(642), 진덕왕 2년(648), 무열왕 2년(655), 무열왕 6년(659) 등 총 5회에 달한다.

14) 『신당서』 권3, 본기3 고종, 현경5년.

15) 『신당서』 권3, 본기3 고종, 현경5년.

16) 남천정은 신라 지방군제인 10停의 하나이며, 고구려의 南川縣을 신라가 병합하고 진흥왕이주로 만들어 군주를 두었고 경덕왕이 황무현으로 개칭한 지금의 利川縣이다(『삼국사기』 권35, 잡지4, 지리2)라고 하여 현재 경기도 이천을 말하고 있다.

17) 현재의 경기만 인천광역시 덕적도이며 소야도, 문갑도, 굴업도 등 여러 섬으로 구성되어 있다.

도착하여 남쪽에서 대왕의 군대와 모여 의자의 도성을 무찌르려한다"는 말을 듣고 돌아와 무열왕에게 보고하였다. 이에 무열왕은 태자와 대장군 김유신과 장군 품일·흠춘 등을 시켜 정병 5만을 거느리고 여기에 응하도록 하고 왕은 금돌성[18]에 머물렀다. 7월 9일 김유신 등이 황산벌[19]로 진군하니 백제의 장군 계백이 군사를 거느리고 와서 먼저 세 군데 군영을 설치하고 기다렸다. 김유신 등이 군사를 세 길로 나누어 네 번을 싸웠으나 승리를 못하고 군사들의 힘은 다 빠져버렸다.[20] 이는 신라의 기동과 관련된 사료의 내용이다.

이와 같이 신라군이 경기도 이천에 위치한 남천정까지 기동한 사실에 대하여 5만 군사가 다 갔다 왔다고 하거나, 지휘부만 갔다 왔다는 등 의견이 분분하다. 이를 밝힘으로써 신라군의 백제 침공전략을 파악해보자.

(1) 신라군의 남천정 기동경로

고대에 경주에서 경기도 이천으로 올라가는 신라의 길은 3개가 있다. 세 루트는 경주~영천~선산~상주~화령~보은~진천~이천으로 연결되는 추풍령로, 상주까지는 추풍령로와 같으나 상주~문경~충주~이천으로 연결되는 계립령로, 그리고 경주~의성~안동~죽령~단양~충주~이천으로 이르는 죽령로 등이 있다.[21]

세 루트 중 계립령로는 경주에서 상주·충주를 거쳐 남천정인 이천에 이르는 단거리 접근로이다. 중간에 상주정을 경유하고 있다. 그러나 계립

---

18) 현재 경북 상주시 모서면 백화산성으로 비정되고 있다(정영호,「김유신의 백제공격로 연구」『사학지』69, 1972, 37~40쪽).
19) 황산군은 본래 황등야산군으로 경덕왕이 개칭하였으며 지금 연산현이다(『삼국사기』권36, 잡지5, 지리3).『신증동국여지승람』권18, 연산현, 산천조에 황산은 천호산이라고도 하며 현 동쪽 5리에 있고 신라 김유신 군사와 백제 계백의 군사가 싸운 곳이라 설명하고 있다.
20)『삼국사기』권5, 신라본기, 무열왕7년.
21) 서영일,『신라육상 교통로 연구』, 학연문화사, 1999, 342쪽.

령은 530고지이지만 소백산맥의 남북으로 형성된 1000고지 내외의 계곡
즉 협곡지대를 20여km나 통과해야한다. 또한 문경~충주를 연결하는 지
형은 험하며, 중간에 거점이 없어 군사적으로 활용하기가 제한되는 면이
있다.22) 따라서 계립령로는 경주에서 경기도 이천까지 단거리 접근로라
하더라도 신라군이 이용하였다고 보기 어렵다.

다음 죽령로는 계립령로보다 평균 고도가 높다. 하지만 죽령은 『삼국
사기』에 고구려와 신라의 영토분쟁을 대표하는 지역으로 등장하고 있으
며, 551년 신라가 십군+郡을 취함에 따라 죽령에서 김화까지 한반도의 내
륙을 관통하는 관도로 추정된다.23) 또한 죽령로에는 관방關防시설인 산성
이 다수 존재하고 있다.24) 하지만 당군이 원군으로 오고 있는 상황에서
백제군에게 기동이 노출되는 것을 우려하며, 신라의 핵심군단인 정停25)도
위치하지 않은 가장 험한 죽령로를 택하여 원거리로 우회하지 않았을 것
이다. 즉 죽령로는 신라군이 선택할 수 있는 루트가 아니었다.

세 루트 중 추풍령로는 계립령로나 죽령로에 비해 험하지 않다. 또한
추풍령로는 백제와 국경지대로 많은 산성들이 위치26)해 있다. 한편 법민
으로부터 소정방의 작전계획을 전해들은 무열왕은 김유신을 출발시키고
남천정으로부터 금돌성(상주 백화산성)으로 갔다. 그리고 김유신은 탄현을

---

22) 서영일, 앞의 책, 1999, 201~204쪽.
23) 서영일, 앞의 책, 1999, 159쪽, 185쪽.
24) 죽령로의 關防시설은 영주-단양 구간에 고현산성 등 6개소, 단양-문경 구간인 벌령
    에 老故城 등 3개소, 순흥에서 단양 영춘으로 넘어가는 串赤嶺에 온달산성 등 2개
    소, 원주-횡성-홍천-춘천-화천-금화로 이어지는 구간에 령원산성 등 13개소가 있다
    (서영일, 앞의 책, 1999, 160~184쪽).
25) 停은 6세기 이후 국방상의 요충지에 주둔시켰으며, 六停으로 상주정(상주, 김천, 선
    산), 신주정(서울, 하남, 이천), 비열홀정(안변), 실직정(삼척), 하주정(창녕, 합천,
    경산) 등으로 시대에 따라서 주둔지가 이동되었다.
26) 상주-보은-옥천 구간에는 삼년산성 등 5개소, 보은-진천 구간에는 낭성산성 등 신라
    계 산성 6개소가 종으로 분포, 진천-이천 구간에는 협탄령산성 등 8개소 등이다(서
    영일, 앞의 책, 1999, 90~98쪽).

넘어 백제를 침공하였다. 탄현은 남천정에서 사비성으로 진격할 때 신라군이 경유한 곳으로 영동, 옥천, 금산, 부여, 전북 완주 등으로 다양하게 비정[27]되고 있다. 이들 금돌성이나 탄현은 추풍령로 상에 있거나 인접한 지역일 것이다. 따라서 남천정에서 다시 남하한 통로는 북상했을 때와 동일할 가능성이 높다. 더군다나 신라가 동원한 군사 중 상당수는 백제 국경지대에 배치된 병력이었을 것이며, 추풍령로는 삼국 모두가 자주 사용한 통로였다.[28] 따라서 신라군은 경주에서 남천정으로 기동하는 경로로써 추풍령로를 이용하였을 것이다.

그리고 추풍령로는 경주~영천~선산~상주~화령~보은~진천~이천까지로 약 268km가 된다. 신라군은 5월 26일부터 6월 18일까지 23일 동안 행군하였다. 하루에 약 11.6km을 행군한 셈이 된다. 이 속도는 고대군대가 하루에 12.7km를 행군하는 속도와 유사한 속도이다.[29] 이들 세 루트의 경로는 다음 요도와 같다.

---

27) 炭峴 : 沈峴 또는 眞峴으로 표기된다. 탄현의 위치에 대한 여러 견해가 있어 분명치 않다. ①충남 금산군 금산면 천내리와 충북 영동군 양산면 가선리설(大原利武, 「百濟要害地炭峴に就いて」『朝鮮史講座·朝鮮歷史地理』, 1922, 88~90쪽), ②완주군 운주면 삼거리와 서평리 사이의 탄치설(小田省吾, 「上世史」『朝鮮史大系』, 朝鮮總督府, 1927, 194쪽), ③부여 석성면 정각리 숫고개설(今西龍,『百濟史研究』, 近澤書店, 1934, 266쪽), ④대전 동구와 옥천 군북면 경계의 식장산 미도령설(이병도,『역주 삼국사기』, 1977, 401쪽), ⑤완주군 운주면 신복리와 삼거리 사이의 쑥고개설(홍사준,「탄현고」『역사학보』35·36, 1967, 55~81쪽) ; 전영래「탄현에 관한 연구」『전북유적조사보고』13, 1982, 276~289쪽) ⑥금산군 진산면 교촌리 숫고개설(성주탁,「금산지방성지 조사보고서」『논문집』4-3, 충남대 인문과학연구소, 1977, 29쪽) 등이 있다(충남역사문화연구원,『백제사자료역주집』Ⅰ, 아디람, 2008, 255쪽).

28) 백제는 한강유역을 탈환하기 위한 주요 통로였으며, 고구려도 신라와 백제의 연결통로인 추풍령로 일대를 집중 공격하고 있다. 신라는 백제의 관산성(옥천) 공격을 저지하기 위하여 新州의 김무력이 州軍을 이끌고 이동한 통로이자, 대 중국 주요교통로 및 소백산맥 이북으로 진출하는 교두였다(서영일, 앞의 책, 1999, 80~134쪽).

29) 1舍는 고대군대의 1일 행군거리로 30리이다(『左傳』, 僖公二十八年). 1리는 1902년(광무6)년에 정해진 도량형 규칙에 의하면 0.4239km로써 30리는 12.717km이다.

〈요도 1〉 신라군의 경주~이천(남천정) 기동로

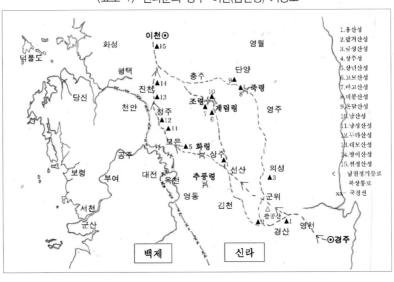

(2) 신라군의 남천정 기동규모

신라군의 남천정 기동규모에 대하여 5만 대군이 전부 남천정까지 기동하였다는 견해와 지휘부와 일부병력만 기동하였다는 견해로 나뉘어 있다.

일부병력만 기동하였다는 견해는 다음과 같다. "사비 남쪽에서 만나기로 하였는데 경기도 이천인 남천정까지 전부 기동했다는 것은 무리한 해석이다. 고구려의 백제후원 내지 침입을 우려했다면 다른 방법을 취했을 것이다. 백제를 교란시키기 위한 기만전술이라지만 신라도 당의 출병 결정을 660년 3월에 알 정도로 철저히 보안을 유지하여 백제는 전혀 눈치채지 못했다. 신라군이 기병騎兵이었다면 남천정까지 갔다 와도 합군기일까지 충분한 시간이었을 것이나, 병종이 기병이 아닌 보병위주였기 때문에 지휘부만 갔다 왔다"[30]고 하였다. 하지만 5만 병력이 전부 기동한 이

---

30) 김영관, 「나당연합군의 백제침공전략과 백제의 방어전략」『STRATEGY 21』 2-2, 1999, 176~179쪽.

유는 다음과 같이 추정해 볼 수 있다.

첫째, 신라군은 경주에서 남천정까지 268km를 23일간 행군하여 하루에 11.6km를 행군하였다. 또한 남천정에서 부여까지 209km를 17일[31]간 행군하여 하루에 12.2km를 행군하였다. 이러한 행군속도는 고대군대의 하루 행군거리에 부합된다. 만약에 지휘부만 기병을 이용하여 다녀왔다면 더 빠른 속도로 이동하였을 것이다.

둘째, 신라군이 주력부대를 백제의 국경지대에 대기시키고 지휘부가 이천까지 기동하였다면 지휘부가 없는 신라군을 백제가 공격하지 않을 리 없다. 추풍령로는 백제국경에서 30km정도 떨어져 있다. 아무리 무기력한 백제라 하더라도 30km 밖에서 적국인 신라의 5만 군사가 집결해 있는데 모를 리 없다. 또한 지휘부가 북상했다면 그러한 정황을 백제도 충분히 인지하고 신라군에 대한 공격 등 어떤 대응을 했을 것이다.

셋째, 신라군은 소정방의 백제 공격방안 즉 합군지점 등을 몰랐다. 신라군은 덕물도에 도착한 소정방으로부터 6월 21일이 되어서야 합군지점과 기동방식에 대해 전해 들었다. 이는 소정방이 덕물도에서 법민에게 "대왕의 군대와 7월 10일 백제의 남쪽에서 만나 의자의 도성을 무찌르려 한다", "태자는 육로로 가고 나는 해로로 가고자 한다"[32]고 말한 사료에서 확인된다.

당시 당군의 작전보안 상태는 철저했다. 당사자인 신라도 당의 백제 정벌계획을 660년 4월이 돼서야 알았다. 또한 659년 7월 당에 파견되었던 왜의 사신은 보안누설을 우려한 당에 의하여 억류되었다가 백제 정벌이 끝난 660년 9월이 돼서야 본국으로 돌아갈 수 있었다.[33]

---

31) 6월 18일 이천에 도착한 법민이 덕물도에서 소정방을 21일에 만나고 있으므로 이천에서 덕물도까지 3일 걸렸다. 6월 21일 소정방을 만나고 남천정인 이천으로 복귀하는데도 3일이 걸렸을 것이다. 따라서 신라군은 6월 24일 출발하였을 것이고 7월 10일 부여에 도착하였다면 17일이 소요되었을 것이다.

32) 『삼국사기』 권5, 신라본기, 무열왕7년 ; 『삼국사기』 권42, 열전2, 김유신.

물론 신라군과 당군은 상호 장수를 교차 파견하여 협력[34]하였다. 하지만 소정방은 백제 남쪽에서 신라군을 만나 백제를 공격한다는 합군지점에 대하여 사전에 신라 측에 통보하지 않았다. 그렇게 추정할 수 있는 이유는 「대당평백제국비명大唐平百濟國碑銘」에 '협영도무장叶英圖武帳'이라 하여 소정방을 가리키는 문구가 '뛰어난 계획을 장막에 두고'라고 해석[35]되기 때문이다. 이는 최고 지휘관인 소정방의 철저한 작전보안 면모를 나타내는 내용이다. 이와 같이 중요한 사항은 지휘관만 알고 예하지휘관 및 참모들에 통지하지 않는다면 아군과 적군을 기만하게 된다. 이는 아군을 완전히 기만할 수 있다면 적도 완전히 기만할 수 있다[36]는 일반적인 군사적 논리이다.

넷째, 소정방은 5만 신라군의 이동속도를 고려하여 7월 10일을 합군기일로 잡은 것이다. 지휘부만 기동한다면 더 빠른 시간에 부여에 도착할 수 있는데 20일의 여유를 준 것은 5만 대군의 육로 이동시간 때문이었다. 어떤 지휘관도 속전속결을 하여야 하는 전장에서 군수 보급문제가 대두되도록 불필요한 시간을 부여하지는 않기 때문이다.

다섯째, 신라의 5만 대군이 백제의 5천 결사대와 4번 싸워 다 패한 것도 긴 행군으로 인한 피로누적이었을 수 있다. 신라군은 북상 23일 남하 17일, 총 40일간을 행군하였다. 남천정에서 약 6일 정도 대기시간을 제외하고 전투력을 회복할 시간적 여유가 없었다. 그렇기 때문에 공성전도 아닌 황산벌에서 5천명밖에 안 되는 백제군에게 번번이 패했던 것이다.

---

33) 『일본서기』 권26, 제명천황6년.
34) 「대당평백제국비명」에 의하면 당시 신라에 파견된 당의 장수로는 嵎夷道行軍副總管 曹繼淑, 行軍長史 杜爽과 역으로 당에 파견된 신라군 장수는 右武衛中郎將 金良圖가 있다(노태돈, 『삼국통일전쟁사』, 서울대학교출판부, 2009, 148쪽).
35) 김영심, 「백제지역 출토금석문」 『역주 한국고대금석문』 1, 가락국사적개발연구원, 1992, 463~469쪽.
36) 조명제, 『기책병서』, 익문사, 1976, 364쪽.

신라 무열왕과 김유신은 5만 병력을 전부 이끌고 남천정인 경기도 이천까지 기동하였다. 그리고 소정방의 작전계획을 듣고, 다시 남천정에서 백제의 수도 사비성 즉 부여로 향하였다.

(3) 신라군의 남천정 기동이유

신라군이 남천정인 이천까지 기동한 이유에 대하여 여러 견해가 있다. 무열왕의 남천정 행차는 각 지역의 군사동원 체제를 점검하려는 목적,[37] 백제가 고구려에게 병원兵員지원을 요청할 것을 예측하고 그 통로를 차단하기 위한 군軍전략적 조치,[38] 황산(연산)으로 향하는 백제 진입로인 보은 혹은 옥천에 먼저 군대를 집결시키고 왕을 비롯한 법민·김유신 등 주요 군 지휘관과 일부병력만이 남천정까지 갔다가 다시 남하하여 합류한 것,[39] 고구려가 자국방어에 힘쓰도록 하여 백제와 조응하지 못하게 하려는 의도,[40] 백제를 기만하기 위한 노림수[41] 등 이다. 최근에는 처음부터 백제군을 속이기 위해서 남천정까지 이동한 것으로 보면서[42] 그 예로 신라가 670년 요동을 선제공격하여 당의 이목을 요동으로 돌린 후 주력부대로 웅진도독부를 공격하는 전략을 펴는 방법과 유사[43]하다고 한다. 그러나 위와 같은 논리보다는 군사학적으로 다음과 같이 설명할 수 있다.

첫째, 군 지휘계통상 당군의 지시에 의한 기동이었을 것이다. 「대당평백제국비명」에 소정방의 직책은 '신구·우이·마한·웅진 등 14도대총관十四道大摠官 좌무위대장군 상주국 형국공 소정방'이라고 기록되어 있고, 『삼

---

37) 노중국, 『백제 부흥운동사』, 일조각, 2003, 46쪽.
38) 홍사준, 「탄현고」『역사학보』35·36, 1967, 66쪽.
39) 이호영, 『신라삼국통합과 려·제패망원인 연구』, 서경문화사, 1997, 186쪽.
40) 장미애, 「백제말 정치 세력과 백제의 멸망」『백제문화』58, 2013, 136쪽.
41) 이상훈, 「나당연합군의 군사전략과 백제멸망」『역사와 실학』59, 2016, 53쪽.
42) 박노석, 「백제황산벌 전투와 멸망과정의 재조명」『인문과학연구』27, 2010, 360~367쪽.
43) 이상훈, 『나당전쟁 연구』, 주류성, 2012, 103~108쪽.

국사기』에 무열왕은 '우이도 행군총관行軍摠管'으로 기록되어 있다. 우리는 나당연합군이라고 하여 신라와 당이 대등하게 작전한 것으로 인식하고 있다. 하지만 사료의 직책을 보면 무열왕은 소정방의 예하 지휘관이었음을 알 수 있다. 이는 신라군이 처음부터 백제를 기만하거나 교란시킬 의도로 자주적으로 기동했다는 것보다는 상주국인 당, 즉 상급지휘관이었던 소정방의 명에 의한 기동이었다.

둘째, 처음부터 계획된 당의 저의에 의한 기동이었을 수 있다. 사료에 소정방이 돌아가서 포로를 바치는 절차가 끝난 다음 황제가 소정방을 위로하면서 말하기를 "나간 김에 왜 신라를 치지 않았느냐?"하자 소정방이 "신라는 그의 임금이 인자한 마음으로 백성을 사랑하며, 신하들은 충성으로 임금을 섬기며 아랫사람들은 윗사람을 부형과 같이 섬기고 있으니 나라는 비록 작지만 건드릴 수가 없었습니다"[44]라고 답하고 있다. 이 기록에 따른다면 소정방은 당에서 출발할 때부터 신라까지 병합하려는 의도를 가지고 있었던 것이다. 그러한 의도가 명백하였다면 신라군 5만 병력에 대한 남천정까지 소정방의 기동명령은 백제를 기만하고자 하는 목적 외에 신라군에 대한 힘 빼기 저의底意까지 내포하고 있었다고도 판단된다.

셋째, 많은 연구자들이 백제를 기만하거나 고구려에 대한 견제기동이었다고 하고 있다. 물론 단순한 기동만으로 견제효과를 달성할 수도 있다. 그러나 전술적으로 볼 때 실질적인 견제가 되려면 병력이 배치되어야 한다. 그리고 백제에 대한 기만이었다면 백제에게 배후를 공격당할 우려가 있다. 또한 고구려에 대한 견제기동이었다면 오히려 고구려군의 집결을 불러올 수 있다. 따라서 신라가 남천정까지 기동한 것은 백제에 대한 기만이나 고구려에 대한 견제기동이 아니었다.

하지만 결과적으로는 신라군의 추풍령로 기동이 당군과 신라가 북쪽

---

44) 『삼국사기』 권42, 열전2, 김유신.

어디에선가 연합[45])하리라는 백제의 오판을 가져오게 하였다. 이와 관련
하여 신라군과 당군이 합류할 수 있는 최적의 지점을 당항성이 위치한 경
기도 화성을 합군지점으로 추정[46])하거나, 서울부근에서 당군과 신라군이
연합하여 남하하는 전략을 채택하려고 했던 것[47])으로 보기도 한다. 즉 당
군과 신라군이 북쪽 어디에선가 합류할 것으로 오판한 백제가 주력부대를
북방으로 투입시켰던 것이다. 결과적으로 백제가 기만당한 것이었으며 추
가적인 이유는 다음과 같다.

먼저 김유신의 행군계획이다. 김유신은 7월 10일 백제 남쪽에서 당군
과 합류하기 위하여 7월 9일 황산벌인 황산지원黃山之原에 들어섰다. 황산
지원으로부터 사비성까지는 20km가 약간 넘는 거리로써, 계획대로라면
7월 10일 합군지점에 도착할 수 있는 거리다. 김유신은 정확하게 계산[48])
하고 기동하고 있었다. 그러나 뜻하지 않은 계백의 저항에 부딪혀 7월 11
일 도착함으로써 합군기일을 지키지 못하였다. 수많은 전투를 경험한 김
유신이 백제의 저항을 예견하지 못했다는 것은 이상한 일이다. 김유신은
백제의 주력이 다 빠지고 도성수비 병력만 남아 있을 것으로 오판한 듯싶
다. 즉 나당연합군이 백제의 주력부대를 북방 어디론가 유인하였기 때문
에 김유신은 전투를 계산하지 않고 정상적인 행군계획으로 이동하고 있었
던 것이다. 결과적으로 김유신의 행군계획에서 백제군이 기만당한 것을
확인할 수 있다.

---

45) 이상훈은 당군과 신라군이 합류하기 가장 적당한 지점은 당항성이 위치한 화성지
    역으로 판단하였으며(이상훈, 앞의 논문, 2016, 55쪽), 박노석은 백제가 신라와 당
    군이 서울이나 경기도 부근에서 만나 연합한 뒤 함께 육로로 남하할 것으로 오판하
    였다고 보았다(박노석, 앞의 논문, 2010, 365~368쪽).
46) 이상훈, 앞의 논문, 2016, 55쪽.
47) 박노석, 앞의 논문, 2010, 365쪽.
48) 황산벌에서 부여까지는 20km이다. 소정방이 김유신과 7월 10일 만나기 위한 도착
    장소는 都城20許里(약 8km)였다. 결국 김유신은 12km를 더 행군하여야 하므로 7
    월 9일 황산벌에 들어섰던 것이다.

다음으로 백제가 기만당한 것으로 보는 이유는 백제 의자왕이 항복할 때까지 사료에 보이는 백제군이 너무 적다는 것이다. 평상시 백제는 신라를 침공 할 때 많을 경우는 3~4만의 병력을 출동시켰다. 그러나 660년 7월 나당연합군이 침공할 때 백제의 병력은 황산벌 5천, 웅진강구 수천, 사비성 전투 1만여 명이 전부였다. 결국 백제군의 주력은 나당연합군에게 기만당하여 사전에 어디엔가 투입되어 있었던 것이다.

기만작전은 적을 불리한 상황으로 유도하거나, 작전판단을 그릇되게 유도하기 위한 것으로 양공·양동·계략·허식 등의 방법49)이 있다. 따라서 신라군의 5월 26부터 6월 18일까지 남천정 기동이 의도적이었다면 백제군을 속이기 위한 양동작전이었고, 그러한 의도가 없었다 하더라도 결과적으로는 백제가 기만당한 양동작전이 되었다.

2) 당군의 양공작전50)

소정방은 3월 당 고종으로부터 백제 공격명령을 받았다.51) 그리고 660년 6월 18일에 산동반도 성산(래주)를 출발하였다. 그가 인솔한 병력은 사료마다 차이가 난다. 『신당서』에는 소정방이 좌위장군 유백영, 우무위장군 풍사귀, 좌효위장군 방효태 등 3명의 주요장군을 인솔하였으며, 병력 수는 『구당서』, 『자치통감』에 수륙 10만 명으로 되어 있다. 하지만 『삼국사기』에는 13만 명으로 기록되어 있다. 한편 『삼국유사』에는 군사가 12

---

49) 김광석 편저, 『용병술어연구』, 병학사, 1993, 148~149쪽.
50) 양공(Feint)은 적을 기만하기 위하여 실시하는 제한된 목표에 대한 공격작전이다. 앞의 양동(Demonstration)작전과는 비슷하나 양동작전이 적을 속이기 위한 기동이라면, 양공작전은 실제 일정한 목표를 공격하여 적으로 하여금 오판하도록 만드는 것이 차이가 있다. 따라서 신라군의 단순한 기동과는 달리 당군은 당진 백제수군을 공격하였기 때문에 양공작전으로 구분하였다.
51) 『구당서』 권4, 본기4 ; 『신당서』 권3, 본기3 ; 『자치통감』 권200, 당기16.

만 2,711명이며 배는 1,900척으로 아주 구체적인 수치가 제시되어 있다. 따라서 당군은 13만 명, 배는 1,900척으로 보고자 한다.

1,900척의 배에 13만 명의 병력을 태운 소정방은 660년 6월 21일 덕물도에 도착하였다. 이날 소정방은 신라의 태자 법민을 만나 "7월 10일 백제의 남쪽에서 대왕의 군대와 만나 의자의 도성을 깨뜨린다"[52]는 작전계획을 하달하고, "나는 해로로 가고 태자는 육로로 가서 사비성에서 만나자"[53]는 기동방법까지 제시하였다. 그리고 수로로 기동한 소정방은 7월 9일 웅진강구에서 백제군을 만나 대패시키고 곧바로 약속장소에 도착[54]하였다.

당군은 성산(래주)에서 덕물도까지 305km를 3일 만에 항해하였다. 그리고 덕물도에서 백제의 수도 부여까지 210km를 20여 일 만에 기동하였다. 13만 명을 태운 1,900여 척의 배가 덕물도에서 부여까지 20여 일이라는 기간을 소비한 부분이 이해가 안 된다. 이 점에 대해 연구자들은 다음과 같이 보고 있다.

① 웅진강과는 별도의 강인 백강 즉 동진강에 교두보를 확보하여 충분한 휴식을 취한 후 웅진강으로 진입한 것,[55] ② 소정방은 백제와 신라가 치열한 전투를 개시했을 것을 계산하면서 천천히 백강(동진강)에서 웅진강으로 도착한 것,[56] ③ 후미의 당군이 모두 도착할 때까지 기다린 후 전열을 정비하였을 것,[57] ④ 20여 일은 당군의 작전을 위해 필요한 시간이아니라 보급부대인 김유신의 이동소요 시간이었을 것,[58] ⑤ 화성지역에

---

52) 『삼국사기』 권5, 신라본기, 무열왕7년.

53) 『삼국사기』 권42, 열전2, 김유신.

54) 7월 9일 저녁 사비성 남쪽에 도착 한 것으로 본다(이재준, 「660년 소정방의 백제 공격로에 대한 연구」, 『군사』 98, 2016, 29~30쪽).

55) 전영래, 『백촌강에서 대야성까지』, 신아출판사, 1996, 30~31쪽.

56) 이종학, 『한국군사사 연구』, 충남대학교출판부, 2010, 250~251쪽.

57) 김영관, 「나당연합군의 백제공격로와 금강」, 『백제와 금강』, 서경문화사, 2007, 241쪽.

58) 이희진, 「백제의 멸망과정에 나타난 군사상황의 재검토」, 『사학연구』 64, 2001, 10~

서 합류를 고려한 신라군과 조율을 거쳐 당진의 백제 수군기지를 선제공
격하여 식량을 탈취하기로 했을 것59) 등이다.

제시된 의견들 중 동진강 교두보 확보 후 휴식설이나 김유신 보급부대
이동시간을 고려한 장기간 대기는 작전계획 수립단계부터 고려될 수 없는
사안이다. 왜냐하면 당군이 휴식을 취하면서 신라군이 백제와 치열하게
싸우는 시간을 고려했다면 항해 또는 정박 간 보급문제가 대두된다. 또한
김유신 보급부대 이동시간을 고려했다면 그 시간에 맞춰 늦게 출항하는
것이 당연하다. 늦게 출항한다 하더라도 어디엔가 정박 또는 상륙해 있어
야하기 때문이다.

그리고 6월 21일 선두부대가 도착한 후 후미가 다 도착하는데 기일이
걸렸을 것이라는 논리 또한 수용하기 어렵다. 6월 21일 소정방이 법민을
만나고 있는데 최고 지휘관인 소정방이 선발대에 포함되어 항해했을 리
없기 때문이다. 이는 법민이 돌아와 무열왕에게 정방의 군대 형세가 매우
강성하다고60) 보고하는 내용에서 당군의 본대가 전부 전개해 있음을 알
수 있기 때문이다.

따라서 제시된 의견들 중에 당군 기동계획61)을 추정할 수 있는 내용으
로는 당진 상륙설이 설득력 있다. 당진 상륙작전은 공격작전의 일환이며,
작전로 상에 있어 재보급을 받을 수 있을 뿐만 아니라 백제군을 기만하기
에도 안성맞춤이기 때문이다. 그러나 식량탈취 작전만 가지고 20여 일을
다 설명할 수는 없다. 이에 군사학적인 측면에서 고찰해보자.

12쪽.

59) 이상훈, 앞의 논문, 2016, 51~69쪽.

60) 『삼국사기』 권5, 신라본기, 무열왕7년.

61) 기동계획은 목표를 확보하기 위하여 부대가 수행하는 전술계획이며, 공격작전 시에
는 전투편성, 대형(기동의 형태), 통제방책, 공격개시선 및 공격개시 시간 등이 포
함된다. 방어 및 지연전을 위한 부대배치도 기동계획이다(김광석 편저, 앞의 책,
1993, 141쪽).

(1) 당군 기동에 대한 군사학적 고찰

소정방은 660년 3월에 명령을 받았으므로 6월 18일 산동반도를 출발할 때까지 약 3개월간 병력·병선준비와 더불어 백제 토벌계획을 구상하고 수립했을 것이다. 한 번도 가보지 않은 새로운 지형, 특히 많은 병력을 전함에 싣고 황해를 건너 백제를 치기 위해서는 많은 고민과 준비가 있었을 것이다. 황해바다 등 지형에 대해서는 당시 당에 숙위宿衛 중이던 김인문으로부터 조언을 받았을 가능성이 높다. 그리고 대규모 원정군을 이끌고 있었으므로 손실을 최소화하면서 목적을 달성하는 속전속결의 전략을 구상했을 것이다.62) 이는 소정방이 임존성에서 거병한 백제군들이 남아 있는데도 9월 3일 서둘러 철수한 기록63)에서도 알 수 있다.

한편 소정방은 속전속결을 위한 작전계획을 구상하면서 다음 몇 가지를 고려하였을 것이다. 우선 기동부대의 배후안전에 대비한 고구려군 견제이다. 그리고 육지로 연결되어 있지 않은 황해바다 건너 해외원정이었으므로 군수보급 즉 군량조달 문제이다. 또한 백제군을 조기에 전장에 투입하도록 하여 격멸하는 방법 등이다. 이에 당군의 기동에 대한 군사학적인 고찰은 고구려군 견제, 당군의 군량조달, 백제군 조기투입 강요 등 3가지로 나누어 살펴보자.

먼저 고구려에 대한 견제이다. 당 태종은 재위기간 중 4회 고구려를 침공하였다. 649년 5월 당 태종이 죽고 이어 즉위한 고종은 고구려 원정의 거듭된 실패로 인한 태종의 원정중지 유언64)에도 불구하고 계속하여 고구려를 공격하였다.65) 659년 4월에 신라는 여섯 번째로 당에 사신을 보

---

62) 당군은 13만 명이라는 대규모 원정군이었으므로 부대의 보급과 사기를 위해 속전 속결을 하는 것이 유리했다. 이러한 속전속결의 중요함은 『孫子兵法』에도 잘 나와 있다(『손자병법』第二篇, 作戰, "其用戰也貴勝 久則鈍兵挫銳 攻城則力屈 久暴師 則國用不足 故兵聞拙速 未睹巧之久也 夫 兵久而國利者 未之有也").
63) 『삼국사기』권5, 신라본기, 무열왕7년.
64) 『삼국사기』권22, 고구려본기, 보장왕8년.

내 백제 정벌을 위한 군사를 요청하였다.[66) 결국 당은 고구려 공격이 여의치 않자 백제를 먼저 정벌[67)하기로 결정하였다.[68) 그리고 658년 6월에 이어 659년 11월에도 설인귀를 보내 고구려를 공격하였다. 이듬해인 660년 3월 당 고종은 소정방을 신구도 행군대총관에 임명하고 백제를 정벌하도록 하였다.

이와 같은 진행과정을 볼 때 소정방은 백제 정벌작전을 구상하면서 기동부대의 배후안전을 위해, 고구려에 대한 견제를 반드시 필요한 과업 중에 하나로 선정하였을 것이다. 고구려에 대한 견제는 단순한 부대의 기동만으로는 제한되며 반드시 병력이 배치되어야 한다. 병력을 배치하였다면 소정방이 6월 21일 덕물도에서 법민을 만나 작전계획을 하달하고 돌려보내면서 징발하도록 한 신라의 병마兵馬[69)나 국경지대 산성들일 것이다. 즉 육상에서는 국경지대 산성과 징발한 신라군의 병마가 고구려군을 견제하였을 것이다.

그리고 해상에서도 고구려에 대한 견제가 필요했을 것이다. 본국과의 연락은 물론 1,900척 선단의 안전을 위해서 후방의 해상을 통제해야 했기 때문이다. 이와 관련하여 사료에는 없지만 해상에 병력을 배치했을 것으로 추정되는 간접사료가 있다. 인천 남동구에 소재한 소래산蘇來山의 지명유래이다. 소래산은 삼국시대 말에 소정방이 머물렀기 때문에 소래산이라고 한다.[70) 소래산 지명유래는 소정방이 덕물도에 왔었다는 사실에 비추

---

65) 660년 까지 당의 고구려 침공은 『삼국사기』와 『구당서』 등에서 태종이 4회 고종은 5회로 파악이 된다.
66) 『삼국사기』 권5, 신라본기, 무열왕6년.
67) 『구당서』 권84, 열전34, 유인궤.
68) 당이 백제 정벌 계획을 결정한 시기는 신라의 청병시기와 長春과 罷郞이 무열왕의 꿈에 나타난 시기, 왜의 사신이 당에 도착하여 억류된 시기(659년 10월~660년 9월) 등을 고려하면 659년 4월~10월 중 어느 시기로 판단이 된다.
69) 『삼국사기』 권5, 신라본기, 무열왕7년.
70) 국토지리정보원, 『한국지명 유래집 -중부편-』, 국토지리정보원, 2008, 174쪽.

어 덕물도에서 소래산으로 온 것이라 추정된다. 즉 덕물도와 소래산 구간
의 해상을 통제하던 소정방의 예하부대가 위치했던 것으로 해석할 수 있다.

따라서 소정방은 육상에서는 징발한 신라의 병마로 고구려 육군을 견
제하거나 정찰부대로 활용하고, 해상에서는 당 수군의 일부가 덕물도와
소래산 사이의 바다를 통제하여 고구려의 수군에 대비하였다.

다음은 당군의 군량조달이다. 군량조달 방법을 알아보기 위해 13만 명
이 바다를 건너 적 지역을 침공하려면 얼마만큼의 군량선이 필요한지 판
단해야 한다. 660년 백제침공 당시 당의 군량선에 대한 기록은 없다. 그
러나 당이 645년 고구려 침공을 위해 래주로부터 비사성(요동반도 남쪽)을
공격할 때 4.3만의 병력은 전함 500척에, 군량은 400척에 실었다[71]는 기
록이 있다. 이와 같은 비율로 계산하면 660년 백제를 침공할 때 13만의
병력은 전함 1,512척에, 군량은 1,209척에 실어야 한다. 총 2,721척의 배
가 필요하다.[72] 그런데 총 1,900척 가운데 1,512척에 병력이 승선하고 나
면, 군량선은 388척 밖에 안 된다. 즉 필요한 군량선 1,209척이므로 821척
의 군량선이 부족했다.[73]

그런데 군량선은 작전거리나 작전일수에 차이가 있다. 래주~요동반도
거리에 비하면 래주~사비성(부여)거리는 거의 두 배가 넘는 거리이다.[74]
따라서 작전거리와 작전일수를 고려하게 되면 소요되는 군량선 1,209척
의 2배 정도의 군량선이 더 필요하다. 이와 같이 볼 경우 백제 정벌 시
1,900척 중 388척의 군량선은 고구려 정벌 시와 비교하면 턱없이 부족하
다. 결국 이를 해결하기 위한 별도의 대책이 필요하였을 것이다.

---

71) 『삼국사기』 권21, 고구려본기, 보장왕3년.
72) 병력승선전함 = 13만 × 500척 ÷ 4.3만 = 1,512척 ; 군량선 = 13만 × 400척 ÷
  4.3만 = 1,209척(병력승선 전함) ; 총소요선박 = 1,512척 +1,209척 = 2,721척.
73) 군량선박 = 1,900척 - 1,512척 = 388척 ; 부족군량선 = 1,209척 - 388척 = 821척.
74) 직선거리로 래주~비사성(요동반도 남쪽)은 약 245km, 래주~사비성은 약 500km가
  된다.

고려할 수 있는 군량조달 방법으로, 사비성에 도착한 뒤에는 신라군으로부터 지원을 받을 수 있다. 하지만 6월 18일 성산에서 출발하여 7월 10일 사비성에 도착하기까지 23일 동안 항해 간에는 자체조달이 필요하게 된다. 혹자는 법민이 인솔한 거함 100척을 보급선으로 보기도 한다. 그러나 신라 병선 100척으로는 군량문제를 해결할 수 없으며, 법민이 인솔한 100척은 전투병력을 태운 전투함75)이었다. 결국 당군은 백제의 왕도에 도착하기 전까지는 어떤 방식으로든지 군량의 재보급이나 식량탈취 등 자체조달이 필요하였음은 당연한 사실이다.

군량만이 문제가 되는 것이 아니다. 군량과 더불어 식수보급도 반드시 필요하다. 현재 군에서 통용되는 사례를 통해 당시 13만 병력의 식수를 판단해보자. 오늘날 PKO76)에 파병되는 장병들에게 UN에서 일일 4.5ℓ의 식수를 공급한다. 한편 육군본부 발행 야전교범에는 한국군 장병 1인당 1일 식수 소요량은 4ℓ77)로 기록되어 있다. 또한 장병들이 전투 또는 훈련 간 휴대하는 수통의 용량은 980㎖이다. 이 휴대용 수통은 식수를 지속적으로 보충할 수 있는 육지에서 사용하는 것이다. 당군은 전함을 타고 이동하므로 식수를 절약한다 해도 개인당 1일 3ℓ의 식수는 필요했을 것이다. 당시는 음력 6월로 여름이어서 겨울보다 더 많은 양의 식수가 필요했을 것이다. 특히 고대에는 식수를 담을만한 개인용기도 충분하지 못했을 것이다. 개인별로 식수를 담을 수 있는 물주머니를 휴대하고 별도로 통합식수를 적재했다 하더라도 3일 이내에는 식수를 재공급해야 한다. 즉

---

75) 『삼국사기』 권42, 열전2, 김유신 ; 『삼국사기』 권44, 열전4, 김인문전에 100척의 병선에 병력이 승선하였으므로, 소정방을 웅진구로 안내하는 임무를 병행하며 연합 작전에 투입된 전투함으로 추정된다.

76) Peace Keeping Operation. 유엔평화활동으로 유엔이 관계 당사국의 동의를 얻어 일정한 군대로 구성된 유엔 평화유지군이나 감시단 등을 현지에 파견해 휴전·정전의 감시 또는 치안유지 임무를 수행한다. 분쟁지역의 평화유지 또는 회복을 돕는 것이 목적이다.

77) 육군본부, 『기술 및 군수제원』 야전교범 4-0-1, 육군인쇄창, 2006, 7~12쪽.

대병력일 경우 식수 재보급 없이 3일 이상 항해하기는 어려웠을 것이다. 결국 연안항해를 하면서 식수를 재보급해야 한다는 결론이 나온다. 다음은 당군이 연안항해를 하면서 군량과 식수를 조달했을 것으로 추정되는 사료이다.

> A-① 5월 고구려가 송산성을 공격하여 이기지 못하자 석두성의 남녀 3,000명을 잡아 갔다.[78]
>
> ② 면주도경(沔州圖經)에 의하면 삼국시대에 평양[고구려]과 백제가 서로 석두성 창고를 공격하여 취하였다. 석두성은 수군의 창고였다. 지금은 가리저 동쪽에 있다. 당 현경(顯慶) 중에 당군이 바다를 건너와 난리로 인하여 창고를 폐지하였다. 신라가 평정한 후에 석두에 창고를 설치하였다.[79]
>
> ③ 백제 의자왕 20년에 당 소정방이 덕물도에 주둔하였고, 당진에 상륙하여 정 박하였다.[80]

사료 A-①은 A.D. 607년 『삼국사기』 기사로써 고구려가 백제의 송산성을 공격하여 이기지 못하자 석두성의 남녀 3,000명을 잡아갔다고 하여 석두성과 송산성이 가까이 있음을 나타내고 있다. A-②는 『증보문헌비고增補文獻備考』의 기록이다. 즉 당진 면주에 석두성이 있고 수군 식량창고가 있었다고 하여 면주에 백제의 수군기지가 있었음을 알 수 있다. 면주는 충청남도 당진시 면천면 일대이다. 그리고 당 현경顯慶은 656년에서 660년까지이므로 이 기간에 당군이 건너온 것은 660년 소정방의 군대뿐이다. 따라서 소정방의 당군은 면주(면천) 석두성의 백제 수군창고를 공격하였을 것이다.

또한 A-③ 『대동지지大東地志』는 당 소정방이 당진에 상륙하여 정박하

---

78) 『삼국사기』 권20, 고구려본기, 영양왕18년 ; 『삼국사기』 권27, 백제본기, 무왕8년.
79) 『증보문헌비고』 권33, 여지고21, 당진, "沔州圖經記 郡在三國時 平壤與百濟相攻取 倉於石頭 今加里渚東積栗爲水軍之 唐 顯慶中 唐兵渡海因亂 倉廢 新羅平 此界復 置倉於石頭"
80) 『대동지지』 권5, 당진, "百濟義慈王二十年 唐將蘇定方 駐軍德勿島 泊唐津下陸"

였다고 하였다. 이와 같이 사료 A-①~③에서 당나라의 소정방 군대가 충남 당진에 상륙하였으며, 충남 당진 면주에 있는 백제의 수군창고를 공격하여 식량을 탈취함으로써 군량을 조달하였음을 알 수 있다.

이외에도 위 사료들의 신뢰성을 높여주는 전설이 있다. 당진의 대호지면 적서리에 전해지는 방구암 전설이다. "삼국시대 당군의 일부가 송악면 한진으로 상륙하고, 일부는 난지도를 경유하여 내륙으로 침입하기 위하여 상륙한 곳이 방구암이다. 이때 백제군이 이를 알고 대기하고 있다가 격퇴하자 당군은 강 건너편인 당진포리에 상륙하였다"[81]고 하고 있다.

그러나 13만 대군의 군량과 식수를 조달하기 위해서는 당진 대호지면이나 면천의 석두성 수군창고 등 1개 지역에만 상륙했다고 보기 어렵다. 식수조달은 연안항해를 하면서 수시로 육지나 도서지역에서 획득 보급하여야 했기 때문이다.

이와 관련하여 당군이 상륙했을 것으로 추정해 볼 수 있는 다른 지역의 전설들이 다수 있다. 전설들은 천방사 전설 6개소, 오성산 전설, 문동교 및 장군동 전설 등이다. 물론 전설을 전적으로 신뢰하기는 어렵다. 하지만 후대사료에 전설들이 기록된 것은 필시 어떤 연유가 있었기 때문일 것이다. 군사학적인 측면에서 검토해보자. 일반적인 부대의 기동[82] 특히 대부대가 행군이 아닌 기동을 할 경우 절대 일렬로 가는 법이 없고, 당시 군량과 식수조달의 필요성 등을 고려해 볼 때 계속 바다에 대기할 수도 없다. 육지의 어느 곳엔가는 반드시 상륙하여야 한다. 따라서 전설이지만 상당한 개연성이 있다고 할 수 있다. 다음은 충남지역 6개소에 전해지는 천방사 전설에 대한 표이다.

---

81) 당진군, 『당진군지』 상, 상록동양인쇄문화, 1997, 220쪽 ; 윤명철, 「당진의 고대 해항도시적인 성격 검토와 항로」 『동아시아고대학』 29, 2012, 298쪽.

82) 행군은 작전목적과 요구에 따라 도보 또는 차량으로 이동하는 부대이동이고, 기동은 적에 비하여 보다 유리한 위치에 부대, 물자 또는 화력을 이동시키는 것이다. 통상 행군은 일반적인 이동을 말하고 기동은 적 상황 하에서의 이동을 말하기도 한다.

〈표 1〉 천방사 전설의 전승지점 및 특징[83]

전승지점	관련 지명	전설의 전승력	참 고 내 용
(1) 전북 군산시 소룡동·해망동	천방산 (점방산)	설림산 주변 마을을 중심으로 다소 약화된 상태로 전승되고 있다. 현전 구전담의 내용은 『신증동국여지승람』에 소개된 것과 비슷하다.	『신증동국여지승람』에는 천방산에 천방사가 있고 이것이 뒤에 선림으로 바뀌었다가 다시 천방사로 개칭된 것으로 기록되고 있는데 지금은 천방사가 없고 천방사터를 확인하기도 어렵다. 다만 이 산 아래 마을을 '천바래'라 하는데 그와 관련이 있지 않을까 짐작된다. 현재 첨방산 남쪽에 선림산이 있고 이곳에 은적사가 있는데 이것이 천방사의 후신이라는 말도 있다.
(2) 충남 서천군 시초면 신농리 절골	천방산· 천방사· 천방골	전승력이 다소 약화된 상태이지만 인근에 비교적 잘 전승되고 있다. 군산의 경우와 비슷한 내용이되 약간의 변이를 보이고 있다.	절이 있는 마을을 속칭 절골이라 부르며 천방사터가 있다. 이곳에서 산 아래 다소 떨어진 곳에 천방골이란 마을이 있다.
(3) 충남 보령군 미산면 용수리	천방사 터·천뱅이	방이 천 칸이어서 천방사라는 정도로 극히 단편적인 내용으로만 이야기가 전승되고 있다.	얼마전 천방사터 아래쪽의 와요지가 발굴되었다. 그런데 '천방지유적발굴조사보고서'라는 이름과는 달리 실제의 천방사터는 이보다 백여 미터 위쪽에 있으며 그 터가 더 넓다고 한다.
(4) 충남 청양군 대치면 탄정리 천방골	천방절 터·천방골	(3)과 거의 같은 수준이다.	'천방사'라 쓰인 시루편이 발견되었다.
(5) 충남 공주군 유구면 탑곡리/ 충남 예산군 대술면 방산리	천방산· 절골 천방산· 천방골	기본적으로 (4)와 거의 같다. 전승력이 많이 약화된 상태이며 탑곡리 쪽에서 좀더 구체성을 띠고 전승되고 있다.	하나의 산을 두고 공주와 예산의 남북으로 면한 두 개의 마을에 비슷한 전설이 전하고 있다. 현재 예산 대술면쪽 천방산 아래 마을 근처에 역사가 오래지 않은 천방사가 있다.

〈표 1〉의 천방사 전설은 『신증동국여지승람新增東國興地勝覽』에 기록된 것이다. 소정방이 천방산 밑에 정박할 때 안개 때문에 곤란을 겪었는데

---

83) 황인덕, 「천방사(千房寺)전설과 백제말기 역사상황」『백제연구』 32, 2000, 205쪽.

산신치성을 드리며 천 채(坊)의 절을 짓겠다고 약속을 하자 안개가 걷혔다
는 내용이다. 전설지역은 군산시와 서천군 외에 보령시 미산면, 청양군
대치면, 예산군 대술면, 공주시 탑곡리 등 6개소가 있다. 이들 지역에서
절터나 천방사라는 시루편 등이 발견되고 있다.[84]

천방사 전설 외에『여지도서興地圖書』에는 당군의 상륙과 관련하여 군
산지역에 내려오는 오성산 전설이 있다. 당나라 장수 소정방이 백제를 공
격할 때 안개 속에서 헤매던 중 오성산에 올라 바둑을 두고 있는 노인을
만나 부여로 가는 길을 물었으나 이에 대답하지 않으므로 노인들의 목을
치고 갔다[85]는 내용이다.

한편 소정방의 내침과 관련된 전설로는 문동교 전설이 있다. 문동교는
부여군 임천면에 있으며 소정방이 임천 칠산부근에서 꿈속에 보았던 금송
아지를 따라 갔으나 결국 좌절하고 돌아와서 행군을 계속했다는 내용이
다.[86] 장군동藏軍洞 전설은『신증동국여지승람』에 기록된 것으로, 부여군
석성면 파진산에 장군동이 있는데 산 정상부근에 넓은 공터가 있어 소정
방이 백제를 칠 때 만 명의 군사를 숨겨 놓았다[87]고 전해지고 있다.

이들 전설은 대부분 충청남도의 서해안과 인접한 지역이며 산악을 따
라 내륙으로 연결되어 있다. 서천과 군산으로부터 부여에 이르는 금강 주
변에 분포되어 있다. 이러한 지리적 특성으로 볼 때 비록 전설이지만 역
사적 사실을 바탕으로 재구성되었을 가능성이 있다. 즉 어떤 형태로든지
당나라 군대가 재보급이나 식수조달, 그리고 작전차원에서 흔적을 남겼기

---

84) 황인덕, 앞의 논문, 2000, 205쪽. 또한 전북 옥구군 천방사 전설(군산시 소룡동)은
　　『신증동국여지승람』권34, 옥구현, 불우조에 소정방 대신에 김유신으로 바뀌어 기
　　록되어 있다. 그러나 당시에 김유신이 군산지역에 왔던 기록이 없다. 소정방으로
　　고쳐 보아야 한다.
85)『여지도서』보유편, 전라도, 임피현 고적조.
86) 황인덕,「백제패망전로로 본 백제사, 백제사 의식」『백제연구』24, 1994, 230쪽.
87)『신증동국여지승람』권18, 석성현, 산천조.

때문일 것이다. 다음 요도는 소래산 지명유래와 천방사 전설 등 전설지역
들을 표시한 것이다.

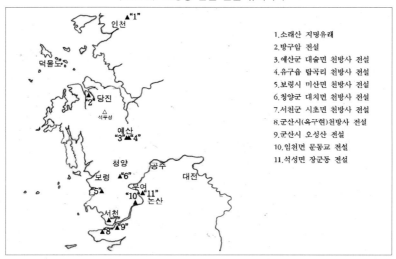

〈요도 2〉 소정방 관련 전설 유래지역

1.소래산 지명유래
2.방구암 전설
3.예산군 대술면 천방사 전설
4.유구읍 탑곡리 천방사 전설
5.보령시 미산면 천방사 전설
6.청양군 대치면 천방사 전설
7.서천군 시초면 천방사 전설
8.군산시(옥구현)천방사 전설
9.군산시 오성산 전설
10.임천면 문동교 전설
11.석성면 장군동 전설

군량이나 식수조달도 작전이다. 작전이라고 하는 이유는 적 지역에서
의 군량이나 식수를 획득하려면 적과의 조우를 감내해야하기 때문이다.
따라서 군량과 식수를 획득하면서 적을 유인하여 격멸하거나 혼란을 유발
하는 작전방안을 함께 고려했을 것이다. 결국 군사적으로 볼 때 당군은
백제군의 조기투입을 강요한 것이다. 군량 및 식수확보가 군사작전 차원
에서 이루어졌다면, 전설이 나타난 지역들을 군사지리적 관점에서 살펴볼
필요가 있다.

첫째, 위 요도에서 전설 "2"와 석두성 수군창고, 전설 "3"·"4"는 지형적
으로 한 축선임을 알 수 있다. 즉 당진으로부터 면천을 거쳐 예산군 대술
면 그리고 공주 유구읍 탑곡리까지 능선으로 연결된 양호한 기동축선이
다. 이 기동축선은 도상에서 볼 때 공주방향을 지향하고 있다.

둘째, 전설 "5"·"6"은 보령 웅천으로부터 미산면을 거쳐 청양 대치면까지는 군대가 기동하기에 용이한 종격실 능선으로 연결된 축선이다. 그리고 축선은 부여~공주로 가는 방향을 지향하고 있다.

셋째, 전설 "7"·"8"·"9"는 금강입구에 해당된다. 강의 입구는 군대가 진입할 때 안전이 확보되어야 하는 중요지형지물이다. 그리고 전설 "10"·"11"은 금강을 연하여 백제의 수도 부여에 근접한 지역으로, 목표를 탈취하기 위한 목표 주변의 중요지형지물이다.

물론 후대사료에 기록된 전설을 가지고 당군의 작전을 추정할 수는 없다. 하지만 당군 입장에서는 휴대한 군량이 적고 식수가 필요한 상황에서, 고대의 통상적인 방법과 같이 점령지에서 조달해야 했다. 그러나 군량과 식수조달을 위해 상륙을 하게 되면 기도가 노출된다. 따라서 군량과 식수확보 작전은 다른 작전과 병행하여 실시되어야 한다.

다른 작전과 병행하였다면 소정방은 다음과 같이 계획하였을 것이다. "군량 및 식수확보 작전은 최종목표인 백제도성 함락에 일정한 기여를 하여야 한다. 따라서 주공과 조공부대 중 조공부대의 임무와 병행하여 군량과 식수를 확보하라." 오늘날 교리에도 "조공은 주공의 성공을 돕기 위하여, 하나 또는 그 이상의 임무를 수행한다. 조공이 수행하는 주 임무는 적 예비대의 조기투입을 강요하며 주공의 위치를 기만하고 주공의 정면에 대한 적 증원을 방지한다"[88]고 되어있다.

즉 첫 번째 당진방면과 두 번째 보령 웅천방면으로 당군이 기동하였다면 군량이나 식수조달 작전과 더불어 조공의 임무로써 백제군의 조기투입을 강요[89]했을 것이다. 물론 전설이라는 신뢰성 낮은 간접사료를 가지고

---

88) 조공의 임무는 위와 같은 임무 외에도 주공의 기동을 도울 수 있는 지형을 통제하며 주공을 방해하는 적 부대를 격멸하고 선정된 지역에 적을 고착 견제한다(김광석 편저, 앞의 책, 1993, 568쪽).

89) 조기투입 강요와 관련하여 당군이 당진 일대에 상륙하면서 백제군의 이목을 집중시켰고, 이에 따라 백제군의 주력이 서북방으로 이동했을 것이라는 견해가 제시된

군사작전을 추론하는 것이 억측일 수 있다. 하지만 고대나 현대전술에 있어 13만의 대군이 일렬종대로 작전을 계획하고 기동한다고는 볼 수가 없다. 당연히 종합적인 기동계획을 수립하여, 여러 방면으로 기동하며 백제군의 조기투입을 강요하는 작전을 수행하였다고 보는 것이 타당하다.

(2) 당군의 기동일정

현재까지 연구들은 당군의 구체적인 기동일정에 대한 언급이 없었다. 그것은 당 수군의 이동속도나 덕물도에서 사비까지의 군사적 행동에 대한 구체적인 고려가 없었기 때문이다. 당군의 기동일정을 군사적인 측면에서 일자별로 추정해보자.

당군의 해상기동 일정을 알아보려면 고대선박의 이동속도를 알아야 한다. 고대는 나침반이 없었으므로 육지와 섬을 기준으로 하는 시인거리 연안항해술과 태양이나 야간의 북극성을 기준으로 하는 정방향의 대양항해술을 이용하였다.[90] 서긍徐兢[91]의 『고려도경高麗圖經』에 의하면 고대와 근접한 시대인 1123년 당시 항해속도는 최대 8.75km/h, 평균 6.29km/h, 최저 4.3km/h였다.[92]

또한 고대선박과 유사한 돛과 노에 의하여 기동하는 선박을 실제 실험

바 있다(이상훈, 「나당연합군의 군사전략과 백제멸망」 『역사와 실학』 59, 2016).

90) 윤일영, 「고대선박의 항해속도 연구 -고려도경을 중심으로-」 『군사학 연구』 7, 2009, 157쪽.

91) 徐兢은 송나라 國信使로서 1123년 5월 19일부터 8월 27일까지 항해한 기록을 『高麗圖經』에 남겼다. 이들이 탑승했던 선단은 신주와 객주로 구성되어 있고, 각 배의 노는 10개씩 있었으며 돛대는 두 개로 큰 돛대는 10장(100척), 배의 길이는 10여 장, 너비 2장 5척이며 곡식 2000곡을 실을 수 있었다.

92) 서긍은 송나라 정해현 초보산-창국현 심가문 간 항해기록, 송나라 창국현 매잠-고려 협계산(현재 소흑산도) 간 항해기록, 고려 자연도(현재 인천 월미도)-급수문(강화도 길상면 초지리 황산도 동쪽수로) 간 항해기록을 상세히 남겼다. 이들을 토대로 검토한 결과 계산된 속도이다(윤일영, 앞의 논문, 2009, 224~226쪽).

한 결과가 있다. 현재 해군사관학교에 보관중인 거북선이다. 이 거북선을 가지고 실험한 결과 최대속도 7knot(12.97km/h), 최저속도 3knot(5.6km/h)의 통계를 얻었다.[93] 하지만 조선시대의 거북선은 당시의 선박과 비교하여 크기나 구조가 다르기 때문에 거북선의 실험속도를 적용하기는 곤란하다. 당군 선박의 항해속도는 고려시대 선박의 속도를 참고하는 것이 바람직할 것이다. 따라서 1123년 서긍의 항해속도를 적용하여 660년 당군의 선박이동 일정을 검토해보자.

덕물도에서 백제의 사비도성 부여까지는 약 210km로써 평균속도 6.29km/h로 항해할 경우 31시간, 최저속도 4.3km/h로 항해해도 46시간이 걸린다. 즉 어떤 지체시간을 고려한다 해도 3일이면 충분한 거리이다.

그러면 남은 17일의 개략적인 일정을 검토해보자. 먼저 당진일대의 방구암 전설지역인 당진시 대호지면으로부터 백제수군 창고가 있었다는 면천까지는 약 25km이고 예산군 대술면까지는 약 60km이다. 당군이 상륙하면서 백제수군과 전투를 하는데 최소 1일이 소요되었을 것이다. 그리고 수군창고를 지나 예산군 대술면 지역까지 60km를 기동하는 데에는 이동속도를 감안하면 4.7일이 소요된다. 그리고 철수하여 다시 항구로 나와 항해한다면 마찬가지로 4.7일이 소요된다. 그렇다고 한다면 당군은 당진일대에서 약 10일간[94]을 머문 결과가 된다. 일정으로 본다면 6월 22일부터 7월 2일까지가 된다.

그리고 태안반도를 돌아 보령 앞바다에 이르는 구간은 연안항로로 약 118km가 되고 평균속도 6.29km/h로 계산하면 18.7시간이 걸린다. 즉 1일 정도가 소요된다. 일정은 7월 3일이 된다.

---

93) 2005~2007년 서해에서 제주함 함장을 역임한 예)해군대령 이은국이 1991년부터 1993년까지 해군사관학교 훈육관 재직시절 생도들을 대상으로 한 실험결과이다.
94) 상륙전투(0.5일) + {(당진~예산군 대술면 60km ÷ 12.7km/일 = 4.7일) × 왕복(2)} = 9.9일.

보령 웅천에서 천방사 전설이 전해지는 미산면 용수리까지 약 10km이고 청양군 대치면 탄정리까지 약 34km가 된다. 그런데 보령에는 수군에 대한 기록이 없다. 수군과 전투가 있었다고 볼 수 없다. 따라서 단순한 상륙과 내륙으로의 기동만 하였다면 거리상으로 볼 때 약 3일 정도가 소요되었을 것이다.[95] 일정상으로는 7월 4일부터 6일이다.

하지만 이 부대는 조공부대로 판단된다. 조공부대는 주공부대와 거의 같은 시간대이거나 아니면 사전에 투입된다. 그리고 조공부대는 철수하여 주공부대와 함께 금강으로 진입한 것이 아니다. 따라서 소정방의 주력부대는 조공부대의 투입을 확인하고, 서천 앞바다로 기동하였을 가능성이 높다. 그렇다면 일정상 7월 7일에는 서천으로 기동하였다고 보아야 한다.

보령에서 서천 앞바다까지는 50km이다. 보령에서 서천 앞바다까지 전속력으로 간다면 4시간[96]이 소요되고 평균속도로 간다면 8시간[97]이 된다. 따라서 보령에서 서천·군산으로의 이동과 견부확보 작전[98]이 동시에 이루어진 것으로 볼 수 있다. 즉 7월 7일을 전후하여 당군은 서천과 군산 지역의 금강입구 양쪽 견부를 확보하였을 것이다.

이후 본대는 진입로 양안의 안전을 확인하고 금강으로 진입하였을 것이다. 서천 앞 바다에서 부여에 근접한 강경까지는 45km에 달하는 강의 수로이다. 기동에 필요한 시간은 8시간[99]이 소요된다. 7월 10일 신리군과

---

95) 보령 해안 웅천~청양군 대치면 탄정리 34km ÷ 12.7km/일 = 2.7일 = 3일.

96) 50km ÷ 해군사관학교 실험결과 최대속도 7knot(12.964km/h) = 3.856시간 = 4시간.

97) 50km ÷ 서긍의 평균 속도 6.29km/h = 7.949시간 = 8시간.

98) 견부(肩部)진지(Shoulder Critical Point)는 전방 및 측·후방을 통제할 수 있고 적의 진출에 필히 확보되지 않으면 안 되는 요충지이다(합동참모본부, 『합동·연합작전 군사용어사전』, 국군인쇄창, 2010, 15쪽). 이를 공격자인 당군 입장에서 보면 서천·군산은 금강 진입을 위해 필히 확보해야 하는 요충지가 되며, 요충지 확보를 위한 전투는 견부확보 작전이 된다.

99) 밀물을 이용한다면 {45km ÷ (최대속도(7kn/h)=12.9km/h)} = 3.5 시간이 되고, 썰물 때에는 노만 이용한다면 {45km ÷ (최소속도(3kn/h)=5.6km/h)} = 8시간이 소요

합류하려면 상륙 후 이동을 고려하여 7월 9일에 상륙하여야 한다. 그리고 예상치 못한 국지전에 따른 어떤 지체시간도 1일은 고려하여야 한다. 그러면 7월 8일에는 투입되어야 한다. 따라서 당군의 주력부대는 일정상 서천·군산 앞바다에서 7월 8일에 투입을 개시하였을 것이다. 그리고 7월 9일 간조 시간대에 웅진강구[100)에 상륙하였을 것이다.

(3) 당군 기동계획과 양공작전

이들 분석된 결과를 가지고 당군의 기동계획을 추정해보자. 먼저 소래산 지명 유래대로 소정방이 머물렀다고 보이진 않는다. 다만 소래산은 덕물도와 약 55km나 떨어져 있어 당군의 일부가 식수조달 등의 목적으로 주둔하거나 상륙했을 가능성이 있다. 고구려군의 남하를 대비하여 해상에 차장부대[101)가 위치했다고 보는 것이 더 타당할 것이다.

당진에 상륙하여 면천 석두성에 있던 백제 수군창고의 식량을 탈취한 것은 군량확보 작전이다. 그런데 방구암 전설지역과 예산군 대술면 및 공주시 유구읍 탑곡리 천방사 전설지역은 지리적으로 연계되어 있다. 따라서 당군은 당진에 상륙한 뒤, 면천의 군량을 확보하고 예산군 대술면과 공주시 유구읍 탑곡리까지 기동하였을 것이다. 당진~예산 축선으로의 기동은 백제군에게 혼란을 주거나 백제의 주력을 유인해 내기 위한 것이며, 백제수군을 공격하였으므로 양공작전에 해당한다.

보령에서 청양으로 연결되는 축선은 금강과 나란히 부여로 가는 육상

된다. 한편 상륙할 때에 버드나무를 깔았다는 기록으로 보아 썰물 때 진입한 것이다. 밀물과 썰물은 6시간 단위이므로 밀물 때 진입하여 썰물 때 상륙을 시도한 것으로 추정할 수 있다.

100) 웅진강구는 서천 앞 바다가 아닌 금강이 논산천 및 석성천과 만나는 부여부근 지역으로 추정하였다(이재준, 앞의 논문, 2016, 30쪽).

101) 차장부대는 적의 방해활동이나 관측으로부터 현행작전을 보호하기 위하여 우군과 적 사이에서 활동하는 부대이다(합동참모본부, 앞의 책, 2010, 377쪽).

에서의 단거리 접근로이다. 또한 금강으로 접근하는 주력부대를 도와 적을 혼란에 빠트리거나, 백제군의 조기투입을 강요하고 또 의자왕의 퇴로를 차단할 수 있는 축선이다. 따라서 보령~청양 축선의 기동은 조공부대 작전이라 할 수 있다.

군산과 서천지역은 금강입구에 해당된다. 이 두 지역은 당군의 주력부대가 금강으로 진입하기 위해서는 반드시 확보되어야 하는 지역이다. 즉 주공부대의 금강 진입을 보장하기 위한 견부확보 작전이 벌어진 것이다.

이외에도 문동교 전설이 전해지는 임천면 지역은 당군의 주력부대가 금강을 거슬러 올라갈 때 백제군의 주요거점을 무력화 시키며, 금강 좌우측에서 당 주공부대의 진입에 경계를 제공하여 주는 선발대작전을 수행한 것이다.

장군동 전설이 전해지는 파진산은 부여에 근접한 지역으로써 당군의 상륙전투 작전지역으로 볼 수 있다. 이들을 종합하면 당군의 전체적인 작전은 양공작전이며 기동계획은 다음 요도와 같다.

〈요도 3〉 당군의 기동계획 추정도[102]

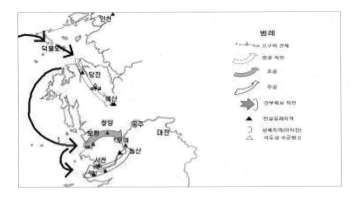

---

102) 이 기동계획은 순수한 지형분석만으로 실시한 접근로 분석(이재준, 앞의 논문, 2016, 23쪽)과 개략적으로 일치한다.

지금까지 연구는 당군의 기동에 대하여 덕물도~서천~부여로 1개 기동로로만 도식하여 왔다. 그러나 군사학적으로 보면 13만 대군이 일렬로 한 개 통로를 사용하여 기동할 리가 절대 없다. 위 요도와 같이 기동하였을 것이다. 그러면 위와 같은 기동계획에 전설을 적용한 부분, 특히 당군의 상륙지점에 대하여 사료에 기록된 내용으로 검증해보자.

위 요도에서 당군의 상륙지점은 당진·보령·서천·군산·부여일대로 판단하였다. 이들 지역에 대한 상륙여부는 다음과 같다.

첫째, 당진일대의 상륙여부이다. 먼저 『삼국사기』의 석두성 수군창고에 대한 기사에서 당진에 당군의 상륙사실을 확인하였다. 당진현은 백제의 벌수지현을 신라 경덕왕 때 개칭하였다.[103] 지명 자체도 당唐의 진津이 있었음을 뜻하고 있다. 또한 『증보문헌비고』에 660년 당병이 건너와 난리로 인하여 창고를 폐하였다는 기록[104]으로 보아도 당군이 상륙하였음을 확인할 수 있다. 한편 이러한 상륙사실을 보완해 주는 것이 바로 당군의 상륙을 전하는 당진군 대호지면의 방구암 전설이다. 그리고 두 지점의 연장축선 상에 예산군 대술면과 공주시 유구읍 탑곡리 천방사 전설지역이 위치하고 있다. 따라서 당군이 당진에 상륙하였다는 것을 확인할 수 있다.

둘째, 보령일대의 상륙여부이다. 『일본서기』에 "금년 7월 10일 당의 소정방이 수군을 거느리고 미자진尾資津에 진을 쳤다. 신라의 춘추가 병마를 거느리고 노수리산怒受利山에 주둔하였다. 백제를 협공하여 싸운 지 3일만에 사비성을 함락하였다. 같은 달 13일에 결국 궁궐을 함락하였다. 노수리산은 백제의 동쪽 경계라고 한다"[105]라는 기록이 있다. 이 기록은 660년 9월 백제의 멸망을 왜에 와서 알리고 있는 백제의 사미沙彌 각종覺從의 보고를 전하는 내용이다. 미자진은 충남 보령군의 미조포彌造浦설과

---

103) 『삼국사기』 권36, 잡지, 지리3, 웅주 혜성군.
104) 『증보문헌비고』 권33, 여지고21, 당진.
105) 『일본서기』 권26, 제명천황6년 9월.

경기도 인천의 미추진彌鄒津설이 있다. 나당연합군과 전투 후 곧 사비성이 함락되었다고 기록된 점으로 보아 인천보다는 보령의 미조포일 가능성이 크다.[106] 따라서 소정방의 예하부대가 보령 미조포에 상륙했을 가능성이 매우 높다.

  미조포는 보령시 웅천읍 황교리 부근이다. 현재는 부사방조제로 막혀 있지만 미조포라 하였으므로 과거에는 배가 드나들었던 포구임을 알 수 있다. 『일본서기』에 전하는 미자진이 보령의 미조포로 추정되는 또 다른 이유는 미조포에서 웅천을 따라 동북쪽으로 약 10여km 떨어진 보령호 근처인 미산면 용수리에 소정방 전설을 전하는 천방사가 있기 때문이다. 이곳으로부터 다시 동북쪽으로 24km를 이동하면 청양군 대치면 천방사가 있다. 이 역시 당군이 보령의 웅천지역에 상륙하였다는 사실을 보완해 주는 전설지역이다. 미자진으로 추정되는 미조포가 표기된 「대동여지도」는 다음과 같다.

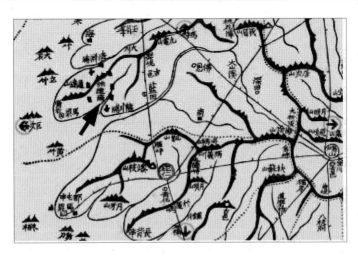

〈요도 4〉 대동여지도의 보령 웅천지역 미조포

---

106) 충청남도역사문화연구원, 『백제사자료 역주집 －일본편－』, 아디람, 2008, 177쪽.

셋째, 서천·군산지역의 당군 상륙설이다. 이에 대해 학계는 소정방의 상륙지점을 기벌포로 보고 서천설과 군산설로 나뉘어 있다. 중국 측 사료에는 소정방의 상륙지점이 웅진구(熊津江口)라고 하였지 기벌포라는 기록은 없다. 기벌포는 『삼국사기』에만 나올 뿐이다. 소정방 즉 당군의 주력부대는 기동일정상 기벌포라고 비정하는 서천이나 군산지역에 상륙한 것이 아니다. 소정방은 7월 9일 부여부근 웅진구(熊津江口)에 상륙하였다.

하지만 소정방의 주력부대가 아닌 당군의 일부는 위 〈요도 3〉과 같이 서천·군산지역에 모두 상륙하였다고 보아야 한다. 즉 당군 주력부대를 이끄는 소정방의 금강 진입을 위해 금강입구 양안확보, 즉 견부확보 전투가 있었을 것이다. 이러한 사실은 서천·군산지역에 전해지는 전설들로도 알 수 있으며, 당군의 기동계획상 진입로 견부확보 작전을 반드시 필요로 하는 전술적인 이유로도 설명이 가능한 것이다.

이러한 상륙지역들 중 특히 당진 상륙작전은 면천 백제수군 격멸과 식량 현지조달이 1차적인 목표였다. 그리고 예산군 대술면 및 유구읍 탑곡리까지 기동하였다. 이는 성동격서聲東擊西[107] 전법이자 오늘날 기만작전의 하나인 양공작전으로 볼 수 있다. 성동격서 계책은 중국 병법가들이 매우 중요시[108] 했으며 손자병법을 비롯한 다른 병법서에도 많이 등장하고 있다.

전체 당군의 이동 국면을 정리하면 다음과 같다. 소정방의 13만 당군은 덕물도에 도착한 다음 법민에게 백제 공격계획을 하달하였다. 먼저 당군의 일부는 당진과 보령일대에 상륙하여 식량과 식수를 확보하는 한편 백제군을 기만하기 위하여 내륙으로 일정거리를 기동하였다. 또한 보령일

---

107) 杜佑, 『通典』 卷153, 兵6, "聲言擊東 其實擊西"
108) 한신(韓信)(B.C. 202년 중국 한나라를 세운 유방의 장수)은 10만의 병력으로 위왕을 공격하면서 적의 주력부대 앞에 자신의 주력부대 깃발을 꽂아 싸우는 것처럼 하고 사실은 뗏목을 타고 강을 건너 위왕의 배후를 공격하여 사로잡았다는 예에서 볼 수 있듯 고대부터 이 성동격서 전법은 널리 애용되었다.

대에 상륙하여 청양군 대치면 방면으로 조공부대를 투입하였다. 이들은
백제군의 조기투입을 강요한 것이다. 그리고 금강하구의 양안을 장악하여
안전을 확보한 후, 당군의 주력부대는 금강수로를 통해 백제의 수도 사비
로 진격하였다.

3) 백제군의 북상

삼국시대에 각국이 서로 첩자를 파견하거나 적진의 사람을 매수하여
정보를 입수하고 있는 모습은 여러 자료에서 확인이 가능하다.[109]

고구려는 유리왕 11년에 반간계책半間計策[110]으로 선비를 항복시키는
예가 있고, 대무신왕 15년 유명한 호동왕자와 낙랑공주의 기록이 있으며,
장수왕 54년 북위 문성제가 첩자활용을 빙자한 혼인관계로 후궁감을 요
구한 사례 등이 있다. 또한 영양왕 23년 을지문덕을 수나라 군영에 거짓
항복하게 하여 적의 허실을 정탐하는 기록과 보장왕 4년 막리지의 첩자
고죽리가 당의 척후병에게 잡히고 당태종 이세민은 그를 다시 돌려보내며
반간계를 사용하는 등 기록이 있다.[111]

신라가 유례니사금 6년에 왜병이 쳐들어온다며 준비를 갖춘 것은 왜에
파견한 신라첩자의 첩보였으며, 눌지왕 때 박제상이 고구려와 왜에 건너
가 왕자들을 구출해오는 기록도 첩보전의 일환일 것이다. 또한 김춘추가
고구려에 억류되었을 때 김춘추가 고구려 내부에 침투해 있던 자국의 첩
자를 통해 신라에 보고하고, 이 보고를 받고 김유신이 결사대를 조직하자,
신라에 잠입해 있던 고구려의 첩자 승려 덕창이 이 사실을 고구려에 보고

---

109) 양종국, 앞의 책, 2004, 104쪽.
110) 적의 첩자를 이용하여 거짓첩보를 적국에 흘리는 고등 첩보술이다(김영수, 「고대
　　첩자연구 시론」『백산학보』 77, 2007, 240쪽).
111) 김영수, 앞의 논문, 2007, 239~247쪽.

하여 고구려가 김춘추를 살려 보내는 데에서도 치열한 첩보전을 볼 수 있다. 그리고 김유신이 백제 좌평 임자의 집에 종으로 있던 신라의 급찬 조미압을 활용한 사례나, 진덕왕 3년 백제장군 은상과의 석토 등 일곱성 전투에서 백제의 첩자를 역이용하여 대패시키는 사례에서도 알 수 있다.112)

백제는 중국의 요청으로 고구려의 동정을 엿보면서 고구려와 내통하는 줄타기 외교와 첩보전을 보여주고 있으며,113) 장군 은상이 첩자를 활용하였고114) 근구수왕 태자시절에 본래 백제 사람이었던 고구려인 사기가 백제로 돌아와 고구려군의 허실을 보고하여 승리한 사례도 있다.115) 그리고 백제가 크게 당한 경우로는 개로왕 21년에 고구려의 중 도림의 흉계에 빠져 수도 한성이 함락되고 개로왕이 죽는 사례가 있었다.116) 이외에도 의자왕이 항복한 후 신라의 태자 법민이 사비성에서 모척을 잡아 처형하는 기록이 나오는데 그의 죄는 신라인으로서 백제로 도망하여 대야성의 검일과 공모하여 성을 함락시켰다117)는 기록과 같이 백제도 첩자운용을 활발히 하였던 것이다.

한편 백제멸망 후의 상황이지만 670년 백제의 부흥군이 첩자 사마예군을 보내 신라의 상황을 염탐케 했다는 기록 등118)에서도 백제도 적국과의 관계에서 첩자활용이 일상화 되어 있었으며, 전쟁할 때에는 반드시 자기방어와 상대공격의 기초자료로 삼았던 것을 알 수 있다.

이상과 같이 자국의 안위를 위하여 첩자를 운용하는 등 삼국이 각축을 벌이던 7세기에 백제의 국경선 관측활동 또한 결코 허술하지 않았을 것이

112) 김영수, 앞의 논문, 2007, 249~256쪽.
113) 『삼국사기』 권20, 고구려본기, 영양왕23년.
114) 『삼국사기』 권5, 신라본기, 진덕왕 3년.
115) 『삼국사기』 권24, 백제본기, 근구수왕1년.
116) 『삼국사기』 권25, 백제본기, 개로왕21년.
117) 『삼국사기』 권5, 신라본기, 무열왕7년.
118) 김영수, 앞의 논문, 2007, 259~260쪽.

다. 즉 신라의 남천정 기동이나 당군의 덕물도 도착과 그들의 행적들에 대해 충분히 첩보와 정보119)를 보고 받았을 것이다. 국경선 일대 적국의 동향 보고를 받았다면 백제가 속수무책으로 앉아있지는 않았을 것이다. 백제는 당연히 어떤 조치를 취했으리라 본다. 이에 신라와 당의 움직임에 대한 백제의 대응을 예상해보고 전반적인 일정별 대응조치를 알아보자.

(1) 백제의 대응

백제의 대응은 신라군의 기동에 대한 대응, 당군의 기동에 대한 대응, 그리고 백제의 군신회의 등으로 구분하여 살펴보겠다.

먼저 신라군의 기동에 대한 대응이다. 신라군은 5월 26일 경주를 출발하여 6월 18일 남천정인 경기도 이천에 도착하였다.120) 신라군이 이용한 추풍령로는 도상에서 볼 때 보은으로부터 진천까지 직선거리 46km 구간은 백제의 국경과 근접한 지역이다. 백제는 이 구간에 우술성·미곡성·금현성 등 다수의 산성을 구축하고 있다. 신라군이 이동 간에 사용하였을 삼년산성과 백제의 우술성과는 30km 정도 이격되어 있으며 다른 성들도 유사하다. 즉 30km밖에 안 되는 위치에서 적국의 5만 대군이 움직이고 있는데 백제가 이를 알아차리지 못할 이유가 없다. 보은지역은 경주로부터 이천까지의 중간에 해당한다. 신라군은 6월 11일 경에는 보은지역을 통과하였을 것이며, 백제도 신라군의 기동을 충분히 인지하였을 것이다.121) 따라서 백제는 6월 11일을 전후하여 지방군을 포함하는 상비군의 동원명령을 하달하고 방어태세에 들어갔을 것이다.122)

---

119) 첩보는 관측·보고·풍문·사진 및 기타 출처로부터 나온 모든 평가되지 않은 자료이며, 정보는 수집된 첩보를 융합, 분석 및 평가 과정을 거쳐 생산된다(합동참모본부, 앞의 책, 2010, 382쪽, 331쪽).
120)『삼국사기』권5, 신라본기, 무열왕7년.
121) 의자왕은 당군 13만 명과 신라 5만 명이 움직이고 있다는 소식을 듣고 군신들을 모아 방어할 대책을 논의했다(『삼국사기』권28, 백제본기, 의자왕20년).

한편 계백은 7월 9일 부여로부터 약 20km 거리에 있는 황산지원에서 기다리고 있었다. 계백은 7월 6~7일경에는 출동명령을 받고 출동했을 것이다. 사비성에서 명령수령-출동준비-황산벌 이동-삼영설치 등을 고려하면 2~3일은 걸리기 때문이다. 역으로 보면 신라군이 6월 24일경 남천정에서 남하를 시작하여 7월 5일경에는 탄현을 통과했다. 이 보고를 받고 7월 6~7일경에 계백에게 출동명령을 하달했던 것이다.

다음은 당군의 기동에 대한 대응이다. 소정방의 1,900척의 대 선단은 6월 21일 덕물도에 도착하였다. 당시에 백제수군이 주둔했을 것으로 추정123)되는 당진과는 가까운 거리이다. 당진의 석문 방조제에 군부대 레이더 기지가 있다. 레이더 기지에서 덕물도까지는 약 38km 떨어져 있다. 레이더 기지의 고도는 80m로써 기상이 좋은 날에는 덕물도가 육안으로 관측된다.124) 오늘날도 덕물도가 육안으로 관측이 되고 있는데 고대인 당시에 1,900척이나 되는 당의 대 선단 출현을 백제가 포착하지 못할 리 없다. 이러한 정황은 6월 21일 당군이 덕물도에 도착하고 김유신의 5만으로 부응하여 백제를 공격할 것이라는 소식을 듣고 군신회의를 개최하였다125)는 사료를 통해서도 확인할 수 있다.

---

122) 당시 당군과 신라군 가운데 어느 쪽을 먼저 공격할 지 구체적인 논의가 진행된 것으로 보아 백제는 이미 군사들에 대한 동원명령은 내려 집결된 상태였을 것이다.

123) 후대의 일이지만 나·당전쟁 때 신라가 기벌포를 중심으로 금강·한강·예성강에 각 100척씩의 군선을 두어 서해안을 방어한 사실로 미루어 백제의 수군도 최소 군선 300척으로 추정하며(장학근, 「군사전략의 관점에서 본 라·당 연합국과 백제의 전쟁」, 『해양연구논총』 29, 2002, 197쪽), 당진은 만의 밖에서는 내부의 움직임이 관측되지 않으므로 수군함대를 감추어 둘 수 있다(윤명철, 앞의 논문, 2012, 287쪽). 그리고 앞서 검토한 면주 석두성의 수군창고가 있고, 신라의 당항성과 대치되므로 당진에 백제의 수군기지가 당연히 존재했을 것으로 추정된다.

124) 레이더 기지는 최초 섬에 있었으나 지금은 1987년~1995년에 축조된 10.5km에 달하는 석문방조제에 위치해 있다. 육안관측 결과는 2010~2012년 당진 대대장을 역임한 서병수 육군중령의 증언이다.

125) 『삼국사기』 권28, 백제본기, 의자왕20년.

한편 당진 면천에 백제 수군기지가 있었으며, 당군이 백제 수군기지를 공격하고 석두성의 수군창고 식량을 탈취하였다. 당군과 접전을 벌인 당진 및 면천의 백제수군 전투상황이 조정에 보고가 안 되었을 리 없다. 당군이 6월 22일부터 7월 2일까지 면천 백제수군을 공격하고 예산 대술면을 거쳐 공주~부여 방향으로 기동하자 당연히 백제는 이에 대응하는 부대를 투입하였을 것이다. 그리고 7월 7~8일경 서천 즉 백강기벌포를 지났다는 보고[126]를 받고 병력을 모아 7월 9일 웅진강구를 대비하였던 것으로 추정된다. 다음은 백제의 군신회의 내용이다.

B-① 소정방이 군사를 이끌고 성산에서 바다를 건너 우리나라 서쪽의 덕물도에 이르렀다. 신라왕은 장군 김유신을 보내 군사 5만을 거느리고 당나라 군사와 합세하였다. 왕이 이 소식을 듣고 여러 신하들을 모아 싸우는 것이 좋을지 지키는 것이 좋을지 물었다.

② 좌평 의직(義直)이 말하였다. "당나라 군사는 멀리 바다를 건너 왔으므로 … 먼저 당나라 군사와 승부를 결정하는 것이 옳을 줄 압니다" 달솔 상영(常永) 등이 말하였다. "그렇지 않습니다" … 당나라 군사의 길을 막아 피로해지기를 기다리면서, 먼저 일부 군사를 시켜 신라군을 쳐서 그 날카로운 기세를 꺾은 후에 그 형편을 보아 세력을 합하여 싸우면 군사를 온전히 하며 나라를 보전할 것입니다.

③ 왕은 주저하여 어느 말을 따를지 알지 못하였다. 이때에 좌평 흥수(興首)는 죄를 짓고 고마미지현(古馬彌知縣)에 귀양살이를 하고 있었는데, 왕이 이 사람을 보내물었다. "사태가 위급하니 어떻게 하면 좋겠느냐?"

④ 흥수가 말하였다. "당나라 군사는 수가 많고 기율도 엄하고 분명합니다. 더구나 신라와 더불어 앞뒤에서 호응하기로 모의하였으니 … 백강(혹은 기벌포)과 탄현(혹은 침현)은 우리나라의 요충지여서 한 명의 군사와 한 자루의 창으로 막아도 1만 명이 당해낼 수 없을 것입니다. 마땅히 용감한 병사를 뽑아 가서 지키게 하여 당나라 군사는 백강에 들어오지 못하게 하고, 신라는 탄현을 넘지 못하게 하며, 대왕은 성을 여러 겹으로 막아 굳게 지키면 … "

이때에 대신들은 믿지 않고 말하였다. "흥수는 오랫동안 잡혀 갇힌 몸으

---

126) 『삼국사기』 권28, 백제본기, 의자왕20년.

로 임금을 원망하고 나라를 사랑하지 않을 것이니 그의 말을 쓸 수가 없습니다. 당나라 군사는 백강으로 들어오게 하여 물의 흐름을 따라 배를 나란히 할 수 없게 하고, 신라군은 탄현으로 올라오게 하되 좁을 길을 따라 말을 나란히 할 수 없게 하는 것만 같지 못합니다. 이때를 맞아 군사를 풀어 공격하면 마치 조롱 속에 있는 닭을 죽이고 그물에 걸린 고기를 잡는 것과 같습니다."

⑤ 왕이 그럴 듯하다고 여겼다. 또 당나라와 신라의 군사가 이미 백강과 탄현을 지났다는 말을 듣고 왕은 장군 계백(階伯)을 보내 결사대 5천을 거느리고 황산(黃山)에 나가 신라군과 싸우게 하였다.[127]

사료 B-①은 소정방이 덕물도에 도착하고 김유신의 5만 정병이 부응한다는 소식을 듣고 군신회의를 열어 싸워 지키는 방법을 토의하고 있다. 이것은 백제가 6월 22~23일경[128] 모든 전황을 파악하고 있다는 반증이다. B-②에서는 좌평 의직은 당군을 먼저 칠 것을 주장하고, 달솔 상영 등은 당군의 통로를 막고 당군이 지치기를 기다리며 일부 부대로 신라군의 예기를 꺽은 후에 군사를 합하여 싸울 것을 주장하고 있다. 즉 B-②는 B-①에 기록된 양군의 합세를 저지하기 방법을 토의하고 있는 것이다. 다시 말하면 백제는 6월 11일 신라군의 기동에서 전쟁을 예상하고 상비군을 동원하여 6월 22일 이후에는 덕물도에 있는 당군과 이천에 있는 신라군 중 어느 한쪽을 먼저 칠 것인가 하는 전략을 가지고 논의하고 있는 것이다.

그러나 B-③에서 백제는 고마미지현에 유배된 홍수에게 자문을 구하며 시간을 허비하고 있다. 고마미지현은 전남 장흥[129]이며 부여에서 장흥까지는 274km이다. 당시 장거리 통신수단으로 역참제도가 이용되었을 것이나 백제의 경우 확인이 안 된다. 하지만 말이 운송수단으로 쓰인 것은

---

127)『삼국사기』권28, 백제본기, 의자왕20년.
128) 당군 도착과 법민 영접이 6월 21일이므로 이 상황보고는 2~3일이 소요되었을 것이다.
129)『삼국사기』권36, 잡지, 지리3 ;『신증동국여지승람』권37, 장흥도호부 건치연혁 등으로 미루어 현재의 전남 장흥군에 비정된다.

기원전 1300년 은허시대부터이고, 삼국시대 기마전이 활발해지고 마정馬
政조직이 발달했으며, 신라 소지마립간 9년(487)에 우역郵驛을 설치했다130)
는 기록을 볼 때 백제에도 우역제도가 있었을 것이다. 고려시대 역참제도
를 참고해보자. 『고려사』에서 파발마가 주야로 달릴 경우 일일 최고 360
리(129.6km/일)를 달리도록 했다.131) 이 속도를 적용하여 부여에서 고마미
지현인 장흥까지 왕복했다면 최소 5일132)은 걸렸다고 계산된다.

지금까지의 대부분 연구는 의직과 상영의 의견을 흥수의 의견과 동일
선상에서 보아왔다. 즉 의직은 기벌포로 오는 당군을 먼저 치자는 것으로
보았고, 상영은 탄현으로 오는 신라군을 먼저 치자는 것으로 보았다. 이
는 의직과 상영의 토의에 이어지는 기벌포와 탄현에 대한 기록의 종합성
에 때문에 생긴 오류이다. 사료 B-②의 의직과 상영의 논의 내용은 탄현
이냐 기벌포냐가 아니다. 당군을 먼처 칠 것인가 신라군을 먼저 칠 것인
가이다. 즉 흥수의 의견이 도착한 5일 뒤의 토의인 B-④의 기벌포와 탄현
에 관한 토의와는 전혀 다른 것이다.

결론적으로 당군의 덕물도 도착과 나당연합군의 덕물도 회합은 전쟁징
후가 아닌 전쟁개시로 보아야 한다. 전쟁이 시작되었는데, 백제가 멍청하게
회의만 하면서 시간을 허비했다고 보기는 어렵다. 따라서 의자왕의 사신이
전남 장흥인 고마미지현의 흥수에게 다녀오는 5일이라는 기긴 동인 백제
조정에서는 동원된 병력에 대한 전투배치를 실행했을 가능성이 높다.

---

130) 김정숙, 「신라사회에서 말의 사육과 상징에 관한 연구」 『한국사연구』 123, 2003,
    24~31쪽.
131) 『고려사』 권82, 병지2, 참역에 따르면, 역은 30리(10.8km)마다 설치하였는데 2월
    부터 7월까지 화급한 경우에는 파발마가 하루에 6개역을 달리도록 했다. 6개역이
    면 180리가 된다. 야간은 제한이 되는데 임진왜란 때 하루에 290리를 달린 경우가
    있어 주·야로 달린 것으로 볼 수 있다. 사실상 어렵겠지만 주·야로 달릴 경우 최
    고 일일 360리(129.6km/日)까지 달렸다고 할 수 있다.
132) 274km ÷ 129.6km/日 = 2.2日, 왕복했을 경우 4.4일 = 5日.

(2) 백제군의 주력부대 투입과 변화

종전까지 나당연합군이 백제를 침공할 때 백제의 주력부대에 대한 논의는 없었다. 그러나 최근 백제의 주력부대에 대한 두 견해가 제기되어 있다.

한 견해는 "백제 군신회의에서 의직과 상영이 논의 한 것은 신라를 먼저 치느냐 당군을 먼저 치느냐의 대비책을 토의한 것이다. 그것은 신라와 당이 경기도 서울 일대에서 합류할 것으로 예측하고 이미 백제의 주력이 북상하여 어디엔가 있었기 때문이다"[133]라는 의견이다.

또 다른 견해는 "의자왕이 항복한 후 2개월 만에 부흥군이 사비성을 포위하고 나당연합군을 압도하고 있다. 이들이 회복한 성이 200여 성이다. 이러한 점은 부흥세력이 지방에서 병력을 새로이 징발하여 편성 운영하였다고는 볼 수 없다. 따라서 나당연합군이 당진 수군기지를 장악하자 적지 않은 병력이 서북방으로 배치되었을 것이며, 결국 이들을 중심으로 백제 부흥운동이 격렬하게 일어난 것이다"[134]라는 의견이다. 그런데 두 견해는 투입시기와 규모는 제시하지 않았다.

먼저 투입시기를 검토해보자. 백제군은 신라군이 국경지대를 지나는 6월 11일 이후 동원되어 6월 22일경에는 집결이 완료되었을 것이다. 약 10일정도의 기간이면 '명령하달-명령접수-병력동원-사비성 집결'은 충분히 가능하다. 그리고 병력을 집결시킨 백제는 6월 22일 이후 군신회의를 통해 당과 신라 중 어느 쪽을 먼저 칠 것인가 토의를 하였다.

이때 의자왕이 결정을 못하고 흥수에게 자문을 구하러 사신을 보냈다. 의자왕의 사신이 흥수에게 간 사이에 백제의 첩보망은 당군이 당진에 상륙하고 이어 예산군 대술면을 거쳐 공주~부여 방향으로 기동한다는 상황을 조정에 보고했을 것이다. 이에 백제조정에서는 차령산맥을 넘어 당진~

133) 박노석, 앞의 논문, 2010, 368쪽.
134) 이상훈, 앞의 논문, 2016, 69쪽.

예산 방면으로 주력부대를 투입한 것으로 추정된다. 조정에 전황보고[135]
와 명령수령 및 출동준비 등을 고려하면 상당히 늦은 시간이라 할 수 있
다. 예산군 대술면의 당군이 철수하기 시작한 시간이거나 철수한 뒤에 투
입되었을 것이다. 다시 말해 이들은 6월 27일~28일경 당진~예산 방면으
로 투입되었다.

그렇다면 당시 백제는 얼마만큼의 병력을 투입할 수 있었을까? 백제군
의 사상자 수를 역으로 계산해보자. 황산벌 전투에서 5천명, 기벌포 전투
에서 수천명, 사비성 전투에서 1만여 명 등 2만여 명으로 볼 수 있다. 그
리고 의자왕과 함께 당으로 압송된 졸卒 1만 명[136] 이라는 기록을 볼 때
도합 3만 명이 사비성 방어를 위하여 남아있던 것으로 추정된다. 그런데
앞서 백제 상비군을 6만으로 추정한 바 있다. 그렇다면 백제군은 6만 명
중 3만 명은 수도방어를 위하여 사비성에 잔류하고 나머지 3만 명의 병력
이 북방으로 투입되었을 가능성이 높다.

한편 지금까지의 연구는 의자왕 항복 후 예산 임존성에서 거병한 3만
명을 백제유민으로 보아왔다. 그러나 이들은 백제유민이 아니라 당군의
양공작전에 속아 조기에 북방에 투입되었던 백제군이었다. 이들이 백제군
이었기 때문에 8월 26일 임존성에서 소정방의 공격을 효과적으로 막아낼
수 있었다.[137] 『신·구당서』 열전 흑치상지전에 백세멸망 후 흑치상시가
임존성에서 거병하자 3만 명의 백제유민이 모였다고 하였다. 그러나 『신·
구당서』 유인궤전과 『자치통감』에는 흑치상지가 거병하여 복신에게 호응

---

135) 당군의 당진상륙과 예산군 대술면 방향 기동에 대한 정보가 보고되는 소요시간을
   고려하면 6월 25~26일경이 되었을 것이다.
136) 당으로 압송된 인원이 『삼국사기』 신라본기에는 백성 1만 2천으로, 김유신전에는
   졸(卒) 2만으로 나온다. 따라서 일반백성 중 대부분은 1만 명의 졸로 추정된다.
137) 『삼국사기』 권5, 신라본기, 무열왕7년, "二十六日 攻任存大柵 兵多地嶮서 不能克
   但攻破小柵"；『구당서』 권109, 열전53, 흑치상지, "共保任存山 築柵以自固 … 定
   方遣兵攻之 … 官軍敗績 … 定方不能討而還"

한 것으로 되어 있다. 따라서 임존성 거병의 주체는 흑치상지가 아니라 복신으로 보아야 한다. 이는 운집한 3만 명이 6월 27~28일경 차령산맥을 넘어 당진~예산 방면으로 투입되었던 병력이었기 때문이다. 즉 당진-예산 방면으로 투입되었던 백제군이 의자왕의 항복으로 상황을 관망하며, 이 일대에 흩어져 있었기 때문에 3만 명의 병력이 10일도 안 되어 운집할 수 있었던 것이다. 이와 관련된 사료를 검토해보자.

> C-① 흑치상지가 두려워하여 좌우 10여 인과 함께 달아나 본부로 돌아와, 도망 가고 달아난 사람들을 모아[鳩集亡逸] 임존산을 지키며 책을 구축하니 10일 내에 돌아와 붙은 자[歸附者]들이 3만이었다. 소정방이 군대를 보 내 공격하였으나 상지가 용맹스럽게 싸워 관군이 패배하였다.[138]
> ② 상지가 두려워하여 좌우추장 10여인과 함께 달아났다. 잡혔다가 도망한 사람들을 불러 합하여[嘯合捕亡] 임존산에 의지하여 굳게 지키니 열흘이 안 되어 돌아온 사람이[歸者] 3만이었다. 정방이 병력을 독려하여 공격하 였으나 이기지 못하였다.[139]

사료 C-①에서는 도망가고 달아난 사람들이라고 하고, C-②는 잡혔다 가 도망한 사람들이라고 하였다. 그러나 도망이라는 내용은 실제와 다르 다. 왜냐하면 구집鳩集[140]은 비둘기 모으듯 쉽게 모은 것이며, 소합嘯 合[141]은 휘파람으로 부르는 것이기 때문에 도망간 것이 아니다. 도망가고 달아났다고 볼 수 없는 다른 이유를 보자. 항복소식이 전해진 날을 7월

---

138) 『구당서』 권109, 열전59, 흑치상지, "常之恐懼, 遂與左右十餘人遁歸本部, 鳩集亡 逸, 共保任存山 築柵以自固 旬日而 歸附者 三萬 定方遣兵攻之 常之領敢死之士 拒戰 官軍敗績"
139) 『신당서』 권110, 열전59, 흑치상지, "常之懼 與左右酋長十餘人遯去 嘯合捕亡 依 任存山自固 不旬日 歸者 三萬 定方勒兵攻之 不克"
140) 비둘기는 고대부터 군대의 연락수단으로 사용되었다. 즉 이들은 백제부흥군의 약 정된 신호였던 것으로 추정된다.
141) 휘파람 소리는 군대의 신호용 소리로 볼 수 있으며, 고동·나각 등이 사용되기도 한다.

20일로 가정하고, 흑치상지가 8월 2일 항복례에서 탈출하여 8월 4일 임존성에 도착했다고 가정하면 14일 동안 개별로 도망갔을 경우 420리[142] 이상을 도망갈 수 있다. 이처럼 실제 도망갔다면 흑치상지가 다시 불러 모으는 것은 불가능했을 것이다.

또한 C-①, ②에서 돌아온 사람이라고 하였다. 이들이 백제유민이었다면 돌아온 자라고 할 수가 없다. 임존성이 공격받은 사실도 없는데 도망갔다는 것은 말이 안 된다. 그들은 당군의 예산방면 기동에 대응하여 투입되었던 백제군이었다. 백제군이 주변에 흩어져 대기하다가 임존성 즉 지휘부나 본대로 복귀하였기 때문에 귀부자歸附者라고 기록된 것이다.

3만 명이라는 규모면에서도 그렇다. 임존성을 백제의 5방성 중 하나인 서방성으로 본다고 가정해도, 방성에 3만의 백성이 있을 수도 없다. 8월 26일에는 C-①, ②과 같이 소정방이 군대를 보내 임존을 쳤으나 이기지 못했다는 것은, 이들이 백제유민이 아닌 백제군이었기 때문이다.

이후 소정방은 차후 고구려 공격을 위해 9월 3일 유인원 등 당군 1만 명과 신라왕자 인태 등 신라군 7천명을 남겨놓고 철수[143]하였다. 이때 소정방은 철수하면서 의자왕과 귀족, 백성 등 1만 2천여 명[144]을 당으로 압송하였다. 그러나 임존성에서 거병한 백제의 주력부대는 소정방의 회군과 동시 백제지역에 남아있던 당군과 신라군을 격퇴하기 위한 전쟁을 계속하였다. 즉 북방으로 조기에 투입되었던 백제의 주력부대는, 백제가 항복하

---

142) 하루에 30리(고대군대의 일일 행군거리)를 도망간다고 하면 14일에 420리를 갈 수 있으며, 개별로 개인이 도망갈 경우는 이보다 몇 배의 거리를 더 도망갈 수 있었을 것이다.

143) 『삼국사기』 권5, 신라본기, 무열왕7년.

144) 『삼국사기』 권42, 열전2, 김유신에는 군사 2만으로 기록되어 있으며, 『삼국사기』 권5, 신라본기, 무열왕7년조에는 1만 2천여 명으로 기록되어 있고, 『삼국유사』 권1, 태종춘추공조에는 12,807명으로 기록되어있다. 본고는 『삼국사기』 권5, 신라본기를 따르겠다. 그리고 약 2천여 명이 귀족과 관료이고 1만여 명을 군사 즉 졸(卒)로 추정된다.

고 의자왕이 당으로 압송되자, 백제를 다시 일으켜 세우기 위해 백제부흥
전쟁을 주도하는 백제부흥군으로 변화되었다.

(3) 백제군의 잔여부대 투입

위와 같이 백제군의 주력부대를 당진~예산 방면으로 투입하게 되자 사
비성에는 약 3만여 명의 병력만 남게 되었다. 신라군이 탄현을 넘었다는
소식을 접한 의자왕은 왕도를 지킬 2만 병력을 빼고 계백에게 5천의 병력
을 주어 황산에 나가 싸우게 하였다. 계백이 5천명의 결사대[145]를 조직한
것은 주력이 빠졌기 때문일 것이다. 2만 병력을 남긴 것은 흥수가 사료
B-④와 같이 성문을 걸어 잠그고 굳게 지키면서 후일을 도모하라고 하였
기 때문일 것이다. 그리고 계백은 7월 6일 출동명령을 받고 결사대를 조
직한 후 7월 7일에는 황산으로 출발하였을 것이다. 부여에서 황산벌까지
약 20km가 되고 계백이 7월 9일 이미 삼영을 설치하고 신라군을 기다리
고 있었기 때문이다.

다음은 웅진강구에 투입된 백제군 관련사항이다. 웅진강구에 투입된
병력의 지휘관이나 병종과 관련된 기록은 없다. 단지 계백이 죽자 병사들
을 합하여 웅진강구를 막도록 하였다[146]고만 되어 있다. 이는 백제군의
주력이 빠져 급히 병사들을 모아야 했기 때문일 것이다. 한편 사료에는
신라군과 당군이 탄현과 백강을 동시에 통과한 것으로 되어있다. 그런데
계백이 죽고 나서 웅진구를 막았다는 『삼국사기』 내용으로 볼 때 당군의
기동일정상 백강과 웅진구는 동일한 장소가 아니다. 당군이 통과했다는 백
강은 서천·군산이거나 보령 웅천일대일 가능성이 있으며, 백제군이 배치된
웅진구는 당군이 백강을 통과한 후이므로 부여 가까운 곳이어야 한다.

결국 백제는 사비성 방어병력 2만 명을 남겨 놓고, 황산벌 5천명 외에,

---

145) 『삼국사기』 권28, 백제본기, 의자왕20년, "帥死士"
146) 『삼국사기』 권28, 백제본기, 의자왕20년.

7월 9일 웅진구에 수천의 병력을 투입하였던 것이다.[147] 이를 알기 쉽게 표로 작성하여 보면 다음과 같다

〈표 2〉 신라와 당의 침공에 대한 백제의 대응일정표

구분	신라군	당군	백제 / 백제군	비고
5.26	경주 출발			
6.11	충북 보은 통과		백제군 징후탐지 /동원명령 하달	
6.18	이천 남천정 도착	당군 래주(성산) 출발		
6.21	법민 정방 영접/ 작전명령 수령	덕물도 도착/ 작전명령하달	백제군 집결	6만명
6.22	법민 남천정 복귀 및 보고	당진 대호지면 상륙작전	의자왕 群臣회의/	
6.23 ~25		석두성 수군창고 탈취	당군 or 신라군 토의	
6.25 ~26	신라병마 징발 고구려 대비/	예산군 대술면 기동	강진 흥수에게로 의자 왕 사신 출발	
6.27 ~28	신라군 남하시작	예산군 대술면 철수	백제군 예산방면 투입	3만명
6.28 ~7.2		석두성 및 당진철수	흥수의 의견 도착	
7.3		보령(尾資津)지역 이동	탄현 or 기벌포 토의	
7.6 ~7	김유신 탄현 통과	보령상륙 및 청양 대치 면 기동/철수	계백 출전명령 하달	
7.7		서천지역 기동	계백 출동준비/기동	
7.7 ~8		서천/군산(기벌포)전투 웅진강 진입 기동	계백 삼영설치	
7.9	황산벌 전투	웅진강구 전투/도성 20 리 밖 도착	황산벌/웅진강구 전투	5천/ 수천
7.11	당군 진영 도착			
7.12	나·당 연합군 사비성 포위공격		사비성 방어전투	1만명 전사
7.13			의자왕 웅진성 피신	
7.18			의자왕 사비성으로 와서 항복	

---

147) 나당연합군의 침공전략은 학술지에 게재된 내용이다(이재준, 「나당연합군의 침공 전략과 백제의 대응」 『한국군사학논집』 72, 2016).

8.2	의자왕 항복례, 흑치상지 임존성으로 탈출, 거병		(3만명)
8.12		백제군 임존성 집결	
8.26	소정방 임존성의 백제군 공격	소정방 공격 막아냄	
9.3	소정방, 무열왕 철수	의자왕, 귀족 등 1만 2천여 명 압송	1만명 압송

〈표 2〉는 신라군이 경주를 출발하는 660년 5월 26일부터 당의 소정방과 신라의 무열왕이 백제의 사비성으로부터 철수하는 660년 9월 3일까지 신라군·당군·백제군의 일정을 정리한 것이다. 음영 처리된 일정은 『삼국사기』에 기록되어 있다. 음영 처리되지 않는 일정은 고대군대의 기동일정과 전략전술 측면을 고려하여 추정하였다. 백제의 대응일정은 사료의 내용과 군사학적인 분석을 통하여 추정하였다. 비고란의 음영 처리된 부분의 병력 수는 『삼국사기』의 기록이며, 나머지는 평상시 백제의 군사력과 부흥군의 규모를 고려하여 추정하였다.

2. 당군의 침공로와 웅진구 전투

당군 13만 대군 중에서 주력부대는 소정방이 이끌었을 것이다. 『구당서』에 소정방은 성산으로부터 바다를 건너 웅진강구熊津江口148)에 이르러 강구江口를 지키는 백제군을 격파하고 곧장 백제의 왕도로 가서, 신라군과 함께 공격함으로써 의자왕의 항복을 받았다고 기록되어 있다. 이 웅진강구가 『신당서』에는 웅진구로 표기되어 있고, 『삼국사기』에는 백강 또는 기벌포149)로 기록되어 있다. 한편 중국 측 사료에 663년 유인궤가 인솔한

---

148) 『구당서』 권83, 열전33, 소정방, "熊津江口" ; 『신당서』 권220, 열전145, 백제, "熊津口" ; 『자치통감』 권200, 당기16, "熊津江口"

149) 『삼국사기』 권28, 백제본기, 의자왕20년, "白江/伎伐浦/熊津江口", 권5, 신라본기, 무열왕7년, "伎伐浦", 권42, 열전2, 김유신, "依(伎)伐浦", 권44, 열전4, 김인문, "熊

당 수군이 백제를 지원하는 왜의 선단을 크게 패퇴시킨 지역을 백강구白
江口150)로 기록되어 있고, 일본 측 사료에는 백촌강으로 기록되어 있다. 이
와 같이 660년 소정방이 백제를 침공하기 위하여 상륙한 지역이 웅진강
구·웅진구·기벌포·백강 등으로 기록되어 있으며, 663년 왜군과 당군이 전
투를 벌인 곳이 백강구·백촌강이라 기록되어 있어 혼란이 가중되고 있다.

하지만 웅진강구·웅진구·백강·기벌포·백강구·백촌강으로 표기되는
지역은 분명 백제의 관문이었거나 군사상 중요한 지역 또는 격전지였을
것이다. 따라서 그 위치가 어디인가가 주요 연구대상이 되어 왔다. 그러
나 지금까지 수많은 연구에도 불구하고 아직까지도 그 위치에 대하여 여
러 가지 설이 제기되고 있는 등 통일된 견해가 없는 실정이다. 이러한 이
유는 사료가 영성함은 물론 기록되어 전해지는 지명도 여러 가지로 혼란
스러우며, 1,300여 년이 지나는 동안 지명과 지형이 많은 변화가 있었기
때문일 것이다. 또한 지금까지의 연구가 대부분 역사지리학적 방법이나
음운학적 방식에 의한 유사지명 찾기 등 문헌에 의한 방법에만 치중하였
기 때문이다.

어떤 위치를 비정하고자 한다면 그 위치가 갖는 본질부터 살펴보아야
한다. 즉『삼국사기』에 기록된 백강이나 기벌포는 백제가 당군을 막고자
했던 방자防者151)의 입장에서 밀하는 위치이며, 중국 측 사료에 기록된 웅
진강구나 웅진구는 당군 즉 소정방의 상륙지점이자 백제군과 싸운 장소로
써 공자攻者의 입장에서 말하는 위치이다.

전적지의 위치비정은 문헌에 의한 고찰과 병행하여, 당시의 백제의 방
어계획이나 당군의 침공계획 등 전투행위의 본질을 함께 고찰하여야 한

津口"

150)『구당서』권84, 열전34, 유인궤, 권199, 열전149, 백제 ;『신당서』권108, 열전33,
　　유인궤, 권220, 열전145, 백제 ;『자치통감』권201, 당기17, "白江/白江口"
151) 방자는 통상 軍에서 사용하는 용어로써 방어자 또는 방어부대를 뜻하며, 공자는
　　공격자 또는 공격부대를 뜻한다.

다. 이에 종래의 백강·기벌포에 대한 제 학설을 알아본 연후에, 현장답사 결과를 가지고 군사학적인 지형분석 방법을 통해 그 위치를 비정하고자 한다. 또한 방자와 공자의 계획수립 과정을 통해서도 그 위치를 비교하고자 한다. 비정된 위치에 대해서는 사료를 통하여 검증할 것이다.

1) 백강과 기벌포의 위치비정 문제

백강이나 기벌포의 위치에 대해서는 다양한 견해가 제시되어 있으며, 일찍이 일본 학자들에 의해서 연구되었다.

먼저 쓰다 소키치津田左右吉는 "당군이 상륙한 기벌포는 『삼국사기』 신라본기에 소부리주所夫里州 기벌포伎伐浦[152]임을 볼 때 소부리와 사비泗沘는 동음이역同音異譯으로 사비부근에 있으며, 백강은 기벌포의 별명이고 사비부근의 하류河流는 진강鎭江 = 서천·옥구뿐이므로 백강은 진강이다. 또 『삼국사기』 김유신전에 소정방이 … 바닷가를 따라 기벌포에 들어갔다[153]라고 하였으므로 바다에 가까운 곳이다"[154]라고 하였다.

오다 쇼고小田省吾는 "동진강구의 계화도와 부안읍의 백제 이름인 개화가 음성 상 닮았다. 백강구 및 기벌포는 동진강 하구이어야 한다[155]"고 하였다.

이케우치 히로시池內宏는 "기벌포는 백강지구와 같이 금강의 하류인 해구海口의 이름이고, 웅진강 및 백강과 그 범위를 같이하고 있는 것은 아니다. 기벌포는 웅진강구 및 백강구와 같이 금강입구를 말하는 것이다"라고 하였다.

---

152) 『삼국사기』 권7, 신라본기, 문무왕16년, "沙湌施得領船兵 與薛仁貴戰於 所夫里州 伎伐浦"
153) 『삼국사기』 권42, 열전2, 김유신, "蘇定方 … 等沿海入伎伐浦"
154) 津田左右吉, 「百濟戰役地理考」 『朝鮮歷史地理』 1, 1913, 169~175쪽.
155) 小田省吾, 『朝鮮史大系 上世史』, 朝鮮史學會, 1929, 194~195쪽.

이마니시 류今西龍는 "660년의 기벌포는 안정복의 『동사강목』에 기벌포는 일명 백마강이다. 지금 부여현의 서쪽 45리에 있다[156]고 하였고 『삼국유사』에 장암長岩은 손량孫梁이며, 일명 지화포只火浦 또는 백강白江이다[157]라고 하였다. 따라서 장암은 부여군 관내의 장암場巖에 비정할 수 있고 손량은 세도면의 사랭이紗浪에, 지화포는 금강과 석성천이 만나는 곳의 남쪽지점인 저포猪浦와 비슷하므로 백마강 하류에 있는 고다진古多津[158]인 것 같다. 그리고 『삼국사기』와 『삼국유사』의 백강은 당의 사료에서 백강이라고 칭하는 곳과는 동명이수同名異水이다. 그러므로 660년 소정방이 백제의 도성을 함락할 때에 나타나는 백강은 현재의 부여 관내를 지나는 백마강이며, 663년 주류성을 함락시킬 때의 백강(백촌강)은 만경강이나 동진강 외에 비교적 해수가 깊은 변산반도 남쪽 줄포·내포가 타당하므로 2개의 백강이 있다"[159]고 주장하였다.

가루베 지온輕部慈恩은 "당군이 일부러 금강으로 들어가는 것을 피하고 배를 전진시켜 80km를 남쪽으로 가서 백제군과 싸웠다는 것은 부자연스러운 일이다. 웅진강은 공주로부터 부여까지를 말하고, 백강은 부여에서 바다로 들어가는 곳까지의 사이를 부르던 이름이다. 따라서 백강은 현재 금강의 옛 명칭으로 한산·서천·군산지방이며 백촌강과 같은 것이다"[160]라고 하였다.

한편 한국 학자들의 백강에 대한 견해를 살펴보자. 먼저 노도양은 "백강·기벌포·백강구를 지금의 금강하류로 보는데 동의하지만, 663년 『일본

---

156) 『東史綱目』 第4, 上 丙辰年, "伎伐浦一名白馬江 在今扶餘縣西五里"
157) 『삼국유사』 권1, 태종춘추공, "伎伐浦卽 長岩又孫梁一作只火浦又白江"
158) 고다진은 지형이 곶으로 되었으므로 곶지, 고다지라 하였으며, 고려 때 고다지소 또는 고다진이라 하였고, 조선시대에는 고다지원이라 하였는데 변하여 반조원이 되었다(한글학회, 『한국지명총람4 - 충남편 - 』, 보진재, 1974, 466쪽).
159) 今西龍, 『百濟史硏究』, 近澤書店, 1934, 375~378쪽.
160) 輕部慈恩, 「百濟都城及び百濟末期の戰跡に關する歷史地理硏究檢討」 『百濟遺跡の硏究』, 吉川弘文館, 1971.

서기』의 백촌강을 백강과 이름이 비슷하다고 하여 동일시함은 잘못이다.
백촌강은 동진강이나 만경강이 아닌 부안서쪽을 흐르는 두포천을 말한
다"161)고 하였다.

김재붕은 "백제라는 국호는 직산·안성지방의 옛 지명이므로 안성천이
백재강·백강으로 불렸을 가능성이 있다. 따라서 백강·백촌·백촌강을 아
산만에 주입하는 안성천과 안성천하구의 백석포"162)라고 하였다.

전영래는 "기벌포는 지화포라고 하였는데 부안의 옛 이름이 계화界火·
계발戒發이며 지금도 계화도란 이름이 남아있고 갯벌이 길게 형성된다.
정방이 동안東岸으로 상륙하려면 강이 남에서 북으로 흘러야 하는데 그러
한 강은 동진강밖에 없다. 또한 정방의 13만 대군을 만재한 1,900척의 대
선단이 덕물도에서 보급을 받았다손 치더라도 시량柴糧163)이 충분치 못했
을 것이고, 여름철에 식수·채소류 등을 20여 일간이나 저장·비축이 불가
능하며, 하선 즉시 전투가 어려워 상륙 후 충분한 휴식과 육상에서의 정
비가 필요하였고, 척당 65명씩 타는 소범선 1,900척이 해상의 태풍을 피
할 수 있는 곳으로 기벌포와 백강구 즉 계화도와 동진강을 택했을 것이
다"164)라고 하였다.

이종학은 "소정방은 덕물도로부터 직통으로 웅진강구 좌측에 상륙한
것이 아니라 백강(기벌포)에 상륙하였다. 그것은 당군이 백강을 지나고 신
라군이 탄현을 통과했다는 보고를 받자 계백을 먼저 탄현에 파견한 것은
백강이 더 멀고 위험이 적었기 때문이었다. 그리고 계백이 패하고 나서
군대를 모아 웅진강구에 포진시켰다. 따라서 당군의 교두보는 백강이며
웅진강과는 별개의 강이다. 소정방은 작전기지 또는 교두보의 관점에서

---

161) 노도양, 「백제주류성고」『명지대논문집』12, 1979, 23~29쪽.
162) 김재붕, 『전의 주류성 고증』, 보전출판사, 1980, 34~35쪽.
163) 시량은 말먹이를 뜻한다.
164) 전영래, 「삼국통일전쟁과 백제부흥운동연구」『군사』4, 1982, 25~27쪽 :『백촌강
    에서 대야성까지』, 신아출판사, 1996, 30~31쪽.

동진강 즉 백강에 상륙하여 병사들의 휴식과 전투준비를 갖추고 난 후, 백제군과 신라군이 치열한 전투를 치른 뒤 천천히 웅진강에 도착한 것이다"165)라고 하였다.

도수희는 "백강은 사비泗沘의 별칭이었으며 백촌강과 백마강은 백강에서 파생한 보다 후대의 이칭일 것이다. 웅熊과 백白은 등식화166)할 수 있으므로 백강이란 지명을 고정시킬 수는 없고 부여 사비를 방사원점으로 하여 보다 하류의 곳곳에 백강이 분포한다"167)고 하였다.

심정보는 "웅진강구 및 백강지구는 다 같이 현재의 금강하구에 해당한다. 현재의 장항읍 장암동, 손량 등은 『삼국유사』의 장암長岩, 손량孫梁이며, 지화포와 기벌포는 동음이사同音異寫이다. 그러므로 백강은 금강하구이며 기벌포는 장항이다"168)라고 하였다.

박성흥은 "기벌포는 임천에서 한산 사이의 금강을 말하며 백마강의 범주에 속한다. 이 강은 『삼국사기』에 백강으로 나오는데, 이 백강과 달리 백촌강 전투가 벌어진 백강은 아산만과 삽교천이 합류하는 지점인 당진군 석문면과 고대면 일대가 백촌강 = 백강구이다. 또한 이 지방에 백사, 백석촌, 장암, 지벌포, 손량이라는 포구의 지명도 실제 존재한다"169)고 하였다.

서정석은 "『주서周書』이래로 사비시대의 도읍지를 웅진으로 혼동하여 왕성이름을 따서 백강을 웅진강이라고 했다. 이에 중국에서 금강을 웅진강으로 부른 것과 달리, 부흥운동기간 왕성이었던 부안 주류성 옆의 동진강을

165) 이종학, 「주류성·백강의 위치 비정에 관하여」, 『군사』 52, 2004 : 『한국군사사 연구』, 충남대학교출판부, 2010, 247~252쪽.
166) 熊=白(伯(大),長)이다. 이에 熊津〉白(伯)江〉錦江(錦水)으로, 熊津〉伎伐浦〉白(伯)江〉長岩〉岐浦~長浦이다.
167) 도수희, 「白·雄·泗沘·伎伐」에 대하여」 『백제연구』 14, 1983, 31~32쪽.
168) 심정보, 「백강의 위치에 대하여」 『한국상고사학보』 2, 1989 : 「백강에 대한 연구 현황과 문제점」 『백제문화』 32, 2003, 182쪽.
169) 박성흥, 『홍주 주류성고』, 홍주문화원, 1989 : 『내포지방의 고대사와 홍주 주류성과 당진 백촌강 연구』, 조양인쇄사, 2004.

백제 사람들이 부르듯이 백강으로 기록할 수밖에 없었다"170)고 하였다.

이도학은 "당나라 때 쓰인 『한원翰苑』에 웅진하熊津河의 근원은 나라 동쪽 경계에서 나오는데, 서남쪽으로 흘러 서울[國] 북쪽으로 100리를 지나며, 또 서쪽으로 흘러 바다에 들어간다고 하였듯이 웅진하는 금강의 통칭이다. 또 『삼국사기』에 당과 신라 군대가 백강과 탄현을 지났다는 소식을 듣고 계백이 황산에 나갔으나 패전한 직후에 웅진구에서 당나라 군대와 싸웠다. 두 기록을 보면 기벌포와 웅진구는 동일한 장소이지만 백강과는 무관한 것이며, 기벌포와 웅진구는 금강하구이지만 백강은 동진강이다"171)라고 하였다.

김영관은 "백강은 장암·손량·지화포 등으로 불렸다. 『신증동국여지승람』에 서천포영을 고려시대에 장암진성이라고 하여 금강하구의 서천지역임을 알 수 있다. 그리고 지화포 역시 기벌포의 한자식 표기임은 쉽게 짐작할 수 있다. 그러나 주력부대인 소정방은 방어시설이 취약하고 상륙 후 진군하기가 편하며 신라군과 합군하기가 수월한 군산 방면으로 상륙하였다"172)고 하였다.

엄정용은 "백마강의 왕진往津으로부터 고다진[현 반조원]까지 흰모래가 많은 백사가 펼쳐져 있고, 부여 쪽에서 보이는 석성면의 파진산은 희여치라 하여 흰 바위를 뜻하므로 백강으로 불렸을 것이다. 따라서 백강은 부여 근방 천정대로부터 반조원까지다. 또한 『삼국사기』 백제본기의 이미 백강과 탄현을 지났다는 소식을 듣고 계백장군을 보내173)를 곧[已] 지날 것으로 해석하면 부여 근처가 되므로 반조원이 기벌포다"174)라고 하였다.

---

170) 서정석, 「백제 5방성의 위치에 대한 시고」, 『호서고고학』 3, 2000, 80~81쪽.
171) 이도학, 『한국고대사, 그 의문과 진실』, 김영사, 2001, 208~211쪽.
172) 김영관, 「나당연합군의 백제 공격로와 금강」, 『백제와 금강』, 서경문화사, 2007, 243~248쪽.
173) 『삼국사기』 권28, 백제본기, 의자왕20년, "又聞唐羅兵已白江·炭峴 遣將軍塔伯"
174) 엄정용, 『백강 - 기벌포·탄현·주류성의 위치비정 -』, 바다기획, 2011, 76~87쪽.

　기존의 연구들을 견해별로 정리해 보면 크게 다음과 같다. 첫째, 웅진 강과 백강은 동일한 강으로써 백강을 금강하구로 보며 기벌포는 서천포· 장항·군산 등으로 보는 견해이다. 둘째, 웅진강과 백강이 서로 다른 별개 의 강으로써 백강은 동진강이고 기벌포는 동진강 하구의 계화도라고 보는 견해이다. 셋째, 660년 사비도성을 함락시킬 때의 백강과 663년 주류성을 함락시킬 때의 백강이 서로 다른 강으로써, 전자의 백강은 웅진강 하구이 고 후자의 백강은 동진강·만경강·줄포·내포·두포천·아산만 입구·안성천 하구 등으로 보며 기벌포는 금강 하류인 장항 등으로 보는 견해이다. 넷 째, 웅진 앞을 흐르는 강을 웅진강으로, 부여 앞을 흐르는 강을 백강으로 보고 기벌포는 석성천과 금강이 만나는 고다진으로 보는 견해이다. 다섯 째, 백촌강과 백마강은 후대의 명칭으로 백강을 어느 한 곳에 고정시킬 수 없고 곳곳에 백강이 분포한다는 의견 등으로 구분할 수 있다.

　그런데 백강과 기벌포에 대한 기존 연구의 시발은 소정방의 백제 침공 로를 확인하기 위한 것이 아니었다. 거의 대부분 연구가 663년 백제부흥 군을 지원하는 왜군과 당군이 싸웠던 백강을 규명하는데서 출발하고 있 다. 방법론적으로는 역사지리학적, 음운학적 방법 등 기본적으로 문헌에 의한 연구일 뿐이다.

　기벌포 위치비정에 관한 기존의 연구를 구분해 보면, 금강하구인 서천 포 및 장항일대·군산일대·동진강의 계화도·부여 근처의 고다진 등으로 구분되고 있다. 하지만 백제가 말한 기벌포가 소정방이 실제 상륙한 지점 인가 하는 문제가 선결되어야만 그 구체적인 위치가 윤곽을 드러낼 수 있 다. 이에 제시된 지역들에 대해 군사학적인 측면에서 타당성 여부를 검토 할 필요가 제기된다. 기벌포에 대한 각 견해별 군사학적 문제점들은 다음 과 같다.

　첫째, 서천포 및 장항일대로 보는 견해이다. 이 견해는 쓰다 소키치津田 左右吉, 이케우치 히로시池內宏, 가루베 지온輕部慈恩, 이병도, 노도양, 심정보, 홍사준, 이도학, 서정석 등이 주장하고 있다. 이 설은 중국 측 사료의 웅진강구(웅진구)는 현재 금강의 입구이며, 소정방이 좌안으로 올랐다는 데에[175] 근거를 두고 있고, 『삼국유사』에 기록된 장암이 현재 장항읍 장암동이라는 근거 등을 제시하고 있다. 그러나 소정방이 7월 10일 신라군과 백제도성 남쪽에서 신라군과 만나기로[176] 하고 7월 9일 웅진강구에 상륙하여 백제군과 전투를 하고 곧장 사비도성으로 진격하였다[177]는 내용으로 볼 때 타당하지 않다. 서천이나 장항에서 부여까지는 50여km나 되기 때문이다. 고대군대의 일일 행군거리로 계산하면 최소한 4일이 소요[178]된다. 더군다나 부여 사비도성 남쪽에서 신라군과 만나려면 큰 장애물인 금강을 도하하여야 하므로 도저히 하루 만에 갈수 있는 거리가 아니다.

둘째, 동진강 하구나 계화도로 보는 견해이다. 이 견해는 오다 쇼고小田省五, 전영래, 이종학 등이 주장하고 있다. 이 설은 소정방이 동안으로 올라 백제군과 싸웠다[179]는 기록에 부합되는 강은 남북으로 흘러야 하는데 그러한 강은 동진강밖에 없으며, 계화도가 음성 상 지벌포와 유사하고 계화도에 진흙벌이 형성되어있다는 근거를 제시하고 있다. 또한 이종학은 작전기지 또는 교두보 관점에서 타당하다고 하였다. 그러나 소정방이 상륙한 동안東岸은 중국 측에서 보면 백제영역 전체를 동안으로 볼 수도 있으며, 기록에 나오는 갯벌은 웅진강의 내륙까지 곳곳에 형성되어 있다. 당시에 당은 백제를 침공할 때 작전보안을 위해 왜의 사신도 억류하는 등[180]의 조치를 취하기도 하였는데 굳이 대 선단이 기도를 노출시키며 금

---

175) 『삼국사기』 권28, 백제본기, 의자왕20년.
176) 『삼국사기』 권28, 백제본기, 의자왕20년.
177) 『구당서』 권83, 열전33, 소정방.
178) 50km ÷ (1리거리 0.4239km × 30리) = 3.9일(『左傳』의 一舍 三十里/광무6년 도량형 규칙).
179) 『구당서』 권83, 열전33, 소정방.
180) 『일본서기』 권26, 제명천황6년.

강입구를 지나 30여km까지 남진했다가 다시 금강으로 들어왔다고 볼 수가 없다. 또한 7월 10일 사비도성 남쪽에서 신라군과 만나기로 한 당군이 충분한 휴식이나 재보급을 받기 위해서 7월 9일 동진강이나 계화도에 상륙했다는 것은 일정상으로 앞뒤가 맞지 않는 논리이다. 한편 작전기지는 각종 작전이 계획되고 지원되는 지역이나 지원시설이 있는 곳이다. 교두보는 도하작전 시 주력부대를 충분히 수용할 수 있고 적절히 방어할 수 있으며 계속되는 공격의 발판을 제공하는 적측에 있는 지역이다.[181] 따라서 충분한 휴식과 전투준비를 했다고 하며 작전로가 아닌 30km 남쪽의 동진강 일대에 작전기지 또는 교두보 개념을 적용한 것은 잘못이다. 그리고 휴식을 취한 후 천천히 금강에 진입했다고 하는 것은 7월 9일 당일 백제군과 전투를 치렀다는 내용을 고려하지 않은 것이다. 7월 10일이면 신라군과 만나야 하는데 하루 전날 동진강 일대에서 상륙하여 휴식을 취하며 전투준비를 했다는 것은 말이 안 된다.

셋째, 군산에 비정하는 견해이다. 군산설은 김영관 등이 주장하고 있다. 군산에 상륙할 경우 부여까지의 거리가 장항보다도 먼 65km나 되는데 하루 만에 갈 수 있는 거리가 아니다. 중간에 논산천이나 석성천 등 하천은 육군에게 큰 장애물이므로 곧장 도성으로 갔다는 사료 내용에도 부적합하다.

넷째, 고다진에 비정하는 견해이다. 고다진은 금강과 석성천이 만나는 지점으로 이마니시 류수西龍, 엄정용 등이 주장하고 있다. 이 견해는 앞서 제기한 안정복의 『동사강목』과 『삼국유사』의 기록에 근거하여 부여 가까이에서 찾으려는 것이다. 소정방이 상륙전투를 하고 백제도성 남쪽으로 곧장 진격했다는 사료의 일정과 병력운용 측면을 고려하면 타당성이 가장 높은 곳이라 판단된다. 하지만 소정방 군대가 상륙한 지점이 기벌포가 맞

---

181) 합동참모본부, 앞의 책, 2010, 43쪽, 74쪽.

는지를 먼저 검토하여야 한다.

지금까지 연구에서는 기벌포를 소정방의 상륙지점으로 보아왔다. 그러나 중국 측 사료에서 기벌포라는 지역명칭은 어디에도 보이지 않는다. 중국 측 사료는 일관되게 소정방의 상륙지점을 웅진구 또는 웅진강구로 표기하고 있다. 백제나 신라에서 말하는 기벌포와 당 측에서 말하는 웅진구(웅진강구)가 동일지역이 아닐 수도 있다. 당은 공자의 입장이고 백제는 방자의 입장이다. 즉 공자인 당은 웅진구(웅진강구)로 상륙하였다고 하고, 방자인 백제는 기벌포에서 막겠다고 한 것이다. 각각 다른 의도를 가진 행위자가 말하는 지역들을 가지고 함께 싸웠다는 장소라고 하여 사건발생 500년이나 지난 시점에『삼국사기』의 찬자가 기벌포 = 웅진구(웅진강구)로 혼돈[182]한 것이다. 후대의 연구도 대체로 이를 답습하여 기벌포 = 웅진구(웅진강구)로 보고 있는 실정이다. 기벌포와 웅진구의 관계를 규명하기 위해서 방자와 공자가 지역을 선정하게 되는 계획수립 과정을 통해 살펴보자.

2) 백강과 기벌포의 위치에 대한 고찰

(1) 백제의 방어전략과 기벌포

660년 백제와 나당연합군과의 전투는 7월 9일 신라군과 황산벌 전투, 당군과의 웅진강구 전투, 7월 12일 나당연합군과 사비도성 방어전투가 전부로 전해지고 있다. 그리고 7월 13일 의자왕의 아들 융이 사비도성에서 항복하고, 7월 18일에는 웅진성으로 피신했던 의자왕이 태자와 함께 사비도성으로 와서 항복하였다.[183] 이를 보면 백제는 세 번의 전투에서 황산

---

182) 소정방 상륙지점을『삼국사기』김유신전에는 '기벌포'로 김인문전에는 '웅진구'로 답설인귀서에는 '강구'로『삼국사기』신라본기에는 '기벌포'로 되어 있고 백제본기에는 '웅진구'로 기록되어 있다. 반면 군신회의 간 방어지역으로는『삼국사기』백제본기에는 '기벌포(백강)'로 기록되어 있다.

183)『삼국사기』권5, 신라본기, 무열왕7년.

벌 전투를 제외하고 전투다운 전투를 하지 못하고 맥없이 패하였다. 그러
나 백제가 나당연합군의 침략에 대응하여 어떻게 싸우겠다는 전략이나 싸
울 의지조차도 없이 맥없이 주저앉은 것은 결코 아닐 것이다. 백제의 방
어전략을 살펴보고 당나라 군대를 막고자 했던 백강 즉 기벌포의 위치에
대해서 알아보자. 다음은 백제가 기벌포에서 싸워야한다는 방어전략을 말
하고 있는 사료이다.

> D. 성충이 옥중에서 굶어 죽었는데 죽음에 임하여 글을 올려 말하였다. "충신
> 은 죽어도 임금을 원망하지는 않을 것이니 원컨대 한 말씀 올리고 죽겠습
> 니다. 신 이 늘 때[時]를 보고 변화를 살폈는데, 틀림없이 전쟁이 일어날 것
> 입니다. 무릇 군사를 쓸때는 반드시 그 자리를 살펴 택해야 할 것인데, 상
> 류에 자리 잡고 적을 끌어들인 뒤에야 가히 보전할 수 있을 것입니다. 만약
> 다른 나라가 오면 육로로는 침현(沈峴)을 넘지 못하게 하고, 수군은 기벌포
> (伎伐浦) 언덕에 오르지 못하게 하며 그 험난하고 좁은 길에 의거하여 적
> 을 막은 뒤에야 보전할 수 있습니다" 왕은 살펴보지 않았다.[184]

　사료 D는 의자왕 16년 성충의 임종상서이다. 사료 B-④는 의자왕 20년
홍수의 제언이다. 결국 성충과 홍수는 백강 = 기벌포, 침현 = 탄현이라고
하여 같은 의견을 개진한 것이다. 이들은 중국과 조공 및 책봉관계의 단
절이라는 의자왕의 자주외교 노선을 둘러싸고, 내부적으로 반대하는 자들
을 퇴진시키는 655년 이후 정계개편[185]으로 밀려나 투옥되거나 귀양 갔던
그룹이다. 성충과 홍수가 당과 신라의 침략을 예견하고 수로와 육로에서
의 방어계획을 구상하고 있는 것을 볼 때 병관좌평이었을 가능성이 있다.

---

184) 『삼국사기』 권28, 백제본기, 의자왕16년, "成忠瘦死 臨終上書曰 '忠臣死不忘君
　　願一言而死 臣常觀時察變 必有兵革之事 凡用兵 必審擇其也 處上流以延敵 然後
　　可以保全 若異國兵來 陸路不使過沈峴 水軍不使入伎伐浦之岸 擧其險隘以於之
　　然後可也'"
185) 양종국, 「백제 의자왕대의 정치와 對中外交 성격검토」 『백제문화』 47, 2012,
　　171~173쪽.

사료 내용을 분석해보자. 사료 D에서는 '다른 나라 병사가 오면'이라고
했고, 사료 B-④에서는 '우리나라의 요로'라고 하였다. 즉 거론되고 있는
탄현(침현)과 기벌포(백강)는 나라에 들어오는 관문이며, 국경지대로 보아
야 한다.

그런데 사료 D에서 '상류에 끌어들인 연후'라고 한 점과 사료 B-④에
서 '대왕은 문을 굳게 잠그고 지키어'라고 하였다. 즉 백강 또는 기벌포가
왕이 있는 도성과 같은 축선 상에 있음을 시사하고 있다. 이는 수로를 통
하여 침략하는 수군이 목표에 이르는 작전선[186]을 차단하겠다는 것을 의
미하는 것이다. 따라서 백강(기벌포)은 사비도성 앞을 흐르는 강과 별개의
강이 아니다.

이처럼 기존의 대성팔족 그룹[187]에 해당하는 성충이나 흥수는 기벌포
(백강)와 탄현에서 다른 나라 즉 신라와 당을 막아야 한다고 주장하고 있
다. 이들이 주장한 기벌포(백강)와 탄현은 오늘날 교리에서 작전의 결과에
중대한 영향을 미칠 수 있는 지리적 장소인 결정적지점[188]이 된다.

현대전에서 결정적지점은 지휘관의 작전구상[189] 요소로써, 통상 순수
한 지형만을 가지고 분석한 중요지형지물 중에서 지휘관이 전장정보분석
결과와 METT + TC를 고려하여 선정하게 된다. 이러한 군사작전의 의사
결정과 평가모델을 활용하여 선정된 결정적지점에 병력이나 화력·장애물

---

186) 적 또는 목표와 관련하여 시간, 공간 및 목적 면에서 부대가 지향할 방향을 제시
    하는 선이다. 작전선은 결정적지점으로부터 도출되며 지리적 작전선과 논리적 작
    전선으로 구분된다(합동참모본부, 앞의 책, 2010, 273쪽).
187) 이들은 대성팔족 좌평그룹으로 보고, 신진귀족으로는 계백·상영 등을 달솔 그룹
    으로 보았다(김주성, 「의자왕대 정치세력의 동향과 백제멸망」『백제연구』19,
    1988, 271~275쪽).
188) 결정적지점이란 작전의 결과에 중대한 영향을 미칠 수 있는 지리적 장소, 특정한
    주요사태, 핵심요소 또는 기능을 말한다(합동참모본부, 앞의 책, 2010, 17쪽).
189) Operational Design으로 전역 또는 주요작전의 기본 틀을 발전시키기 위한 지휘관
    과 참모들의 지적인 사고과정을 말한다(합동참모본부, 앞의 책, 2010, 270쪽).

등을 과업에 따라 배치하며, 이 부분은 방책수립 과정의 기초가 되고 있
다. 물론 선정된 중요지형지물 중에서 반드시 결정적지점을 선정하는 것
은 아니며, 두 개가 일치하는 것도 아니다. 두 개가 별개가 될 수도 있다.

중요지형지물은 작전을 실시함에 있어 피아 공히 확보 또는 통제함으
로써 현저한 이점을 제공받는 국지 또는 지역이다. 이러한 중요지형지물
은 작전의 종류에 따라 그 대상이 달라질 수도 있다. 일반적으로 감제고
지나 능선, 도섭이 불가능한 하천상의 교량 등이 되기도 하고 통신 및 교
통의 중심지가 되기도 하는 등 다양하다. 그러나 통상 부대의 규모에 따
라서 선정범위가 다르고, 장애물 자체는 중요지형지물로 선정하지 않는
다. 그리고 공격할 때의 중요지형지물은 통상 접촉선 전방에 선정하며 공
격임무 수행에 지장을 주거나 공격의 발판을 제공할 수 있는 지형을 선정
한다. 방어할 때의 중요지형지물은 통상 FEBA[190] 후방에 선정하며 적의
접근로를 감제할 수 있는 감제고지 등 방어임무 수행에 유리한 지형 내지
는 적의 예상목표 등을 선정한다.[191]

METT + TC는 군사전략이나 작전계획 수립 및 시행에 대한 평가를 위
해 사용하는 분석의 틀로써, 1990년대 미군에서 시작하여 현재는 한국군
에서도 사용하고 있다.[192] 그 요소는 임무(Mission), 적 또는 임무지역의 상
황(Enemy Situation), 지형 및 기상(Terrain & Weather), 가용부대 및 능력(Troops
Available), 가용시간(Time Available), 민간요소(Civil Affairs)를 뜻한다. 이 중
본고의 분석에서 고려한 요소는 M·E·T로써 다음과 같다.

임무[M]는 전투부대가 맡은 일로써 '누가·어디서·무엇을·왜'를 포함한
부여된 주요과업이다. 적 상황[E]은 상대할 적의 실체를 정확히 분석·판

---

190) Forward Edge of the Battle Area 즉 전투지역 전단을 말한다(합동참모본부, 앞의
　　책, 2010, 600쪽).
191) 김광석 편저, 앞의 책, 1993, 584~585쪽.
192) 양철호, 「한국의 국제평화유지정책 성공요인에 관한 연구」 『치안정책연구』 28-2,
　　2014, 294쪽.

단하며, 적 지휘관이 어떠한 의도로 어떠한 방책을 채택할 가능성이 있는 지에 대한 대응계획을 수립하는 과정으로 자의적으로 해석하지 말아야 한 다. 지형 및 기상[T]은 전투에서 극복해야 할 마찰의 요인이며 그 이점을 활용하도록 하여야 한다.193) 이를 기초로 중요지형지물과 결정적지점을 선정해보자.

〈요도 5〉 중요지형지물 및 결정적지점 선정194)

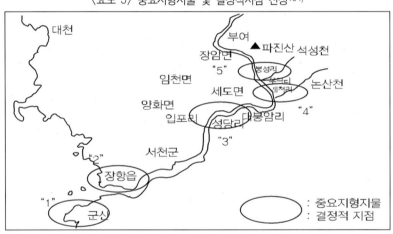

방자의 입장에서 순수한 지형만을 가지고 선정되는 중요지형지물은 5 개소를 고려하였다. 지형 "1"·"2"는 금강 진입로 양안이자 적의 중간목표 로써, 지형 "3"은 강폭이 좁아지고 물살이 빨라지는 곳으로써, 지형 "4"· "5"는 금강이 주변 하천과 합류하는 지점으로써 중요지형지물로 선정하였

---

193) 양철호, 「한국군의 국제평화유지활동에 관한 정책평가 연구－METT＋TC 분석틀에 의한 군 파병 사례분석을 중심으로－」, 한남대학교 박사학위논문, 2015, 55~56쪽.
194) 이재준, 앞의 논문, 2016, 16쪽에서는 중요지형지물을 4개소로 보았다. 즉 앞의 논문은 장항과 군산을 중요지형지물을 1개로 보는 오류를 범하였다. 그러나 본고 에서 부대통제 범위에 맞게 장항과 군산을 분리하여 중요지형지물을 2개소로 구 분 정정한다.

다. 이들을 선정한 이유는 적의 접근로를 감제하거나 방어에 유리한 지형들이며 중간목표이기 때문이다.

다음 공자의 입장에서 분석이다. 금강으로 진입하여 부여에 도착하기 위해서는 우선 진입로 양안 "1"·"2"를 확보하여야 한다. 그리고 선박의 항해대형을 고려하여 강폭이 좁아지거나 유속이 빨라지는 "3"을 선정할 수 있다. 또한 하천이 분지하는 "4"·"5" 등도 중요지형지물로 선정이 되어야 신속하게 최종목표까지 접근이 가능하다.

이들 중에서 결정적지점을 판단해보자. 결정적지점은 적에 대한 분석 이후, 적이 어디에서 어떤 행동을 할 때 아군이 어디서 어떻게 하면 현저한 이점을 얻을 수 있겠는가 판단되는 지점이나 사태를 말한다. METT + TC를 다 고려해야겠지만 변수가 되는 적[E]과 임무[M] 위주로 분석해보자.

먼저 지형 "1"·"2"는 군산과 장항일대로 백제의 임무달성 측면에서 침략해 오는 당나라 군대를 원거리에서 조기에 발견하여 격멸할 수 있고, 격멸에 실패 하더라도 도성방어 준비를 할 수 있는 시간을 벌 수 있다. 당군의 입장에서도 지형 "1"·"2"는 금강에 대한 출입구로써 반드시 확보하여야 하는 중간목표이자 지역목표이다.

둘을 비교하여 보면 지형 "2"는 지형 "1"에 비해 부여까지 비교적 단거리 이지만 도중에 금강을 도하해야 한다. 반면 지형 "1"은 지형 "2"에 비혜 부여까지 원거리이며 논산천과 석성천 등 2개의 하천을 도하하여야 한다. 굳이 우열을 따진다면 당 수군이 북쪽으로부터 내려온다는 점과 입구 도착 즉시 상륙을 하여야 한다는 점 그리고 사비도성까지의 거리 등을 고려하면, 지형 "2"가 적 입장에서도 백제의 입장에서도 결정적지점이 될 수 있다.

지형 "3"은 당군 입장에서 애로지점으로, 확보된다면 수로기동에 따른 이점을 제공 받을 수 있으나 지형 "2"와 지형 "1"에 비하여 중요도가 현저히 떨어진다. 백제의 입장에서는 적 방어라는 임무에 용이할 수 있으나 부대가 강 양쪽에 2개로 분산되어 지휘통제에 어려움이 있을 수 있다. 따라서 결정적지점으로 보기에는 제한되는 면이 있다.

지형 "4"는 금강과 논산천이 만나는 부여군 성동면 우곤리·개척리 야산 일대이다. 이곳은 백제의 임무달성 측면에서 적을 도성 가까이 끌어들여 격멸하여야 하는 불리점이 있으나, 시간 측면에서는 왕도로부터 약 14km 가 이격되어 있어 급박한 상황에서 병력을 배치하기에 용이하고 갯벌이 비교적 짧으며 뒤편에 낮은 야산이 형성되어 있어 진지편성에도 용이하다. 따라서 사비도성을 방어하기 위해서는 반드시 확보되고 지켜져야 하는 곳이다. 당군 입장에서도 도성 진입을 위하여 반드시 확보되어야 하는 지점이다.

지형 "5"는 석성면 파진산 일대로 인근에서는 비교적 높은 186m의 산악이다. 백제의 입장에서 왕도와의 거리도 10km로써 단시간 내에 진지를 점령할 수 있는 장점이 있고 산악에 의지하여 적을 저지·격멸할 수 있는 곳이다. 또한 산 아래는 강폭이 좁아 방어에 유리한 지형이다. 하지만 파진산 앞쪽의 하봉정리와 석성리 일대는 포구형태로 되어 있어 진지를 편성할 때 포구 건너편에는 유휴병력이 발생할 수 있다. 또한 왕도와 거리가 너무 가까워 저지·격멸이 실패할 경우 위험부담이 있는 지형이다. 반면 당군의 입장에서는 이 지역만 확보하면 하천 등 장애물 없어, 상륙한 육군이 곧바로 사비도성으로 직행할 수 있기 때문에 매우 유리한 지형임에 틀림없다.

이들 중 백제 입장에서 북쪽으로부터 침공해오며 금강 진입을 위해 양안을 확보하려는 당군의 의도와 도성을 방어하는데 조기에 적을 발견하여 격멸하며 실패했을 경우 도성방어 시간을 벌어야 하는 임무를 고려하면 지형 "2"가 최적의 장소로 판단이 된다. 굳이 순서를 정한다면 결정적지점은 지형 "2"-"1"-"4"순이 된다.

이를 사료와 비교하여 보자. 사료 D에서 성충이 "다른 나라 병사가 오면"이라고 했고 사료 B-④에서 흥수가 '우리나라의 요로'라고 한 점을 고려하면 국경지대로 추정된다. 국경지대 중 동쪽경계는 사료 D에서 말하는 '험하고 애로지역의 의거하여'나 사료 B-④의 '한사람의 단 한 자루의 창으로도 만인을 막을 수 있는 요충'은 수로가 아닌 탄현(침현)을 말한다. 반면 국경지대 중 서쪽경계는 해안지역으로 지형 "1"과 지형 "2"가 해당될 수 있다. 그런데 사료 D에서 "상류에 적을 끌어들여"라고 한 점을 고려하면 지형 "4"가 될 수도 있다. 하지만 지형 "2"의 우단에 해당하는 서천지역을 상류로 표현한 것일 수도 있다.

한편 지형 "2"는 『삼국사기』 김유신전에 "바닷가를 따라 기벌포로 들어왔다"고 하는 내용과 『삼국유사』에서 "기벌포는 장암, 손량이다. 또 지화포라고도 하며 백강이다"라고 하는 사료 내용과도 일치한다.

결국 백제가 막고자 했던 기벌포(백강)는 중요지형지물 "2"가 되며, METT + TC에 의한 분석결과 결정적지점이 된다. 그러나 연구자들은 웅진강구와 기벌포를 동일하게 보았다. 그러면 웅진강구는 기벌포와 어떻게 다른지 살펴보자.

(2) 백제의 실 병력배치 지역 웅진구

앞의 사료 B-④에서 흥수가 당군은 그 무리가 많고 군율이 엄정하므로 날랜 군사를 선발하여 백강(기벌포)에 보내어 들어오지 못하게 지키도록 주문하였다. 하지만 대신들이 흥수는 오랫동안 감옥에 있어 임금을 원망하고 나라를 사랑하지 않으니 믿을 수 없다고 하며, 당군으로 하여금 백강으로 들어오게 하여 물 흐름에 따라 배를 가지런히 할 수 없을 때 치면 그물에 걸린 고기를 잡는 것과 같다고 하며 반대하였다.

그러나 백강(기벌포)에 들어오지 못하게 할 것인가 아니면 들어오게 한 후에 싸울 것인가에 대한 토의를 하는 사이에 당군과 신라군이 백강과 탄현을 넘고 있었다. 다음 사료는 『삼국사기』 백제본기의 내용으로 신라군이 탄현을 지나고 당군이 백강을 지난 다음의 내용이다.

E-① [왕은] 또 당군과 신라군이 백강과 탄현을 넘었다는 소식을 듣고 계백장
군과 결사대 5천명을 황산에 보내 싸우게 하였다. [계백은] 네 번 크게 싸
워 이겼으나 군사가 적고 힘도 꺾여 드디어 패하고 계백도 죽었다.[195]
② 이에 군사를 모아 웅진[강] 입구를 막고 강변에 군사를 지키게 하였다. 정
방이 왼편 물가로 나와서 산에 올라가서 진을 쳤다. 그들과 더불어 싸웠
으나 우리 군사가 크게 패하였다.[196]

의자왕은 사료 E-①과 같이 이 소식을 듣고 황산에 계백을 투입시키고,
계백이 죽자 사료 E-②와 같이 병력을 모아 웅진구에 투입하였다.

그러면 당군과 신라군이 이미 백강과 탄현을 넘었다는 소식을 듣고 병
력을 투입한 황산과 웅진구는 어디일까? 황산(황산벌)은 대체로 논산시 연
산면으로 보고 있는데 학계의 의견이 일치하고 있다. 그러나 웅진구는 대
부분 서천군 장항이나 군산일대를 보고 있으며, 소수 의견으로 부여군 석
성면의 고다진이나 반조원으로 보는 견해도 있다. 백제군이 투입되었던
웅진구를 알아보기 위하여 앞서 백제의 방어전략을 현대전술로 분석해 본
중요지형지물과 결정적지점을 가지고 알아보자.

결정적지점의 우선순위는 방자입장에서 지형 "2"-"1"-"4"순으로 판단하
였다. 지형 "2"를 결정적지점으로 선정할 때 고려요소 METT + TC 중 M·
E·T만을 고려하였다. 그러나 홍수에게 자문을 구하며 전략을 토의하는
사이에 시간(Time)과 가용부대(Troops)가 변수로 등장하였다. 즉 시간은 급
박해졌고 가용부대는 이미 주력부대가 북방으로 투입되어 제한되는 상황
이 되었다. 따라서 이러한 제한사항을 극복하기 위하여 결정적지점 순위
세 번째인 지형 "4"에 투입을 결정하였을 것이다.

지형 "4"는 당군이 논산천 방향으로 진입하여 신라군과 합군할 경우 이

---

195) 『삼국사기』 권28, 백제본기, 의자왕20년, "又聞唐羅兵已過白江·炭峴 遣將軍堦伯
帥死士五千 出黃山 與羅兵 四合皆勝之 兵寡力屈竟敗 堦伯死之"
196) 『삼국사기』 권28, 백제본기, 의자왕20년, "於是合兵御熊津口 瀕江屯兵 定方出左
涯 乘山而陣 與之戰 我軍大敗"

를 저지할 수 있는 지역이다. 당군 입장에서도 도성 남쪽 합류가 불가할 경우 논산천 방향으로 합군지점을 변경할 수도 있는 지역이기도 하다. 따라서 전술적 고려요소 시간(Time)과 가용부대(Troops)가 추가되면서 지형 "4"에 병력을 투입하였던 것으로 판단된다. 지형 "4"가 웅진구(웅진강구)라고 본다. 이를 중국 측 사료와 비교하여 검토해보자.

> F-① 소정방이 성산으로부터 바다를 건너 웅진강구에 이르자, 적의 주둔병이 강을 지키고 있었다. 소정방은 동쪽 언덕으로 올라서 산을 넘어 진을 치고 적군과 대전을 벌였다.[197)
> ② 성산으로부터 바다를 건너 웅진구에 도착하니 적이 강가에 진을 치고 있었다. 소정방이 좌측 [강]안으로 올라 … [198)
> ③ 도침은 웅진강구에 양책을 세우고 관군을 막았다.[199)
> ④ 백제가 웅진강구에 양책을 세우고 막으니, 유인궤가 신라와 더불어 공격하여 격파하였다.[200)

사료 F-①은 660년 소정방이 웅진강구에 도착하여 강가에 진을 치고 있는 백제군을 크게 싸워 이겼다고 하였다. 사료 F-②에서는 웅진구로 표기하고 있다. 즉 중국 측 사료에서는 660년 백제군이 배치되었던 곳과 소정방이 백제군과 싸워 이긴 장소를 웅진강구나 웅진구라고 하였다. F-③, ④는 661년 도침이 사비부성을 포위하여 압박할 때, 당에서 파견된 유인궤의 관군을 웅진강구에서 막았다는 기록이다. 따라서 백제군이 배치되었던 곳과 소정방이 상륙하여 백제군과 싸운 장소, 도침이 유인궤를 막았던 지점은 웅진구(웅진강구)로써 모두 동일한 곳이다.

---

197) 『구당서』 권83, 열전33, 소정방, "定方自城山制海 至熊津江口 屯兵據江 丁方升東岸 乘山而陣 與之大戰"
198) 『신당서』 권111, 열전36, 소정방, "自城山制海至熊津口 賊瀕江屯兵 定方出左涯"
199) 『구당서』 권199, 열전149, 백제, "道琛等於熊津江口立兩柵以拒官軍"
200) 『자치통감』 권200, 당기16, 용삭 원년, "百濟立兩柵於熊津江口 仁軌與新羅兵合擊破之"

한편 현대전술에서 포위를 할 때에는 적을 일정한 지역에 고착시키고 공격하면서 적의 증원부대를 견제하여야 한다.[201] 즉 사료 F-③, ④의 웅진강구에 배치되었던 도침의 부대는 적 증원부대를 견제하기 위한 부대였다고 할 수 있다. 견제부대가 배치되었던 웅진강구는 도침이 포위했던 사비부성과 가까운 거리에 있어야 한다. 그래야 도침이 포위부대나 견제부대를 모두 지휘통제를 할 수 있기 때문이다. 따라서 사비부성을 포위하고 있는 도침의 부대가 50~60km나 떨어진 서천이나 장항 입구에서 적 증원부대를 막았다고 볼 수 없다.

이와 같이 도침이 사비부성을 포위했을 때 적 증원을 막기 위한 견제부대가 위치했던 웅진강구가 사비부성 가까운 곳일 수밖에 없다면, 동일 명칭인 백제군이 배치되었던 웅진구나 소정방이 상륙하였거나 백제군과 싸운 웅진강구도 사비부성 가까운 지점이 되어야 한다. 따라서 부여에서 가까운 지형 "4"가 고대 지역명칭인 웅진구(웅진강구)였을 것이다.

결론적으로 백제는 지형 "2"인 백강(기벌포)을 결정적지점으로 보고 병력을 투입하고자 하였으나, 시기를 놓쳐 세 번째 순위였던 지형 "4" 즉 웅진구(웅진강구)에 병력을 배치하였던 것이다. 하지만 지형 "4"가 실제 당군이 상륙한 지점인지는 검증이 필요하다.

(3) 당군의 침공전략과 웅진구

660년 6월 18일 성산을 출발한 소정방은 6월 21일 덕물도에서 신라 태자 법민을 만나 7월 10일 백제의 도성 남쪽에서 신라군과 만나기로 하고, 수로를 이용하여 7월 9일 백제의 웅진강구에 상륙하였다.[202] 당군 즉 소

---

201) 육군본부, 『사단작전』 야전교범61-100, 육군인쇄창, 1997, 5~12쪽.
202) 사료 B-②, ③과 『삼국사기』 권5, 신라본기, 무열왕7년 "堦伯死之 … 是日 定方 與 … 金仁問等 到伎伐浦"에서 소정방은 7월 9일 웅진강구에 도착하여 전투한 것을 알 수 있다.

정방이 7월 10일 신라군과 만나기 위한 침공일정은 기록상 명확해 보인다. 그러나 어디에 상륙하였는지는 의견이 분분하다. 구체적인 상륙지점을 알아보기 위하여 소정방의 백제 침공전략을 현대전술을 적용하여 분석해 본 뒤에 사료를 통하여 검증해보자.

사료 상에 나와 있는 침공일정과 결과를 가지고 소정방의 침공전략이나 작전명령을 다음과 같이 가정할 수 있다. "공격목표는 의자의 도성이다. 목표에 대한 공격을 위해, 7월 10일 사비도성 남쪽 20리 지점203)에 집결지204)를 선정한다. 집결지에서 신라군을 만나 함께 공격한다. 집결지까지 기동은 전투력을 최대한 보존하기 위하여 하루 전인 7월 9일까지 해로로 이동한다. 7월 9일 상륙지점은 7월 10일 신라군과의 합군약속을 지킬 수 있는 거리에 선정하여야 한다. 또한 상륙지점에 배치되어 있을 예상되는 적을 격멸하고, 어떤 지체시간을 고려하여 최대한 가까운 곳에 선정 하여야 한다. 상륙 후에는 1일밖에 시간이 없으므로 집결지까지 신속하게 기동하여야 한다. 신속한 기동을 위하여 수군과 상륙한 육군이 곧바로 병행 진격하여 집결지에 도착한다."

이러한 전략을 수행하기 위한 공격계획 수립과정은 다음과 같다. 먼저 전술적인 측면에서 접근로205)를 판단해야 한다. 첫째, 덕물도에서 사비도성인 부여로 접근하기 위한 최단거리 접근로는 아산만~송악~유구읍~신풍~정산~부여에 이르는 접근로 "1"을 고려할 수 있다. 둘째, 보령시 웅천읍~주산~미산면~홍산~부여에 이르는 접근로 "2"를 고려할 수 있다. 셋째, 현재의 금강수로를 따라 곧장 부여로 들어가는 접근로 "3"을 고려할 수

---

203) 고대 도량형표를 이용 20리 안 되는 지점은 8.5키로 이내인 지점이어야 하는데 18만여 명의 군사가 들어가기에 가능한 장소는 석성면 정각리 일대로 추정된다.

204) 부대가 차후 행동을 개시하기 위하여 집결하는 장소로 전투편성을 완료하고 명령을 하달하는 장소이다(김광석 편저, 앞의 책, 1993, 618쪽).

205) 특정규모의 부대가 중요지형지물 또는 목표까지 이르는 진로를 말한다(김광석 편저, 앞의 책, 1993, 540쪽).

있다. 이를 요도로 표시해 보면 다음과 같다.

〈요도 6〉 당군의 예상접근로 판단

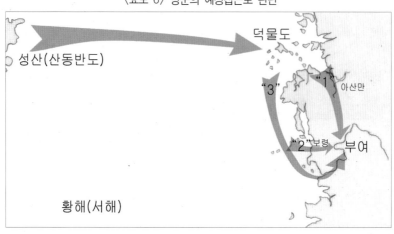

다음은 고려된 접근로 중에서 METT + TC요소를 가지고 가장 유리한 접근로를 분석해보자. 당군 입장에서 신속하게 전투력을 보존하며 목표에 도달하는 임무[M]를 완수하려면 접근로 "1"·"2"가 단거리로써 유리하다. 그러나 시간[T]을 절약하고 속전속결한다는 차원에서는 접근로 "3"이 더 유리하다.

하지만 접근로 "3"은 당연히 적인 백제[E]에서도 입구를 차단하였을 것이기 때문에 불리할 수 있다. 그렇다 하더라도 지형[T]측면에서 접근로 "1"·"2"가 가지고 있는 산악이라는 불리함을 극복하는 것보다는, 당군의 가용부대[T]로 백제[E]의 대응을 쉽게 극복할 수 있기 때문에 수로를 이용하는 접근로 "3"을 선택하여야 한다.

가장 유리한 접근로를 "3"으로 선정하였다면 접근로 "3"상에서 결정적 지점이라 할 수 있는 상륙지점을 판단해보자. 상륙지점은 일반적으로 적의 배비가 약하고 접안이 용이하여야 하며 상륙부대를 엄호하는 엄호부대

등이 충분히 전개할 수 있어야 한다. 또한 상륙 후 차후 작전지역인 집결
지까지 기동을 위해 양호한 종격실 능선이 있어야 한다. 다시 말하면 상
륙지역을 선정할 때 고려사항은 최종 육상목표 확보를 위한 적합성, 적
능력, 해안선의 형태, 해안으로부터의 내륙지형 등206)이다. 그런데 7월 9
일에 상륙하였으므로 상륙지점은 백제의 저항을 고려한 어떤 지체시간을
포함하여 하루 만에 약속장소까지 도달할 수 있는 거리에 선정되어야 한
다. 이러한 최적의 장소를 찾기 위하여 요도를 활용해보자.

〈요도 7〉 당군의 예상 상륙지역 판단

위 요도에서 상정된 지역들 중 당군 입장에서는 상륙지점의 고려사항
을 고려할 때 당연히 금강이 석성천과 만나는 지역의 봉정리·석성리인

---

206) 합동참모본부, 『합동상륙작전』, 합동교범 3-2, 대한기획인쇄, 2008, 3~18쪽.

"a"나, 금강이 논산천과 만나는 지역의 우곤리·개척리인 "b" 등이 될 것이다. 그러나 기존 연구자들은 웅진강구라는 명칭을 현대적 의미로 해석하여 강의 하구인 서천지역인 "c" 군산지역인 "d", 심지어 계화도인 "e" 등을 당군의 상륙지점으로 비정하고 있다. 이들 위치를 당군 입장에서 장단점에 의한 방법으로 비교분석207)해보자.

〈표 3〉 상륙지점 선정 분석표

구분	단 점	장 점	순위
상륙 "a"	상륙 엄호부대 공간 다소 협소	집결지까지 약8km의 양호한 기동로 형성, 장애물 없음	1
상륙 "b"	석성천을 도하 또는 우회해야함	실패 시 논산천 방향으로 상륙하여도 집결지 도착가능	2
상륙 "c"	금강을 도하해야 하며, 부여까지 50km를 하루 동안에 갈 수 없음		—
상륙 "d"	논산천·석성천·산북천을 도하해야 함. 고대 군산은 지금과 달리 여러 개 섬이었음		—
상륙 "e"	고대선박의 기동은 노에 의존하므로 원거리 선회는 전투력보존에 불합리. 덕물도 1차 기항지 외에 2차 기항지로 계화도까지 갔다 올 필요가 없음		—

〈표 3〉에서 볼 때 7월 9일에 상륙 "c"·"d"·"e" 지점으로 상륙할 경우 하선한 육군이 7월 10일까지 합군지점이자 집결지인 부여 남쪽 20리 지점에 갈 수 있는 거리가 아니어서 고려대상이 될 수 없다. 합군지점인 집결지까지 정해진 시간에 도달하기 위한 최적의 상륙장소는 상륙 "a"·"b"가 되어야 한다. 그런데 상륙 "b"는 석성천을 도하하거나 우회하여야 하는 단점이 있는 반면, 상륙 "a"는 상륙 후 신라군과 만나기로 한 집결지까지

---

207) 지형분석을 할 때 시간이 충분하면 고려요소에 의한 비교분석을 하지만, 시간이 없거나 비교가 명확하게 구분이 되면 장단점에 의한 방법을 사용하기도 한다.

기동이 용이한 장점이 있다.

이 두 지점은 약 4km 정도밖에 떨어져 있지 않다. 지형적 조건 면에서도 금강이 석성천·논산천과 합류하는 지점이다. 물론 2,000여 척의 대 선단이 상륙지점까지 전부 전개하였다고 보기는 어렵다. 앞에서 견부확보 작전부대가 상륙하였을 것으로 추정한 서천·군산지역, 조공부대가 투입되었던 보령지역에도 적지 않은 선박이 포진되어 있었을 것이다. 그렇다 하더라도 많은 수의 선박이 전개하기에는 금강이 논산천과 합류하는 상륙 "b"가 적합하다. 그러나 이 지점으로 상륙한 육군이 목표인 집결지까지 가려면 곧바로 석성천이라는 장애물을 극복하여야 한다.

한편 상륙지점을 선정할 때에 적의 배비가 약한 지점, 즉 METT + TC의 적 상황(Enemy)을 고려하여야 한다. 즉 당군 입장에서 백제군이 배치되어 있을 경우를 가정하여야 한다. 그런데 백제군은 결정적지점 3순위였던 지형 "4"에 병력을 배치할 수밖에 없었다. 당군 입장에서도 지형 "4"인 상륙 "b"에 당연히 백제군이 배치되어 있을 것이라고 가정할 수 있다. 따라서 당군은 상륙 "b"를 통과하여 상륙 "a"에 상륙하여야 한다는 결론을 내릴 수밖에 없다. 이와 같이 현대 전술개념으로 판단한 상륙지점이 사료와는 어떻게 부합되는지 검증해보자.

> G-① 웅진강구에 이르자 적이 강에 의거하여 진을 치고 있었다. 소정방은 동쪽 언덕으로 올라서 산을 넘어 진을 치고 있는 적군과 대전을 벌였다. 돛을 올린 전선들이 바다를 덮고 잇따라 도착하였다. 적군은 패전을 거듭하여 죽은 자가 수천 명이고, 나머지는 흩어져 달아났다. 조수가 밀려들어 올라가자 전선이 꼬리를 물고 강으로 들어갔다. 소정방은 언덕위에서 진을 지키다가, 수륙양면으로 함께 진격하여, 나는 듯이 노를 저으며 북을 치고 소리를 지르며 곧장 진도(眞都)[즉 사비성]로 나아갔다. 도성으로부터 20리가 안 되는 지점에서 적들이 온힘을 다해 저항해왔지만 … 208)

---

208) 『구당서』 권83, 열전33, 소정방, "至熊津江口 賊屯兵據江定 方升東岸 乘山而津 與之大戰 揚帆蓋海 相續而至 賊師敗績 死者數千人 自餘奔散 遇潮且上 連舳入江

② 백제는 웅진구를 지켰다. 소정방이 공격해 들어가자, 오랑캐는 대패하였다. 천자의 군대가 조류를 타고 돛을 올려 나아가서, 진도성 30리까지 가다가 멈추었다.[209]

③ 웅진구에 도착하자 적들이 강가에 진을 치고 있었다. 정방이 좌측 물가로 나가 산으로 올라 진을 치고 적과 싸워 패배시켰다. 죽은 자가 수천이다. 왕의 군대는 올라가는 조류를 타고 전선이 꼬리를 물고 북을 치고 소리를 지르며 진격하였다. 정방은 보병과 기병을 좌우에 인솔하여 곧장 진도성으로 달려갔다.[210]

④ 백제가 웅진강구에 의거하여 저항하였다. 소정방이 진격하여 이를 격파하였는데, 백제군 가운데 죽은 자가 수천 명이나 되었으며, 나머지는 달아났다. 소정방이 수로와 육로를 이용하여 한꺼번에 진격하여 곧장 백제의 도성을 향해 나아갔다.[211]

우선 소정방이 상륙하여 백제군을 격파한 지역을 사료 G-①, ④는 웅진강구라고 기록하고 있고, 사료 G-②, ③은 웅진구라고 표현하고 있다. 즉 웅진강구나 웅진구가 동일한 지역이다.

그러면 웅진구(웅진강구)의 위치를 가늠해봐야 한다. 사료 G-①에서 소정방은 백제군과 전투 후, 조류를 만나 수륙양면으로 진격하였다고 하였다. 즉 수군과 육군이 나란히 곧장 '진도성眞都城' 즉 사비도성으로 갔다고 하였다. 또한 사료 G-③에서는 소정방이 좌우에 보병과 기병을 인솔하여 곧장 진도성으로 달려갔다고 하였으며, 사료 G-④에서는 수로와 육로를 한꺼번에 사용하여 진격하였다고 하였다. 이는 목표까지 단숨에 진격한

定方於岸上擁陣 水陸齊進 飛檝鼓譟 直趣眞都 去城二十許里 賊傾國來拒 大戰破之 殺虜萬餘人追奔入郭"

209) 『신당서』 권220, 열전 145, 백제, "百濟守熊津口 定方縱擊 虜大敗 王師乘潮帆而進 趣眞都城一舍止"

210) 『신당서』 권111, 열전36, 소정방, "至熊津口 賊濱江屯兵 定方出左涯 乘山而陣 與之戰賊敗 死者數千 王師乘潮而上 舳艫銜尾進 鼓而譟 定方將步騎夾引 直趣眞都城"

211) 『자치통감』 권200, 당기16, 현경5년, "百濟據熊津江口以拒之 百濟死者數千人 餘皆潰走 定方水陸齊進 直趣其都城 未至二十餘里"

것이며, 장애물을 만나 지체하지 않고 곧바로 목표인 집결지에 도착한 것
이다.

합군지점에서 7월 10일 만나기로 하였는데 7월 9일 상륙하여 곧장 진
격하였다는 표현에서 상륙전투와 진격 및 목적지 도착이 모두 하루에 이
루어졌음을 추정할 수 있다. 따라서 신라군과의 합군지점인 도성 남쪽 집
결지까지 고대군대의 하루 행군거리인 12.7km이내에 있는 곳에 상륙하
여야 한다. 결국 소정방의 상륙지점은 상륙 "a"가 되어야 한다.

사료의 다른 내용을 검토해보자. 사료 G-①, ③의 동안東岸이나 좌안左岸
에 대한 검토이다. 중국은 조선을 바다 동쪽에 있는 나라라 하여 해동海東
또는 해좌海左라고 부르며, 조선시대에도 관념적으로 부산 동래수영을 경
상우수영으로, 여수에 있는 수영을 전라좌수영이라고 하였다. 이와 같이
동쪽과 왼쪽은 표현상의 차이일 뿐212)이므로 큰 의미를 부여할 필요는 없
다. 상륙 "a"인 석성면 봉정리·석성리 일대는 종심이 약 4km, 폭이 2km
의 포구모양으로 형성되어 있다. 만조 때에는 포구역할을 하며, 간조 때
에는 뻘이 형성되는 지역이다.213) 강을 거슬러 올라가면서 당군이 이곳에
상륙하였다면 오른쪽으로 방향을 선회하여야 한다. 즉 "a"에 상륙하면 사
료 G-①, ③과 같이 동안으로 오른 것이며, 좌안으로 오른 것이 된다.

사료 G-①, ④에 기록된 웅진강구에 대한 검토이다. 현대적 의미로 보
면 웅진강이 금강이라고 볼 때 웅진강구는 당연히 금강의 바다 입구인 서
천이나 군산이 된다. 많은 연구자들이 혼란스러워하는 부분이다. 고대에
불렸던 웅진강의 범위가 명시되어 있다면 웅진강구는 쉽게 규명될 수 있
다. 그러나 사료에 웅진강의 범위가 명확하지 않은 상태에서 강구江口를
오늘날 개념을 적용하여 바다 입구로 보는 것은 무리이다.

---

212) 김영관, 앞의 논문, 2007, 244쪽.
213) 1918년 조선총독부 발행 1:5만「조선반도 전도」에도 뻘 표시가 명확히 도식되어
    있다.

그 이유는 사료 F-③, ④에서 도침의 포위작전을 전술적으로 분석해 보았을 때 웅진강구가 부여 가까이 있어야 하기 때문이다. 웅진강의 범위를 알 수 있는 다른 기록을 보자. 『고려사절요高麗史節要』의 태조 23년(940)에 웅주를 공주로 바꾸고 강의 명칭도 웅진강에서 공주강으로 바꿔 불렀다[214]고 하였다. 웅진강은 공주부근을 흐르는 금강의 백제시대 명칭으로 상류는 금강진으로 부터 곰나루인 웅진을 지나 탄천까지를 일컫는다고 한다.[215] 즉 웅진강의 범위가 탄천까지라고 볼 때 웅진강구는 서천 장항이나 군산이 아니라, 당연히 부여부근이 되어야 한다.

한편 사료 G-②, ③에서는 웅진강구가 웅진구로 기록되어 있다. 이것은 웅진강구나 웅진구가 동일한 장소임을 말한다. 그러면 『신당서』에서만 왜 웅진구로 표기 되었을까? 『구당서』를 기본으로 하였을 『신당서』의 찬자가 강이라는 글자를 실수로 누락시켰다고 보기에는 석연치가 않다. 웅진강구가 전부 웅진구로 바뀌어 있기 때문이다. 분명 어떤 근거가 있어 웅진구로 바꾸었을 것이다. 웅진강구라고 보기 보다는 웅진구가 적합할 것으로 판단하여 바꿔 기록한 것은 아닐까? 즉 소정방이 상륙한 곳이 일반적으로 생각하는 강의 입구인 서천이나 군산이 아니기 때문에 웅진구로 바꿔 기록한 것은 아닐까 한다.

또 다른 문제는 『삼국사기』에 소정방의 상륙지점으로 웅진강구나 웅진구보다는 기벌포라고 기록되어 있다는 점이다. 『삼국사기』내용을 분석해보자.

H-① 이날 소정방과 부총관 김인문은 기벌포에 도착하여 백제병을 만나 역으로 공격하여 대패시켰다.[216]

---

214) 『고려사절요』권1, 태조26년(943), 훈요 제8조.
215) 엄정용, 앞의 책, 2011, 63쪽.
216) 『삼국사기』권5, 신라본기, 무열왕7년, "是日 定方與副摠管金仁問等 到伎伐浦 遇 百濟兵 逆擊大敗之"

② 소정방과 김인문 등은 바닷가를 따라 기벌포로 들어갔는데, 해안이 진흙이어서 빠져 갈 수가 없으므로 이에 버들로 엮은 자리를 깔아 군사를 진군시켜 … 217)

③ 소정방과 함께 드디어 바다를 건너 … 웅진구에 이르니 적군이 강가에 군사를 배치하고 있었다. 이와 싸워 이기고 승세를 타서 그 도성으로 들어가 … 218)

④ 현경 5년에 이르러 … 동쪽과 서쪽이 마주 호응하면서 수륙군대가 한꺼번에 진격하여 수군이 겨우 강 입구에 들어섰을 때 육군은 이미 적의 큰 부대를 격파하고 양군이 같이 [백제] 왕도에 도착하여 한 나라를 평정하였습니다.219)

『삼국사기』 신라본기와 김유신전은 사료 H-①, ②와 같이 소정방의 상륙지점을 기벌포로 명시하고 있다. 그러나 실제 소정방과 함께 기동한 김인문의 기록을 전하는 김인문전인 사료 H-③은 웅진구라고 명시하고 있다. 그리고 설인귀서에 대한 문무왕 답서인 사료 H-④에서는 당 수군이 겨우 강 입구에 도착했을 때 신라 육군이 적을 대파하였으며 양군이 함께 도성에 도착하였다고 기록하고 있다.

이렇게 상이한 부분은 『삼국사기』 찬자가 사료를 편찬하면서 활용하였을 것으로 추정되는 원 자료가 상이한 경우를 상정해 볼 수 있다. 당시 김인문은 실제 소정방과 함께 행동하였으며, 웅진구로 상륙하였다. 김인문전은 김인문 관련 원 자료를 활용하였을 것이기 때문에 중국 측 사료와 같이 상륙지점을 웅진구로 기록한 것으로 추정된다.

한편 덕물도에서 당군에게 인도된 신라 수군은 양도가 지휘하였다.220)

---

217) 『삼국사기』 권42, 열전2, 김유신, "蘇定方 金仁間等 沿海入伎伐浦 海岸泥濘 陷不可行 乃布柳席 以出師"

218) 『삼국사기』 권44, 열전4, 김인문, "遂與定方齊海 … 延之至熊津口 賊瀕江屯兵 戰破之 乘勝入其都城"

219) 『삼국사기』 권7, 신라본기, 문무왕11년 답설인귀서, "至顯慶5年 … 東西唱和 水陸俱進 船兵纔入江口 陸軍已破大賊 兩軍俱到都 共平一國"

220) 김영관, 「나당연합군의 백제침공전략과 백제의 방어전략」 『STRATEGY 21』 2-2,

수군을 지휘한 양도는 김유신의 예하부대 장수이다. 그렇다면『삼국사기』
의 신라본기와 김유신전은 양도가 소속된 김유신 관련 원 자료를 활용하
였을 것이다. 따라서『삼국사기』의 신라본기와 김유신전은 기벌포로 기
록되어 있고, 김인문전은 웅진구로 각각 다르게 기록된 것이다.

기벌포의 대비상태는 어떠했을까? 백제의 홍수는 기벌포를 결정적지점
으로 판단하여 용감한 병사를 보내어 지키라고 하였다. 그러나 그러한 병
력은 투입되지 못했다. 하지만 나라의 요로라고 지적하고 있는 곳이 무방
비 상태는 아니었을 것이다. 즉 백제 지방군이 지키고 있었다고 보아야
한다. 단지 홍수가 말하는 용감한 병사들인 정예부대를 추가적으로 투입
하지 못했을 뿐이다.

그런데 사료 H-①, ②는 기벌포에서 백제군을 격파했다고 하였다. 사
료 H-①의 이날[是日]은 계백장군이 김유신과 황산벌에서 전투를 벌인 날
이다. 사료 H-④에서도 이날 수군이 겨우 강 입구에 도착하였을 때 신라
의 육군은 적 부대를 격파하였다고 하였다. 이들을 정리하면 기벌포에서
있었던 상륙전투는 신라 수군을 이끄는 양도가 실시하였다. 그리고 같은
날 같은 시간대이거나 다소 늦은 시간에 소정방의 주력부대와 김인문은
웅진구에서 상륙전투를 한 것이다.

종합하여 보면 사료 H-①, ②, ④는 김유신의 예하 수군장수 양도가
일부 당군과 함께 기벌포에서 소수의 백제 지방군과 치렀던 전투를 소정
방의 이름을 빌려 확대 과장하였을 개연성이 있다. 실제 소정방은 사료
H-⑬ 김인문전의 기록과 같이 중국 측 사료인 G-①~④에 기록된 웅진구
(웅진강구)인 상륙 "a"로 상륙하였기 때문이다. 결론적으로 660년 7월 9일
기벌포에서는 신라장수 양도와 일부 당군이 건부확보 전투를 하였고, 같
은 날 다소 늦은 시간에 소정방은 금강으로 진입하여 웅진구(웅진강구)에서

1999, 168~170쪽.

상륙전투를 하였던 것이다.

3) 웅진구 전투의 재구성

웅진구(웅진강구)에서의 전투 모습은 어떠했을까? H-①에서 소정방은 기벌포에 도착하여 백제군을 만나 역으로 공격[逆擊]하여 대패시켰다고 하였다. 하지만 기벌포는 신라의 수군장수 양도와 당군 일부가 상륙한 지점이며, 웅진구(웅진강구)를 기벌포로 오기한 것이다. 즉 소정방의 웅진구(웅진강구) 전투상황을 양도의 전투장소 기벌포를 빌어 기록해 놓은 것이다. 따라서 사료 H-①의 내용은 "이날 소정방과 부총관 김인문은 웅진구(웅진강구)에 도착하여 백제병을 만나 역으로 공격하여 대패시켰다"로 해석하여야 한다.

사료 H-①에 기록된 역격逆擊의 역逆자는 '거슬러'라는 뜻외에 '마주하다'라는 뜻이 있다. 이에 따라 지금까지 모든 연구는 역격을 마주하다 또는 맞서 싸웠다고 해석하여 왔다. 그런데 『삼국사기』 등 사료에서 역격이라는 표현은 자주 쓰는 표현이 아니다. 그러면 역으로 공격했다는 역격은 어떻게 해석해야 할 것인가? 이는 전술적 의미로 본다면 목표에 대한 공격방향에 거슬러 뒤에 있는 적을 공격하였다는 뜻이 된다. 따라서 역격했다는 상황은 다음과 같이 설명할 수 있다.

홍수는 기벌포를 결정적지점으로 판단하고 용감한 병사를 보내야 한다고 하였다. 그러나 백제는 병력을 배치할 시간을 놓치고 말았다. 신라군과 당군이 탄현과 백강을 넘었다고 하자, 백제는 급히 황산에 계백을 투입시켰고 계백이 죽자 바로 결정적지점 3순위이며 지형 "4"인 상륙 "b" 즉 웅진구(웅진강구)에 병력을 투입하였다. 하지만 소정방은 백제군이 배치된 상륙 "b"인 금강이 논산천과 만나는 우곤리와 개척리 일대로부터 4km를 더 거슬러 올라가 상륙 "a"인 봉정리 석성리 일대로 상륙하였다.

한편 사료 G-①, ③에서 소정방이 산으로 올라 진을 쳤다고 하였으며, 사료 G-②에서는 병력을 풀어 오랑캐를 대패시켰다고 하였다. 부여 남쪽 일대에서 상륙 "a"의 뒷산은 파진산으로써 비교적 높은 고지인 180m로 소정방이 지휘소로 활용하기에 적합한 곳이다. 또한 이 지역 일대는 파진 산에서 가까운 골짝이 있는데 겉에서 보기와는 달리 안쪽으로 갈수록 깊 고 넓어 소정방이 1만 명의 군사를 숨겨두었다는 장군동藏軍洞 전설221)이 있다. 소정방은 이산으로 올라 병력을 풀어 웅진강구 즉 상륙 "b"지점에 배치된 백제군을 공격하였다.

다시 말하면 상륙 "a"로 상륙한 소정방은 파진산에 지휘소를 설치하고 왕도방향을 견제하면서, 군사들을 석성면의 봉정리·석성리 일대로부터 상륙 "b"인 개척리·우곤리 일대로 공격시킨 것이다. 이는 소정방의 목표 방향과 역방향이며, 이를 역격으로 표현한 것이다. 이와 같이 분석하면 웅진구 전투상황도는 다음과 같다.

〈요도 8〉 백제군과 당군의 웅진구 전투

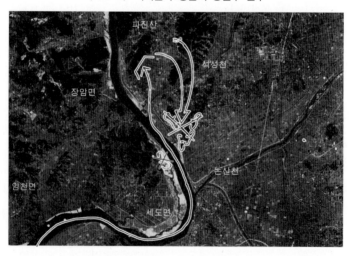

---

221) 『신증동국여지승람』 권18, 석성현 산천조.

그러면 당군은 백제군이 배치된 지역을 어떻게 통과 하였을까 의문이 남는다. 사료 G-①, ③에서 당군은 백제군을 격파하고 나서 밀려오는 조류를 만나 곧장 진격하였다. 조류를 만났다고 하였으므로 전투가 끝나는 시간이나 사비도성으로의 진격을 개시한 시간은 만조가 시작되는 시간일 것이다. 상륙 및 전투시간은 간조 시간대인 오후 3시 전후한 시간이며, 집결지 도착시간은 만조 시간인 저녁 9시경으로 추정된다.[222]

따라서 당군이 백제군 배치지역을 통과할 때는 간조 시간대이다. 그러면 논산천 부근에 뻘이 형성되었을 것이며, 활의 사거리를 벗어나게 되어 백제군 입장에서 강을 거슬러 올라가는 당군 공격에 불리하였을 것이다. 반면 당군 입장에서는 백제병력 배치지역 통과가 용이했을 것이다.

한편 대부분의 연구자들이 "해안의 갯벌에 버드나무 자리를 깔고 상륙했다"는 H-②의 기록을 이유로 기벌포 또는 웅진구를 현재 갯벌이 형성되는 서천이나 군산은 물론 심지어 계화도의 해안으로까지 비정하고 있다.

하지만 현지답사 간 만난 주민 유병학[223]씨는 강경포구는 물론 봉정리 일대도 옛날에는 갯벌이 형성되어 있었다고 전한다. 또한 조선총독부에서 1918년도에 발행된 지도에 논산천과 석성천이 만나는 지역일대에 이녕泥濘 즉 진흙벌이 명확히 도식되어 있다. 지금은 제방으로 물이 없지만 논산천과 금강이 만나는 강경포구 일대의 들판은 마치 바다처럼 보인다. 또한 오늘날 논산시의 강경시장에서는 강경젓갈 축제가 매년 열리고 있다. 이 축제는 1930년 경 강경에 어시장이 성행했던 것을 기념하는 것이다.[224]

---

222) "국립해양 조사원"(http://www.khoa.go.kr/ 2015년 12월 20일 검색)에 따르면, 2015년 음력 7월 9일 장항지역 조석예보가 01:44(212m)▼, 07:14(599m)▲, 14:01(182m) ▼, 19:52(586m)▲이다. 따라서 1300년 전에 해수면 높이는 차이가 있겠지만, 조수 간만의 차이는 유사했을 것이다. 한편 장항과 논산천과 합류하는 지점까지 40km로서 1H 정도 차이가 있었을 것으로 저녁 21시 즉 9시 경으로 추정할 수 있다.

223) 부여군 규암면에 거주하는 86세의 주민으로 현재도 간척지에서 농업에 종사하고 있다.

이는 젓갈에 사용되는 새우 등 바다어류가 많이 생산되었기 때문일 것이다. 따라서 현재의 제방이 없고 수량이 지금보다는 풍부했을 660년경 금강의 강경일대 환경은 바다나 다름없었을 것이다. 이러한 연유로 사료 H-②에 바닷가를 연하여 기벌포로 들어갈 때 해안이 진흙이어서 버드나무 자리를 깔고 상륙했다고 기록되었을 수도 있다.

다른 한편으로는 H-②의 갯벌에 버드나무 자리를 깔고 상륙했다는 내용이 상륙 "c"인 기벌포나 상륙 "a"인 웅진구 상륙작전간 모두 사용되었을 가능성도 있다. 신라의 수군장수 양도와 일부 당군이 기벌포에 상륙하는 날에 소정방과 김인문은 웅진구로 상륙하였기 때문이다.

결국 기벌포 전투는 서천포인 장항~서천 일대에서, 주력부대인 소정방과 김인문의 금강 진입을 보장하기 위해, 신라의 수군장수 양도와 일부 당군이 백제 지방군과 벌인 양안확보 전투였다. 그리고 웅진구(웅진강구) 전투는 소정방과 김인문이 금강과 석성천이 만나는 지점일대에 상륙하여, 금강과 논산천이 만나는 우곤리·개척리 일대에 배치되었던 백제군과 벌어졌던 전투였다. 백제군은 이 전투에서 배후로부터 역으로 공격을 당하여 수천명이 격멸되었다. 따라서 기벌포는 장항~서천 일대이며, 웅진구(웅진강구)는 금강과 논산천이 만나는 우곤리·개척리 일대가 되어야 한다.225) 결론적으로 백제는 수로를 이용하여 침공해 오는 당군에 대하여 결정적지점인 기벌포에서의 방어를 위한 병력배치 시간을 놓치고 결정적지점 3순위인 웅진구(웅진강구)에서 당군과 전투를 벌였던 것이다.

---

224) 논산시의 강경젓갈 축제는 2,002년부터 3년 연속 국가지정 문화관광 축제로 선정되었다(데이코 D&S, 『2007한국축제연감』, 진한엠앤비, 2006, 656쪽).

225) 기벌포를 금강과 논산천이 만나는 지점으로, 웅진구(웅진강구)는 금강과 석성천이 만나는 지점으로 판단했던 논문(이재준, 「660년 소정방의 백제 공격로에 대한 군사학적인 연구」, 『군사』 98, 2016, 33쪽)은 위와 같이 수정한다. 이는 중요지형지물을 백제의 방어능력을 고려하여 장항(서천)과 군산 2개소로 구분 선정하여야 하는데 하나로 보았던 오류였다.

제2장
백제의 멸망과 부흥전쟁의 발발

1. 백제의 멸망과 원인

지금까지 많은 연구는 백제의 멸망원인으로 외교적 실책이나 정치적인 혼란 또는 내부적인 부패 등을 거론하고 있다. 이러한 시각은 상당부분 왜곡되었을 수 있다. 그것은 백제멸망 당시의 사료는, 백제가 남긴 것이 아니고 승전국인 당이나 신라의 사료만 남아있기 때문이다. 한 나라의 멸망원인을 단순화하여 한마디로 설명하기는 쉽지 않다. 복합적인 여러 요인에 의하여 멸망하였다고 보아야 한다. 그 중에서도 멸망의 가장 직접적인 원인으로는 군사적인 면을 꼽을 수 있다. 그러나 백제가 치른 전쟁의 실상마저도 정확하게 전하는 사료가 없어 군사적인 실책이나 잘못에 대한 접근이나 분석이 거의 없는 실정이다. 본 장에서는 백제멸망에 대한 정치사적 견해에 대한 검토와 더불어 백제는 군사학적으로 어떤 방어계획을 가지고 있었고 어떻게 운용되었는가를 살펴보자.

1) 왜곡된 백제멸망의 시각

(1) 외교저인 실채

백제는 외교적으로 무왕 대에 고구려에 대한 견제를 고려하여 삼국 중 가장 적극적이고 성공적인 대당외교를 전개하였다. 이어 즉위한 의자왕은 당과의 기존관계를 유지하면서 고구려와 연결하고자 하였다. 그리고 당의 간섭을 배제하고 영향권에서 벗어나고자 하였다. 더불어 당과 신라가 긴밀한 외교관계를 맺게 되자 의자왕은 집권이후 이루어진 정치적인 안정을 발판으로 왜와 고구려와의 관계를 강화하는 등 외교상황에 적극적으로 대처하고자 하였다. 그런데 의자왕 15년(655) 이후 정치세력의 교체와 함께 정치적 혼란에 빠지는 등 내부정세 변화가 결국 당의 세력을 끌어들이게

했으며, 그 결과 백제는 쉽게 나당연합군에 의하여 멸망되었다[1]고 보고
있다.

하지만 의자왕이 당의 간섭을 배제하고 영향권에서 벗어나고자 하는
데에는 이유가 있었을 것이다. 의자왕은 즉위 초부터 4년까지 매년 당에
조공을 실시하였다. 그러나 의자왕 4년(644)에 당이 사신으로 사농승司農丞
상리현장相里玄奘을 보내 신라와 백제의 관계에 대해 두 나라를 타이르자,
왕이 표문을 올려 사죄하였다. 그런데 그해 9월에 신라의 김유신이 백제
를 침공하여 7개성을 빼앗았다.[2] 백제로서는 신라의 침공에 대하여 당과
신라가 밀착되어 있으면서 어떤 모략이 있거나 당의 대 백제인식이 편파
적이라고 인식하였을 것이다. 그러기 때문에 이후 7년간이나 조공이 중단
되었던 것이다. 또한 651년 당에 조공을 재개하였으나 당 고종은 백제가
겸병한 신라의 영토를 전부 돌려주라고 하며 순종치 않으면 공격할 것이
라는 협박성 조서[3]를 내려 보냈다. 이후 652년 조공을 끝으로 당과는 조
공 등 교류가 없었다. 즉 백제는 숙적 신라와의 관계 속에서 일방적이며
편파적인 당의 행태를 인식하고 653년 왜국과 우호관계[4]를 맺는 등 독자
적이고 자주적인 외교로 나갈 수밖에 없었다.

그 이유는 성왕 이래로 신라가 빼앗아 간 백제의 고토 한강유역 등 영
토문제가 중국과의 교류보다 중요한 문제였기 때문이다. 따라서 의자왕의
대외정책은 백제의 이익을 우선시하여 중국과 결별하고 독자노선을 걸으
며 653년 왜와 수교하고, 658년 8월 고구려 및 말갈과 함께 신라의 30여
성을 공격하는 등 자주외교 노선[5]을 유지했던 것이다.

---

1) 김수태, 「백제의 멸망과 당」, 『백제연구』 22, 1991, 176쪽.
2) 『삼국사기』 권28, 백제본기, 의자왕 원년~4년.
3) 『삼국사기』 권28, 백제본기, 의자왕11년.
4) 『삼국사기』 권28, 백제본기, 의자왕13년.
5) 양종국, 「백제 의자왕대의 정치와 對中外交의 성격 검토」, 『백제문화』 47, 2012, 164~170쪽.

(2) 정치적인 혼란 및 부패

백제의 멸망원인은 다음과 같이 정치적인 혼란 및 부패로 보고 있다.

첫째, 대성팔족大姓八族과 신진귀족의 대립이다. 의자왕 15년을 전후하여 좌평관등을 역임한 인물들이 퇴거,[6] 귀양, 옥사되었거나 심지어는 신라와 내통하는 경우도 있었다. 이는 의자왕과의 정치적 대립관계에서 비롯되었다. 또한 나당연합군의 침입을 맞게 되면서 정치권력을 회복하고자 했던 대성팔족과 신진귀족의 대립이 치열하여 백제는 변변한 대항도 하지 못한 채 10여일 만에 무너졌다.[7]

둘째, 내부적인 문제로 확고한 군사 대비태세를 갖추지 못했다. 의자왕 정부의 붕괴원인은 말기에 외침에 대한 긴장이 완화되어 있었고 평화를 추구하는 정책을 폈다. 따라서 7세기 급격하게 변화하는 동아시아 국제정세를 면밀히 분석하여 확고한 군사 외교정책과 방어전략을 추진하지 않은 것이 패전의 원인이다.[8]

셋째, 내부 부패로써 왕서자 41명을 좌평에 임명하여 식읍을 주었고[9] 왕비의 국정개입이 지나쳤다.[10]

넷째, 의자왕이 황음무도하여 정사를 돌보지 않았고 직언하는 충신을 가두거나 귀양보냈다.[11]

먼저 백제 내부의 정치적인 혼란 및 부패에 대한 검토이다. 백제는 말기에 대성팔족과 신진귀족의 대립이 치열하여 정치적 혼란에 빠졌고, 왕

---

6) 1948년 부여읍 관북리에서 발견된 비문의 사택지적은 대성팔족으로 의자왕대 인물이다(서영대, 「사택지적비」『역주 한국고대금석문』1, 가락국사적개발연구원, 1992, 157~159쪽).
7) 김주성, 「의자왕대 정치세력의 동향과 백제멸망」, 『백제연구』19, 1988, 276쪽.
8) 이병렬·조기호, 「7세기 동아시아 국제대전과 백제멸망관 재고찰」『인문학논총』3, 2003, 416~418쪽.
9) 『삼국사기』권28, 백제본기, 의자왕17년.
10) 『일본서기』권26, 제명천황6년.
11) 『삼국사기』권28, 백제본기, 의자왕16년.

과 군신들이 주색에 빠져 음탕한 생활로 국사를 돌보지 않았다고 하였다. 그러나 위정자가 정치를 돌보지 않아 농민경제가 파탄에 빠져 어려움으로 유민화 현상이 나타나거나 반란이나 그런 징후를 보여주는 기록은 없다. 오히려 659년에도 신라를 공격[12]하는 등 적극적인 통치행위는 붕괴직전까지도 민심이 의자왕과 백제 편에 있었음을 보여주고 있다. 또한 신·구 대립이나 성충成忠을 옥에 가두었다는 기사는 의자왕이 정계개편과 더불어 새로운 정치노선에 반발하는 관료들을 퇴진시키는 것으로 자연스러운 일[13]로 볼 수 있다.

그리고 의자왕이 왕서자 41명을 낳았다는 부분도 의자왕이 15세부터 자녀들을 낳았다 해도 좌평에 임명하는 657년까지 33년 동안 남·여 90명 정도는 낳아야 10살 이상 되는 아들 41명이 되는데 이는 현실적으로 받아들이기 어려우므로 왕비 국정개입 등 내부 부패문제는 『삼국사기』 찬자의 숨은 의도가 있을 수 있다.[14] 따라서 어떤 나라의 멸망원인으로 일반화되어 있는 술과 여자와 정치적인 혼란 등의 소재가 백제의 경우 승자들에 의하여 심하게 왜곡되어 있는 부분이 많다고 추정된다.

한편 백제의 멸망을 이야기하게 되면 가장 먼저 떠올리게 되는 것은 낙화암과 삼천궁녀에 대한 이야기이다. 그러나 낙화암과 삼천궁녀에 대한 이야기는 사실과 다르다. 고려 말기에 활동한 이곡이 부여를 회고하며 쓴 시에서 천척 푸른 바위 낙화라 이름했네[千尺翠岩名洛花]라고 표현하고 있듯이 낙화암이란 명칭은 고려시대 사용되고 있었다. 삼천궁녀에 대한 내용은 고려시대 기록에서 찾아 볼 수가 없다. 삼천이란 숫자가 들어간 첫 기록은 조선시대인 15세기 후기에 김흔金訢이 낙화암에 대한 시를 쓰며 삼천궁녀들이 모래에 몸을 맡기니[三千歌舞委沙塵]라는 표현에서 나타나고 있

---

12) 『삼국사기』 권28, 백제본기, 의자왕19년.
13) 양종국, 『백제멸망의 진실』, 주류성, 2004, 76쪽.
14) 양종국, 앞의 책, 2004, 75~82쪽.

다. 이어서 16세기 초에 민제인閔齊仁도 백마강부白馬江賦에서 구름 같은 삼천궁녀바라보고[望三千其如雲]라는 표현을 쓰고 있다. 결국 낙화암과 관련시켜 삼천궁녀라는 표현은 쓰고 있는 예는 조선시대에 들어와서야 비로소 눈에 띄며, 그것도 시적인 문장 속에서 나타나고 있음을 볼 수 있다.15) 이는 후대 문장가들의 백제에 대한 향수가 백제를 더욱 패망할 수밖에 없는 나라로 만들었던 것이다.

이상과 같이 사료에 왜곡된 부분까지 선학들이 밝혀냈다. 하지만 백제 멸망의 직접적이고 최종적인 원인은 다음 절에서 다룰 군사적인 병력운용의 실패였다.

(3) 멸망징조의 진실

백제가 망할 수밖에 없었음을 나타내는 사료의 기록들이 유난히 많다. 다음은 『삼국사기』에 나오는 백제멸망의 징조나 당위성에 대한 기록들이다.

A-① 백제의 군신들이 사치를 일삼고 음탕한 생활에 빠져 국사를 돌보지 않으니 백성이 원망하고 신이 노하여 재괴(災怪)가 빈번히 나타났다.16)
② 붉은말[騂馬]이 북악 오함사에 들어와서 불당을 돌면서 울다가 수일 만에 죽었다.17)
③ 2월 여우떼가 궁중에 늘어와, 흰여우 한 마리가 상좌평 책상에 올라앉았다.
④ 4월 태자궁에서 암탉이 참새와 교미하였다.
⑤ 5월 서울 서남쪽 사비하에서 큰 고기가 나와 죽었는데 길이가 세발이었다.
⑥ 8월 웬 여자의 시체가 생초진에 떠내려 왔는데 길이가 18척이었다.
⑦ 9월 대궐 뜰에 서 있던 홰나무가 사람의 곡소리와 같이 울었으며, 밤에는 대궐 남쪽 한길에서 귀곡성(鬼哭聲)이 있었다.18)
⑧ 2월 서울의 우물물이 핏빛으로 되었다. 서해 가에 물고기들이 나와 죽었는

---

15) 양종국, 앞의 책, 2004, 108쪽.
16) 『삼국사기』권42, 열전2, 김유신.
17) 『삼국사기』권28, 백제본기, 의자왕15년 5월.
18) 『삼국사기』권28, 백제본기, 의자왕19년.

데 백성들이 다 먹을 수 없이 많았다. 사비하의 물이 핏빛과 같이 붉었다.

⑨ 4월 왕머구리 수만 마리가 나무꼭대기에 모였다. 서울 시민들이 까닭도 없이 누가 잡으러 오는 듯이 놀라 달아나다가 쓰러져 죽은 자가 1백여 명이나 되고 재물을 잃어버린 것은 계산할 수도 없었다.

⑩ 5월에 갑자기 바람이 불고 비가 내리면서 천왕·도양 두 절의 탑에 벼락을 쳤으며 또 백석사 강당에 벼락을 치고, 동쪽·서쪽에는 용과 같은 검은 구름이 공중에서 부딪쳤다.

⑪ 6월에 왕흥사 여러 중들이 모두 배 돛대와 같은 것이 큰물을 따라 절 문 간으로 오는 것을 보았다. 들 사슴과 같은 웬 개 한 마리가 서쪽으로부터 사비하 언덕에 와서 왕궁을 향하여 짖더니 잠깐 사이에 간 곳을 알 수 없었으며, 서울에 있는 뭇 개가 노상에 모여 혹은 짖고 혹은 곡을 하더니 얼마 뒤에 곧 흩어졌다. 웬 귀신이 대궐 안에 들어와서 "백제망 백제망" 고 크게 외치다가 곧 땅 속으로 들어가 왕이 이상하게 생각하여 땅을 파 게 하였더니 석자 가량 되는 거북 등에 '백제동월륜(百濟同月輪) 신라여 월신(新羅如月新)'는 문자가 있었다. 왕이 무당에게 물으니 … 백제는 둥글고 가득 찬 것이니 기울며 신라는 차지 못했으니 점차 차는 것이라고 하자 죽여 버렸다. 어떤 자가 … 우리나라는 왕성해지고, 신라는 차츰 쇠 약하여 간다는 것이라 하니 왕이 기뻐하였다.[19]

위와 같은 황당무계한 기록들을 검토해보자. 이러한 현상들 중 "개가 나타나서 짖는 것은 나쁜 일이며, 개의 상징은 모반이나 왕의 사망을 뜻 한다. 물고기 또한 흉사의 징조다.[20] 그리고 여우 등 흉조凶兆동물의 출현 이나 우레·풍수해 등 지이地異현상은 왕권의 위기나 사회혼란 등을 예고 하는 것이다"[21]라고 한다.

그러면 위와 같은 기록이 왜 사료에 기록되었을까? 유언비어에 속하는 소문인 경우와 신라에 의해 조작 기록되었을 가능성이 있다. 먼저 유언비 어 형 소문인 경우 신라가 전략적으로 첩자를 이용해 백제사회 내부에 유

---

19) 『삼국사기』권28, 백제본기, 의자왕20년.
20) 김정숙, 「신라문화에 나타나는 동물의 상징 -≪삼국사기≫ 신라본기를 중심으로 -」『신라문화』7, 1990, 77~79쪽.
21) 김정숙, 「동물상징에 나타난 고구려인의 정치적 사유」『대구사학』52, 1996, 52~64쪽.

포시켜 놓았을 가능성이 있다. 반대로 백제 내부에서 반대세력 또는 불만
분자가 반감을 품고 퍼뜨린 유언비어[22]일 수도 있다.

신라가 유포했을 가능성 있는 사례로, 부산현령으로 있다가 백제와의
전투에서 포로가 되어 좌평 임자王子의 집에 종으로 배당된 신라의 급찬級
湌 조미압租未押이 있다. 그는 백제와 신라를 오가며 백제 안팎의 사정을
김유신에게 일일이 보고하였으며, 김유신은 조미압을 통해 좌평 임자와
내통[23]하고 있었다. 따라서 위와 같은 유언비어들을 신라가 조작 유포하
였거나, 조미압과 같은 첩자들이 포섭한 백제인에 의하여 유포되었을 가
능성이 있다고 할 수 있다. 그렇다면 이는 신라 측의 백제에 대한 전략적
인 첩보전 내지는 고도의 심리전이다.

반대로 내부세력에 의한 유언비어라는 측면에서 검토해보자. 고구려는
연개소문 사후에 백제보다도 더 정치적으로 불안정하였다. 그러나 고구려
의 경우는 보장왕 19년(660)에 "평양 강물이 3일 동안 핏빛과 같았다"는
기사 한줄 뿐이다. 『삼국사기』가 고려시대에 편찬이 되었고, 김부식이 고
려는 고구려를 계승했다는 의식을 가지고 있었다 하더라도 너무 많은 차
이가 난다. 따라서 소문이었다 하더라도 백제 내부소행으로 보기 어렵다.

다음 재이현상이 소문이 아닌 의도적 조작일 가능성이다. 즉 정복자들
이 사신들의 행위를 정당화시키기 위해, 백세멸망의 필연성을 강조하려는
목적에서 의도적으로 조작하여 남겨 놓았을 가능성이 있다는 것이다. 물
론 후대에 『삼국사기』의 찬자에 의하여 걸러지기 보다는 추가되고 각색
되었을 수도 있다.

왜 이러한 재이현상들을 만들어 유포하고 사료에까지 기록이 되었을
까? 유독 백제에만 그렇게 많았을까? 그 목적은 백제유민들을 무마하기
위함이며, 자신들의 침략내지는 백제멸망을 합리화시키기 위한 것이라고

---

22) 양종국, 앞의 책, 2004, 102~103쪽.
23) 『삼국사기』 권42, 열전2, 김유신.

추정된다. 그리고 무엇보다도 백제멸망 후 신라나 당이 백제부흥전쟁에 시달렸다는 것이며, 백제유민들의 저항정신이 상당하였고 또 쉽게 동화되지 못했기 때문일 것이다.

즉 진실을 은폐하기 위한 목적으로 기록된 멸망징조에서 백제 사람들의 불굴의 저항정신과 백제 사람들의 백제에 대한 향수가 오래 지속되었음을 알 수 있다. 그러면 백제는 나라를 지키기 위해 어떠한 방어계획을 가지고 있었고 어떻게 운용되었는지를 살펴보자.

2) 백제의 방어계획과 그 결과

(1) 탄현에 대한 군사학적인 검토

백제의 방어계획과 그 개념을 추정해 보려면 성충과 흥수가 거론한 탄현炭峴[24]의 위치가 확인되어야 한다. 지금까지 제시된 탄현의 여러 위치에 대하여 군사학적인 방법으로 검증해보자. 군사학적인 검증이란 남천정으로부터 탄현~황산벌로 들어오려면 거치게 되는 경유지와 행군거리 등을 검토하는 것이다.

먼저 행군경유지이다. 5만 신라군은 경기도 이천 남천정까지 기동하였다가 백제의 수도 부여로 남하하였다. 따라서 추풍령로 상에서 부여로 가기 위해서는 보은의 삼년산성을 경유하여야 한다. 반면에 상주의 백화산성인 금돌성은 삼년산성보다 약 30km 아래에 있으며, 부여로 가기 위해 옥천을 기준으로 약 40km를 더 행군해야 한다. 즉 금돌성은 원거리 우회로이므로 경유지로 고려할 수가 없다.

다음 행군거리이다. 계백은 신라군이 탄현을 넘었다는 소식을 듣고 출

---

24) 탄현은 나라의 요충지이며 한 명의 군사가 하나의 창으로 만 명을 당해낼 수 있는 지형이고, 좁은 길을 따라 말을 나란히 할 수 없어 조롱 속에 있는 닭을 잡을 수 있는 지형이다(『삼국사기』 권28, 백제본기, 의자왕20년).

동하였다. 계백이 부여로부터 약 20km 떨어진 황산벌인 연산지역에 신라군보다 먼저 7월 9일 진을 치고 있었다면, 거리상 2~3일전에 명령을 받아 사비에서 출발했을 것이다. 그러면 김유신은 최소한 7월 6~7일 경에는 탄현을 통과했을 것이다.[25] 따라서 탄현은 황산벌로부터 약 2~3일 행군거리인 24~35km인 지점에 위치해야 한다.

탄현까지의 거리는 황산벌을 기점으로 하여야 한다. 황산벌은 연산면 천호리·연산리·신양리 등으로 비정된다. 그 중 중간지점인 연산리 일대를 기점으로 여러 장소로 제시된 탄현의 위치를 검토해보자.

첫째, 탄현의 위치가 대전시 서구 흑석동 산성이라는 견해에 대한 검토이다. 이는 『신증동국여지승람』[26]과 안정복의 『동사강목』,[27] 김정호의 『대동지지』[28]에 나와 있다. 이곳으로부터 황산벌까지는 약 12km 정도의 거리이다. 지리적으로 보은의 삼년산성을 경유하였다. 하지만 거리상으로 너무 가깝다. 만약 이곳이 탄현이라면 계백은 김유신과 황산벌에서 7월 7~8일경에 만나야 한다. 탄현 통과 보고시간, 계백의 출동준비 및 이동시간, 김유신의 이동속도 등을 고려할 때 타당하지가 않다.

둘째, 오하라 토시타케大原利武가 주장하는 금산군 제원면 천내리와 영동군 양산면 가선리 사이에 있는 검현黔峴[29]에 대한 검토이다. 검현으로부터 황산벌까지는 약 37km이므로 거리상 타당할 수 있다. 하지만 지리

25) 신라군의 탄현 통과보고가 되는 소요시간을 1일로 잡고 곧바로 계백이 명령을 받았다면 7월 6일이나 7일에 명령을 받았을 것이다. 이에 결사대를 조직하고 출동하는 데까지 1일이 걸렸을 것이다. 부여에서 황산벌까지 약 20km이지만 급속행군을 한다면 7월 8일에는 도착하여 삼영을 편성하였을 것이다. 따라서 김유신은 7월 6일경에는 탄현을 통과하고 있다고 보아야 한다.

26) 『신증동국여지승람』 권18, 부여현, 산천조), "炭峴 在縣東十四里"

27) 『동사강목』 제4, 병진삼월), "使陸路不過沈峴一名 炭峴 在今扶餘縣東十四里"

28) 『대동지지』 권5, 부여현, 산수조, "炭峴一云沈峴 東南二十四里 石城界 東城王二十三年 設柵備新羅"

29) 大原利武, 「百濟の要害地炭峴に就て」 『朝鮮史講座·朝鮮歷史地理』, 朝鮮總督府, 1922, 88~90쪽.

적으로 금돌성을 경유한 것으로 판단되어 탄현으로 취하기 어렵다. 금강 도하지점을 영동지역으로 보더라도 신라 영토인 이천에서 내려오는 병력 이 금돌성까지 갔다 올 이유가 없기 때문이다.

셋째, 쓰다 소키치津田左右吉가 주장하는 보은에서 옥천 방면30)에 대한 검토이다. 이는 대 백제 전진기지라고 할 수 있는 보은을 염두에 둔 것이 다. 또한 남천정에서 남하할 때에도 보은을 거칠 수 있다는 장점이 있다. 하지만 보은과 옥천 사이의 중간지점을 기점으로 하더라도 황산벌까지 약 48km나 된다. 김유신의 탄현 통과 일정으로 볼 때 7월 10일 이후에야 계 백과 황산벌에서 만날 것이므로 부적합하다.

넷째, 금산과 운주면 사이의 탄치炭峙31)에 대한 검토이다. 오다 쇼고小 田省五는 전주군 운주면 삼거리와 서평리 중간에 있는 탄치를 탄현으로 보 았다. 이는 홍사준의 견해32)이기도 하다. 전영래와 가루베 지온輕部慈恩은 완주군 운주면 고당리33)와 산북리 사이의 쑥 고개34)를 탄현으로 보았다. 성주탁은 금산군 진산면 교촌리 숯 고개로 보았다.35) 특히 전영래는 백제 에서 방어가 허술한 지역을 택하여 진격하였다36)고 하였다. 방어가 허술 하다면 길목을 지키는 산성이 없다는 것이며, 이는 교통로가 없다는 말이 된다. 나름대로 설득력 있어 보이지만 5만 대군이 교통로가 없는 지역을 기동한다는 것은 보급부대까지 함께 기동하는 전투부대의 특성을 고려하 지 않은 판단이다. 또한 이들 지역은 남천정에서 내려올 경우 보은의 삼 년산성과 금돌성을 경유하여 약 78km나 우회하는 원거리이다. 이들 위치

30) 津田左右吉,「百濟戰役地理考」『津田左右吉全集』11, 岩波書店, 1964, 186쪽.
31) 小田省五,「上世史」『朝鮮史大系』, 朝鮮總督府, 1927, 194쪽.
32) 홍사준,「탄현고」『역사학보』35·36, 1967, 57쪽.
33) 전영래,「탄현에 관한 연구」『전북유적조사보고』13, 1982, 8쪽.
34) 輕部慈恩,『百濟遺跡の硏究』, 吉川弘文館, 1971, 133~134쪽.
35) 전영래, 앞의 논문, 1982, 11~13쪽.
36) 성주탁,「백제 탄현 소고 - 김유신장군의 백제공격로를 중심으로 -」『백제논총』2, 1990, 30~32쪽.

로부터 황산벌까지 약 16~20km로써 김유신과 계백이 7월 8일경 만나게 되므로 부적합하다.

다섯째, 대전의 동쪽으로 보는 견해에 대한 검토이다. 이케우치 히로시 池內宏는 충청남도와 충청북도의 도계에 해당되는 마도령을 탄현으로 비정하였다.[37) 이는 대동여지도의 원치遠峙이다. 이 견해는 이병도,[38) 지헌영,[39) 이기백·이기동[40) 등이 주장하고 있다. 대전 동쪽 즉 충청남도와 충청북도의 도계로부터 황산벌까지는 약 30km가 넘는다. 경유지로 볼 때 남천정-보은 삼년산성-옥천-황산벌로 이어지며 우회하는 행군로도 아니다. 제시된 안들 중 가장 타당성이 높은 곳이라 판단된다.

대전 동쪽 탄현설에 대하여 산성 연구자인 서정석의 추가적인 견해는 다음과 같다. "탄현이라는 지명과 유사한 숯 고개 등은 전국에 걸쳐 대단히 많이 분포되어 있다. 지금까지의 연구는 지나치게 지명에 집착하였다. 신라는 고구려군의 남하를 저지하기 위하여 자비마립간 13년(470) 보은에 삼년산성을 축조[41)하여 금강유역 서쪽인 옥천과 영동지역을 안정적으로 확보하고자 하였다. 동맹국이었던 신라의 이러한 움직임에 백제는 동성왕 때 탄현에 책을 설치[42)하였다. 삼년산성을 신라의 대 백제 침공 근거지로 볼 때 삼년산성~웅진, 삼년산성~사비를 연결하는 교통로 상에 해당된다. 신라가 탄현 이서以西지역으로 진출하기 위해서는 계룡산지와 천호봉~함박봉~국사봉으로 이어지는 산지 사이에 놓여있는 구조곡을 통과해야 한다. 백제도 탄현 이서지역에서 대군을 상대하기 가장 적당한 곳이 현재의

37) 池內宏, 「白江及び炭峴に就いて」『滿鮮地理歷史硏究報告』14, 1933, 135~145쪽.
38) 이병도, 『한국사 - 고대편 - 』, 진단학회, 1959, 433쪽.
39) 지헌영, 「탄현에 대하여」『어문연구』6, 1970, 87~118쪽.
40) 이기백·이기동, 『한국사강좌Ⅰ』고대편, 일조각, 1982, 292쪽.
41) 『삼국사기』권3, 신라본기, 자비마립간13년, "築三年山城 三年者自興役始終三年□功故名之"
42) 『삼국사기』권26, 백제본기, 동성왕23년(501).

연산면 연산리 일대로, 고려와 후백제의 마지막 전투 장소이기도 하다. 이 구조곡을 빠져나오면 대전시 송정동을 거쳐 흑석동에 이르게 되고, 한밭 벌을 지난 다음 증약~옥천으로 통하는 교통로를 따라 진격했을 것으로 추정된다. 이 교통로는 사비도성과 신라를 연결하는 주요 교통로로써, 성왕이 전사한 관산성도 이 교통로 상에 자리 잡고 있다. 한편 백제부흥군이 웅진도(운량도)를 차단했던 옹산성·내사지성·진현성·사정책·윤성 등[43]이 있다. 진현성은 대전 서구의 흑석동 산성이 분명하고, 내사지성은 유성구가 분명하므로 대체로 이들 산성을 통한 전투들이 대전시 일대에서 벌어진 것으로 볼 수 있다. 백제부성의 당군에 대한 신라의 군량미 공급을 백제부흥군이 대전일대에서 차단시키고자 한 것은 금산 방향으로 우회하는 교통로가 없다는 반증이다. 따라서 탄현은 옥천과 대전 사이에 위치하는 것이 타당하다."[44] 추가적인 논증을 위하여 다음 사료를 보자.

> B-① 또 [무열왕은] 태자와 대장군 김유신과 장군 품일, 흠춘 등을 시켜 정병 5만을 거느려 여기에[소정방에게] 응하도록 하고 왕은 금돌성에 머물렀다.[45]
> ② 9월 3일 낭장 유인원이 군사 1만 명으로써 사비성에 머물러 지키게 되었는데, 왕자 인태와 사찬 일원과 급찬 길나가 군사 7천으로 이를 도왔다. 소정방이 사비로부터 배를 타고 당나라로 돌아가는데, 김인문이 사찬 유돈과 대나마 중지 등과 함께 갔다.[46]
> ③ 당나라 황제가 좌위 중랑장 왕문도를 보내 웅진도독으로 삼았다. 28일에 삼년산성에 이르러 조서를 전하는데 문도가 동쪽을 향하여 서고 대왕은 서쪽에 섰다. 명령을 준 뒤에 [왕문도가 황제가 주는 선물을 왕에게 주려

---

43) 『구당서』 권199, 열전149, 백제.

44) 서정석, 「탄현에 대한 소고」 『중원문화논총』 7, 2003, 94~106쪽.

45) 『삼국사기』 권5, 신라본기, 무열왕7년, "又命太子與將軍庾信 將軍品日·欽春或作鈍等 率精兵五萬應之 王次金堗城"

46) 『삼국사기』 권5, 신라본기, 무열왕7년, "九月三日 良將劉仁願 以兵一萬人 留鎭泗沘城 王子仁泰與沙湌日原·級湌吉那 以兵七千副之 … 自泗沘乘舡廻唐 金仁問與沙湌儒敦·大奈麻中知等偕行"

다가 갑자기 병이 발작하여 죽었기 때문에 수행원들이 대리하여 일을 마쳤다.[47]

　무열왕은 B-①과 같이 남천정에서 김유신에게 명령을 하달하고, 경북 상주시 모서면 백화산성으로 비정되는 금돌성[48]으로 가서 머물렀다. 의자왕이 항복했다는 소식을 듣고 사비성으로 와서 8월 2일 의자왕의 항복례를 받은 후, 사료 B-②와 같이 소정방이 회군하였으므로 무열왕도 9월 3일 회군하였다. 경주로 회군하던 중에 B-③과 같이 9월 28일 당에서 파견한 웅진도독 왕문도를 삼년산성에서 만났다. 삼년산성은 충북 보은읍 어암리 오정산에 위치하고 있다.

　이를 분석해 보면 무열왕은 금돌성에서 삼년산성을 거쳐 사비성으로 왔다. 그리고 회군할 때에도 다시 삼년산성을 거쳐 경주로 돌아가고자 하였다. 결국 사비성으로부터 금산을 경유하여 금돌성에 이르는 교통로가 없었다는 반증이다. 교통로가 있었다면 굳이 금돌성으로부터 30km나 북쪽에 위치한 삼년산성을 거쳐 경주로 회군하지는 않았을 것이다. 사비성으로부터 신라로 연결되는 교통로는 옥천~보은~삼년산성으로부터 대전 동쪽을 연결하는 선이었다. 따라서 탄현은 옥천과 대전 동쪽의 사이에 위치하고 있으며, 대동여지도의 원치가 타당할 것으로 판단한다. 지금까지 여러 곳에 비정되는 탄현의 위치와 기동로를 삼년산성과 금돌성을 포함하여 요도로 도식하면 다음과 같다.

---

47) 『삼국사기』권5, 신라본기, 무열왕7년, "唐皇帝遣左衛中郎將王文度 爲熊津都督 二十八日 至三年山城 傳詔 文度面東立 大王面西立 錫命後 文度欲以宣物授王 忽疾作便死 從者攝位畢事"
48) 정영호, 「김유신의 백제공격로 연구」『사학지』6, 1972, 38쪽.

〈요도 9〉 대동여지도의 옥천과 대전부근 원치(遠峙)

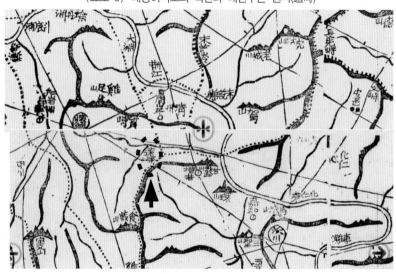

〈요도 10〉 제 탄현설 위치와 신라군 기동로

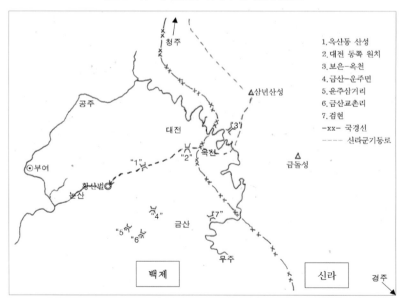

(2) 백제의 방어계획

백제는 나름대로 적정규모의 군사력을 가지고 있었다. 그럼에도 불구하고 백제가 멸망하게 된 직접적인 원인은 보유하고 있는 군사력을 제대로 운용하지 못했기 때문이다. 백제도 나름대로 방어계획을 가지고 있었을 것이다. 그러나 사료에 전하는 백제의 방어계획이나 개념은 없다. 따라서 백제가 나당연합군과 전투한 결과를 가지고 어떠한 방어계획 또는 구상을 가지고 있었는지 알아보자. 다음은 단편적이나마 백제의 국방태세나 군사조직 등을 알 수 있는 사료들이다.

> C-① 왕은 재종숙부[族父] 을음이 지혜와 담력이 있다고 하여 우보로 임명하고 그에게 군사에 관한 업무를 맡겼다.49)
> ② 맏아들 다루를 태자로 삼고 중앙과 지방의 군사 업무를 맡겼다.50)
> ③ 위사좌평은 왕궁을 지키는 일을 맡고, 병관좌평은 대외 군사에 관한 일을 맡았다.51)
> ④ 한수 남쪽에서 크게 사열하였는데, 깃발은 모두 황색을 사용하였다.52)
> ⑤ [백제는] 동서로 540리, 남북으로 900여리인데, [나라를] 5방으로 나누고 각각 방령으로 달솔이 있으며, 군장 3인은 덕솔이고, 방은 700이상 1,200명의 군사를 통솔하였다.53)
> ⑥ 성충이 임종상서에서 말하기를 "신은 늘 때[時]를 살펴보고 변화를 살폈는데, 틀림없이 전쟁이 일어날 것입니다. 무릇 군사를 쓸 때는 반드시 그 자리를 살펴 택하여야 할 것인데 … "54)

---

49) 『삼국사기』 권23, 백제본기, 온조왕 2년), "王以族父乙音 有智識膽力 拜爲右輔 委以兵馬之事"
50) 『삼국사기』 권23, 백제본기, 온조왕28년, "立元子多婁爲太子 委以內外兵事"
51) 『삼국사기』 권24, 백제본기, 고이왕27년, "衛士佐平 掌宿衛兵事 … 兵官佐平掌外兵馬事"
52) 『삼국사기』 권24, 백제본기, 근초고왕24년, "大閱於漢水南 旗幟皆用黃"
53) 『주서』 권49, 열전41, 異域上 백제, "東西四百五十里 南北九百餘里 … 五方各有方領一人 以達率爲之 郡將三人 以德 率爲之 方統兵一千二百人以下七百人以上"
54) 『삼국사기』 권28,백제본기, 의자왕16년, "成忠瘦死 臨終上書曰 臣常觀時察變 必有兵革之事 凡用兵 必審擇其地"

⑦ 홍수가 말하기를 "당군은 수가 많고 규율이 엄하고 분명합니다. 더구나 신라와 함께 앞뒤에서 모의하였으니, 만일 평탄한 벌판과 넓은 들에서 마주 대하여 진을 친다면 승패를 알 수 없을 것입니다. 백강(혹은 기벌포)과 탄현(혹은 침현)은 우리나라의 요충지여서 용감한 병사를 보내고 … 대왕은 문을 겹으로 굳게 잠그고 적이 지치기를 기다려 … "55)

사료 C-①과 같이 백제는 일찍이 온조왕 때부터 병마관계 일을 맡는 관직을 두고 있었다. A.D. 10년에는 사료 C-②에서와 같이 이를 내외병마 관계로 나누었다. A.D. 260년 고이왕 때에는 C-③에서처럼 위사좌평과 병관좌평이 병마관계 업무를 맡았다. 군사관계 업무를 맡은 백제의 관리는 당연히 국방태세에 대한 업무를 담당하였을 것이다.

사료 C-④에서 근초고왕이 군대를 사열하며 전 군대가 황색기를 사용한 것으로 보아 진법이나 용병술도 익히 통용이 되고 있었음을 짐작할 수 있다. 사료 C-⑤에서는 전국을 방·군·성으로 나누고 병력을 통솔하고 있는 것으로 보아 기본적인 군사조직의 법·제도·조직 등이 갖추어졌음을 알 수 있다.

사료 C-⑥에서 성충이 말한 "늘 때[時]를 보고 변화를 관찰하였는데 … 필시 전쟁이 일어날 것"이라고 한 것은 『손자병법』의 "전쟁은 국가의 중대한 일로 국민의 생사와 국가의 존망이 걸린 일이니 깊이 살피지 않으면 안 된다"56)에 해당된다. 즉 성충은 『손자병법』의 용병술과 지형 이용방법을 거론하면서 나라를 방어할 전략을 제시하고 있다. 이러한 점에서 성충은 병법에 능한 병관좌평이었을 것이다.

사료 C-⑦에서 홍수 역시 "당병은 군율이 엄정하며 신라가 함께 모의하고 있으므로 평원광야에서 진을 치면 승패를 알기 어렵다"고 하는 것으

---

55) 『삼국사기』 권28, 백제본기, 의자왕20년, "興首曰 唐兵旣衆 師律嚴明 況與新羅共謀掎角 若對陣於平原廣野 勝敗未可之也 白江*或云伎伐浦·炭峴 或云沈峴 我國之要路也 … 大王重閉固守 待其資粮盡士卒疲"

56) 『손자병법』, 第一篇, 始計, "兵者國之大事 死生之地 存亡之道 不可不察也"

로 보아 성충과 같이 병법에 능하며, 병마兵馬관계 업무를 담당했을 것이
다. 또한 흥수는 변경의 요충지에 용감한 군사를 보내고, 왕은 문을 굳게
잠그고 적의 병사가 지치기를 기다렸다 공격하라고 하여 도성 방어계획을
언급하고 있다.

　이러한 기록들을 살펴 볼 때 백제는 일찍이 병법을 알고 널리 활용하고
있었다. 『삼국사기』에는 백제가 어떤 병법서를 가지고 있었는지 기록이
없다. 그러나 『일본서기』에 663년 백촌강 전투 후 왜로 망명한 백제의 달
솔 곡나진수·목소귀자·억례복류·답발춘조 등이 병법을 익힌 인물로 기록
되어 있다.[57)]

　이러한 사실로 볼 때 성충이나 흥수는 병마관계 업무를 담당했거나 병
법에 능했던 것으로 추정되며, 나름대로 백제의 방어계획을 구상하고 수
립했을 것이다. 이러한 가정을 토대로 백제의 방어계획을 도출해보자.

〈요도 11〉 백제의 방어계획 구상 추정도

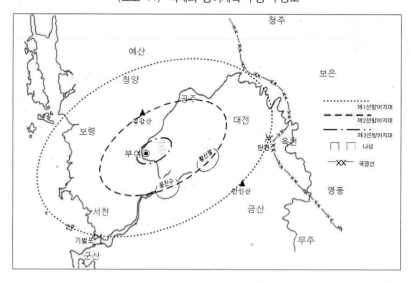

---

57) 『일본서기』 권27, 천지천황10년 정월.

홍수가 말한 "요충지에 병력을 보내고 대왕은 문을 굳게 잠그고"라는 구
절은 방어목표가 도성이다. 그런데 전투결과를 보면 오늘날 주둔지 방어
개념과 유사하다. 오늘날 주둔지 방어계획은 1·2·3선 개념을 적용하고
있다. 이에 성충과 홍수가 말한 나라의 요로를 1선으로 보고, 1선에서의
병력배치 시기를 놓쳐 실제 병력이 배치된 지역을 2선으로 보며, 3선은
백제도성의 나성으로 보아 방어계획을 그려보면 앞의 〈요도 11〉과 같다.

(3) 백제의 병력운용 실패

위 요도를 백제의 방어계획이라고 하면 무리가 있다. 제대로 된 백제의
방어계획을 파악하려면 실제 전투가 벌어졌고 병력이 상주하던 산성[58]의
배치 등을 도식하여 방어계획을 도출해 내야 할 것이다. 백제가 가지고
있던 산성은 다음 〈요도 12〉와 같다.

백제는 위 요도와 같이 도성을 중심으로 하여 수많은 산성을 가지고
있었다. 충남지역의 백제산성 대부분은 해발고도 100~200m에 해당하며,
테뫼식 산성으로 공격용 거점성 보다는 방어를 목적으로 하는 소형 산성
들로 이루어져 있다.[59] 서정석이 조사한 위 요도의 산성은 도성이 위치한
충청남도에만 234개다.

고구려가 종심 깊게 설치된 산성 공방전에서 수·당의 침입을 막아냈던
것처럼, 백제도 국경으로부터 도성까지 수많은 산성을 활용할 수 있었다.
그러나 이러한 산성들은 전혀 기능을 발휘하지 못했다. 또한 660년 7월
백제가 나당연합군과 산성전투를 했다는 기록을 찾아볼 수가 없다.

---

58) 백제의 산성으로 추정되는 산성은 충남지역 234개, 경기도 119개, 전남북 204개이
　　다(서정석, 「충남지역의 백제산성에 대한 일연구」『백제문화』 22, 1992, 115~116
　　쪽).
59) 충청남도지편찬위원회, 『충청남도지 - 문화유적 -』 20, 충청남도역사문화연구원,
　　2010, 226~229쪽.

〈요도 12〉 충남지역의 백제산성 분포도[60]

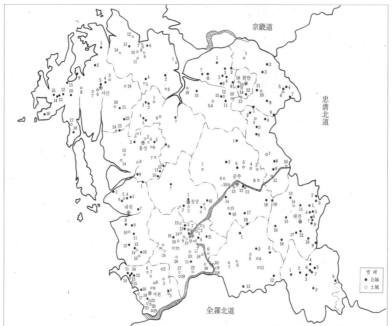

오히려 흥수가 평원광야에서 적과 싸운다면 그 결과를 알 수가 없다고
하였는데도, 계백은 황산벌[61]에서 싸웠다.

산성에서 전투가 벌어지지 않은 이유를 두 가지 정도 주정해 볼 수 있
다. 하나는 백제가 동원하여 북방으로 투입시킨 병력 대부분은 산성을 지
키거나 산성에 주둔하던 병력이었을 것이다. 즉 백제의 요로를 지켜야 하
는 산성에는 병력이 거의 없었을 것이다.

또 다른 이유는 상대적인 것으로 김유신이 산성전투를 회피한 것일 수

---

60) 서정석,「충남지역의 백제산성에 관한 일연구」『백제문화』22, 1992, 157쪽.
61) 황산벌이라고 한 것은『삼국사기』신라본기와 열전 '김영윤(金令胤)'에는 황산지원
    (黃山之原)으로 기록 되어 있고, 열전 '관창'과 '계백'에는 황산지야(黃山之野)로 기
    록되어 있다.

있다. 전례 없는 5만의 대군을 동원하였고, 당군이 13만이나 되는데 굳이 산성전투로 시간을 끌며 전투력을 낭비할 필요가 없었기 때문이다.

반면에 수많은 산성들을 놔두고 성충과 흥수는 기벌포와 탄현에서의 방어를 주장했다. 그것은 나당의 침공전략이 종전의 국경지대 산성전투와는 다르게 도성을 직접 겨냥하는 백제병탄의 야욕이었음을 예상했던 것일 수도 있다. 즉 당군의 경우 바다를 건너오기 때문에 군수보급 문제가 대두되므로, 속전속결을 위해 수로를 통한 도성 직접공략을 택할 것으로 예상한 것이다. 그러면 성충과 흥수가 제언한 요충지에서의 방어가 실패한 이유는 무엇일까?

성충과 흥수는 제 1선에 해당하는 대전 동쪽 탄현과 서천으로 비정되는 기벌포에서 적을 저지·격멸하도록 주문하였다. 그러나 백제군의 주력은 이미 당진~예산 방면으로 투입되어 있었다. 즉 병력의 조기투입 과오를 범하였던 것이다. 그렇다 하더라도 도성방어를 위해 남아있던 3만 명 중 최소한의 병력만 남겨두고, 탄현과 기벌포에 병력을 투입할 수도 있었다. 하지만 군신회의는 정파 간의 대립으로 요충지에 병력 투입시기를 또다시 상실하고 말았다.

신라군과 당군이 백제의 요충지였던 탄현과 백강(기벌포)을 통과한 상태에서 백제의 선택은 극히 제한되어 차선책으로 투입할 곳이 제 2선에 해당하는 황산벌과 웅진구(웅진강구)밖에 없었다. 황산벌에서는 계백이 선전했다고 할 수 있으나 웅진구(웅진강구)에서는 당군에게 배후로부터 허를 찔리는 역공격으로 대패를 당하고 말았다.

이제 남은 것은 제 3선에 해당하는 사비성의 나성에서 나당연합군을 막아야 했다. 부소산성을 싸고 있는 나성은 북나성과 동나성을 합쳐 총 6.3km[62]인데 대부분 낮은 구릉 위에 축조되어 있다. 성이라고 보기에 이

---

62) 북나성은 부소산성-청산성 구간으로 0.9km이고 동나성은 청산성-석목리-염창리 구간으로 5.4km이다. 남나성과 서나성의 존재를 주장하는 연구가 있으나 확인이 안

해하기 어려울 정도로 방어하기에는 적합하지 않다. 결국 남은 병력을 다 모아 제 3선에서 방어하고자 하였으나 역부족이었다. 결국 백제는 위 요 도와 같은 많은 산성들을 제대로 활용하지 못한 채 도성이 함락되었다.

백제의 멸망은 군사작전 실패가 주요 원인이었다. 군사작전이 실패한 주요 원인을 살펴보면 첫 번째 가장 큰 실책은 신라의 양동작전과 당군의 양공작전에 기만당하여 주력부대를 예산~당진 방면에 조기투입한 것이 다.[63]

두 번째는 제 1선 방어지대에 병력배치 시기상실이다. 즉 주력부대 조 기투입의 과오를 만회하기 위하여, 주력부대가 복귀하여 증원될 때까지 남은 병력을 제 1선에 최대한 투입하여 저지할 수 있었는데 이마저 시기 를 상실하였다.

세 번째는 제 2선에 투입하는 병력도 시기와 규모면에서 턱없이 부족 하였으며, 전술적으로도 실패하였다. 물론 황산벌에서는 계백장군이 김유 신을 맞이하여 선전하였다. 그러나 웅진구(웅진강구)에서는 당군이 배치된 백제군을 통과하여 배후로부터 공격함으로써 일시에 무너지고 말았다.

네 번째는 제 3선에서의 나성전투 실패다. 이는 거대한 당군과 5만 신 라군의 포위공격에 속수무책인 중과부적의 전투였다. 설상가상으로 나성 은 방어에 효과직일 수 없는 불리한 지형적 조건이다. 통성적으로 방이에 유리한 배산임수背山臨水 지형을 가지고 있어야 하는데, 백제왕도 사비성 은 방어에 불리한 배수임야背水臨野의 지형적 특성을 가지고 있었다.

정리하자면 백제는 결국 병력운용의 실패로 인해 무너지게 된 것이다. 물론 외교적인 문제나 국내 정치적인 문제가 주요 원인의 하나가 될 수 있다. 하지만 군사적 측면의 병력운용 문제가 가장 직접적인 원인이었다.

되었다. 서나성과 남나성은 백마강의 자연해자 역할로 인정하지 않기도 한다(박순 발, 『백제의 도성』, 충남대학교출판부, 2010, 255~259쪽).

63) 제1장 1절 참조.

백제는 나당연합군의 침공을 방어하는 과정에서 제대로 병력을 운용하지 못했기 때문에 조기에 멸망하였던 것이다.

2. 백제부흥전쟁의 배경과 원인

전쟁의 결과는 결코 절대적인 것이 아니다. 전쟁 전체의 승패가 최종적으로 결정되었다 해도, 그것을 절대적인 것으로 여겨서는 안 된다. 패배한 국가는 종종 패배를 일시적인 불행으로 여길 뿐이며, 나중에 상황이 바뀌면 불행에 대한 개선책을 마련64)하고 있기 때문이다. 이러한 논거의 사실이 백제멸망 후에 그대로 보이고 있다.

660년 7월 18일 의자왕이 항복하고 소정방과 무열왕은 8월 2일 사비성에서 승리의 향연을 베풀며 장병들의 노고를 치하하였다. 그리고 9월 3일 유인원 등 당군 1만 명과 왕자 인태 등 신라군 7천명으로 사비성을 지키게 하고, 소정방은 의자왕과 백제의 귀족관료·백성 등 12,807명을 데리고 당나라로 돌아갔다.65) 무열왕도 삼년산성을 경유하여 철수66)길에 올랐다.

소정방이 철수한 것은 고구려 정벌이라는 차후 목표가 있었다 하더라도, 의자왕을 비롯한 핵심세력을 당으로 압송하여 제거하였으므로 백제를 완전히 평정했다고 판단하였기 때문일 것이다.

의자왕을 비롯한 왕족·귀족 등 핵심세력이 다 빠지고 왕성도 빼앗겨 백제라는 실체를 찾아볼 수 없는 상태였다. 그러나 복신과 도침 등67) 백

---

64) Carl von Clausewitz(김만수 역), 『Vom Kriege, 전쟁론』 1, 갈무리, 2007, 59쪽.
65) 『삼국유사』는 12,807명, 『삼국사기』 권5, 신라본기는 1만2천 명, 권42, 열전2 김유신전은 2만 명, 「대당평백제국비명」과 「당유인원기공비」는 700여 명, 『구당서』 및 『신당서』는 58명, 『일본서기』는 50여 명으로 다르게 기록하고 있다.
66) 『삼국사기』 권5, 신라본기, 무열왕7년.
67) 이외에도 백제부흥군을 이끌었던 지도자들은 두시원악의 좌평 정무, 구마노리성의

제인들은 나당연합군과의 전쟁을 치열하게 전개하기 시작했다. 이는 곧 잃어버린 백제국을 다시 세우고자 하는 백제부흥전쟁이었다. 이 백제부흥전쟁은 663년 11월 임존성이 함락될 때까지 계속되었다.

전쟁을 수행하려면 병력과 장비 등 막대한 물량을 필요로 한다. 또한 전쟁 참여자는 생명을 걸고 싸워야한다. 그런데 국가체계도 무너진 상황에서 어떻게 3년 4개월이란 기간 동안 전쟁을 할 수 있었을까? 백제부흥군 즉 백제인들은 왜 목숨을 걸고 전쟁에 참여하였을까? 그 배경과 원인 그리고 전쟁경과를 알아보자.

1) 백제부흥전쟁의 배경

전쟁은 상호 대립하는 2개 이상의 국가 또는 이에 준하는 집단 간에 있어서 군사력을 비롯한 각종 수단을 행사하여 자기의 의지를 상대방에게 강요하는 행위 또는 그러한 상태[68]라고 정의되어 있다. 각종 수단 중 주가 되는 것은 병력이다. 병력의 주체인 백제인들이 3년 4개월간 생사를 건 전쟁을 지속한데에는 어떠한 배경이 있었을 것이다.

그러한 배경은 무엇보다도 전쟁을 수행한 백제인들이 갖고 있던 의식에서 찾아야 한다. 백제인들이 갖고 있던 의식은 역사직인 사건들을 통해서 형성되었을 것이다. 역사적인 사건이란 백제와 신라 두 나라의 약 100년에 걸친 전쟁으로 보아야 한다. 즉 오랜 전쟁을 통해서 형성된 적대적인 감정의 골이 백제인들의 의식 속에 깊이 자리 잡고 있었기 때문이다.

백제가 싸운 대상에는 신라 외에도 당시 중원을 통일한 동아시아의 강자強者 당이라는 거대한 중국이 있었다. 병력도 장비도 불비한 상태의 백제가 어떻게 당을 상대로 하여 3년이 넘는 기간 동안 전쟁을 계속할 생각

좌평 여자진, 임존성의 흑치상지, 사타상여, 지수신 등이 있다.
68) 합동참모본부, 『합동·연합작전 군사용어사전』, 국군인쇄창, 2010, 312쪽.

을 하였을까? 이는 중국과 관계된 역사 속에서 찾을 수 있을 것이다. 즉 당의 침입이 있기까지 당과 백제의 외교관계 속에서 백제인들이 당에 대해 가졌던 인식들이 전쟁의 한 배경이 될 것이다.

한편 전쟁은 결코 어떤 나라가 혼자서 하기는 곤란하다. 부족한 전력은 주변세력과 연합하거나 지원을 받아 전력을 키우기도 한다. 상대의 주의를 돌리거나 허점을 노출시키기 위해 견제를 해주는 주변의 다른 세력이 필요할 때도 있다. 이러한 현상은 인위적으로 만들기도 하고, 당시의 역학구도에 의해서 자연스럽게 형성되기도 한다. 이 또한 전쟁을 지속할 수 있는 배경이 된다.

따라서 백제부흥전쟁의 배경은 백제와 신라의 전쟁, 당과의 외교관계, 그리고 당시의 한반도를 둘러싼 각국의 역학적 관계 등으로 볼 수 있다. 또한 전쟁론적인 측면도 배경으로 고려될 수 있다.

(1) 역사적 배경

『삼국사기』의 기록에서 백제와 신라는 간혹 화친의 모습을 보이기도 하지만 대개는 국경에서 군사적 충돌이 많았다. 백제와 신라가 화친을 맺는 것은 고구려가 427년 평양으로 천도한 후 고구려의 남하정책에 위기를 느낀 백제가 433년 신라에 사신을 보내면서부터이다. 이후 백제와 신라의 군사적 동맹관계는 고구려와 말갈의 침공에 상호지원을 하며, 공동대처 및 혼인관계로까지 이어져 왔다. 551년에 백제와 신라가 연합하여 고구려를 공격함으로써, 백제는 한강 하류지역 6군을 신라는 상류지역 10군을 장악하는 등 절정에 달했다.[69]

그러나 553년 신라 진흥왕이 백제가 회복한 한강유역을 기습 점령하고 신주新州를 설치함으로써 120년간 이어져 왔던 동맹관계는 깨어지고 말았

---

69) 양종국, 앞의 책, 2004, 37~39쪽.

다. 이후 백제는 660년 나당연합군과 전쟁을 치를 때까지 약 107년간이나 신라와 전쟁을 치렀다. 이 기간 동안에 백제가 신라를 공격한 횟수는 25회이다. 반면 신라가 백제를 먼저 공격한 횟수는 5회 뿐이다. 그러나 신라도 보복적인 반격 내지 공격으로 국경지대에서의 일진일퇴를 거듭하는 공방전은 끊이지 않았다.[70] 백제의 재위 왕별로 보면 성왕 1회, 위덕왕은 재위 45년간 2회, 무왕은 재위 42년간 12회, 의자왕은 재위 20년간 10회가 된다. 다음은 양국 간의 주요전쟁에 대한 『삼국사기』의 기록이다.

> D-① [신라가] 백제의 동북변경을 빼앗아 주를 새로이[新州] 설치하고, 아찬 무력을 군주로 삼았다.[71]
> ② [백제 성]왕이 신라를 습격하려고 친히 보병, 기병 50명을 거느리고 밤에 구천(狗川)에 이르렀을 때 신라의 복병이 튀어나니 그들과 싸우다가 왕이 난병들에게 살해 되었다.[72]
> ③ [백제가] 군사를 보내 신라의 변경을 침공하다가 신라 군사의 반격으로 패배를 당하여 죽은 자가 1천여 명이었다.[73]
> ④ [백제가] 신라의 가잠성을 에워싸 성주 찬덕을 죽이고 성을 없애버렸다.[74]
> ⑤ [백제가] 군사를 보내 신라의 왕재성을 치고, 성주 동소를 잡아 죽였다.[75]
> ⑥ 7월에 [의자]왕이 친히 군사를 거느리고 신라를 쳐서 미후성 등 40여 성을 빼앗았다. 8월에는 장군 윤충을 보내 군사 1만을 이끌고 신라의 대야성을 공격하였다. 성주 품석이 처지를 데리고 니외 항복히지 그들을 모조리 죽여 그의 목을 왕도에 전달하였다. 남녀 1천여 명을 사로잡아서 나라 서쪽의 주·현들에 나누어 살게 하고, 군사를 남겨두어 그 성을 지키게 하였다.[76]

---

70) 국방부 군사편찬 연구소, 『한국고대 군사전략』, 신오성기획인쇄사, 2006, 246쪽.
71) 『삼국사기』 권4, 신라본기, 진흥왕14년, "取百濟東北鄙 置新州 以阿湌武力爲軍主"
72) 『삼국사기』 권26, 백제본기, 성왕32년, "王欲襲新羅 親帥步騎五十 夜至狗川 新羅 伏兵發興戰 爲亂兵所害薨"
73) 『삼국사기』 권27, 백제본기, 위덕왕8년, "遣兵侵掠新羅邊境 羅兵出擊敗之 死者一千餘人"
74) 『삼국사기』 권27, 백제본기, 무왕12년, "圍新羅椵岑城 殺城主贊德 滅其城"
75) 『삼국사기』 권27, 백제본기, 무왕27년, "遣兵攻新羅王在城 執城主東所殺"

⑦ [의자]왕이 고구려와 화친하고 신라의 당항성을 빼앗아 [당나라에] 조공하
는 길을 막고자 하였다. 마침내 [백제가] 군사를 보내 공격하니 신라왕 덕
맨[선덕왕]이 당나라에 사신을 보내 구원을 요청하였다. 왕이 그 말을 듣
고 군사를 철수 하였다.[77]

사료 D-①의 백제의 동북변경은 한강유역으로, 백제의 시조始祖 온조溫祚
가 B.C. 18년에 하남위례성에 도읍하였다가 B.C. 5년 한성으로 천도한 이
후 A.D. 475년 고구려에 의해 한성이 함락되어 웅진으로 천도할 때까지,
493년간 지배하던 백제인들의 고토였다. 이 고토회복은 웅진으로 천도이
후 백제의 숙원이었으며, 77년이 지난 551년 나·제 동맹으로 드디어 고토
회복의 꿈을 이루었다. 그러나 사료 D-①과 같이 553년 신라의 진흥왕이
백제가 수복했던 한강 하류지역을 빼앗아 신주를 설치하였다. 이와 같이
신라의 기습적인 한강 하류지역 점거 및 신주 설치로, 500년 가까이 지배했
던 고토를 회복한지 2년 만에 다시 잃게 되었다. 이로 인하여 동맹관계는
깨지고 백제와 신라는 돌이킬 수 없는 적대관계의 길로 들어서게 되었다.

사료 D-②는 백제의 성왕이 신라에 대한 원한으로, 신라의 옥천(관산성)
지방을 공격하다가 전사하는 기사이다. 그는 무령왕의 아들로 지혜와 식
견이 영명하며, 538년 사비로 천도하고 551년 신라와 함께 백제의 숙원이
었던 한강유역을 되찾았던 왕이다. 성왕은 554년 태자 여창이 옥천지방을
공격하며 오랫동안 잠도 못자고 먹지도 못하면서 고생하는 것을 걱정하여
그 노고를 위로하고자[78] 기병 50기를 거느리고 전장으로 향하다가 구천
에 이르러 복병에게 살해되었다.[79] 이 사실을 기록한 진흥왕 15년 조에

---

76) 『삼국사기』 권28, 백제본기, 의자왕2년, "秋七月 王親帥兵 侵新羅 下獼猴等四十餘
城. 八月 遣將軍允忠 領兵一萬 攻新羅大耶城 城主品釋與妻子出降 允忠殺之 斬其
首 傳之王都 生獲男女一千餘人 分居國西州縣 留兵守其城"
77) 『삼국사기』 권28, 백제본기, 의자왕3년, "王與高句麗和親 謀欲取新羅黨項城 以塞
入朝之路 遂發兵攻之 羅王德曼遣使 請救於唐 王聞之罷兵"
78) 『일본서기』 권18, 흠명천황 15년.

의하면 왕과 좌평 4명, 사졸 2만9천6백 명이 죽고 말 한 필도 돌아가지
못했다[80])하니 백제는 단기간 내에 복구하기 어려운 큰 피해를 입었다. 이
렇게 한강유역을 되찾았던 영명한 성왕과 3만에 달하는 백제인들의 전사
戰死로 신라에 대한 적대감이 더욱 심화되었다.

이후 백제는 전열을 가다듬어 D-③과 같이 위덕왕 8년 신라를 침공하
여 원한을 갚고자 하였다. 그러나 위덕왕 24년, 무왕 3년 2회 등 오히려
패하였다. 하지만 611년 무왕 12년경부터 사료 D-④, ⑤와 같이 신라의
성을 함락시키고 성주를 죽이는 등 승기를 잡기 시작하여, 무왕은 총 12
회 침공 중 7회에 걸쳐 신라에게 패배를 안겼다.

이후 40세에 왕위에 오른 의자왕은 당연히 아버지 무왕의 위업을 이어
받아 신라에 대한 침공의 수위를 높여갔다. 사료 D-⑥과 같이 왕이 친정
하여 미후성 등 40여 성을 함락시키고, 8월에는 윤충을 보내 항복한 대야
성 성주 품석과 처자의 목을 베어오기도 하였다. 대야성 성주 품석과 그
처자는 김춘추의 사위이자 딸이다. 이 소식을 들은 김춘추가 백제병탄의
결심을 굳히고, 고구려와 당으로 청병[81])외교를 하게하는 결과를 초래하
게 되었다. 하지만 의자왕의 공세는 그치지 않았다. 바로 다음해인 643년
사료 D-⑦과 같이 고구려와 연합하여 당항성을 빼앗고자 신라의 변방을
침공하였다. 이때 신라왕 덕만이 딩 태종에게 고하자 의자왕은 군대를 칠
수하였다. 이후 신라는 계속하여 당나라에 걸사외교를 하였고, 당 태종은
신라 사신에게 직접 백제를 공격하겠다는 계획을 포함한 세 가지 계책[82])
을 말하기도 하였다. 다음해 정월에는 사농승 상리현장을 보내 두 나라를
타이르기까지 하였다. 이에 의자왕이 표를 올려 사과하였다. 하지만 같은

---

79) 『삼국사기』 권26, 백제본기, 성왕32년.
80) 『삼국사기』 권4, 신라본기, 진흥왕15년.
81) 『삼국사기』 권5, 신라본기, 선덕왕11년.
82) 『삼국사기』 권5, 신라본기, 선덕왕12년.

해 9월에 신라의 김유신이 백제를 침공[83]하여 7개성을 빼앗아 갔다. 이와 같이 의자왕이 표를 올려 사죄한 뒤 얼마 안 되어 백제를 침공하는 등 신라의 이중적인 행태로 백제의 적개심은 더욱 누적되어 갔다.

따라서 의자왕은 신라에 대한 공격을 멈출 수가 없었다. 다음 해인 645년 당 태종의 고구려 정벌을 기회로 신라의 7개성을 습격하여 빼앗으며, 647·648·649년 계속하여 백제와 신라는 공방전을 이어갔다. 이 전란 중에 651년 당 태종은 심지어 신라 김법민의 요청을 받아들여, 의자왕에게 겸병한 신라의 성을 모두 돌려주라는 조서까지 내려 보냈다. 그러나 의자왕은 이에 아랑곳하지 않고 655년에 고구려·말갈과 연합하여 신라의 30여개 성을 깨뜨리고, 659년에도 독산성과 가잠성을 공격하였다.

이와 같이 554년부터 659년까지 백제와 신라의 약 100년간의 전쟁은 모두의 의식을 바꿔 놓기에 충분하였다. 즉 신라의 한강유역 기습탈취 행위, 당을 업고 적대행동을 일삼는 행위, 그리고 백제의 고토수복 등의 문제는 백제인들에게 해결해야 할 과제였다. 이러한 과제해결을 위한 신라와의 전쟁이 계속되면서 강한 적대감이 형성되고 누적되어 갔을 것이다. 결국 백제인들의 신라에 대한 적대의식은 백제부흥군이 부흥전쟁을 이끌어 가는 원동력이었다. 또한 신라가 당을 끌어들인데 대한 응징심리도 작용하였을 것이다. 따라서 백제부흥전쟁을 수행했던 부흥군의 전쟁의지는 100년간의 전쟁이라는 역사 속에 누적된 신라에 대한 강한 적대의식에 기인하고 있다.

다음은 전쟁 상대였던 당과의 역사적 배경을 알아보자. 당唐은 수隋나라 이연李淵이 617년 태원太原에서 군사를 일으켜, 618년 수를 멸망시키고 세운 나라이다. 당나라는 건국 이래 반란을 진압하며 628년 중국통일을 완성했다. 당시 삼국 항쟁관계에 있던 한반도는 동아시아에 거대한 당나

---

83) 『삼국사기』 권28, 백제본기, 의자왕4년.

라 출현에 나름대로 조공과 책봉을 통해 당과의 관계를 유지하려고 노력
하였다. 하지만 당 건국 직후인 621년부터 660년까지의 백제와 신라의 대
당 외교관계는 다소 차이가 난다. 조공은 백제가 20회인 반면 신라는 23
회이며, 기타 방문까지를 포함하면 백제가 26회 신라는 40회로써 신라는
백제에 비하여 1.5배 교류가 더 많았다. 당에서 양국에 파견한 사절의 횟
수도 백제에는 4회인 반면 신라에는 8회를 파견하여, 그 차이가 2배나 된
다. 이를 표로 만들어 보면 다음과 같다.

〈표 4〉 백제와 신라의 대당외교 비교

구 분	백 제	신 라	비 고
조공횟수	20회	23회	621년~660년
입당횟수	26회	40회	조공 포함
당 사절파견	4회	8회	백제 : 책봉2,일반2 신라 : 책봉4,조문1,답방1,일반2
견당사 직위	은솔, 한솔	이찬/ 파진찬/문왕	백제:3~5등급, 신라:2등급
조공내용	과하마, 철갑주부 등	금총포, 미녀 등	
지속관계	645~650/652 이후 단절	648년 이후 당에 숙위	백제는 관계 소원, 신라는 당연호/의관/복장 착용 등 밀착

표에서 보면 수치상 차이 외에도 조공내용이나 지속관계에도 차이가
나고 있다. 물론 신라가 당에게 지속적으로 청병하거나, 백제나 고구려의
침공을 알리는 등 6회에 걸친 결사외교[84] 때문에 차이가 날 수도 있다.
그러나 백제가 처음부터 대당관계를 소홀히 한 것은 아니었다. 무왕은
621년부터 641년까지 20년간 14차례 조공을 하였다. 의자왕도 641년 즉
위 이래 644년까지는 매년 조공을 했다. 이후 651·652년에 각 1회 이후로
는 조공이 없다. 그 원인을 추측해 볼 수 있는 사료는 다음과 같다.

---

84) 진평왕47年(625), 선덕왕11년(642), 선덕왕12년(643), 진덕왕2년(648), 무열왕2년
(655), 무열왕6년(659).

E-① [643년] 9월에 신라가 사신을 보내 "백제가 공격해 와 신라의 성 40여 개를 취하고는 다시 고구려와 병력을 합세해 신라에서 [당에] 조공하는 길을 끊으려고 하니, 군사를 보내어 구원해 달라"고 하였다. 이에 황제가 사농승 상리현장에게 명하여 조서[璽書]를 가지고 고구려에 주게 하였는데 … "신라는 우리 당나라에 볼모를 맡기고 조공을 끊이지 않고 바치고 있다. 그러니 그대 나라는 마땅히 백제와 함께 각각 병기를 거두어야 할 것이다. 만약 다시 신라를 침공한다면 내년에 군사를 발하여 그대 나라를 칠 것이다"고 하였다.[85]

② [644년] 봄 정월에 사신을 당나라에 보내 조공하였다. [당] 태종은 사농승 상리현장을 보내 두 나라를 타이르니[告諭] [의자]왕은 표를 올려 사죄하였다 … 9월 신라장군 김유신이 군사를 거느리고 쳐들어 와서 7개의 성을 빼앗았다.[86]

③ [651년] 사신을 당나라에 보내 조공하였다. 사신이 돌아 올 때 [당] 고종의 조서[璽書]를 내려 왕을 타일러 말하였다. "해동의 삼국이 나라를 세운지 오래되어 … 지난해에 고구려와 신라 등 사신이 함께 와서 조공을 하였을 때 짐은 이러한 원한을 풀고 다시 정성과 화목을 돈독히 하도록 명하였다. 신라 사신 김법민이 상주하여 아뢰었다. … '큰 성과 중요한 진(鎭)들이 모두 백제에 병합되어 영토는 날로 줄어들고 아울러 위력도 쇠약해지게 되었습니다. 바라건대 백제에 조서를 내려 침략한 성을 돌려주게 하소서. 만약에 받들지 않으면 곧 스스로 군대를 일으켜서 쳐서 빼앗을 것입니다. 다만 옛 땅을 얻으면 곧 서로 화호를 청할 것입니다' 짐은 그 말이 맞으므로 허락하지 않을 수 없었다. … 왕은 겸병한 신라의 성은 모두 마땅히 그 본국에 돌려주고, 신라도 사로잡은 백제의 포로들 또한 왕에게 돌려보내야 할 것이다. … [백제]왕이 만약 … 따르지 않는다면 … 후회하는 일이 없도록 하라."[87]

---

85) 『자치통감』 권197, 당기13, 정관17년, "九月庚辰 新羅遣使 言百濟攻取其國四十餘城 復與高麗連兵 … 乞兵救援 上命 司農丞相里玄獎齎璽書賜高麗 … 曰新羅委質國家 朝貢不乏 爾與百濟各宜 戢兵 若更攻之 明年發兵擊爾國矣"

86) 『삼국사기』 권28, 백제본기, 의자왕4년, "春丁月 遣使入唐朝貢 太宗遣司農丞相里玄獎 告諭兩國 王奉表陳謝 … 秋九月 新羅將軍庾信 領兵來侵 取七城"

87) 『삼국사기』 권28, 백제본기, 의자왕11년(651), "遣使入唐朝貢 使還 高宗降璽書 諭王曰 海東三國 開基日 … 去歲高句麗·新羅等使 并來入朝 朕命釋茲讎怨 更敦款睦 新羅使金法敏奏曰 … 大城重鎭 并爲百濟所併 疆宇日蹙 威力並謝 乞詔百濟 令歸所侵之城 若不奉詔 卽自興兵 打取 但得古地 卽請交和 朕以其言旣順 不可不許 …"

사료 E-①과 같은 사건에도 불구하고 644년 사료 E-②와 같이 조공하였다. 이때 당이 타이르니[告諭] 표를 올려 사죄하였는데, 그 해 9월 신라가 침공하였다. 이와 같이 당이 신라를 두둔하며 백제에게만 지나치게 편파적으로 대하니 이에 격분하여 조공을 중단하였을 것이다.

그 후 651년 사료 E-③과 같이 5년 만에 조공을 하였다. 649년 당 고종이 즉위하였으므로, 고종 즉위를 축하하는 조공이었다. 그러나 당 고종은 백제 사신에게 선전포고나 다름없는 조서를 내려보내고 있다. 전쟁의 근원은 신라가 빼앗아 간 백제의 고토 한강유역 때문인데, 백제의 사정은 전혀 고려하지 않았던 것이다. 상황이 이러하니 백제로서는 당과의 외교관계를 단절하고 독자노선을 갈 수밖에 없었다.

한편 사료 E-②와 같이 당을 등에 업고 당의 사신이 다녀간 틈을 이용하여 침공한 것이나, 사료 E-③과 같이 적반하장격인 신라 법민의 외교행태는 신라와의 전쟁명분 내지는 출동병력의 전의를 돋우는데 활용하였을 것이다. 따라서 이렇게 백제에게만 유독 불공평한 당의 처사는 백제인들에게 널리 알려져 당에 대한 강한 거부감으로 형성되었을 것이다. 다음은 당의 불공정한 처사 외에 거부감이나 이질감을 가졌다는 다른 사료이다.

> F. 엎드려 든건대 동쪽 바다 밖에 산구이 있었으니 그 이름은 마한·변한·진한이었습니다. 마한은 고구려[高麗], 변한은 백제, 진한은 신라가 되었습니다. 고구려와 백제가 전성할 때 강한 군사가 백만이나 되어서 남으로는 오·월의 나라를 침입하였고, 북으로는 유주의 연과 제, 노나라를 휘어잡아 중국의 큰 좀[巨蠹]이 되었습니다. 수나라 황제가 통제하지 못하여 요동을 정벌하였고 … 소정방에게 명하여 … 백제를 크게 격파하고 … 부여도독부를 설치하고 유민들을 불러 안착시키고 중국 관리로 하여금 다스렸는데, 성향[냄새와 맛]이 서로 달라 자주 반란을 일으키므로 드디어 그 사람들을 중국 하남으로 옮겼습니다.[88]

王所兼新羅之城 並 宜還其本國 新羅所獲百濟俘虜 亦遣還王 … 王若不從 … 無胎後悔"

사료 F는 『삼국사기』 열전 최치원전으로 최치원이 당나라 시중 태사에게 올린 편지내용이다. 들은 이야기를 전하는 형식인데, 자주 일으켰다는 반란은 백제부흥전쟁을 지칭하고 있다. 그 원인이 '냄새와 입맛이 같지 않아'라고 하여 서로 다른 것을 거부하고 있다고 하고 있다. 이와 같이 백제는 일반 백성들까지 당에 대한 거부감이나 강한 이질감을 가지고 있었다.

또한 고구려·백제가 강성했을 때는 군사가 백만이 되어 남쪽의 오·월 나라를 침입하고 북으로는 연·제·노나라를 어지럽게 하여 중국의 큰 좀이 되었다고 하고 있다. 이러한 백제의 요서경략설을 뒷받침해 주고 있는 중국의 주된 근거사료는 『송서』이만전夷蠻傳 백제국조와 『양서』 제이전諸夷傳 백제조 등이 있다. 물론 대부분 연구자들은 백제의 요서경략설을 부정[89]하고 있는 실정이다. 그러나 진위여부를 떠나 당시 백제인들은 강성했던 과거에 대한 자부심에서 당에 대한 자신감을 가졌을 것이라 유추해 볼 수 있다. 따라서 이러한 자신감들은 백제인들이 백제부흥전쟁을 이어 갔던 한 요인으로 볼 수 있다.

한편 당에 대한 거부감이나 이질감은 당의 처사와도 관련이 있다. 당은 한반도 삼국을 대하는데 있어 조공과 책봉관계를 유지하면서도 그 차이가 심했다. 당 입장에서 고구려는 수나라를 멸망하게 한 나라로써 정벌의 대상이었고, 백제는 믿을 수 없는 나라로서[90] 고구려 정벌을 위해 먼저 공략해야 하는 나라였다. 반면 신라는 고구려 정벌을 위해 이용가치가 있는 나라였다. 실제 621년 당 건국 직후 각국의 축하사절이 방문하자 유독 신

---

88) 『삼국사기』 권46, 열전6, 최치원, "伏聞 海東之外有三國 其名馬韓·卞韓·辰韓 馬韓
　　則高麗 卞韓則百濟 辰韓則新羅也 高麗·百濟 全盛時代 强兵百萬 南侵吳·越 北撓
　　幽燕·齊·魯 爲中國巨蠹 隋皇失馭 由於征遼 … 勅蘇定方 … 大破百濟 置扶餘
　　都督府 招楫遺氓 莅以漢官 以臭味不同 屢聞離叛 遂徒其人於河南"

89) 김기섭, 「백제의 요서경략설 재검토-4세기를 중심으로-」 『한국고대의 고고와 역
　　사』, 학연문화사, 1997, 320쪽.

90) 『수서』 권81, 열전46, 동이.

라에 대해서만 답방사절과 선물을 보냈다.[91)]

당의 이러한 시각은 사료 E-①, ③과 같이 편파적인 형태로 나타났으며, 이에 대한 불만이 누적되어 백제인들에게 이식되었을 것이다. 또한 사료 F와 같은 거부감·이질감·자신감 등이 작용했을 것이다. 따라서 이들은 백제부흥전쟁의 배경 중 하나라고 판단된다.

(2) 동아시아의 역학적 배경

국경지대에서의 국지전쟁이나 제한전쟁 등은 어느 한 국가가 단독으로 수행할 수 있다. 그러나 국가의 존망을 걸고 하는 전면전쟁이나 총력전쟁 등은 상대방에 대하여 월등한 전투력을 가지고 있지 않는 한, 통상 사전에 다른 국가와 동맹을 결성하거나 협조를 해놓고 전쟁을 준비하고 계획하며 실행한다. 우연히 발발한 전쟁이라 하더라도 최초 당사국끼리 전쟁을 치르지만, 시간이 흐르거나 이해관계에 따라 동맹이 결성되거나 연합 또는 지원이 이루어진다. 전쟁의 속성이 다양성을 가지고 있어 주변국에도 상당한 영향이 미치기 때문이다. 그러나 동맹국의 협력이 전쟁 당사국의 의지에 좌우되는 건 아니다. 국제관계의 성격상 동맹국은 종종 한참 지나고 나서야 참전하거나 깨진 균형을 회복하는데 투입되기도 한다.[92)]

신라가 당나라와 연합하여 백세를 공격하기 이전의 한반도는 나름내로 세력균형이 이루어져 삼국이 정립되어 있었다. 즉 동아시아 제국은 합종연횡을 거듭하면서 항쟁을 벌여 왔으나, 중국과의 조공과 책봉이라는 틀 속에서 나름대로 균형을 이루고 있었다.

그러나 중국을 통일한 거대한 국가 당이 등장하고, 당은 강력한 힘을 바탕으로 팽창주의적 시각을 드러내기 시작하였다. 또한 한반도 내 삼국의 항쟁이 격화되던 7세기 초, 수세에 몰리던 신라가 당에 밀착하기 시작

---

91) 『삼국사기』권4, 신라본기, 진평왕43년.
92) Carl von Clausewitz(김만수 역), 앞의 책, 2007, 58쪽.

하면서 새로운 구도를 형성하게 된다. 즉 신라·당이 연합하고 고구려·백제·왜가 연결되는 양대 구도가 형성되었다.[93]

결국 660년 백제의 멸망으로 당시 동아시아의 세력균형이 무너지게 되었고, 고구려와 왜의 안위도 보장할 수 없는 상황이었다. 따라서 고구려와 왜는 백제부흥전쟁을 도와야 했다. 한편 당은 그들의 본래 목표인 고구려를 공략하여야 했고, 신라로서도 그러한 당군을 지원하여야 했다. 다음은 고구려가 백제를 지원했을 것으로 추정되는 사료들이다.

> G-① 11월 1일 고구려가 칠중성을 공격하였다. 군주 필부가 전사했다.[94]
> ② 필부를 칠중성에 달린 고을의 현령으로 삼았다. 그 이듬해 가을 7월 왕이 당나라 군사와 함께 백제를 격멸하였다. 이에 고구려가 우리를 미워하여 겨울 10월에 군사를 동원하여 칠중성을 에워싸므로 필부가 싸우기를 20여 일간이나 계속하였다. … 그만 쓰러져 죽었다.[95]
> ③ 5월 9일 고구려 장군 뇌음신이 말갈 장군 생계와 함께 술천성을 공격해 왔다. 이기지 못하자 북한산성으로 옮겨가 공격하는데 포차를 벌여놓고 … 강대한 적과 맞서 싸우기를 20여 일 동안 하였다.[96]
> ④ [부여풍이] 복신을 덮쳐 죽였다. 그리고 고구려와 왜국에 사신을 보내 파병을 요청해서 관군에 저항하였지만, 손인사가 중도에 맞아 공격해서 격파했다.[97]

사료 G-①과 G-②는 고구려가 신라의 칠중성[98]을 공격하여 빼앗았다

---

93) 노중국, 「고구려·백제·신라 사이의 力關係變化에 대한 일고찰」 『동방학지』 28, 1981, 99쪽.
94) 『삼국사기』 권5, 신라본기, 무열왕7년, "十一月一日 高句麗侵攻七重城 軍主匹夫死之"
95) 『삼국사기』 권47, 열전7, 필부, "匹夫爲七重城下縣令 其明年庚申秋七月 王與師滅百濟 於是高句麗疾我以 冬十月發兵來圍七重城 匹夫守且戰二十餘日 … 而死"
96) 『삼국사기』 권5, 신라본기, 무열왕8년, "五月九日 高句麗將軍惱音神與靺鞨將軍生偕 合郡來攻述川城 不克 移攻北漢山城列抛軍飛石 … 敵强大賊九二十餘日狀"
97) 『구당서』 권199, 열전149, 백제, "掩殺福信又遣使往高麗及倭國請兵以拒官軍 孫仁師中路 破之"

는 내용이다. 이때는 660년 10월로 백제부흥군이 백제부성을 포위하자, 무열왕이 삼년산성에서 회군하여 이례성과 사비남령 및 왕흥사잠성 등을 공격할 때이다. G-③는 661년 고구려가 술천성과 북한산성을 공격한 것이다. 이때는 661년 4월로 백제부흥군이 백제부성에 대한 두 번째 포위공격을 할 때이며, 신라군이 두량윤성에서 크게 패한 직후이다. 이와 같이 고구려는 660년 9월과 661년 2월 백제부흥군이 백제부성을 공격한 직후 신라의 국경을 공격하였다. 사료 G-④는 풍왕이 복신을 살해한 뒤 나·당의 움직임을 간파하고 고구려와 왜에 청병하였다는 것이다. 당에서 증원되던 손인사가 중로에 격파했다는 것으로 보아 고구려가 풍왕의 요청에 수군을 지원했던 것으로 추정된다. 그 규모나 장소 등은 알 수가 없지만 663년 백촌강 전투 이전으로 판단된다.

실제 고구려는 660년 11월, 661년 8월, 662년 정월 등 당의 공격[99]을 받으면서도 신라를 공격하였다. G-④외에 G-①, ③은 백제의 요청에 의한 것인지 알 수 없으나 당시 려·제 관계로 보아서는 요청이 있었을 것이다. 고구려는 백제부흥군의 요청에 직접적인 지원보다는, 신라의 주의를 분산시키면서 동시에 자신들의 후방을 안정시키기 위해 신라의 북방을 공격한 것이다. 그리고 백제부흥군의 요청이 없었다 하더라도 고구려 입장에서 백제부흥군을 도와야 했음은 재론의 여지가 없는 듯하다. 따라서 고구려의 신라 변방에 대한 공격은 백제부흥군이 전쟁을 지속할 수 있었던 당시 역학적 배경 중의 하나이다. 다음은 왜가 백제를 지원한 내용이다.

H-① [662년] 정월 27일에 백제의 좌평 귀실 복신에게 화살 10만 척, 실 500근, 솜 1천 근, 피륙 1천 단, 무두질한 가죽 1천 장, 종자용 벼 3천석을 주었

---

98) 칠중성은 임진강 남쪽 경기도 파주시 적성면 감악산 주변 산성으로 추정된다. 원래 고구려 땅이었으나 진흥왕이 탈취하였다. 무열왕7년에 고구려에 빼앗겼다가 문무왕7년에 신라가 재차 공취하였다.

99) 19년 이전에도 수차례 더 있었다(『삼국사기』 권22, 고구려본기, 보장왕19~21년).

다. 3월 경인삭 계사[4일] 백제왕에게 포 3백단을 주었다. 이 달 당인과 신라인이 고구려를 쳤다. 고구려가 구원을 요청했다. 그래서 장군을 보내 소류성[주류성]에 웅거하게 하였다. 5월 대장군 대금중 아담련비라부련이 수군 170척을 이끌고 풍장 등을 백제국에 보내주고 … 100)

② [663년] 3월에 전장군 상모야군치자 … 2만 7천인을 거느리고 신라를 치게 했다. 6월에 전장군 상모야군지자 등이 신라의 사비, 기노강 두성을 빼앗았다. 8월 13일에 [백제왕이] … 지금 들으니 대일본국 구원군 장수 노원군신이 건아 1만여 명을 거느리고 바다를 건너오고 있다.101)

사료 H-①, ②는 왜가 백제에 대하여 662·663년 2회의 군수지원과 3차에 걸친 파병을 전하는 기사이다. 왜의 파병동기에 대한 의견들은 다음과 같다. 백제가 이전부터 왜를 대국시하였고, 왜는 백제를 조공국 즉 속국으로 간주하는 입장에서 출병이었다102)는 것이다. 당시의 야마토 왕권의 지배층이 한반도계 특히 백제계 사람들이었다는 관계로 조국인 백제의 해방을 위한 출병이었다103)고도 한다. 신라와 당이 백제를 멸망시킨 후 궁극적으로 일본까지도 쳐들어 올 것이라는 위기의식 때문104)이라거나, 제명齊明조정이 백제 구원전쟁을 통해 군권君權을 집중시켜 지배집단의 핵이 되기를 꾀한 천지天智가 신라정벌이라는 이름으로 수행한 제국주의전쟁105)이라고도 한다. 이외에도 복신의 요청에 의한 파견이 아니라, 백제

---

100) 『일본서기』권27, 천지천황 원년, "春丁月 辛卯朔丁巳 賜百濟佐平鬼室福信 矢十萬隻·絲五百斤·綿一千斤·布一千端·韋一張·稻種三千斛, 三月 庚寅朔癸巳 賜百濟王布三百端, 是月 唐人·新羅人 伐高麗 高麗乞師救國家 仍遣將軍 據 疏留城, 五月 大將軍大錦中阿曇比邏夫蓮等 率船師一百七十艘"

101) 『일본서기』권27, 천지천황2년, "三月 遣前將軍上毛野君稚子 … 率二萬七千人 打新羅 … 六月 前將軍上毛野君稚子等 取新羅沙鼻岐奴江二城, 秋八月 壬午朔甲午 … 今聞 大日本國之將盧原君臣率健兒 正當越海而至"

102) 石母田正, 『日本の古代國家』, 岩派書店, 1971, 50쪽.

103) 송완범, 「백촌강싸움과 왜－동아시아의 재편과 관련하여」『한국고대사연구』45, 2007, 75쪽.

104) 김현구, 「일본의 위기와 팽창의 구조－663년 白村江싸움을 중심으로－」『문화사학』25, 2006, 96쪽.

왕족인 복신의 지시에 따라 제명천황이 야마토大和에서 축자로 달려가서 준비한 무기를 복신에게 전달하였고, 풍은 이들을 이끌고 파견된 것으로 백제가 경영한 대화왜大和倭의 풍이 그의 군대를 이끌고 참전[106]하였다고도 한다. 여하튼 왜의 백제에 대한 군수지원과 병력지원 등은 일정부분 큰 역할을 하였다. 즉 백제부흥전쟁이 4년여 지속되는 배경에는 왜가 있었고, 두 나라의 역사적 배경에 관계가 있음을 알 수 있다. 다음은 당과 신라의 내부사정과 관련된 사료내용이다.

> I-① [660년] 9월 3일 낭장 유인원이 군사 1만 명으로써 사비성을 남아 지키고 … 소정방은 사비에서 배를 타고 당나라로 돌아갔다.[107]
> ② 겨울 11월 당나라에서 좌효위대장군 설필하력으로 패강방면 행군대총관을 삼고 좌무위대장군 소정방을 요동방면 행군 대총관으로 삼고 … 군사를 거느리고 길을 나누어 와서 우리[고구려]를 쳤다.[108]
> ③ [661년] 당시 소정방은 조서를 받들어 고구려를 정벌하고 있었는데, 평양으로 진군하여 포위했지만 [결국] 승리하지 못하고 귀환하였다. 고종이 유인궤에게 칙서를 내렸다. "평양으로 갔던 군대는 돌아왔다. [웅진]성 하나만 홀로 지켜낼 수는 없는 노릇이니, 응당 짐을 덜어 신라에 넘기고 함께 머물러 수비하라. 만약 김법민 [문무왕]이 경(卿) 등에게 [그곳에] 남아 진수하도록 [힘을] 빌린다면 그곳에 머물러야 하겠지만 그럴 필요가 없다면 즉시 바다를 건너 돌아와야 한다."[109]

---

105) 정효운, 「7세기대의 한일관계의 연구 – 백강구전에의 왜군파견 동기를 중심으로」 『考古 역사학지』 7, 1991, 228쪽.
106) 최재석, 「일본서기에 나타난 백제왕 豊에 관한 기사에 대하여」 『백제연구』 30, 1999, 53쪽.
107) 『삼국사기』 권5, 신라본기, 무열왕7년, "九月三日 郎將劉仁願 以兵一萬人 留鎭泗沘城 … 定方 … 自泗沘乘舡廻唐"
108) 『삼국사기』 권22, 고구려본기, 보장왕19년(660), "冬十一月唐左驍衛大將軍 契芯何力 爲浿江道行軍大摠官 左武衛大將軍蘇定方 爲遼東道行軍大摠官 … 將兵分道來擊"
109) 『구당서』 권84, 열전34, 유인궤, "時定方奉詔伐高麗 進圍平壤 不克而還 高宗勅書 與詔仁軌曰 平壤軍廻 一城不可獨固 宜拔就新羅 共其屯守 若金法敏籍卿等留鎭 宜且不須, 卽宜泛海還也"

④ 선왕께서 돌아가셨다. 장례의식은 겨우 끝났으나 상복을 채 벗지도 못하
였으므로 [구원요청에] 응하여 군사가 [웅진으로] 달려갈 수가 없었는데,
황제가 칙명을 내려 신라로 하여금 평양으로 군량을 나르라고 하였다.
… 용삭 2년 정월에 이르러 유총관은 신라의 양하도(兩河道) 총관 김유
신 등과 함께 평양으로 군량을 운송했습니다. 당시 궂은비가 한 달 이상
계속되고 눈보라가 치고 날씨가 몹시 추워 사람과 말이 얼어 죽었으므로
… 110)

사료 I-①은 소정방이 유인원과 1만의 군사만을 남겨 놓고 9월 3일 철수
하고 있는 기사이다. 점령지역 통치체제가 완전히 정착되지 않은 상황에서
서둘러 철수한 것은 사료 I-②의 660년 11월 고구려 정벌 때문이었다.

사료 I-③은 수차례의 고구려 정벌이 실패하고, 백제부흥군의 공격으로
유진당군이 백제부성을 지키기 어렵게 되자 유인원에게 중국으로 귀환할
것을 종용하는 고종의 칙서이다. 사료 I-④는 당 설인귀의 서신에 대한
문무왕의 답서이다. 이글에서 문무왕은 당의 고구려 정벌군에 대한 군량
수송이 어려웠던 신라의 속내를 드러내고 있다. 이처럼 당의 연이은 고구
려 정벌실패나 당의 고구려 정벌군에 대한 군수지원으로 신라가 어려움을
겪는 것 또한 백제부흥전쟁이 지속될 수 있었던 배경 중의 하나이다.

종합하여 보면 백제의 멸망은 결국 고구려와 왜의 존립까지도 장담할
수 없었으므로, 고구려와 왜는 백제의 부흥전쟁을 도와야 했다. 당시 고
구려는 수차례 당의 침략을 받는 등 전쟁의 폐해로 인해 백제부흥군을 도
울 수 있는 처지가 되지 못하는 상황에서도 나름대로 백제를 돕고자 하였
다. 왜는 비록 시기가 늦었지만 적극적으로 도왔다. 반면 당은 고구려 정
벌이라는 숙원사업에 있어 고구려의 효과적인 방어로 인하여 고전을 겪고

---

110) 『삼국사기』권7, 신라본기, 문무왕11년 답설인귀서, "先王薨 送葬纔訖 喪服未除
不能應赴 勅旨發兵北歸 含資道摠管劉德敏等至 奉勅遺新羅供運平壤軍糧 … 至
龍朔二年丁月 劉摠管共新羅兩河道摠管金庾信等 同送平壤軍糧 當詩陰雨連月 風
雪極寒 人馬凍死"

있었다. 신라 또한 무열왕 사망과 고구려 정벌군의 지원 등 어려움을 겪고 있었다. 즉 신라와 당은 백제부흥군에 대한 공세를 취하기 어려운 형편이었다.

이와 같이 당시 동아시아는 고구려·백제·왜가 연결되어 있었고 신라·당이 연합되어 있었다. 이러한 동아시아의 역학적 배경으로 백제는 부흥전쟁을 이어갈 수 있었던 것이다.

(3) 전쟁론적 배경

클라우제비츠는 "전쟁은 나의 의지를 실현하기 위해 적에게 굴복을 강요하는 폭력행위이다"라고 정의하였다. 나의 의지를 적에게 강요하는 것은 전쟁의 목적이다. 폭력행위 즉 물리적 폭력은 전쟁의 수단이고, 굴복하여 저항할 수 없게 하는 것은 전쟁의 목표다.[111] 전쟁이 적에게 나의 의지에 따르도록 강요하기 위한 폭력행위라면 언제나 오로지 적을 쓰러뜨리는 것, 적이 저항하지 못하게 만드는 것만이 중요하다. 따라서 전쟁행위에서 제일 중요한 목표는 적을 쓰러뜨리고 적의 전투력 파괴하는 것이다.[112]

그런데 한 국가가 저항하지 못하게 만드는 대상 요소에는 적의 전투력과 적의 영토 그리고 적의 의지도 포함되어야 한다. 적의 전투력은 파괴하여 전투를 더 이상 계속할 수 없는 상태로 만들어야 한다. 영토는 점령해야 한다. 영토에서 새로운 전투력이 생겨나기 때문이다. 이 두 가지가 이루어졌다 하더라도 적의 의지가 꺾이지 않는 한 전쟁은 끝난 것이라 볼 수 없다. 왜냐하면 적의 영토를 완전히 점령했다고 해도 적국의 내부에서 또는 동맹국의 원조로 다시 전투가 불붙을 수 있기 때문이다.[113]

---

111) Carl von Clausewitz(김만수 역), 앞의 책, 2007, 45쪽.
112) Carl von Clausewitz(김만수 역), 앞의 책, 2007, 119쪽
113) Carl von Clausewitz(김만수 역), 앞의 책, 2007, 83~84쪽.

당나라는 백제를 침공하여 정치적 의도 즉 목적을 달성했다고 할 수 있다. 실제 목적을 달성했는지 전쟁의 목표달성이라는 측면에서 검토해보자. 소정방은 백제를 정벌하기 위하여 수로로 기동하여 웅진구(웅진강구) 전투에서 승리하고, 김유신은 남천정에서 육로로 기동하여 황산벌 전투에서 승리하였다. 7월 12일 사비도성을 공격하여 7월 18일 의자왕의 항복을 받았다. 이어 9월 3일 의자왕과 태자 등 1만 2천여 명을 포로로 잡아 철수하였다. 이렇게 보면 신라와 당은 전쟁의 목표를 달성했다고 할 수 있다.

그러나 웅진구 전투와 사비도성 전투에서 패하고 흩어졌던 백제군이 다시 결집하였다. 그리고 당군의 양공작전과 신라의 양동작전에 기만당하여 차령산맥 이북 당진~예산 방면으로 투입되었던 3만의 백제군이 임존성에서 거병하였다. 백제가 저항하지 못하도록 완전히 백제의 전투력을 파괴하여야 했는데 상당수의 백제군은 그대로 보존되어 있었던 것이다.

또한 백제인들의 의지도 결코 꺾었다고 볼 수 없다. 「당 유인원기공비」에 "모든 유민이 예전과 같이 안도하고, 비록 오랑캐와 중국 사람이 다르고 어른과 아이가 다르나, 유인원이[君] 편하게 해주어 그 은혜가 형제와 같았다"[114]고 하였다. 그러나 이는 정복자의 글이지 백제군이나 백제인들의 실상은 달랐다. 사료 F의 냄새와 입맛이 같지 않아 백제가 자주 반란을 일으켰다는 사실과 백제부흥군이 4년여 전쟁을 이어간 사실들을 볼 때, 위 기록이 정복자의 시각이지 실상은 아니었음을 알 수 있기 때문이다. 결국 소정방이나 김유신은 백제군이나 백제인들의 의지를 결코 꺾지 못하였다.

백제의 영토도 완전히 장악하지 못했다. 유인원의 당군 1만 명과 신라군 7천명을 남겨두어 사비성을 지키게 하고, 백제를 5개 도독부로 나누고 37주 250현을 두어 우두머리들을 발탁하여 도독·자사·현령을 삼아 다스

---

114) 김영심, 「백제지역 출토금석문」 『역주 한국고대금석문』 1, 가락국사적개발연구원, 1992, 485쪽.

리게 하였다. 그러나 잔류한 당군은 백제고토를 다스리기는커녕 백제부성
을 지키기에 급급하였고, 백제의 200여 성까지 부흥군에게 호응하였다는
것은 영토를 완전히 장악하지 못했다는 것이다.

따라서 클라우제비츠의 전쟁론 측면에서 전쟁목적을 달성했다고 보기
는 어렵다. 왜냐하면 백제가 저항하지 못하게 하는 세 가지 요소 즉 전쟁
의 목표인 전투력·영토·의지 중 어느 하나도 완벽하게 파괴하거나 꺾지
못했기 때문이다. 결국 백제가 부흥전쟁을 이끌어 갈 수 있었던 요인 중
에 하나로, 신라와 당이 전쟁목적을 완전하게 달성하지 못했다는 전쟁론
적 측면의 배경을 들 수 있다.

지금까지 백제부흥전쟁의 배경을 역사적인 배경과 역학적인 배경 그리
고 전쟁론적 측면에서 알아보았다. 그 결과 백제는 107년 동안의 전쟁을
통하여 신라에 대한 강한 적대감이 누적되어 있었으며, 당의 편파적인 행
태에 대한 백제인들의 거부감 및 자신감 등이 있었다. 당시 고구려·백제·
왜로 연결된 세력과 신라·당이 연합한 세력이 대립된 역학적 구도도 전쟁
을 지속할 수 있었던 배경이었다. 그리고 당과 신라가 전쟁목적을 완전하
게 달성하지 못했다는 전쟁론적 측면도 그 배경이었다.

2) 백제부흥선생의 원인

전쟁이 발발했을 경우 반드시 전쟁이 일어나게 된 원인이 있다. 그것은
사료에 나타나는 경우도 있고 그렇지 않은 경우도 있다. 원인이 구체적
으로 기술되지 않은 경우는 전쟁을 둘러싼 전후사정에 의해 전쟁의 원인
을 추정해 볼 수도 있다. 그러한 전쟁의 원인은 정치·군사·경제·심리적
인 원인 등 제분야로 구분할 수 있다. 전쟁의 원인은 그 중 한 가지 원인
으로 발생할 수 있으나, 어떤 경우는 정치·경제·심리·군사 등의 제 요인
이 복합적으로 작용하여 발생115)할 수도 있다. 그러나 백제가 항복하였기

때문에 전쟁의 주요 수단 중의 하나인 전투병력을 통제하고 지휘할 수 있는 국가라는 실체가 없는 상태였다. 즉 자발적인 전쟁참여였던 것이다. 따라서 정치·경제적인 부분보다는 주로 심리적인 원인이 주가 될 수 있다. 심리적 요인은 점령군의 횡포와 만행, 의자왕의 굴욕, 백제인의 흥망계절의 정신 등이 있으며 이들을 백제부흥전쟁의 원인으로 볼 수 있다.

먼저 나당연합군의 횡포와 만행이다. 국가 간의 전쟁에서 승자 즉 점령군의 약탈이나 횡포, 만행은 당연한 것이었다. 출정군으로 동원된 병력에게 일정한 급여나 보상을 해주기가 쉽지 않은 고대로 갈수록 이러한 현상은 더 심하다. 나당연합군이 백제를 함락시키고 의자왕의 항복을 받은 상태에서도 이러한 현상은 예외가 아니었다. 다음 사료는 항복례 현장에서의 점령군의 횡포와 만행에 대한 내용이다.

> J-① 이때 소정방은 왕과 태자 등을 매달고, 병력을 풀어 겁탈과 노략질을 하였으며 장정들 다수를 살육하였다.[116]
> ② 소정방은 늙은 왕을 가두고 병력을 풀어 크게 노략질을 하였으며[117]

J-①, ②는 『구당서』 및 『신당서』에 기록된 흑치상지 열전으로, 그가 의자왕의 항복례에 참석했다가 소정방의 만행을 목격한 내용을 기술한 것이다. 흑치상지는 사료 J-①, ②에서와 같이 점령군의 횡포와 만행을 보고 두려워 탈출하여 흩어지고 도망한 자들을 모아 임존산에서 거병하였다. 흑치상지가 두려움을 느꼈다면 도망하여 숨었을 것이다. 하지만 그는 숨은 것이 아니라 거병을 하였다. 흑치상지는 두려워 도망한 것이 아니라 심한 분노를 느껴 탈출했다고 보아야 한다. 그리고 흑치상지가 느꼈던 분

---

115) 허중권, 「한국고대 전쟁사 연구방법론」 『군사』 42, 2001, 240~241쪽.
116) 『구당서』 권109, 열전59, 흑치상지, "時定方繋左王及太子隆等 仍縱兵劫掠 丁壯者多被戮"
117) 『신당서』 권110, 열전59, 흑치상지, "以定方囚老王 縱兵大掠"

노는 삽시간에 퍼져 나갔을 것이다. 사람들에게 분노를 일으키게 하는 소식은 좋은 소식보다는 빨리 전파된다. 전파된 분노는 흩어지고 도망한 자들이 10일이 안되어 3만 명이나 돌아오게 하였다. 예산 방면에서 백제의 항복으로 잠시 흩어졌던 백제군을 돌아오게 한 것은 신라와 당 점령군의 횡포와 만행에 대한 분노였다고 추정된다. 사료의 다른 내용을 보자.

> K-① [도침이] 사람을 유인궤에 보내 이르기를 "대당과 신라가 서약하기를 백제인은 노소를 가리지 않고 다 죽인 다음 나라를 신라에 넘긴다고 들었다."[118]
> ② [도침이] 유인궤에 이르기를 "당과 신라가 약조하기를, 백제를 격파하면 노인부터 어린 것 먹이까지 다 죽이고 나라를 [신라에] 준다고 들었다."[119]

사료 K-①, ②는 『구당서』 및 『신당서』에 기록된 내용으로 부흥군을 이끌었던 도침이 유인궤에게 보낸 서신내용이다. 도침은 서신에서 들었다는 이야기를 하며 싸우는 이유를 설명하고 있다. 도침이 들었다는 것은 점령군의 횡포와 만행이 백제인들에게 널리 알려져 있었다는 말이다.

그런데 나당연합군이 도성을 점령한 후에 벌어진 약탈과 살인 그리고 처자들을 포로로 잡아가는 것은 상시적이기 때문에 백제부흥운동의 직접적인 계기가 되기 어렵다[120]고 하기도 한다.

그러나 고대전쟁에서 패자가 감당해야 하는 점령군의 횡포와 약탈, 살육 등 만행을 앉아서 당할 사람은 누구도 없을 것이다. 혼자서는 어렵겠지만 리더가 있고 무리가 되면 당연히 저항하게 된다. 더구나 나당연합군의 약탈과 만행 등은 사료에 기록되어 있는 내용이다. 따라서 백제부흥전

---

118) 『구당서』 권199, 열전149, 백제, "使告仁軌曰 聞大唐新羅約誓 百濟無問老少 一切殺之 然後以國付新羅"
119) 『신당서』 권220, 열전145, 백제, "告 仁軌曰 聞唐與新羅約 破百濟無老孺皆殺之 畀以國"
120) 이도학, 「백제부흥운동의 몇 가지 검토」 『동국사학』 38, 2002, 27~28쪽.

쟁 발발의 직접적인 원인으로 보기에 무리가 없다.

다음은 의자왕의 굴욕에 대한 부분이다. 7월 18일 의자왕이 항복하고, 8월 2일 소정방과 무열왕이 승리 축하연을 여는 자리에서 의자왕의 굴욕적이고도 비참한 모습은 부흥운동의 촉발제가 되었다. 당시의 정황을 기록한 사료를 보자.

> L. 8월 2일에 주연을 크게 베풀고 장병들을 위로하였다. [무열]왕과 소정방 및 여러 장수들은 대청마루 위에 앉고, 의자왕과 그 아들 융은 마루 아래에 앉혀서 때로 의자왕으로 하여금 술을 따르게 하니 백제의 좌평 등 여러 신하들이 목메어 울지 않는 사람이 없었다.[121]

사료 L은 항복례를 행하는 자리에서 의자왕의 굴욕을 나타내고 있다. 이러한 모습은 널리 전해졌을 것이고, 이를 전해들은 모두에게 의분을 불러일으키기에 충분하였다. 이러한 의분의 감정이 나당연합군에게 대한 저항[122]으로 촉발되었음을 충분히 짐작할 수 있다. 그런데 사료에 의하면 의자왕은 말년에 정치를 문란하게 하고 술 마시기를 그치지 않았다고 하며, 그의 실정을 적나라하게 전하고 있다. 그렇다면 실정을 한 의자왕의 굴욕에 의분을 느낄 수 있었을까 의문이 든다. 이와 관련한 사료들을 보자.

> M-① 봄 2월에 태자궁을 극히 사치스럽고 화려하게 수리하였고, 왕궁 남쪽에 망해정을 세웠다.[123]
> ② 봄 3월에 왕은 궁녀와 함께 음란하고 거칠게 마음껏 즐기며 술 마시기를 그치지 않았다. 성충이 극력 간언하자 왕은 화를 내며 그를 옥에 가두었다.

---

121) 『삼국사기』 권5, 신라본기, 무열왕7년, "八月二日 大置酒勞將士 王與定方及諸將 坐於堂上 坐義慈及子隆於堂下 或使義慈行酒百濟佐平等群臣 莫不嗚咽流涕"
122) 노중국, 「부흥백제국의 성립과 몰락」『백제부흥운동의 재조명』, 공주대학교, 2002, 21쪽.
123) 『삼국사기』 권28, 백제본기, 의자왕15년, "春二月 修太子宮極侈麗 立望海亭於王宮南"

이로 인하여 감히 간언하는 자가 없었다. 성충이 옥에서 굶어 죽었다.[124]
③ 봄 정월에 왕의 서자 41명을 좌평으로 삼고, 각각에게 식읍을 주었다.[125]
④ 의자왕이 요부를 가까이 하며 충신에게는 형벌이 미치고 아첨하는 자는
총애를 받으니, 그 원망과 슬픔이 나뭇가지마다 맺혔다.[126]

『삼국사기』 백제본기인 M-①~③과 「대당평백제국비명」의 M-④에 기
록된 내용으로 보아서는 결코 의자왕이 성군이었다고 볼 수 없다. 의자왕
자신의 문란한 생활과 왕족 중심의 인사, 불필요한 토목공사 등은 군신들
이나 일반 백성들의 분노를 살 수 있는 정치행각으로 보인다. 따라서 만
백성의 신임을 받은 임금이었다고 보기는 어렵다. 그러면 왕의 굴욕에 대
하여 의분을 일으켰다는 논리는 맞지 않는다고 할 수 있다.
　그러나 사료 M-①~④의 기록은 재평가해봐야 한다. 이 기록들은 의자
왕의 실정을 들어 은연중에 백제멸망의 당위성 내지는 침공명분을 내세우
고 있기 때문이다. 의자왕의 말년행적 내지는 성품을 기록한 다른 내용들
을 살펴보자.

　　N-① [의자왕은] 무왕의 맏아들이다. 씩씩하고 용감하며 담력과 결단력이 있
　　　　다. 무왕이 재위 33년에 태자로 삼았다. 어버이를 효성으로 섬기고 형제
　　　　들과 우애가 있어서 당시에 해동증자(曾子)라고 불렀다.[127]
　　② 공(公)이 이름은 융이고 자(字)도 융이다. 백제 진조인(辰朝人)이다. …
　　　　아버지는 의자로서 현경 연간에 금자광록대부, 위위경(衛尉卿)을 수여하
　　　　였으며, 과단성 있고 침착하며 사려 깊어서 그 명성이 홀로 높았다. 고가

124) 『삼국사기』 권28, 백제본기, 의자왕16년, "春三月 王與宮人淫荒耽樂 飮酒不止 佐
　　　平成忠極諫 王怒 囚之獄中 由是 無敢言者 成忠餓死"
125) 『삼국사기』 권28, 백제본기, 의자왕17년, "春丁月 拜王庶子四十一人 爲佐平 各賜
　　　食邑"
126) 「대당평백제국비명」, "況外棄直臣 內信祆婦 刑罰所及 唯在忠良 寵任所加 必先諂
　　　倖 標梅結怨 杼軸銜悲"
127) 『삼국사기』 권28, 백제본기, 의자왕 원년, "武王之元子 雄勇有膽決 武王在位三十
　　　三年 立爲太子 事親以孝 與兄弟以友 時號海東曾子"

(藁街)로 달려가 교화를 받으니 그 업적이 후세의 왕들에게 나타났고, 대
리사(登棘署)에 올라 영화를 얻으니 그 경사스러움이 후손에게 흘러 넘
쳤다.[128]

③ [655년] 고구려와 말갈과 함께 신라의 30여 성을 공격하여 깨뜨렸다.[129]

④ [659년] 장수를 보내 신라의 독산성과 동잠성 2성을 침범하여 공격하였
다.[130]

의자왕의 개인적인 성품에 관련하여 사료 N-①, ②는 사료 M-②~④와
극명하게 상반되고 있다. 사료 N-①은 『삼국사기』 백제본기 의자왕 원년
기사이다. 사료 N-②는 1920년 중국 낙양의 북망에서 출토된 것으로, 하
남 도서관에 소장되어 있는 부여융의 비문이다. 탁본의 크기는 가로, 세
로 모두 58cm이다. 그는 의자왕의 아들이다. 『구당서』 백제전, 『신당서』
백제전, 『자치통감』에서는 그가 백제지역으로 들어가지 못하고 고구려
옛 땅에 머물다 죽은 것으로 되어 있으나 이 비문을 통하여, 낙양으로 돌
아가 사망하였음이 확인되었다. 이 비문은 부여융이 죽고 나서 그의 묘비
에 기록된 내용이다.

사료가 작성된 시기를 비교해보자. 사료 N-②는 의자왕과 한 세대 25
년밖에 차이 나지 않는다. 사료 M-①~③은 500여년이 지나서 작성되었
다. 더구나 『삼국사기』 찬자인 고려의 김부식은 신라계이며, 고려는 고구
려를 계승하였다고 하는 측면에서 백제에 대한 기록이 공정한 기록인지
검토되어야 한다. M-④는 소정방의 공덕을 기리기 위해 세워진 것이다.
당연히 그들의 침략에 대한 당위성 내지는 합리화를 추구했을 것이다. 그
리고 침략의 당위성 확보의 명분은 백제왕에게로 모아졌을 것이다. 따라

---

128) 「부여융묘지명」, “公諱隆, 字隆, 百濟辰朝人也 … 父義慈], 顯慶年[授]金紫光綠大
　　夫衛尉卿, 果斷沈深, 聲芳獨劭, 趨藁街 而沐化, 績著來王, 登棘署 以開榮, 慶流
　　遺胤”
129) 『삼국사기』 권28, 백제본기, 의자왕 15년, “與高句麗·靺鞨侵攻破新羅三十餘城”
130) 『삼국사기』 권28, 백제본기, 의자왕19년, “遣將侵攻新羅獨山·桐岑”

서 M-①~④의 기록은 모두 과장 내지는 심하게 왜곡되었다고 할 수 있다.

사료 N-③, ④는 의자왕 15년(655)과 의자왕 19년(659)으로 신라와 당의 침략이 있기 직전의 기록이다. 즉 백제가 패망 직전까지도 의자왕은 초기와 다름없이 신라를 침공하고 있다. 다른 나라를 침공하려면 군대를 동원하여야 하고 여건이 성숙되어야 가능하다. 백성들이 도탄에 빠지고 경제가 궁핍한 상황에서는 불가하다. 왕이 사료 M-①~④와 같이 내치를 했다면 호응을 얻을 수가 없을 뿐만 아니라 군대를 동원하기도 어렵다. 따라서 사료에 전하는 의자왕의 실정 내지는 술이 끊이지 않았다는 등의 내용은 신라와 당의 침략명분을 합리화하기 위해 찬자에 의해 각색되었다. 위 사료의 내용이 각색이 아닌 사실이었다면 의자왕이 패망 직전까지 군대를 동원할 수도 없었을 뿐만 아니라 백제부흥군도 분연히 거병하지 않았을 것이다. 오히려 민란 내지는 불만의 소리가 기록되어 있어야 맞다. 이상과 같이 볼 때 사료 L의 의자왕의 굴욕은 백제인의 의분을 자극하였으며 백제부흥전쟁의 한 원인이었다.

다음은 백제인들의 흥망계절興亡繼絶의 정신이다. 부여군 부여읍에 「당유인원기공비」가 있다. 비문내용은 "도침과 복신이 스스로 일컫기를 망한 것을 일으키고 끊어진 것을 잇는다고 하며"[131]라고 기록되어 있다. 비의 건립연대는 당 고종 용삭 3년(신라 문무왕 3년, 663)으로 유인원이 부여풍을 평정한 해에 해당한다. 따라서 도침과 복신이 스스로 흥망계절이라고 말했다는 것은 사실일 것이다. 백제부흥군의 흥망계절에 관한 사례는 풍왕을 옹립한데서 잘 나타난다. 전쟁기간 중 복신은 왜에 볼모로 가 있던 왕자 규해糾解의 귀국을 요청하였고, 이어 풍장(규해)[132]이 입국하여 왕위를 잇고[133] 있기 때문이다.

---

131) 김영심, 앞의 책, 1992, 484~485쪽.

132) 풍장과 규해는 동일인물이다. 이재준, 「백제의 멸망과 부흥전쟁에 대한 군사학적 연구」, 영남대학교 박사학위논문, 2017, 171쪽.

결국 『당 유인원기공비』에 기록된 흥망계절의 정신은 모든 백제 사람들의 정서 속에 깊게 깔려 있었다고 보아야 한다. 흥망계절의 정신이야 말로 백제부흥전쟁의 직접적인 원인이자 전쟁의 목적이었다고 할 수 있다.

한편 패망하여 노예로 전락하는 상황을 거부했을 수도 있다. 오늘날은 18세기부터 관습법으로부터 발전하여 19세기 후반에 성문화된 전시 국제법 즉 전쟁법에 포로대우에 관한 조항이 있다. 포로는 인간적으로 대우하며, 전투의지가 없는 포로는 살상해서는 안 되고, 전쟁이 끝나면 법에 따라 송환134)하여야 한다. 그러나 18세기 이전 전쟁, 특히 고대로 갈수록 전쟁에서 포로에 대한 개념은 전리품 내지 노획물에 지나지 않았다. 점령군에 의해 죽임을 당하던지 아니면 잡혀가서 노예로 생활하는 것이 일반화되어 있었다.

계백이 황산벌로 출전에 앞서 "일국의 군사로서 당나라와 신라의 대병을 담당하게 되었으니 나라의 존망을 알 수가 없다. 나의 처자가 사로잡히어 노비로 될까 염려되니 살아서 치욕을 당하는 것보다 차라리 통쾌하게 죽는 것이 낫다"135)고 하며 자기 처자를 죽인 것은 계백이 전쟁에 패했을 때 일어날 일을 미리 예측한 것이었다.

또 다른 예는 신라의 급찬으로서 백제의 좌평 임자의 집에 종이 되어 김유신의 첩자노릇을 한 조미압을 들 수 있다. 그는 신라의 급찬으로서 천산현령이었으면서도, 백제의 포로가 되어 좌평 임자의 가노가 되었다.136) 이와 같이 전쟁에서 패배한 자나 그 나라의 백성 중 다수는 승자의 나라로 잡혀가 신분에 관계없이 노예로 전락하게 된다. 따라서 백제인들도 전쟁에서 패배했기 때문에 노예로 전락되어야 했다. 그것도 당이라

---

133) 『일본서기』 권26, 제명천황7년 ; 『일본서기』 권27, 천지천황 원년.
134) 홍성화, 『국제법 개론』, 건국대학교출판부, 1990, 564~572쪽.
135) 『삼국사기』 권47, 열전7, 계백.
136) 『삼국사기』 권42, 열전2, 김유신.

는 바다 건너 중국까지 잡혀가는 상황이 실제 일어났다. 결국 백제인들은 포로로 잡혀가 노예가 되는 것을 거부했던 것이다.

이외에도 백제부흥전쟁에서 주류성이 항복하자 일본으로 떠나는 백제 유민들이 전한 말이 있다. "주유州柔[주류성]가 마침내 당에 항복하였다. 사태가 어찌할 수 없게 되었다. 백제의 이름은 오늘로 끊어졌다. 이제 조상의 무덤이 있는 곳을 어떻게 갈 수 있겠는가."[137] 이는 백제인들이 자신들이 살던 조국이나 고향 등에 대한 애착이 절절했음을 전해주는 증거라고 생각한다.

종합하여 보면 백제부흥전쟁의 원인은 나당연합군의 횡포와 만행, 의자왕의 굴욕에 대한 분노, 포로가 되어 노예로의 전락거부, 흥망계절의 정신, 조국에 대한 사랑 등이었다고 할 수 있다.

3. 백제부흥전쟁의 시기구분

대부분 연구자들은 백제부흥전쟁을 백제부흥운동으로 부른다. 그리고 그 시기구분에 대해서도 견해가 다양하다.

심정보는 백제부흥운동 기간을 멸망 직후부터 임존성이 함락되는 시기까지 3시기로 구분하고 있다. 즉 1기는 660년 7월부터 661년까지로 백제 유민이 궐기하여 나당군을 초략하는 시기로써 저항을 시작한 기간으로 보았다. 2기는 661년 2월부터 662년 5월까지로 부성의 나당군을 고립시키고 운량도를 끊어 핍박한 상황에 처하게 하였으며, 풍왕을 옹립하여 백제 왕통을 회복하려는 기간으로 파악하고 있다. 3기는 662년 6월부터 663년 11월까지 부흥군 지도층의 내분으로 인한 쇠망기로 보았다.[138]

---

137) 『일본서기』 권27, 천지천황2년.

이도학은 부흥운동을 국가회복운동으로 보고 크게 3시기로 보고 있다. 1기는 660년 8월부터 662년 피성 천도까지, 2기는 복신의 처형 등 내분과 663년 11월 임존성 함락까지로 백제유민들에 의한 국가회복 전쟁기로 보고 있다. 3기는 664년 이후 672년까지로 부여융을 수반으로 하는 친당정권의 국가회복기로 보고 웅진도독부 체제하에서 백제왕국을 재건하기 위해 대 신라 투쟁을 전개하였던 시기로 보고 있다.[139]

노중국은 백제부흥운동군의 활동기간을 660년 8월에서 664년 3월까지로 보고 있으며 크게 3시기로 나누어 보고 있다. 1기는 660년 8월에서 661년 8월까지로 사방에서 일어난 백제부흥군이 백제국을 부흥시키기 위해 나당군과 치열한 전투를 전개한 시기이며, 2기는 661년 9월부터 663년 9월까지 부흥백제국이 성립되어 나당점령군을 몰아내기 위한 전투를 하다가 마침내 멸망한 시기이고, 3기는 부흥백제국이 멸망한 뒤에도 일부세력이 최후까지 저항한 시기로 663년 10월부터 반란을 일으킨 사비산성군軍이 평정되는 664년 3월까지로 보고 있다.[140]

김수태는 두 시기로 구분하였다. 660년부터 663년까지 계속된 부흥운동은 당과 신라를 대상으로 군사행동을 통해 백제를 부흥시키려고 한 기간이다. 그러나 백제의 부흥운동은 멈춘 것이 아니며 663년 이후 웅진도독부를 기반으로 한 백제유민들의 활동은 신라와 당의 대립을 유발시켜 나당전쟁을 직접적으로 촉발시킨 주요원인이었고, 백제유민에 대한 신라의 처우에 새로운 변화를 낳게 하였다. 특히 고구려 멸망 직후인 668년부터 새로이 백제부흥운동이 전개되었고, 신라에 의해 백제의 수도 사비지역에 소부리주가 설치되고 백제고지에 대한 지배권이 신라로 완전히 넘어

---

138) 심정보, 「백제부흥군의 주요거점에 관한 연구」『백제연구』14, 1983, 144쪽.
139) 이도학, 『새로 쓰는 백제사』, 푸른역사, 1997, 224~286쪽 ;『백제 사비성 시대연구』, 일지사, 2010, 333~335쪽.
140) 노중국, 앞의 논문, 2002, 20~38쪽.

가는 672년까지 백제부흥운동이 계속되었다고 하였다.[141]

김영관은 시기구분을 1·2·3기로 숫자를 부여하지 않았지만 3개 파트로 구분하여 설명하였다. 먼저 부흥군의 활동에 대하여 전개양상과 도침·복신의 역할을 설명하고 있고, 두 번째는 부흥운동의 성세와 당군의 대응을 다루었으며, 마지막으로는 부흥운동의 소멸을 다루었다.[142]

최병식은 총 5개기로 구분하였다. 1기는 661년 1월까지로 부흥운동 발생기로, 2기는 661년 12월까지로 사비성 공략과 웅진도 차단 등 확산기로, 3기는 663년 5월까지로 풍왕 귀국과 왜의 지원 등 소강기, 4기는 664년 3월까지로 지휘부에 내분 등 부흥운동이 실패로 끝나는 소멸기로, 5기는 676년 11월까지 기벌포 해전으로 당이 완전히 물러나는 변질기로 구분하였다.[143] 다음은 이들을 종합한 표이다.

〈표 5〉 기존의 백제부흥운동 시기 구분

연구자	구 분	시 기	주 요 내 용
심정보	1기	660.7~661	백제유민궐기, 저항시작
	2기	662~662.5	부성 나·당군 고립, 양도핍박, 왕통회복
	3기	662.6~663.11	지도층 내분, 쇠망기
이도학	1기	660~662.12	나라를 찾기 위하여, 피성 천도까지 − 백제유민에 의한 무장투쟁 활동기
	2기	663~663.11	내분과 1차 부흥운동 종말, 임존성 함락까시
	3기	664~672.초	새로운 부흥운동 전개, 웅진도독부의 설치, 웅진도독부체제하 대 신라 투쟁
노중국	1기	660.8~661.8	초기 부흥군의 봉기와 활동
	2기	660.8~663.9	부흥백제국 성립·활동과 몰락
	3기	663.10~664.3	최후의 저항, 사비산성군 평정

---

141) 김수태, 「웅진도독부의 백제부흥운동」『백제부흥운동사 연구』, 서경문화사, 2004, 117~119쪽.
142) 김영관, 앞의 논문, 2003, 72~179쪽.
143) 최병식, 『백제부흥운동과 공주·연기지역』, 상명대학교 박사학위논문, 2006, 31~39쪽.

김수태	2개기	660~663	군사행동을 통한 백제 부흥
		663~	웅진도독부를 기반으로 한 부흥운동
김영관	3파트 구분		부흥운동군의 활동, 도침 및 복신 활동
			부흥군의 성세와 당군의 대응
			백제부흥운동 소멸(자발적 무쟁투쟁까지)
최병식	1기	660.7~661.1	부흥운동 발생기
	2기	661.2~661.12	사비성 공략, 웅진도 차단 등 확산기
	3기	662.1~663.5	풍왕 귀국과 왜 지원 등 소강기
	4기	663.6~664.3	지휘부 내분과 부흥운동 실패 등 소멸기
	5기	664.4~676.11	부여융 웅진도독의 부흥운동 등 변질기

　이상과 같은 시기구분은 대체로 두 가지 측면을 고려하고 있다. 하나는 무장투쟁이 종식되는 시점까지로 보느냐, 아니면 신라가 완전히 백제를 병합할 때까지로 보느냐의 차이이다. 또 다른 하나는 무장투쟁이 종결되는 시기까지로 보되 이를 몇 개기로 구분하느냐의 차이이다.

　그런데 시기구분에 있어 먼저 고려해야 할 사항이 있다. 우선 행위의 주체를 백제군 즉 백제부흥군에 의한 것이냐, 아니면 백제유민에 의한 것이냐이다. 백제부흥전쟁은 백제군에 의해 주도되었다. 또한 무력항쟁으로 부흥운동이 아닌 백제부흥전쟁으로 정의한 바 있다. 따라서 본고에서는 임존성이 함락되어 백제부흥군이 소멸되는 시점까지를 백제부흥전쟁이라고 보고 전쟁시기를 구분하고자 한다.

　전쟁을 1·2기 등 숫자개념에 의해 구분하는 것은 종적인 사태의 흐름을 이해하는 데에는 도움이 될 수 있다. 그러나 숫자개념에 의한 시기구분은 전쟁을 이해하는데 있어서는 큰 도움이 되지 않는다. 순간순간의 전투행위는 어떤 목표를 가지고 진행되며, 전투결과가 다음 전투에도 영향을 미치기 때문이다. 그리고 전쟁을 구분한 타이틀이 숫자가 우선이면 그 전투가 무엇 때문에 벌어졌는지, 목적이나 목표가 무엇이었는지가 희석될 수 있다. 따라서 전쟁의 시기구분은 시간의 연속선상에서 주된 작전이나 주요전투 또는 피아의 전황을 함축하는 용어 등으로 구분하는 것이 바람 직하다. 이에 백제부흥전쟁을 3개시기로 구분하고 그 진행 경과는 다음과 같이 볼 수 있다.

1) 부흥군 거병과 초기공세(660년 7월~660년 12월)

의자왕의 항복례 직후 백제군은 사비의 남쪽 남잠과 정현 등에서, 그리고 좌평 정무正武는 두시원악에 진을 치고 나당연합군을 공격하였다.[144] 구마노리성에는 여자진餘自進이 거병하였고,[145] 임존성에는 복신福信과 흑치상지黑齒常之 등이 거병하여 흩어졌던 백제군이 10일 안되어 3만이나 복귀하였다. 이에 소정방이 8월 26일 군대를 보내 임존성을 공격하였으나 이기지 못하였다.[146] 소정방과 무열왕이 돌아간 9월 3일 이후에, 백제부흥군은 포로로 잡힌 백제 사람들을 구출하고자 하였으며, 백제부성을 포위 공격하였다. 이와 같은 백제부흥군의 거병과 초기공세에 백제의 20여 성이 호응하였다.

백제부흥군의 거병과 백제부성 포위공격에 놀란 신라 무열왕은 경주로 귀환 중 삼년산성으로부터 회군하여 10월 9일 이례성을 쳐서 18일에 함락시켰다. 이어 부흥군에게 호응하던 20여성이 항복을 받고, 30일에는 사비남령, 11월7일에는 왕흥사잠성을 함락하였다.[147]

이처럼 거병과 초기공세는 의자왕이 항복한 직후 패하여 흩어져 달아났던 백제군이 다시 모여 당나라와 신라 사람들을 공략하였으며, 차령산맥 이북 당진~예산 방면으로 투입되었다 흩어졌던 백제군의 주력이 예산

---

144) 『삼국사기』 권5, 신라본기, 무열왕7년.
145) 『일본서기』 권26, 제명천황6년.
146) 『구당서』 권109, 열전53, 흑치상지 ; 『삼국사기』 권5, 신라본기, 무열7년.
147) 『삼국사기』 권5, 신라본기, 무열왕7년.

의 임존성으로 집결하여 항전의 기치를 높이 든 시기이다. 그리고 나당연합군이 철수하자 곧바로 포로로 잡힌 동료들 구출을 시도하고, 백제부성을 포위공격 하였으나 무열왕의 회군으로 격파당하였다. 이는 백제부흥군의 거병과 초기공세에 해당된다.

2) 부흥군의 2차 공세(661년 1월~662년 8월)

660년 백제부성 포위공격에 실패한 백제부흥군은 전열을 가다듬어 661년 2월 다시 백제부성을 포위 공격하였다. 그러나 2차에 걸친 백제부성 포위공격이 실패하게 되자, 백제부성을 고립시키기 위한 운량도 차단작전을 실시하였다. 이 내용을 좀 더 구체적으로 보자.

먼저 661년 1월 복신이 강의 동쪽을 침범하자 당군 1천 명이 공격하러 갔다가 복신에게 격파당하여 한사람도 돌아오지 못했다.[148] 661년 2월에는 도침·복신 등이 백제부성의 유인원을 포위하였다. 당 고종은 조서를 내려 삼년산성에서 죽은 왕문도를 대신하여 유인궤를 검교 대방주자사로 삼아 지름길로 가서 신라군을 발동하여 유인원을 구하도록 하였다. 신라는 대당大幢장군 이찬伊湌 품일品日 등 11명의 장군이 출동하였다. 유인궤는 신라병을 이끌고 웅진강구에 양책을 친 도침 등 백제부흥군을 물리쳐 포위를 풀었다. 결국 도침은 1만 명의 사상자를 내고 임존성으로 물러났다.[149]

이보다 앞서 품일은 3월 5일 군사를 나누어 두량윤성에 먼저 보냈는데, 두량윤성 남쪽에 군영을 만들려다 백제군에게 기습을 당하여 패하여 달아났다. 12일에는 품일의 대군이 와서 고사비성古沙比城 밖에 주둔하면서 두량윤성을 공격하였으나 한 달 엿새가 되도록 이기지 못하였다. 4월 19일

---

148) 『삼국사기』 권7, 신라본기, 문무왕11년 답설인귀서.
149) 『구당서』 권84, 열전34, 유인궤.

군사를 돌이켰는데 빈골양에 이르러 백제군을 만나 대패하였고 병기와 군
수품을 많이 잃었다.150) 이에 남쪽의 여러 성이 일시에 복신에게 속하였
다. 복신은 승세를 타고 다시 부성을 에워싸고 웅진도를 차단하니, 웅진
으로 가는 길이 끊겨 성안에 소금과 간장이 다 떨어져 신라는 몰래 소금
을 보내 구원하고 있었다.151)

  661년 6월 무열왕이 죽고 문무왕이 왕위에 올랐다. 8월 신라는 당의
요청으로 고구려 정벌군을 편성하여 지원함은 물론, 백제부성에 유진해
있는 당군에게 군량도 공급하여야 했다. 그러나 군량 공급로인 운량도를
백제부흥군이 장악하고 있었기 때문에 고구려 정벌군 지원도, 백제부성에
대한 지원도 여의치가 않았다. 이에 문무왕은 661년 9월 옹산성과 우술성
을 함락시켜 웅진도라 기록된 운량도를 개통시켰다.152) 그러나 백제부흥
군은 세를 확장하여 다시 운량도를 차단함으로서 부성을 고립시켰다. 고
구려 정벌이 실패로 돌아가고 운량도가 차단되어 고립무원인 상태의 유인
궤에게 당 고종은 돌아오도록 조서까지 내릴 정도였다. 이때 유인원·유인
궤는 진수군을 거느리고 지라성·윤성·대산·사병 등 책을 함락시켰다. 곧
바로 복신이 요충지로 생각하여 병력을 증가시킨 진현성마저 함락시키는
662년 7월까지 운량도는 백제부흥군의 수중에 있었다.153) 8월에 함락된
내사지성도 진현성 근치로써 운량도 치단작전의 일환이었다. 이외 같이
부흥군의 2차 공세는 크게 보면 백제부성 포위공격과 운량도 차단작전이
었다. 즉 백제부성에 대한 포위전략과 고립전략을 수행한 기간은 백제부
흥군의 2차 공세기간이라고 보아야 한다.

---

150) 『삼국사기』 권5, 신라본기, 무열왕7년.
151) 『삼국사기』 권7, 신라본기, 문무왕11년 답설인귀서.
152) 『삼국사기』 권6, 신라본기, 문무왕 원년에 웅진도로 기록된 것은 실제 운량도이다.
153) 『구당서』 권84, 열전34, 유인궤 ; 권199, 열전149, 백제.

3) 나당연합군의 공세(662년 8월∼663년 11월)

662년 5월 왜국에서 부여풍이 입국하고 백제왕에 즉위하여[154] 사실상 백제국이라는 국가체제[155]를 갖추게 되었다. 나당연합군은 고구려 원정이 실패하게 되자 백제부흥군에 대한 대대적인 공세를 획책하였다. 다른 이유는 백제부흥군 내부의 분열을 감지하였고 고구려 정벌군 철수로 여유가 생겼기 때문이었다. 또한 백제가 다시 한 나라가 되면 차후 고구려 정벌에 차질을 빚게 되기 때문에 완전히 소탕하려 하였다.

먼저 유인원은 진현성를 함락하여 운량도를 개통한 후 당 조정에 조서를 올려 추가파병을 요청하였다. 당에서는 663년 손인사가 인솔하는 7천 명을 웅진성에 증파하였고, 진수군의 사기가 크게 오르게 되었다.[156]

신라는 663년 2월 흠순과 천존이 백제의 거열성·거물성·사평성·덕안성 등을 공격하여 함락시켰다.[157] 또한 문무왕과 김유신 등 28명(또는 30명)의 장군이 병력을 이끌고 유인원의 군대와 합세하기 위해, 663년 7월 17일 정벌에 나서 웅진주에 도착하였다.[158] 신라군의 병력 수는 4만 5천 명[159]으로 660년 백제를 공격할 때와 맞먹는 대대적인 병력이었다.

---

154) 풍왕의 귀국은 『일본서기』에 661년 9월과 662년 5월로 기록되어 있다. 본고는 662년 5월설로 판단하였다(이재준, 앞의 논문, 2017, 171~174쪽).

155) 『일본서기』 권27, 천지천황 원년(662) 오월.

156) 『삼국사기』에는 "40만"이라 되어 있으나, 『구당서』 권199, 백제전 ; 『신당서』 권220, 백제전 ; 『자치통감』에 "손인사가 이끌고 온 당나라 군사는 치주·청주·래주·해주사람 7천명"으로 되어 있다. 『구당서』 백제전에 "중로에 고구려군을 격파하고 드디어 인원의 군대와 합쳤다"는 기록으로 보아 풍왕이 복신을 죽이고 요청한 고구려의 군대로 추정되므로 663년 6월 이후에 파견되었다.

157) 『삼국사기』 권6, 신라본기, 문무왕3년.

158) 『삼국사기』 권6, 신라본기, 문무왕3년 ; 권42, 열전2, 김유신.

159) 장군 28명이 투입할 경우 장군 당 1,500명으로 4만 2천 명이 되며, 장군 30명이면 4만 5천명이 된다(이상훈, 「신라의 군사편제단위와 편성규모」, 『역사교육논집』 46, 2011, 185~189쪽 ; 『나당전쟁 연구』, 주류성, 2012, 300쪽).

이렇게 대대적으로 동원된 나당연합군은 가림성을 우회하여 주류성으로 공격하였다. 8월 13일 두솔성을 함락시키고 8월 17일에 주류성을 포위하였다. 8월 27일과 28일 백강구(백촌강)에서 왜의 지원군이 당 수군에게 크게 패하고, 풍왕은 고구려로 도망하였다. 9월 7일에는 주류성도 함락되었다. 임존성의 지수신遲受信만이 끝까지 신라군에게 항거하여 잘 버티었다. 그러나 신라군이 물러간 뒤 당군에 항복한 흑치상지와 사타상여沙陀相如에게 함락되고, 지수신도 고구려로 도망하였다.[160] 결국 나당연합군의 대대적인 공세로 백제부흥군을 지원하려던 왜군이 백촌강 전투에서 크게 패하고 주류성과 임존성이 함락되어 백제부흥전쟁이 종결되는 시기는 나당연합군의 공세기간이다.

물론 백제부흥군이 공세를 취했다고 하여 모든 전투에서 승리한 것은 아니다. 공세는 주도권을 확보하거나 행사하는 것이며, 내 의지를 적에게 강요하는 것[161]이기 때문이다. 결론적으로 백제부흥전쟁은 전체적인 흐름과 경과를 알기 쉽도록 백제부흥군의 거병과 초기공세, 백제부흥군의 2차 공세, 그리고 나당연합군의 공세 등 3개시기로 구분하였다.

---

160) 『삼국사기』 권6, 신라본기, 문무왕3년 ; 권42, 열전2, 김유신 ; 『일본서기』 권27, 천지천황2년 ; 『자치통감』 권201, 당기17, 용삭3년.
161) 김광석 편저, 『용병술어연구』, 병학사, 1993, 85쪽.

제3장
백제부흥군의 전투력과 전략목표

1. 백제부흥군의 전투력

백제가 부흥전쟁을 4년여 동안 지속할 수 있었던 것은 백제부흥군을 이끌었던 지휘관들과 백제 상비군들의 국가에 대한 충성심, 그리고 외세에 굴하지 않는 그들의 강인한 저항정신이 결합되어 만들어 낸 결과라고 판단된다. 그러나 그러한 저항정신이 있다 하더라도 항거할 수 있는 힘이 있어야만 전쟁수행이 가능하다. 항거할 수 있는 힘은 곧 전투력이며, 전투력은 군사력에서 나온다. 군사력은 그 나라의 군사제도나 조직·병력·무기·무구류 등으로 구분된다. 고대 전투력의 근원인 군사력 즉 군사조직이나 병력 수 등을 가늠해 보는 것은 쉽지 않다. 특히 백제에 대한 내용은 사료의 제한으로 더욱 어렵다. 백제 상비군들에게 남아있던 전투력을 알아보기 위하여 백제의 군사제도와 병력 수, 무구 등에 대하여 단편적이나마 사료를 통하여 알아보자.

1) 백제의 군사제도

백제는 B.C. 18년 온조가 한수 남쪽의 위례성에 도읍한[1] 이래, A.D. 660년 멸망할 때까지 약 700년 동안 한반도의 중·서부 지역을 지배하였다. 700년이라는 기간 동안의 군사제도를 한마디로 표현할 수는 없다. 이에 백제가 변경한 도읍기별로 파악해보자.

한성 도읍기의 군사제도이다. 삼국의 국가 형성단계는 읍락단계-소국단계-소국연맹체단계-부체제단계-고대국가단계로 규정[2]하기도 한다. 백제도 예외가 아닐 것이다. 백제의 한성 도읍기는 B.C. 18년부터 A.D. 475

---

1) 『삼국사기』 권23, 백제본기, 온조왕.
2) 노중국, 『백제 정치사 연구』, 일조각, 1988, 26쪽.

년까지이다. 한성 도읍기의 군사조직과 운용은 소국단계, 연맹체단계, 집
권체제국가단계로 구분된다.[3] 『삼국지』 위서魏書 한전韓傳[4]에 의하면 백
제는 3세기 중엽까지도 소국단계로 볼 수 있다. 소국은 읍락연맹체로써
중심 읍락인 국읍과 거의 병렬적 수준이었던 복수의 읍락으로 구성되어
있었다. 백제 건국설화에 십제+濟를 국명으로 삼았다는 것도 백제가 소
국단계에서 출발[5]했음을 말한다. 소국이라 하더라도 고대국가로 성장해
가기 위해서는 수많은 전쟁을 치러야 했을 것이다. 사료를 통해서 백제의
군사제도를 가늠해보자.

A-① 3월에 왕은 재종숙부[族父] 을음이 지식과 담력이 있다고 하여 그를 우보
　　로 삼고 군사에 관한 업무를 맡겼다.[6]
　② 봄 2월 왕의 맏아들 다루를 세워 태자로 삼고 그에게 중앙과 지방의 군사
　　에 관한 일을 맡겼다.[7]
　③ 봄 정월에 국내의 민가들을 나누어 남·북부를 만들었다.[8]
　④ 가을 8월에 동·서 두 부를 더 설치하였다.[9]
　⑤ 봄 정월에 우보 을음이 죽자 북부 해루를 임명하여 우보로 삼았다. 해루
　　는 본시 부여 사람인데 그의 정신과 식견이 깊으며 나이가 70이 지났으
　　나 체력이 쇠하지 않았으므로 이를 등용한 것이다. 2월에 한수의 동북 모
　　든 부락의 15세 이상 되는 사람들을 징발하여 위례성을 수리하였다.[10]

---

3) 충청남도역사문화연구원, 『백제의 정치제도와 군사』, 아디람, 2007, 26쪽.
4) 『삼국지』 권30, 위서30, 오환선비동이전30 한전, "韓在帶方之南 … 有三種 一曰馬
　韓 二曰辰韓 三曰弁韓 馬韓在西 … 有爰襄國·牟水國·桑外國·伯濟國·支侵國 …
　凡五十餘國"
5) 이문기, 「군사조직과 그 운용」 『백제의 정치제도와 군사』, 아디람, 2007, 295쪽.
6) 『삼국사기』 권23, 백제본기, 온조왕2년 B.C.17, "三月 王以族父乙音 有智識膽力
　拜爲右輔 委以兵馬之事"
7) 『삼국사기』 권23, 백제본기, 온조왕28년 A.D.10, "春二月 立元子多婁爲太子 委以
　內外兵事"
8) 『삼국사기』 권23, 백제본기, 온조왕31년 A.D.13, "春正月 分國內民戶爲南北部"
9) 『삼국사기』 권23, 백제본기, 온조왕33년 A.D.15, "秋八月 加置東西二部"
10) 『삼국사기』 권23, 백제본기, 온조왕41년 A.D.23, "春正月 右輔乙音卒 拜北部解婁
　爲右輔 解婁本扶餘人也 神識淵奧 年過七十 膂力不愆 故用之 二月 發漢水東北諸

위 사료 A-①을 보면 온조왕 2년에 을음에게 우보右輔라는 직책을 주어 군사관계 일을 맡겼다. 우보는 백제의 초기관제로 행정업무를 함께 맡았다. 온조왕 28년에는 A-②와 같이 태자에게 중앙과 지방의 군사관계 일을 맡겼다. 이들은 왕의 친인척이며 종신제였다. 그런데 A-③~⑤를 보면 온조왕 31년에 남·북부, 온조왕 33년에 동·서부를 두면서 온조왕 41년에 을음이 죽자 북부 해루解婁에게 우보를 맡기고 있다. 해루는 부여출신으로 북부의 실권자였다. 그러나 군사관계 일을 맡았다 하더라도 군령권은 없었다. 온조왕 때의 전쟁기록을 보면 모두 다 왕이 직접 병력을 인솔하여 참전하고 있기 때문이다. 또한 규모면에서도 왕이 인솔하는 병력도 1천명 내외였고, 예외적으로 A.D. 16년 마한의 옛 장수 주근의 반란을 진압할 때 왕이 5천의 병사를 이끌고 출동11)하는 정도였다.

즉 초기의 소국단계에서 군사조직은 외침과 같은 특수한 상황에 읍락의 거수층과 호민층, 상층 및 하호층이 국읍의 주수인 백제소국의 왕 지휘아래 편성되어 주로 방어전쟁에 투입되는 임시적인 것이었다. 성격은 전쟁에 참여하는 자체가 의무이자 권리이기도 했던 일종의 명망군名望軍으로 규정12)할 수 있다. 한편 사료 A-⑤에서 온조왕 41년에 15세 이상의 사람들을 징발하여 위례성을 수리하였다고 하였으므로, 백제는 온조왕 때부터 일반민을 군사로 삼는 개병제皆兵制를 시행하였다13)고 볼 수 있다.

이러한 기록들을 얼마나 신뢰할 수 있을까? 『삼국사기』 초기의 기록을 역사적 사실로 인정하는 긍정론과 기년은 믿을 수 있으나 기사내용 자체는 발전과정의 대체적인 추이라고 보는 절충론, 그리고 회의론 등으로 구분된다. 정도의 차이는 있지만 고고학적 자료해석에 의해 절충론적인 견

部落人年十五歲以上 修營慰禮城"
11) 『삼국사기』 권23, 백제본기, 온조왕34년.
12) 이문기, 앞의 논문, 2007, 296쪽.
13) 김종수, 「삼국시대의 군사제도」 『군사연구』 131, 2011, 92쪽.

해가 일반적인 추세[14]이다. 따라서 온조왕 때부터 개병제를 실시했다고 보기에는 무리가 있으며, 필요시 임시적으로 편성되는 것으로 그 조직도 전쟁참여 자체가 권리이자 의무라고 하는 명망군으로 보는 것이 타당하다. 다음은 부병의 출현을 나타내는 사료이다.

> B-① 겨울 10월에 동부의 흘우가 말갈과 마수산 서쪽에서 싸워 이겼는데, 죽이고 사로잡은 것이 매우 많았다. 왕이 기뻐서 흘우에게 말 10필과 조 500섬을 상으로 주었다. ; 봄 2월에 우보 해루가 죽으니 나이가 90세였다. 동부의 흘우를 우보로 삼았다. ; 겨울 10월에 우보 흘우를 좌보로 삼고, 북부의 진회를 우보로 삼았다.[15]
> ② 가을 9월에 북부의 진과에게 명하여 군사 1천명을 거느리고 말갈의 석문성을 습격하여 빼앗았다.[16]

다루왕 때에는 족부가 아닌 동부와 북부의 사람에게 우보와 좌보를 맡기고 있다. 사료 B-①의 동부 흘우와 사료 B-②의 북부 진과는 각부의 지배자로 추정된다. 그들이 인솔한 병력은 당연히 부部자체에서 징발했을 것이다. 왕이 좌보, 우보로 임명했다고 하지만 병력은 각 부部의 병력이었을 것이다. 흘우가 왕의 명령에 의해서가 아니라 자체적으로 출전하고 있기 때문이다. 이들은 연맹체 초기의 군사조직인 부병部兵으로 보인다. 즉 초기 연맹체는 각 부에서 징발한 부병이라는 군사조직을 갖고 있었다. 이들 초기의 부는 연맹체를 구성하는 단위로써 족적族的인 성격을 띠는 것

---

14) 김승옥, 「한성백제의 형성과정과 대외관계」『百濟史上의 전쟁』, 서경문화사, 2000, 66쪽.

15) 『삼국사기』권23, 백제본기, 다루왕3년 A.D.3, "冬十月 東部屹于與靺鞨戰於馬首山西 克之 殺獲甚衆 王喜 賞屹于馬十四租五百石" ; 『삼국사기』권23, 백제본기, 다루왕7년 A.D.3, "春二月 右輔解婁卒 … 以東部屹于爲右輔" ; 『삼국사기』권23, 백제본기, 다루왕10년 A.D.37, "冬十月 右輔屹于爲左輔 北部眞會爲右輔"

16) 『삼국사기』권23, 백제본기, 초고왕49년 A.D.214, "秋九月 命北部眞果領兵一千 襲取靺鞨石門城"

이다. 이후 부병이 발전하여 백제국伯濟國이 중심이 된 군사연맹체의 부병
출현은 3세기 중후반[17])으로써 관련된 기록은 다음과 같다.

　C-① 가을 8월 한수 서쪽에서 군대를 크게 사열하였다.[18]
　　② 여름 4월에 진충을 좌장으로 삼고 중앙과 지방의 군사업무를 맡겼다. 가
　　　을 7월에 석천에서 군대를 크게 사열하였다. ; 2월에 진충을 우보로 삼고
　　　진물을 좌장으로 삼아 군사업무를 맡겼다. ; 위사좌평은 왕궁을 지키는
　　　군사에 관한 일을 맡고 병관좌평은 대외 군사에 관한 일을 맡았다. ; 2월
　　　에 고수를 위사좌평으로 삼고 … 유기를 병관좌평으로 삼았다.[19]

　사료 C-①, ②을 보면 병력에 대한 사열을 실시하고 좌장을 설치하고
있으며, 숙위를 담당하는 위사좌평과 지방의 병마를 담당하는 병관좌평이
설치되고 있다. 숙위병사는 중앙군으로, 외병마사는 지방군으로 추정된
다. 고이왕 28년에 5좌평이 설치되고 있다. 이 5좌평에 대한 기사를 읍락
국가의 수장 층이 참여하면서 정치·군사적 연맹체가 형성된 것으로 5부
체제의 출발[20])로 보기도 한다. 물론 부체제의 개념·정의·성립시기·대상
지역 등에 대해서는 여러 견해[21])가 있다. 그러나 단위 정치체제로써 백제
5부에는 소국단계 이래 자체방어를 위한 무장력을 갖추고 있었고, 이를
부단위로 재편한 것을 곧 부병으로 통칭할 수 있다. 즉 초기 연맹체의 군

---

17) 주보돈, 「백제초기사에서의 전쟁과 귀족의 출현」 『百濟史上의 전쟁』, 서경문화사,
　　2000, 118쪽.
18) 『삼국사기』 권24, 백제본기, 구수왕8년 A.D.221, "秋八月 大閱於漢水之西"
19) 『삼국사기』 권24, 백제본기, 고이왕 7年 A.D.24, "夏四月 拜眞忠爲左將 委以內外
　　兵馬事 秋七月 大閱於石川" ; 『삼국사기』 권24, 백제본기, 고이왕14년 A.D.24, "二
　　月 拜眞忠爲右輔 眞勿爲左將 委以兵馬事" ; 『삼국사기』 권24, 백제본기, 고이왕
　　27년 A.D.26, "春正月 … 衛士佐平 掌宿衛兵事 … 兵官佐平掌外兵馬事" ; 『삼국
　　사기』 권24, 백제본기, 고이왕 28년 A.D.261, "二月 … 拜 眞可爲內頭佐平 優豆爲
　　內法佐平 高壽爲衛士佐平 … 惟己爲兵官佐平"
20) 주보돈, 앞의 논문, 2000, 128~136쪽.
21) 김영심, 「주보돈 논문 토론요지」 『百濟史上의 전쟁』, 서경문화사, 2000, 152쪽.

사조직이 국왕의 통제를 받는 군사조직으로 변화되었다. 하지만 5부병은 여전히 소속부민을 징발하여 부 단위로 편성된 군사조직으로 원래의 독자적 운동성이 완전히 소멸될 수 없었으며, 상당부분 잔존하였다.[22] 다음은 부병제가 전 국가적인 군사체제로 변화되고 있는 사료들이다.

> D-① 겨울 11월에 한수 남쪽에서 크게 사열하였는데, 깃발은 모두 황색을 사용하였다. ; 겨울에 왕이 태자와 함께 정예군사 3만 명을 거느리고 고구려에 쳐들어가서 평양성을 공격하였다. 고구려 왕 사위[고국원왕]가 힘을 다해 싸워 막다가 날아오는 화살에 맞아 죽었다.[23]
> ② 봄 정월 진무를 좌장으로 삼고 군사업무를 맡겼다. 진무는 왕의 외삼촌으로 침착하고 굳세며 큰 지략이 있으므로 사람들이 심복하였다. 드디어 군사 1만을 거느리고 … 먼저 관미성을 에워쌌는데 … 진무가 군량수송이 계속될 수 없다고 하여 돌아왔다. ; 가을 8월에 왕이 좌장 진무 등에게 명하여 고구려를 치게 했다. … 우리 군사가 대패하여 죽은 자가 8천명이었다. ; 봄 2월에 진무를 병관좌평으로 삼고 사두를 좌장으로 삼았다. ; 가을 8월에 왕이 고구려를 치고자 하여 군사와 말들을 크게 징발하였다. 백성들은 전쟁에 시달려 신라로 많이 도망가니 호구가 줄어들었다.[24]

사료 D-①을 보면 4세기 중엽에 이르러 군대를 사열하면서 모두 황색기를 사용하고 있다. 황색은 왕을 의미하는 것으로 이전의 군사적 연맹체의 부병을 왕이 전부 통제하고 있는 것을 나타낸다. 이는 고대국가의 중

---

22) 이문기, 앞의 논문, 2007, 298~303쪽.
23) 『삼국사기』 권24, 백제본기, 근초고왕24년 A.D.369, "冬十一月 大閱於漢水南 旗幟皆用黃" ; 『삼국사기』 권24, 백제본기, 근초고왕26년 A.D.371, "冬 王與太子帥精兵三萬 伐高句麗 攻平壤城 麗王斯由力戰拒之 中流矢死 王引軍退 移都漢山"
24) 『삼국사기』 권25, 백제본기, 아신왕2년 A.D.393, "春正月 … 拜眞武爲左將 委以兵馬事 武王之親舅 沈毅有大略 時人服之 … 遂謀將兵一萬 … 先圍關彌城 … 武以糧道不繼 引而歸" ; 『삼국사기』 권25, 백제본기, 아신왕4년 A.D.395, "秋八月 王命左將眞武等 伐高句麗 … 我軍大敗 死者八千人" ; 『삼국사기』 권25, 백제본기, 아신왕7년 A.D.398, "春二月 以眞武爲兵官佐平 沙豆爲左將" ; 『삼국사기』 권25, 백제본기, 아신왕8년 A.D.399, "秋八月 王欲侵高句麗 大徵兵馬 民苦於役 多奔新羅 戶口衰減"

앙집권적 병력체제가 성립되고 있음 뜻하는 것이다. 병력 규모 또한 3만 명을 동원하여 고구려 정벌 과정에서 고국원왕을 전사[25]시키기도 하였다. 사료 D-②에서 좌장左將이 병력을 이끌고 전투에 임하고 있는 것으로 보아 군령권도 확립되고 있다. 그러나 무리한 징병으로 인하여 백성들이 고구려나 신라로 도망하여 호구수가 쇠약해지는 결과를 초래하고 있다. 즉 초기의 명망군이나 부족중심의 부병, 그리고 군사적 연맹체의 부병에서 전 국가적으로 백성에게 병역의무를 부과하고 있다. 따라서 근초고왕 때 개병제·징병제가 시행되었다고 할 수 있다.

다음 웅진 도읍기 군사제도이다. 웅진 도읍기는 475년부터 538년까지 63년간이다. 짧은 기간 동안에 왕이 두 번이나 시해되었다. 두 번 다 병관 좌평과 위사좌평에 의해서다. 그 이유는 475년 고구려의 공격으로 7일 만에 한성이 함락되고 개로왕이 죽어, 불가피하게 웅진으로 천도였기 때문에 군사조직의 부재 내지는 왕권약화가 그 원인이었을 것이다. 그러므로 웅진 도읍기에는 왕권강화와 더불어 군사조직을 재건하여야 했다. 웅진 도읍기의 군사관련 사료를 보자.

> E-① 병관좌평 해구가 권세를 마음대로 휘두르고 법을 어지럽히며 … 왕이 능히 제어하지 못했다. 9월 왕이 사냥을 나가 밖에서 묵었는데 해구가 도적을 시켜 해치게 하여 마침내 죽었다. ; 좌평 해구가 은솔 연신과 함께 무리를 모아 대두성을 근거로 반란을 일으켰다.[26]
>
> ② 고구려와 신라가 살수 벌판에서 싸웠는데, 신라가 이기지 못하자 … 왕이 군사 3천 명을 보내 포위를 풀어주었다. ; 고구려가 치양성을 포위해 오자 왕은 사신을 신라에 보내 구원을 요청하였다. 신라왕이 장군 덕지에게 명하여 군사를 이끌고 구원하였다. ; 가림성을 쌓고 위사좌평 백가에게 지키게 하였다. 11월 웅천 북쪽 벌판에서 사냥을 하는데 … 앞서 왕이

---

25) 『삼국사기』, 권24, 백제본기, 근초고왕26년, A.D.371.
26) 『삼국사기』 권26, 백제본기, 문주왕 4년 A.D.478, "兵官佐平 解仇擅權亂法 … 王
不能制 九月 王出獵 宿外 解仇使盜害之 遂薨"；『삼국사기』 권26, 백제본기, 삼근
왕2년 A.D.478, "佐平解仇與恩率燕信聚衆 據大豆城叛"

백가에게 가림성을 지키게 하였는데 … 이때 [백가가] 사람을 시켜 왕을 칼로 찔렀다. 12월에 왕이 죽었다.[27]

③ 좌평 백가가 가림성을 근거로 반란을 일으켰다. 왕은 군사를 이끌고 우두성에 이르러 한솔 해명에게 명령하여 토벌하게 하였다. 백가가 나와서 항복하자 왕은 그의 목을 베어 백강에 던졌다. ; 사신을 양나라에 보내 조공하였다. 앞서 [백제는] 고구려에 격파당하여 쇠약해진 지가 여러 해 였다. 이때에 이르러 표를 올려 "여러 차례 고구려를 깨뜨리고 비로소 우호를 통하였으며 다시 강한 나라가 되었다"고 하였다.[28]

④ 고구려 군사가 패수에 이르렀다. 왕은 좌장 지충에게 명하여 보병과 기병 1만 명을 이끌고 나가 싸우게 하여 물리쳤다. ; 고구려왕 흥안[안장왕] 이 몸소 군사를 이끌고 쳐들어와서 북쪽 변경의 혈성을 빼앗았다. [왕은] 좌평 연모에게 명하여 보병과 기병 3만 명을 거느리고 오곡의 벌판에서 막아 싸웠으나 이기지 못하고, 죽은 자가 2천여 명이었다.[29]

사료 E-①의 병관좌평은 근초고왕이 설치하였으며, 군정업무를 담당하 였지만 군령권을 행사하는 관직은 아니었다. 그러나 군사조직이 붕괴된 상태였기 때문에 병관좌평이 천권擅權을 행사하고 문주왕을 시해하며 난을 일으킬 수 있었던 것이다. 동성왕은 재위 23년간 6회의 사냥(獵)을 실시하며, 우두성 등 6개의 성을 구축하고 있다. 이는 지방군을 재건하기 위한 것으로 보이며, 위사좌평을 새로이 임명하고 있어 금강유역권의 새

---

27) 『삼국사기』 권26, 백제본기, 동성왕16년 A.D.494, "高句麗與新羅戰薩水之原 新羅不克 … 王遣兵三千救 解圍";『삼국사기』 권26, 백제본기, 동성왕17년 A.D.495, "高句麗來圍雉壤城 王遣使新羅請救 … 羅王命將軍德智 帥兵救之";『삼국사기』 권26, 백제본기, 동성왕23년 A.D.501, "築加林城 以衛士佐平苩加 … 十一月 獵於熊川 北原 … 初王以苩加鎮加林城 … 至是使人刺王 至十二月乃薨"

28) 『삼국사기』 권26, 백제본기, 무령왕 원년, "佐平苩加據加林城叛 王帥兵馬 至牛頭城 命扞率解明討之 苩加出降 王斬之 投於白江";『삼국사기』 권26, 백제본기, 무령왕 21년 A.D.521, "遺使入梁朝貢 先是爲高句麗所破 衰弱累年 至是 上表稱 累破高句麗 始與通好 而更爲强國"

29) 『삼국사기』 권26, 백제본기, 성왕 원년, "高句麗兵至浿水 王命左將志忠 帥步騎一萬 出戰退之";『삼국사기』 권26, 백제본기, 성왕7년 A.D.529, "高句麗王興安 躬帥兵馬來侵 拔北鄙穴城 命佐平燕謨 領步騎三萬 … 不克 死者二千人"

로운 중앙군을 편성한 것으로 추정된다. 그 결과 사료 E-②와 같이 새로 재건된 군사조직으로 고구려의 침략에 맞서 신라와 원군을 주고받고 있다. 그러나 위사좌평 백가苗加가 자신을 가림성 성주로 보낸 것에 불만을 품고 왕을 시해하기에 이르렀고 또 반란을 일으켰다. 위사좌평에 임명된 백가가 E-②와 같이 동성왕을 시해할 수 있었던 것은 이 시기에 위사좌평 임무에 시위군이 제도적으로 정착, 정비되었기 때문30)이다. 이러한 우여곡절을 겪으며 재건된 군사조직을 바탕으로 한 결과가 사료 E-③, ④이다. 사료 E-③에서 무령왕이 백가의 반란을 진압하고 양나라에 다시 강한 나라가 되었다고 표를 올린 내용에서 알 수 있다. 사료 E-④는 왕 즉위 초 기사로 병력규모도 1만에서 3만까지 동원할 수 있는 옛 모습을 다시 갖추고 있음을 알 수 있다.

다음은 사비 도읍기의 군사제도이다. 사비로의 천도는 실추된 왕실의 권의를 회복하고 왕권의 강화를 이룩하여 중흥을 도모하고자 하는 목적에서 결행되었다.31) 웅진천도와는 달리 사비로의 자의적인 천도는 왕권이 확립되어야 가능했을 것이다. 따라서 웅진 도읍기 무령왕 대에 어느 정도 군사조직이 재건되었을 것이다. 사비도읍기의 군사제도나 조직은 다음과 같이 시위군·중앙군·지방군으로 구분된다.

> F-① 도성은 만가(萬家)로 이루어져 있고, 상부·전부·중부·하부·후부의 5부로 나누었으며, 부에는 500명의 군사를 통솔하였다.32)
> ② 도성은 상부, 전부, 중부, 하부, 후부의 5부로 나누었으며, 부에는 5항이 있고, 사서가 거주하고 부에는 500명의 군사를 통솔하였다.33)

---

30) 이문기, 앞의 논문, 2007, 310~314쪽.
31) 노중국, 「사비시대 백제지배체제의 변천」 『한우근박사정년기념사학논총』, 지식산업사, 1981, 55쪽.
32) 『주서』 권49, 열전41, 異域上 백제, "都下有萬家 分爲五部 曰上部·前部·中部·下部·後部 統兵五百人"
33) 『北史』 권94, 열전82, 백제, "都下有方 分爲五部 曰上部·前部·中部·下部·後部 部

③ 왕은 도성 내에 있고, 또 도성은 5부가 있고 5부는 전부 달솔이 지휘하며, 왕성은 사방 1리이고 북면은 절벽이며 … 만여 가(家)가 있는데 1부는 500의 군사가 있다.[34]

④ 가을 7월 왕은 신라를 습격하려고 친히 보병과 기병 50명을 거느리고 밤에 구천에 이르렀는데 신라의 복병이 일어나자 더불어 싸웠으나 난병에게 해침을 당하여 죽었다. 시호을 성이라 하였다.[35]

사료 F-①~③은 백제가 왕도를 5개의 부로 나누고 부에 500명씩의 군사를 보유하고 있으며 달솔이 지휘하고 있다는 내용이다. 각 부에 500명씩이면 왕도병력은 2,500명이 된다. 이들 2,500명의 군사는 전업군인과 각 부에서 군역의무를 지는 정남으로 구성된 사비도성 내의 상비군이다. 왕도 5부의 병력 숫자가 신라의 왕도수비와 치안기능을 담당하는 3천명으로 구성된 사자대와 규모가 비슷하고, 지휘자 달솔도 사자대의 지휘자 6두품과 유사함[36]으로 시위대[37]라고도 한다. 고구려 수도에 거주하는 무사가 2천여 명이고, 신라는 왕경에 거주하는 무사가 2,368명임을 감안하여 이들 2,500명을 백제 왕경에 배치된 무사집단[38]이라고도 한다. 이들은 고구려나 신라와 같이 치안과 왕도수비를 담당하는 시위대였다. 시위대 중 왕의 근접경호를 담당하는 소수 정예병력이 있었을 것으로 추정되는데, 이는 사료 F-④의 성왕이 인솔한 보기步騎 50여 기가 해당될 것이다. 따라서 2,500명의 중앙군은 상비군이자 시위대로서 무사집단과 왕도 5부의 정남으로 구성되어 국왕의 시위와 왕도수비를 담당하다가, 전시에는

有五巷 士庶居焉 部統五百人"

34) 『翰苑』 권30, 번이부, 백제, "王所都城內 又有五都(□部) 皆建(□達)率領之 又城中五巷 士庶居焉 … 百濟王城 方一理半 北面累石爲之 城水(□下)可方(□万)餘家 卽五部之所也 一部有兵五百人"

35) 『삼국사기』 권26, 백제본기, 성왕32년, "秋七月 王欲襲新羅 親帥步騎五十 夜至狗川 新羅伏兵發與戰 爲亂兵所害 薨 諡曰聖"

36) 『구당서』 권199, 열전149, 신라, "王之所居曰金城 周七八里 衛兵三千 設獅子隊"

37) 이문기, 「사비시대 백제의 군사조직과 그 운용」 『백제연구』 28, 1998, 286~287쪽.

38) 김종수, 「백제 군제의 성립과 정비」 『역사교육』 103, 2007, 103~104쪽.

출동하기도 하였을 것이다.

그리고 사료에 나와 있는 2,500명의 중앙군 외에 왕도 주위의 산성에 주둔하는 좌장이나 장군의 지휘 아래 동원되는 별도의 중앙군이 존재[39]하였을 것이다. 사비도성이 10,000가家를 이루고 있어 도성의 인구를 50,000명 정도로 보고 가구당 1명씩 군역을 진다면 10,000명이라는 중앙군이나 상비군이 계산되기 때문이다. 이들은 사비도성 주위의 주요 교통로를 따라 축조된 청마산성·석성산성·울성산성·증산성·성흥산성 등의 산성에 주둔하던 군사력의 실체는 별도의 1만여 명에 해당하는 중앙군[40]으로 추정된다.

그 이유는『삼국사기』백제본기에서 좌평佐平·좌장左將·장군將軍이 인솔했던 병력의 수가 수천에서 4만까지[41]되었던 것을 보면 중앙 상비군의 숫자 2,500명은 너무 적기 때문이다. 더욱이 많을 때는 4만 명을 동원하여 출정하는데 중앙 상비군 2,500명을 제외한 나머지를 지방군으로 충원했다고 보기에는 무리가 있다. 결국 사료에서 전하는 왕도의 2,500명은 시위대이며, 별도의 중앙군이 1만 명 정도는 되어야 한다. 그리고 이들 중앙 상비군 중 대부분은 대대로 군역을 계승하는 세병제世兵制로 충원되는 무사로 구성되었다. 다음은 백제의 군사조직에서 대대로 군역을 계승하는 무사층이 있었음을 알 수 있는 사료이다.

> G. 봄, 좌평 해구가 은솔 연신과 함께 무리를 모아 반란을 일으켰다. 왕이 좌
> 평 진남에게 명령하여 군 2천명으로 토벌하게 하였으나 이기지 못하였다.
> 다시 덕솔 진노에게 명령하여 정예군사 500을 이끌고 가서 해구를 공격하

---

39) 박현숙,「백제 군사조직의 정비와 그 성격」『史叢』47, 1998, 63~64쪽.

40) 이문기, 앞의 논문, 1998, 293~296쪽.

41)『삼국사기』권4, 신라본기, 진평왕15, "斬佐平四人士卒二萬九千六白人";『삼국사기』권27, 백제본기, 무왕3, "佐平解讎 帥步騎四萬";『삼국사기』권27, 백제본기, 무왕17, "達率苔奇 領兵八千";『삼국사기』권28, 백제본기, 의자왕2, "將軍允忠 領兵一萬";『삼국사기』권28, 백제본기, 의자왕9년, "王遺左將殷相 帥精兵七千"

여 죽였다. 연신이 고구려로 달아나자 그 처자를 잡아다가 웅진 저자에서
목을 베었다.[42]

위 사료 G에서 좌평 진남이 이기지 못한 반군을 덕솔 진노가 1/4에 불
과한 병력으로 공격하여 주살하였다. 즉 정병 5백 명은 군사 2천명과는
성격을 달리하는 군사였다. 이들 5백 명의 군사는 전문적인 무사집단[43]
으로 추정된다. 다음은 지방군에 관한 사료이다.

H-① [백제는] 동서로 450리 남북으로 900여리이고 치소는 고마성이며, 그 외
는 5방으로 나누고 … 5방에는 각각 달솔로서 방령 1인과 덕솔로서 군장
3인을 두었고, 방은 1,200~700명의 군사를 지휘했으며 … [44]
② 또 5방이 있고, 중국의 도독과 같이 방은 모두 달솔이 지휘했으며 각 방
은 관군이 있고, 큰 곳은 10명 적은 곳은 6명으로 군장은 은솔이었다. 군
현에는 도사를 두어 역시 성주로 … [45]
③ [백제는] 그 나라는 전에 5부로 나누어 37개 군을 통합하고 있었으며 성
은 200개이고 [인구는] 76만호였다.[46]

위 사료 H-①는 『주서周書』이며 『북사北史』·『수서隋書』에도 유사한 내
용이 기록되어 있다. 즉 오방의 방성에는 달솔의 관등을 가진 방령이 700
명 이상 1,200명 이하의 병력을 통솔하고 있다. 사료 H-②는 『한원翰苑』
으로 방령을 중국의 도독으로 표기한 것으로 보아 방령은 군사적 책임자

---

42) 『삼국사기』 권26, 백제본기, 삼근왕2년 A.D.478, "春 佐平解仇與恩率燕信聚衆 據
大豆城叛 王命佐平眞南 以兵二千討之 不克 更命德率眞老 帥精兵五百 擊殺解仇
燕信奔高句麗 收其妻子 斬於熊津市"
43) 김종수, 앞의 논문, 2007, 199~200쪽.
44) 『주서』 권49, 열전41, 백제, "東西四百五十里 南北九百餘里 治固麻城 其外更有五
方 … 五方各有方領一人 以達率爲之 郡將三人 以德率爲之 方統兵一千二百人以下
七百人以上"
45) 『한원』 권30, 번이부, 백제, "又有五方 若中夏之都督 方皆建(□達)率領之 每方管
郡 多者十 少者六七 郡將 皆恩率爲之 郡縣置道使 亦名城主"
46) 『구당서』 권199, 열전149, 백제, "其國舊分爲五部 統郡三十七 城二百 戶七十六萬"

로서의 중요성이 강조[47])되고 있음을 알 수 있다. 또한 큰 방에는 10개 군이 적은 방에는 6~7개 군이 소속되어 있으며, 군에는 덕솔 내지 은솔의 관등인 군장 3인이 지휘하고 있다고 전하고 있다.

한편 사료 H-②, ③의 부와 방, 현과 성을 동일체로 보아 사비시대의 지방 통치조직을 방(부)·군·성(현) 체제로 보고 5개 방, 37개 군, 200~250 개 성(현)[48])으로 보기도 한다.

지방군의 병력수를 계산해보자. 방(부)의 군사는 사료 H-①에 의하면 700~1,200명이다. 5개 방의 군사를 전부 합하면 3,500~6,000명이 된다. 성(현)의 군사는 고이왕 33년에 "성주 직선이 장사壯士 200명을 거느리고 반격하였다"는 내용이나 근초고왕 28년의 "독산성주가 주민 300명을 데리고 신라로 달아났다"는 등의 기사를 통해 성의 군사를 200~300명으로 추정할 수 있다. 따라서 200~250개의 성(현)의 군사는 4만 명~7만 5천명으로 추정할 수 있다. 그런데 방(부)와 현(성)의 중간에 해당하는 군의 군사는 방과 성의 중간으로 계산하여 500명 정도로 추정된다. 그러면 37개 군의 병사는 18,500명이 된다. 따라서 사비시대의 지방군을 방·군·성의 군사를 모두 합하여[49]) 최하 6만에서 최대 10만 명 정도의 상비군을 보유[50]) 하고 있었을 것이다. 그러면 군·현(성)의 군사는 어떤 성격의 군사였을까?

    I. 선운산 장사 사람이 정역(征役)을 나갔는데 기한이 지나도 돌아오지 않았
       다. 그 처가 선운산에 올라 그리워하는 노래를 불렀다.[51])

위 사료 I에 기록된 정역의 의미가 마치 전쟁에 동원된 것처럼 느낌을

---

47) 박현숙, 앞의 논문, 1998, 66쪽.
48) 노중국, 앞의 논문, 1981, 254~259쪽.
49) 이들을 모두 합하면 최하 6만 2천 명에서 최대 9만 9천 5백 명이 나온다.
50) 김종수, 앞의 논문, 2007, 202쪽.
51) 『고려사』 권71, 지25, 악2, 百濟俗樂, "禪雲山 長沙人征役 過期不至 其妻思之 登 禪雲山 望而歌之"

주지만 기한이 정해져 있다는 점에서 변경 요충지로 방수防戍를 나갔던 것으로 해석된다. 이처럼 백제 지방군의 평상시 존재양태는 주요거점인 진성鎭城이나 변경 요충지에는 둔병적 성격을 지닌 토착주민들과 여타지역에서 차출한 상비병이 존재하였다. 그리고 내지의 군·성에는 이들과는 성격을 달리하는 성병들이 군을 단위로 하여 비교적 느슨한 형태로 거주지역에서 복무52)한 것이다. 이들 지방군은 거주지에서 복무하면서 전시에는 동원되었을 것이다. 전시에 동원을 위한 호구조사는 다음 편호編戶에서 알 수 있다.

> J-① [소정방은] 5도독부로 37주 250현을 설치하고 24만호 620만을 각각 편호로 정리하여 ⋯ 53)
> ② 도미는 백제 사람이다. 비록 호적에 편입된[雖編戶] 하찮은 백성[小民]이었지만 자못 의리를 알았다. 그의 아내는 예쁘며 ⋯ 54)

사료 J-①에서 소정방이 정리하였다는 24만 편호는 자연 호를 몇 개 묶어 군호로 편성한 것이다.55) 이 편호는 당이 새로이 만든 것이 아니다. 사료 J-② 도미전에서 보면 이미 백제에서 편호제가 실시되고 있었다. 즉 편호제는 수취제도의 일환으로 일반 민호가 지는 조세와 역역力役이고, 역역은 지방관청에 동원되어 무상으로 노역勞役하는 요역徭役과 병역을 담당하는 군역으로 구분된다. 또한 동원되는 연령은 국내인 년 15세 이상으로 정남의 기준도 마련되어 있어 병농일치적인 성격임을56) 알 수 있다. 이러한 수취제도의 정비와 함께 군사역량을 조직화할 수 있었던 것은, 기존의

---

52) 이문기, 앞의 논문, 1998, 300~302쪽.
53) 「대당평백제국비명」, "凡置 五都督府 卅七州 二百五十縣 戶廿四萬 口六百廿萬 各齊編戶"
54) 『삼국사기』 권48, 열전8, 도미, "都彌 百濟人也 雖編戶小民 而頗知義理 其妻美麗"
55) 김종수, 앞의 논문, 2007, 203쪽.
56) 박현숙, 앞의 논문, 1998, 50~51쪽.

담로제가 왕족 출신의 자제·종족의 파견을 통한 지방통제 방식이었던 것에 반해, 5방제는 군사적 성격의 지방관인 관료조직 체계내의 달솔·덕솔 등을 파견[57]하였기 때문이다. 따라서 이러한 편호제도는 수취제도의 일환이자 전시에 군사를 동원하기 위한 것이었다.

이상과 같이 볼 때 사비시대의 전체 병력 수는 중앙군 12,500명 그리고 지방군 최하 62,000명과 최대 99,500명을 합하면 7만 4천 5백 명에서 11만 2천명까지 가정해 볼 수 있다. 이러한 수치는 신라가 백제 정벌에 투입한 병력 5만에 비하면 너무 많은 수치라고 할 수 있다. 그러나 백제를 큰 나라, 강한 나라라고 한 점[58]이나 신라가 백제를 멸망시키기 위해 당을 끌어들인 점을 고려한다면 일면 타당할 수도 있다.

결론적으로 백제의 군사제도는 한성 도읍기 초기는 읍락의 거수층이나 호민층 등이 백제 소국의 왕 지휘아래 편성되어 주로 방어전쟁에 투입되는 임시적인 것으로, 일종의 명망군으로 출발하였다. 다루왕 때에는 족적族的인 성격의 초기 연맹체 부병이 출현하였으며, 3세기 중후반 고이왕 때에는 백제국伯濟國 중심의 군사연맹체인 부병이 설치되고 위사좌평이 담당하는 중앙군과 병관좌평이 담당하는 지방군으로 구분된다. 4세기 중엽 근초고왕 때는 고대국가의 집권체제인 전 부병을 왕이 직접 통제하는 군사체제로 변화되고, 좌장에게 군령권이 주어지며 동원병력 규모도 3만 명으로 확대되었다. 웅진 도읍기는 무너진 군사조직을 개건하기 위한 노력을 기울이고 있으며 이때 위사좌평 임무에 시위군의 임무가 주어졌다. 사비 도읍기는 왕도를 5부로 나누고 각 부에 500명씩 2,500명과 도성 외곽 산성에 별도의 1만여 명에 해당하는 중앙군을 보유하였고, 중앙군은 시위군의 임무도 수행하였다. 지방은 5방으로 나누고 각 방에는 규모에 따라 700~1,200명의 지방 상비군을 보유하였다. 군에는 군장 3인을 배치하였

---

57) 박현숙, 앞의 논문, 1998, 51~52쪽.
58) 『삼국사기』 권41, 열전1, 김유신.

으며, 성(현)에는 성주나 추장 등이 지휘했을 것이다. 상비군은 진성이나 요충지에 배치되었을 것이며 나머지는 병농일치적인 성격을 가지고 있었다. 그리고 전시에 편호제에 의하여 최하 7만 4천 5백 명에서 최대 11만 2천명까지도 동원할 수 있는 능력이 있었다.

2) 백제부흥군의 전투력

백제부흥군의 전투력은 병력 수, 병종구성, 병력충원 관계 및 외부지원, 무기, 지휘관 등으로 구분해 볼 수 있다.

먼저 병력 수이다. 사비시대 백제의 병력 수는 중앙군과 지방군을 합하여 7만 4천 5백 명에서 11만 2천명까지 추정하였다. 사료에 나타난 나당연합군과의 전투에서 백제군의 피해는 황산벌 전투에서 5천명, 웅진강구 전투에서 수천명, 사비성 전투에서 1만여 명 및 압송 1만 명으로 도합 약 3만 명이 된다.

기록에 나타난 백제부흥군의 병력 수는 좌평 정무의 두시원악 병력, 달솔 여자진의 구마노리성 병력, 1차 백제부성을 포위공격할 때 사비남령·왕흥사잠성에서 참수된 병력 2,200여 명과 임존성에서 거병한 3만 명 등이다. 이중 참수된 병력이 두시원악이나 구마노리성, 임존성 병력과 중복되었는지 알 수 없다. 이를 계산해보면 백제부흥군의 전체 병력 수는 약 3만 2천명 이상이었을 것으로 추정된다.

두 번째, 병종구성이다. 사비시대 백제군사는 갑졸甲卒·보기步騎·정병精兵·갑사甲士·사사死士·병병兵·사졸士卒 등이다. 이중 병兵과 사졸士卒은 전시에 동원된 병농일치적인 지방군으로 추정되며, 나머지는 정예군사로 군사훈련을 받은 상비군으로 볼 수 있다. 한편 백제가 동원 가능한 최소 7만 4천 5백 명 중 6만 2천명 이상 동원[59]되었다. 그중에 나·당의 양공작전에 휘말려 예산~당진 방면에 투입되었던 약 3만의 병력은 동원된 병력

중 주력부대로써 갑졸이나 정병, 갑사였을 가능성이 높다. 계백이 인솔한 5천은 사료대로 수사사帥死士 즉 결사대이다.

세 번째, 백제부흥전쟁 기간 중 병력충원이다. 백제부흥군의 병력 수는 초기에 3만 2천명 이상이었다. 그 후 백제유민들이 호응하여 백제부흥군의 병력은 미흡하나마 일부 충원되었을 것이다. 얼마의 병력이 충원되었는지는 알 수 없다. 하지만 백제인들의 성향이나 백제부흥군의 활동을 볼 때 지속적으로 충원되었을 것으로 짐작된다.

외부로부터의 병력지원은 왜의 지원이 있다. 왜의 지원은 논란이 되고 있는 풍장 귀국시기인 661년 9월 5천명설과 662년 5월 170척설이 있고, 663년 3월 2만 7천명과 663년 8월 백촌강 전투이 1만여 명이 있다. 전체를 합하면 4만 2천명이 된다. 그러나 663년 8월 백촌강 전투에 투입된 1만 명은『일본서기』에 출발기사가 없어, 663년 3월 투입된 남해안에서 작전하던 2만 7천명 중 일부로 추정된다. 이렇게 보면 왜의 지원은 1차로 5천명, 2차로 2만 7천명 도합 3만 2천명이다.

네 번째, 백제부흥군의 무장상태 즉 무기이다.『주서』에 의하면 백제의 무기는 활[弓]·화살[箭]·칼[刀]·창[矟]60) 등이 있다. 한편「당 유인원기공비」에 의하면 661년 백제부성을 포위공격할 때 공성무구인 운제雲梯나 포치砲車61) 등을 가지고 있었다. 이리한 무구 사용은 백제부흥군이 백제유민이 아닌 백제군이었기 때문이며 어느 정도 무기나 무구를 갖추고 있었던 것으로 추정된다.

그런데『일본서기』에 "이전 싸움에서 무기를 다 잃었기 때문에 몽둥이를 들고 싸워 신라군을 깨뜨리고 백제는 그 무기를 빼앗다"62)는 기사가

---

59) 황산벌 전투 5천, 웅진구 전투 수천, 사비성 전투 1만, 당으로 압송 1만, 사비남령 및 왕흥사잠성 참수 2천 2백, 임존성 3만을 합한 숫자이다.

60)『주서』권49, 열전411, 백제, "兵有弓箭刀矟"

61) 포차는 포석을 300보 이상 날리는 長兵武器이다(국방부 군사편찬연구소,『한국의 성곽 공방전 연구』, 국군인쇄창, 2012, 19쪽).

초기에 부흥군의 무기는 전무 상태였음을 암시하고 있다. 몽둥이를 들고 싸웠다면 당시에 개발되었던 괭이, 낫, 쇠스랑 등 농기구[63])도 사용되었을 것이다. 물론 이 기사는 660년 9월 3일에 사미沙彌 각종覺從이 왜에 도착하여 전하는 기사이지만 전적으로 신뢰하기는 어렵다. 백제부흥군은 660년 9월 3일 소정방과 무열왕이 회군한 후 660년 9월 23일과 661년 2월에도 백제부성을 포위공격하고 있기 때문이다. 포위공격 뿐만 아니라 웅진도 차단작전 등 전투를 지속했던 것은 무기를 가지고 있었다는 반증이다. 또한 임존성에서 거병한 3만 명의 백제부흥군은 기존무기를 그대로 가지고 있었을 것이다.

한편 『일본서기』에 "662년 정월에 복신에게 화살 10만개를 지원해 주었다"[64])고 하였다. 그러나 왜의 군수물자 지원은 백제부흥군에게 큰 도움이 되지 않았다. 왜의 군수지원은 660년 9월 1차 백제부성 포위공격, 661년 2월 2차 백제부성 포위공격 그리고 복신의 두량윤성 전투 및 운량도 차단작전 등 백제부흥군이 나·당군에게 공세를 취하고 난 훨씬 뒤인 662년 정월이기 때문이다. 또한 화살 10만개는 부흥군을 3만 명으로 보았을 때 개인당 3개씩밖에 돌아가지 않는 양이다. 물론 지원된 군수물자[65])들은 심리적 도움을 되었겠지만 실질적인 도움은 크지 않았던 것이다.

마지막으로 전투력을 결집시킬 수 있는 지휘관이다. 백제부흥군의 최고지휘관으로는 먼저 도침道琛을 들 수 있다. 도침은 승려로써 660년 9월 23일부터 10월 30일까지 사비에 주둔했던 당의 백제부성을 포위 공격하였다. 그리고 661년 2월부터 3월까지 2차로 백제부성을 포위 공격하였으

---

62) 『일본서기』 권26, 제명천황6년 9월, "兵盡前役 故 以棓戰 新羅軍破百濟奪其兵"

63) 김재홍, 「농업생산력의 발전단계와 전쟁의 양상」 『百濟史上의 전쟁』, 서경문화사, 2000, 45쪽.

64) 『일본서기』 권27, 천지천황 원년 정월, "賜百濟佐平鬼室福信矢十萬隻"

65) 화살 10만 척 외에 실 5백 근, 피륙 1천단, 무두질한 가죽 1천장, 종자용 벼 3천석, 그리고 백제왕에게 준 포 3백단이 있다(『일본서기』 권27, 천지천황 원년).

며 웅진강구 양책전투에서 1만여 명의 사상자를 내기도 하였다. 또한 영군領軍장군이라 칭하며 유인궤와는 서신을 주고받는 등 최고지휘관으로 활동하였으나 얼마 뒤 복신에게 살해당하였다.

복신福信은 부흥전쟁 기간 동안 사료에 가장 많이 등장하는 인물이다. 그는 무왕의 질姪, 종자從子로써 627년에 당에 사신으로 파견되기도 하였다. 복신에 대하여 「당 유인원기공비」에는 5등급으로 되었으나, 『일본서기』에 의하면 3등급 은솔이다. 하지만 전쟁기간 동안에는 상잠霜岑장군이라 칭하였으며 좌평으로 불리었다. 또한 왜에 사신과 포로로 잡은 당군을 보내며 군사를 요청하는 등 외교활동을 하였으며, 왜에 왕자 풍의 귀국을 요청하여 백제왕으로 추대하기도 하였다. 복신은 도침을 살해하였고, 자신도 풍왕에 살해되는 비운으로 종말을 맞았다. 도침과 복신은 그 행적을 기려 오늘날도 부여군 은산면 별신제에 제향되고 있는 인물들이다.

이외에 왜에서 귀국한 백제의 왕자 부여풍夫餘豊이 있고, 두시원악에서 거병한 좌평 정무正武, 구마노리성에서 거병한 좌평 여자진餘自進, 임존성의 흑치상지黑齒常之와 사타상여沙陀相如, 그리고 끝까지 임존성을 지켰던 지수신遲受信 등이 있다. 백제부흥군은 약 3만 명으로 추정되는데 왜 8명만 사료에 기록되었는지 살펴보자.

지휘관으로 볼 수 있는 계층은 백제의 귀족이나 관료 등이다. 귀족이나 관료의 소재를 알아보자. 의자왕이 7월 18일 항복을 한 뒤 8월 2일 무열왕과 소정방 및 여러 장수가 당상에 앉아 항복례[66]를 행하였다. 항복례에는 중앙귀족 및 지방에 파견되었던 관료 및 방·군·성(현)의 책임자들도 모두 참석하였을 것이다. 풍달군의 군장이었던 흑치상지가 항복례에 참석하였으며, 『신당서』에 흑치상지가 좌우 추장 10여 명과 함께 탈출하였다[67]는 기사의 좌우 추장들은 성(현)의 책임자였기 때문이다.

---

66) 『삼국사기』 권5, 신라본기, 무열왕7년.
67) 『신당서』 권110, 열전35, 흑치상지, "常之懼 與左右酋長十餘人遁去"

귀족이나 지방 관료가 몇 명 정도 참석하였는지 가늠해보자. 방(부)·군·성(현)체제에서 지방관으로 파견된 관료는 사료 H-①의 각 군의 군장 3인을 사료 H-③의 5방(부) 37군에 대입하면 방령 및 군장은 116명이 된다. 그리고 200성(현)의 추장(수령)은 200여 명이다. 9월 3일 당으로 압송된 인원이 『삼국사기』에는 1만 2천명[68]이고, 「대당평백제국비명」이나 「당유인원기공비」에 왕과 왕자, 좌평, 달솔 등 700여 명이라 하였다. 700명이라는 수치는 중앙귀족 관료와 지방관, 추장들만을 합한 기록일 것이다. 물론 백제유민을 무마하기 위해서 일부 활용했다는 수령[69]을 제외하였을 것이다.

이러한 상황이었기 때문에 부흥군 지휘관이 사료에 8명만이 기록되었을 것이다. 이는 부흥군을 결집시키고 전투를 수행할 수 있는 지휘관들이 거의 없거나 턱없이 부족했다는 것을 나타낸다. 그 이유는 660년 9월 23일부터 백제부흥군이 백제부성을 포위 공격하자 20여 성이 부응하였고, 백제부흥군이 200여 성을 회복했다[70]고 하였으나 이들을 전투력으로 승화시켰다는 기록이 없기 때문이다. 즉 사료 H-①, ②의 달솔達率·은솔恩率·덕솔德率 등은 군사관계로 파견된 지방 관료들인데 이들과 추장이나 수령들이 당으로 모두 압송되어 지방관들이 부족하였기 때문에 수복된 성들이 부흥군의 전투력으로 승화되지 못한 것이다.

종합하여 보면 백제부흥군은 약 3만여 명으로 추정된다. 백제부흥군의 무기는 국가가 있어 지속적인 공급과 지원을 받는 신라와 당에 비하여는 열악하였지만, 백제군이 기존에 가지고 있었던 무기와 무구 등은 보유하고 있었다. 그리고 662년 왜가 지원했던 병력과 화살 10만 척 등 군수지

원은 시기적으로 늦어 결정적인 도움이 되지 않았다. 백제부흥군을 지휘할 지휘관은 매우 부족하였다.

다시 말하면 전쟁의 특성상 국가가 건재하여 전폭적인 지원을 받아도 전쟁수행은 매우 어렵고 힘든 일이다. 그러나 백제부흥전쟁에 있어 부흥군을 지원해야 하는 백제는 국가라고 할 수 있는 그 실체가 없었다. 따라서 병력충원이나 무기 무구 등 군수지원 면을 고려해 볼 때 백제부흥군은 상당히 열악한 상황에서 전쟁을 수행하였던 것이다.

2. 백제부흥군의 전략목표

백제부흥군은 약 4년간 나당연합군과 치열한 전쟁을 하였다. 하지만『삼국사기』신라본기는 백제부흥군의 행위를 초략抄掠·모략謀略71)·작악作惡72) 등으로, 중국 측 사료는 반叛·반反·반역反逆73) 등으로 표기하여 한낱 도적떼나 반란군의 행위로 치부하였다.

그러나 백제부흥군은 660년 거병한 이래 초기공세 및 2차 공세는 물론 662년 9월 나·당군이 공세로 전환할 때까지도 추구하고자 하는 어떤 방향성과 목표가 뚜렷하였다. 이러한 방향성 즉 큰 줄기는 바로 백제부흥군이 나·당과의 전쟁에서 이루고자 하는 목적이었다. 목적달성을 위한 개별 전투도 나름대로 목표가 있었다. 다시 말하면 백제부흥군이 나당연합군과 대결한 행위는 신라나 당 측의 표현대로 단순한 도적의 노략질이나 반란이 아니었다. 분명한 목적과 목표를 가지고 이를 달성하기 위해 치밀한

---

71)『삼국사기』권5, 신라본기, 무열왕7년, "抄掠(노략질), 謀掠(노략질과 유사)"
72)『삼국사기』권6, 신라본기, 문무왕3년, "作惡(못된짓, 나쁜짓)"
73)『구당서』권84, 유인궤, 권199, 백제, "叛";『신당서』권220, 백제, "反";「당 유인원기공비」, "反逆"

계획을 수립하여 시행하는, 정상적인 군대의 전략과 작전을 구사하는 전쟁이었다.

백제부흥군이 나당연합군과 싸웠던 전쟁의 목적은 「당 유인원기공비」에 도침과 복신이 스스로 흥망계절興亡繼絶이라고 했다는 기록과 『일본서기』에 풍장을 모셔와 왕위를 잇고 백제국을 선포하는 등의 기사에서 알 수 있다. 즉 백제부흥군의 전쟁목적은 신라와 당군을 몰아내고 망한 백제를 다시 일으켜 세우는 것이었다.

그러면 전쟁사적인 측면에서 백제부흥군이 전쟁목적을 달성하기 위한 전략과 목표는 무엇이었는지를 규명해야 한다. 그런데 지금까지 그러한 연구는 보이지 않는다. 단편적인 전투에 대한 성·패나 결과만을 제시하고 있는 실정이다. 따라서 전략의 개념을 정립해 보고 백제부흥군의 목표에 대하여 규명하면서 백제부흥군이 치렀던 주요 전투에 대하여 전쟁사적 측면으로 살펴보자.

1) 군사전략의 개념과 유형

전략에 대해 『합동·연합작전 군사용어사전』은 "승리에 대한 가능성과 유리한 결과를 증대시키고, 패배의 위험을 감소시키기 위해 제수단과 잠재역량을 발전 및 운용하는 術·과학[74]"이라고 정의하였다. 군사용어 해설사전인 『용병술어연구』도 유사하게 정의하고 있으며, 근대 전략가인 전쟁연구가들도 주요 강대국이 설정한 전략의 개념과 정의를 다양하게 부연설명하고 있다.

전략의 개념과 정의가 다양하게 나타나는 것은 전략이라는 용어가 군사 및 국방뿐만 아니라 정치·경제·외교·사회·산업현장 등 다양한 분야에서 활용되고 있으며, 개념자체도 여러 분야로 확대되었기 때문이다. 실례

---

74) 합동참모본부, 『합동·연합작전 군사용어사전』, 국군인쇄창, 2010, 290쪽.

로 관련 용어도 전략무기, 전략정보, 전략공격, 전략예비, 전략공군, 전략폭격, 전략물자 등 다양하다. 또한 전략이란 용어가 접미어로 붙는 경우도 억제전략, 마비전략, 거부전략, 경영전략, 기업전략, 판매전략, 투자전략, 출구전략 등으로 다양하다.

이처럼 다양한 활용으로 그 개념이 다양하게 비춰질 수 있으며, 시대나 상황에 따라 달라졌다고 볼 수도 있다. 하지만 개념이 달라졌다는 것은 적용대상이나 상황이 변수로 작용되었을 뿐 전략이 갖고 있는 본질은 그대로일 것이다. 따라서 전략개념의 본질을 알아보기 위하여 전략의 기원과 변천, 전략의 목표 및 구성요소 그리고 전략의 형태 등을 살펴보자.

(1) 전략개념의 변천과 정의

전략이란 싸울 전戰자와 꾀 략略자를 합해 싸움하는 꾀라는 뜻이다. 이 말은 고대 중국 주周나라 병서인 육도六韜와 위료자尉繚子 등에서 전권戰權·전도戰道·병법兵法·병도兵道라는 용어가 발전된 것으로 권모權謀·모공지법謀攻之法·지략智略·선전지모략善戰之謀略 등의 말과 동등하게 사용되었다. 이와 같이 전략이라는 용어는 주 왕조 초기에는 순수한 군사적 의미로 한정되어 사용되었으나, 춘추전국시대에 접어들면서 무력과 권모를 동시에 구사하는 패권에 의한 징치제가 되면서 비군사적 개념이 포함된 복합개념으로 발전하였다.[75]

한편 서양의 전략(strategy)이란 용어는 고대 그리스 시대에서 그 어원을 찾을 수 있다. 고대 그리스 도시국가들은 방진方陣(phalanx)이라는 형태의 군대를 보유하고 있었다. 이 군대는 Strategia라는 고급장교 계층이 지휘하던 10개 연대를 지휘한 장군직위인 Strategos의 용병술(The art of the General)을 Strategia라고 하였는데 이것이 영어의 Strategy이다. 그리고 기

---

75) 신정도, 『전략학 원론』, 동서병학연구소, 1970, 15~16쪽.

원전 4세기 초부터 Strategos와 Strategia 계층의 세력이 순수한 군사 분야에서 정치에까지 미치게 되었다.[76]

이와 같이 정치와 군사적 개념을 동시에 포함하고 있는 전략이란 용어가 일반적으로 사용되기 시작한 것은 18세기부터였으며 그 이전에는 전술(tactics)이라는 낱말이 일반적으로 사용되었다.[77]

『안보관계용어집』에는 "전술이란 고대 그리스의 tactika라는 말에서 유래되었으며 배열한다·정돈한다는 뜻으로, 전투에서 승리하기 위해 부대를 어떻게 배치하고 이동시켜 전투력을 행사하는가의 술"을 뜻하고 있다. 또한 "전략은 전쟁에서 승리하는 것이요, 전술은 전투에서 승리하는 것"이며, "전략은 군사 분야 최고통치자에 직접 관련된 영역이요, 전술은 예하 지휘관 영역"이고, "전략은 독창적인 측면이 강조되며 전술은 다소 정성적인 측면이 강조"된다. 한편 "전술적 실패는 전략에서 만회가 가능하지만, 전략적 실패는 전술에서 만회가 불가능한 것" 등으로 구분하고 있다.[78]

이러한 전략개념은 전쟁의 근대적 혁명이라고 할 수 있는 나폴레옹 전쟁 이후 확대되어 왔으며 특히 2차 세계대전 이후 더 큰 변화를 가져왔다. 그 이유는 전쟁양상의 확대, 목적과 활동영역의 확대, 수단과 목적의 동시 확대 등과 관계된 것이다.[79] 이처럼 전략개념의 확대변수가 다양하다보니 전략가들도 다음과 같이 다양한 군사전략의 정의를 내리고 있다.[80]

---

76) 육군 교육사령부, 『군사이론 연구』, 대전 교육사령부, 1987, 146쪽.

77) Edward Mead Earle, 『Makers of Modern Strategy-Military Thought from Machiavelli to Hitler』, PRINCETON UNIVERSITY PRESS, 1952, 50~55쪽.

78) 국방대학원, 『안보관계용어집』, 국방대학원, 1991, 120~121쪽.

79) Lider, Julian, 『MILITARY Theory : Concept, Structure, Problems』, England : Swedish Institute of International Affairs : Gower Pub, 1982, pp.192~260 ; 이를 번역한 유재갑, 「전략론-군사전략의 개념과 범위-」『안전보장이론』Ⅰ, 국방대학원, 1991, 395~408쪽 참조.

80) 이종학 외, 『현대 전략론』, 충남대학교출판문화원, 2013, 172~173쪽.

① 군사전략은 작전구상의 術術이며, 전술은 실시의 술이다. -로오란-
② 군사전략은 전쟁이나 전역의 목적을 달성하기 위한 전투운용에 관한 기술이며, 전술은 전투에서의 전투력 사용에 관한 기술이다. -클라우제비츠-
③ 군사전략은 전평시를 불문하고 군대를 창설유지하며, 전쟁을 준비하고 군대를 사용하는 術術이다. -마한-
④ 군사전략은 군이 전쟁을 위한 준비를 취급하고 전쟁으로 결정될 목표를 달성하기 위하여 작전을 조합하는 기술이다. -스베친-
⑤ 전략은 정책의 여러 목적을 달성하기 위하여 군사적 여러 수단을 분배 적용하는 기술이며, 전술은 직접 전투행위를 위하여 병력을 배치하고 지휘하는 기술이다. -리델하트-
⑥ 군사전략은 국가목표를 달성하기 위하여 군사력을 건설하고 운용하는 술과 과학이다. -한국 합동참모본부-
⑦ 군사전략은 무력 또는 무력 위협을 적용하여 국가 정책상의 목표를 달성하기 위하여 한 국가의 군사력을 사용하는 기술 및 과학이다. -미국-
⑧ 군사전략은 전쟁의 발생을 억제, 저지하기 위해 또 일단 전쟁이 개시된 경우에는 그 전쟁목적을 달성하기 위해 국가의 군사력과 기타 여러 가지 역량을 준비, 계획, 운용하는 방책을 말한다. -일본-
⑨ 군사전략은 군사목표를 달성하기 위한 최고 지휘관의 계획된 전반적인 군사계획이다. -이종학-

제시된 정의들을 참고하여 본고에 적용하기 위한 군사전략을 정의해보자. 위의 9개 전략의 정의 중에서 7개는 전쟁의 목적에 대해 말하고 있다. 물론 국가목표, 군사목표, 정책의 목적이나 목표도 전쟁의 목적으로 보아야 한다. 사전적 의미로 목표가 "목적하여 지향하는 실제적 대상"이라고 할 때, 전쟁행위로 달성되는 국가·군사·정책의 목표는 실제적 대상이며 이는 전쟁의 목적이 되기 때문이다. 따라서 군사전략의 개념정의에서 전쟁의 목적달성은 궁극적인 것이라 할 수 있다.

그런데 동양적 전략의 어원에서 보면 전戰자에 략略자가 합쳐져 싸움하는 꾀라는 뜻으로 권모權謀·모공지법謀攻之法·지략智略·선전지모략善戰之謀略 등과 동등하게 쓰인다고 하였다. 이 용어들의 의미를 음미해보면 어떤 행위를 함에 있어 때로는 궁극적인 목적이 직접적으로 드러나거나 보이지 않는 행위 즉 기교로 볼 수 있으며, 이러한 기법을 術術 또는 과학으로 부를 수 있다. 이러한 술과 과학은 개별전투에 적용되기도 하겠지만 개별 전투가 종합된 것이 전쟁이라고 할 때 전쟁 자체에도 술과 과학이 적용될 수 있다.

한편 전역戰役(Campaign)이라는 용어에 대하여 알아보자. 『용병술어연구』에는 "통상 주어진 공간 및 시간 내에 공통목표를 달성하도록 지향된 일련의 관련된 군사작전"[81]이라고 정의하였다. 또한 합동참모본부에서 발행한 『합동·연합작전 군사용어사전』에도 "전략적·작전적 목표를 달성하기 위해 실시하는 일련의 연관된 주요 작전들"[82]로 정의되어 있다. 그러므로 개별전투와 관련된 일련의 전투 모두가 전역이 되며 전쟁행위의 주체로 볼 수 있다. 따라서 군사전략은 전쟁목적을 달성하기 위한 전역의 작전방법에 있어서의 술과 과학이라고 할 수 있다.

(2) 전략의 구성요소

테일러(Maxwell D. Taylor : 전 미 육군참모총장) 장군은 1981년 미 육군전쟁대학을 방문했을 때 전략을 목표와 방법 및 수단으로 구성되는 것으로 특징화하였다. 이 개념을 등식으로 설명하면 다음과 같다.[83]

전략 = 목적(지향하는 목표) + 방법(행동방안)
   + 수단(특정 목적을 달성하기 위한 도구)

위 개념은 일반적인 것으로 여기에서 군사전략을 도출해내고 있다. 즉 목적은 군사목표로 표현할 수 있으며, 방법은 군대를 사용하는 여러 가지

---

81) 김광석 편저, 『용병술어연구』, 병학사, 앞의 책, 1993, 487쪽.
82) 합동참모본부, 앞의 책, 2010, 305쪽.
83) JCS pub. Ⅰ : 『*Dictionary of Military and Associated Terms*』, Washington : US Department of Defense, 1 June 1979, p.217.

방안과 관련된다. 수단은 임무를 달성하기 위한 군사자원(인력, 물자, 금전, 부대 등)으로 표현된다. 이 등식에 대한 다음 정의는 미국 합동참모본부와 의견을 같이 하는 것이다.[84)

군사전략 = 군사목표(Military Objectives) + 군사전략개념(Military Strategy Concepts) + 군사자원(Military Resources)

위 등식에서 "군사전략의 정의에서 궁극적인 목표는 국가 정책목표이다. 순수하게 군사적이거나 정치적인 목표는 거의 존재치 않는다"[85)고 하거나 "국가전략은 국가목표를 달성하기 위한 것이며 군사전략은 국가전략의 일부분이다"[86) 등 군사목표를 국가전략의 국가목표와 중복하여 보거나 일부분으로 보기도 한다. 또한 군사전략 개념을 전략적 상황의 예측결과로 채택된 군사행동 방안으로 정의하고 그 예를 미국의 전진방어전략, 전략예비, 집단안보 및 안보협력 등으로 본다. 그리고 군사자원은 능력을 결정하는 부분이며 그 예로서 재래식 또는 비 재래식군사력, 전략 및 전술핵부대, 현역 및 예비부대, 인력, 전시물자 및 무기체계 등을 포함한다고 보기도 한다.[87)

그러나 위 군사전략 개념과 등식은 미국에서 개발된 다분히 미국적인 개념이다. 물론 미국은 2차 세계대전 이후 세계경찰국가 역할을 하면서 나름대로 축적된 군사·전략적 노하우를 바탕으로 현대적 의미의 타당한 전략개념을 세웠다. 또한 위 개념과 등식에 대한 해설 역시 오늘날과 같이 지역안보가 국제협력을 필요로 하는 시대에, 과학화된 무기체계 등과

84) Arthur F. Lykke, Jr. 「Towards an Understanding of Military Strategy」『MILITARY : Theory And Application』, U.S. Army War College, May 1982, 3-1~3-5쪽.
85) 윤형호, 『전략론』, 도서출판 한원, 1994, 38쪽.
86) 황성칠, 『군사전략론』, 한국학술정보(주), 2013, 28쪽.
87) 윤형호, 앞의 책, 1994, 38~39쪽.

더불어 현대적 의미에서는 타당하다. 그러나 상당부분 미국적인 개념과 해설임을 부인할 수 없다.

이는 미국적이어서 인정할 수 없다는 것이 아니다. 실전경험이 많은 미국의 전략개념에 대한 등식은 매우 타당하다. 하지만 미국적 특성에 맞게 설계되고 제시된 개념이라는 것이다. 즉 미국이 제시하고 있는 군사전략 개념은 미국의 시각에 의한 전쟁양상의 시대적 변화에 따른 것으로 모든 국가, 모든 시대, 모든 전쟁에 일률적으로 적용하기는 곤란하다.

왜 미국적이라고 보거나 미국적 특성이 있다고 하는가? 미국은 경제적으로도 군사적으로도 세계 제1의 강국이다. 또한 미국의 전역戰役은 전 세계를 무대로 하고 있다. 더군다나 미국은 전 세계 어느 곳이라도 필요한 전력을 필요한 시기에 투사할 수 있는 거대한 능력을 구비하고 있다. 이는 목표만 주어지면 방법이나 수단은 크게 문제가 되지 않는다는 것이다.

따라서 테일러가 제시한 전략의 등식은 개념적인 면에서 참고로 할 수 있으나, Colonel Arthur F. Lykke, Jr.나 미 합동참모본부의 군사전략 등식의 각론에 해당하는 구성요소에 대해서는 적용하고자 하는 지역·시대·상황에 맞게 재해석하여야 한다.

이에 본고에 적용할 군사전략의 구성요소는 재래식 전쟁임을 고려하여 다음과 같이 설정할 수 있다. 첫째, 목적(지향하는 목표)은 군사목표이다. 목표는 부대의 가용전투력을 운용하여 확보 또는 달성해야 할 대상[88]이다. 군사는 부대 또는 병력을 뜻하므로 각 개인은 물론 소부대로부터 대부대까지 망라할 수 있다. 목표는 확보 또는 달성되어야 하는 대상이라고 하였다. 따라서 적의 병력·부대·지역·적의 의지·강화講和 등 다양하게 설정할 수 있다. 또한 군사목표는 궁극적으로 국가정책 목표이므로 각각의 다양한 목표는 전체목표에 기여하는 목표가 되어야 할 것이다.

---

88) 합동참모본부, 앞의 책, 2010, 119쪽.

둘째, 방법(행동방안의 주체)은 군사의 행동방안이다. 즉 행동방안의 주체
는 각 개인은 물론 소부대로부터 대부대까지 모두 해당될 수 있다. 여기
서 각자의 역할에 따라 구분되어지는 행동방안은 다를 수 있지만 전시 각
급부대의 운용으로 보아도 무방하다. 그러한 부대운용은 주·조공부대, 예
비, 기동·양동·양공부대, 포위·돌파부대 등 지휘관의 계획에 의해 부여된
임무에 따라 달라질 것이다. 따라서 방법은 각급부대의 역할에 따른 부대
운용으로 정리할 수 있다.

셋째, 수단(특정목적을 달성하기 위한 도구)은 군사전략에 있어서는 무기체
계나 병력 등 가용수단이다. 또한 가용수단을 원활하게 운용할 수 있는
자금이나 인적·물적 자원 등도 포함될 것이다. 따라서 수단은 한 국가의
가용한 상비 및 동원전력의 총합인 총체전력으로 표현할 수 있다.

이와 같은 군사전략의 구성요소는 테일러(Maxwell D. Taylor)가 특징화한
전략의 등식과 미국 합동참모본부의 의견을 종합하여 도출하였다. 또한
고대의 재래식 전쟁임을 감안하여 군사전략의 목적은 군사목표로 보았으
며, 방법으로는 각급부대의 운용 그리고 수단은 가용한 총체전력으로 보
았다.

(3) 전략의 유형

전략의 유형은 다양하며 전쟁의 형태, 사용되는 무기, 억제된 전쟁의
종류, 전쟁방식의 기준, 주요 작전상 견해, 전쟁환경, 적용시간 등에 따라
구분한다.[89] 또한 크게 봐서 전략의 유형을 평시 전쟁억제를 위한 억제전
략과 억제가 실패했을 경우 국가방위를 위한 방위전략, 그리고 전·평시
기타전략으로 구분하기도 한다.[90]

한편 André Beaufre는 가용한 상대적 수단이나 문제점의 중요성에 따

---

89) 윤형호, 앞의 책, 1994, 53~62쪽.
90) 황성칠, 앞의 책, 2103, 40쪽.

라 다음과 같은 상이한 여러 유형으로 분류[91]하고 있다.

① 만약 목표가 적당히 중요하고 가용수단이 크다면, 직접위협(the direct threat)전략을 사용할 수 있다. 이는 핵무기 출현의 결과로 크게 유행하고 있으며 이것은 커다란 억제전략(deterrent strategy)구조의 기초가 되었다.

② 만약 목표가 어느 정도 중요하고 가용한 수단이 결정적 위협을 가하기에 부적당하다면, 은밀하고 교활한 정치·외교·경제적인 방법에 의한 간접압력(indirect pressure)전략이다. 이는 히틀러와 소련이 자주 사용하였다.

③ 만약 행동의 자유와 가용한 수단이 제한되어 있지만 목표가 대단히 중요하다면, 직접위협과 간접압력이 제한된 병력사용과 결합된 일련의 연속적인 행동(a series of successive actions)을 하는 유형이 있다. 이는 히틀러에 의해 1935~1939년까지 운용되었으나 목표가 별로 중요하지 않을 때에만 성공하였다. 연속적인 단계에 의한 이 간접접근 방법은 운용수단이 소규모였기 때문에 18세기 유럽전쟁에서 자주 그 양상을 볼 수 있었다.

④ 만약 행동의 자유는 많지만 가용수단이 군사적인 결정적인 승리를 보장하기에 부적당하다면, 장기투쟁의 전략을 채택하는 것이 좋다. 이때 목적은 적의 사기를 저하시키고 적을 피로케 하는데 있다. 이러한 군사적으로 소극적인 지구전(a protracted struggle, but at a low of military intensity)유형은 식민지 해방전쟁에서 성공적으로 사용되었다. 이 유형의 주 이론가는 모택동이다. 이 전략의 선행조건은 고도의 국민적 단결심이 있어야 한다.

⑤ 만약 가용한 수단이 충분하다면, 결정적 승리를 목적으로 하는 치열한 싸움(violent conflict aiming at military victory)을 하는 유형이 있다. 이는 나폴레옹 시대의 고전적 전략이다.

이와 같이 구분한 André Beaufre는 이것이 완전한 분류라기보다 한 예로써 고려되어야 한다고 하였다. 따라서 André Beaufre가 설정한 유형에

---

91) André Beaufre, 『*An Introduction to Strategy*』, Frederick A, Praeger, New York, N.Y. 1966(국방대학원 안보문제연구소, 『전략론』, 공화출판사, 1975, 30~33쪽).

모든 전쟁을 꿰어 맞춤으로써 전략의 유형을 도출해 낼 수는 없다. 단지 전쟁에 활용되었을 군사전략을 분석해내는 틀 내지는 기준이 될 수 있을 것이다.

지금까지 전략의 어원과 개념 그리고 변천과정 등을 알아보고 군사전략의 구성요소와 유형에 대하여 검토하였다. 이를 바탕으로 백제부흥전쟁을 지휘했던 전쟁지휘부의 전쟁목적 달성을 위한 목표는 무엇이었으며, 어떠한 전략을 구상하였는가를 살펴보자.

2) 백제부흥군의 전략목표

(1) 백제 고지에 대한 당의 지배체제

백제부흥군의 전쟁목표를 알아보기 위해서는 백제지역에 주둔하였던 당군이 파악되어야 한다. 백제지역에 주둔하였던 당군의 실체는 당의 백제에 대한 지배체제에서 그 전모를 알 수가 있으며, 백제지역에 주둔하였던 당군의 최고위 관직 등에서 구체적으로 파악할 수 있다.

660년 백제를 멸망시킨 당은 백제에 5도독부 37주 250현을 설치하고,[92] 백제의 우두머리들을 발탁하여 도독·자사·현령에 임명하였다.[93] 그리고 낭장 유인원에게 명하여 백제성을 지키게 하였다. 원래 백제는 5부 37군 200여 성(현)이었는데 당이 부·주·현이라는 자신들의 지방제도를 설치하고 현지인을 통한 간접지배인 기미정책羈縻政策[94]을 실시하고자 하였다. 그런데 최고 책임자였던 낭장 유인원의 직함이 사료마다 상이하다.

---

92) 「대당평백제국비명」, "凡置五都督 州七州 二百五十縣"
93) 『구당서』 권199, 열전149, 백제, "至是乃以其地分置熊津·馬韓·東明等五都督府 各統州懸 立其酋渠爲都督·刺史及縣令命"
94) 중국 역대왕조가 다른 민족에게 취한 간접 통치책으로, 부·주·현을 두어 자치에 맡기고 도호부 등을 두어 감독하였다(교학사, 『한국사대사전』, 교학사공무부, 2013, 253쪽).

유인원의 직함에 대하여 알아보자.

> K-① 당시 소정방은 백제를 평정하고 낭장 유인원이 백제부성을 진수토록 하
>   였다.[95]
> ② 지역 전체 유민들이 예전과 같이 편안히 여겼다. 이에 [조정에서] 군을
>   도호겸 지유진(知留鎭)으로 삼았다.[96]
> ③ 웅진도호 유인원이 멀리서 고립된 성을 지킬 때 사면이 모두 적이어서
>   … [97]
> ④ 웅진도독 유인원과 대방주자사 유인궤가 웅진 동쪽에서 백제를 대파하고
>   … [98]

사료 K-①의 기사는 660년 9월 소정방이 회군하면서 낭장 유인원 등
1만의 당군을 남겨 백제부성을 지키도록 하였다는 것이다. 신라도 왕자
인태 등 7천명이 함께 잔류하였다. 이때 유인원의 직위는 낭장郎將으로 품
계는 정오품正五品[99]이다. 그런데 사료 K-②, ③, ④에서는 도호都護 또는
도독都督으로 기록되어 있다. 도호나 도독의 품계는 정삼품正三品[100]이다.
두 단계나 승진하였다. 그런데 유인원의 직함을 「당 유인원기공비」와 '답
설인귀서'에 기록된 대로 도호라고 하였지만 백제에 도호부都護府가 설치
되었다는 기록은 없다. 그리고 두 기록의 시점은 유인원이 웅진도독으로
기록된 662년 이후이다. 따라서 유인원의 도호라는 직함을 오기[101]라고

---

95) 『구당서』권84, 열전34, 유인궤, “時蘇定方旣平百濟 留郎將劉仁願於百濟府城鎭守”
96) 「당 유인원기공비」, “合境遺黎 安堵如舊 設官分職 各有司存 卽以君爲都護兼知留
  鎭”
97) 『삼국사기』권7, 신라본기, 문무왕11년, “熊津都護劉仁願遠鎭孤城 四面皆賊”
98) 『자치통감』권200, 당기16, “熊津都督劉仁願帶方州刺史劉仁軌大破百濟熊津之東”
99) 『신당서』권49, 백관4, “中郎將正四品下 左右郎將正五品上 上將軍從二品 大將軍
  正三品”
100) 『신당서』권49, 백관4에서 중도독부 또는 상도호부로 보았다. “大都督府 都督 從
  二品 中都督府 都督 正三品 … 大都護府 大都護 從二品 … 上都護府 都護 正三
  品”
101) 김수미, 「백제부성의 실체와 웅진도독부체제로의 전환」『역사학연구』28, 2006,

보기도 한다.

그러나 금석문인 사료 K-②는 "전체 유민들이 예전과 같이 편하게 여기고 관직을 설치하여 직분을 나눠 각기 맡은 바가 있게 한 공로로 도호都護겸 지유진知留鎭으로 삼았다"고 하였다. 금석문은 문서에 비해 오래 남으며 도호와 같이 품계를 2단계나 높인 허위사실을 기재할 경우 직위사칭으로 문제가 될 수 있다. 그러므로 「당 유인원기공비」가 오기했거나 허위사실을 기재했을 가능성은 낮다.

하지만 K-④는 유인원을 도독이라 하였다. 이는 웅진도독 왕문도가 죽자 파견된 유인궤와 함께 662년 백제부흥군을 대파했다는 기사다. 웅진도독 유인원과 왕문도, 그리고 대방주 자사 유인궤에 대해 검토해보자.

L. 또 좌위낭장 왕문도를 웅진도독으로 삼아 그[백제의] 나머지 무리를 안무토록 했는데, 왕문도는 바다를 건너가 병으로 죽었다. 백제에서는 승려 도침과 옛 장수 복신이 ⋯ 부성의 유인원을 포위하였다. [이에] 유인궤에게 조서를 내려 임시로 대방주자사의 직을 맡아 왕문도 대신에 무리를 통솔하도록 하고, 지름길로 신라군을 동원하여 힘을 합쳐 유인원을 구하도록 하였다. ⋯ 유인원이 경사로 돌아오자 고종이 이르기를 ⋯ 따라서 유인궤에게 6계단을 특진시켜 정식 대방주자사로 제수하였다.102)

사료 L에서 낭장 유인원이 사비성에 수눈하고 있는데도 왕분도가 웅진도독으로 온 이유에 대하여 다음과 같은 견해가 있다. 660년 8월 복신과 도침에 의해 임존성에서 일어난 백제부흥운동이 순식간에 확산되자, 다급해진 당은 9월 웅진도독에 왕문도를 임명하여 파견하였다103)는 것이다.

38~39쪽.

102) 『구당서』 권84, 열전34, 유인궤, "又以左衛中郞將王文度爲熊津都督 ⋯ 文度濟海病卒 百濟僞僧道琛 福信 ⋯ 圍仁願於府城 詔仁軌檢校帶方州刺史 代文度 統衆便道發新羅兵合勢以救仁願 ⋯ 仁願旣至京師 上謂曰 ⋯ 因超仁軌六階 正授帶方州刺史"

103) 김종복, 「백제와 고구려 고지에 대한 당의 지배 양상」 『역사와 현실』 78, 2010,

한편 유인원이 도호에 임명된 사실은 도호부가 사비성에 설치되었지만, 도호부가 백제부흥운동 때문에 실현되기 어려웠고, 웅진도독에 백제인이 아닌 왕문도를 임명한 점은 현지인을 통한 간접지배가 애초부터 지켜지지 않았음을 보여준다104)는 것이다.

그런데 사료 L을 보면 당은 유인궤를 검교105) 대방주자사로 임명하였다. 이는 661년 2월의 기사로써 660년 9월에 죽은 왕문도의 무리를 통솔하는 임무를 대신하는 것이다. 웅진도독을 대신한 것은 아니다. 그리고 유인궤가 정식 대방주자사106)가 된 시기는 663년 주류성 함락 후의 기사이다. 즉 이때까지 웅진도독은 K-④와 같이 유인원이었다.

> M-① 백제의 여러 성은 모두 다시 귀순하였다. 손인사와 유인원 등은 군사를 거두어 돌아왔다. 유인궤에게 조서를 내려 유인원을 대신해서 군대를 이끌고 진수하도록 했다. 이에 부여융에게 웅진도독을 제수하고, 본국으로 돌아가 신라와 화친하여 그 나머지 무리들을 초무토록 했다.107)
> ② 동 10월 경진에 검교웅진도독 유인궤가 글을 올려 아뢰기를 … 108)
> ③ 유인원은 군대를 정렬하여 귀환하고 유인궤가 남아서 대신 지키도록 했다. 인덕 2년[665]에 [부여융은] 신라왕과 웅진성에서 회동하여 백마를 잡아 맹서하였다. … 유인원 등이 환국하자 부여융은 그 무리가 이산될까 두려워 역시 경사로 돌아왔다.109)

76~77쪽.

104) 김종복, 앞의 논문, 2010, 75~76쪽.

105) 정원 외에 임시로 늘리거나, 실제 사무를 보지 않고 이름만 가지고 있게 할 때에 그 벼슬 이름 앞에 붙이던 말이다(고려출판사, 『한국사대사전』, 대신문화사, 1996, 54쪽).

106) 유인궤는 이전에 요동을 정벌할 때 수군을 총지휘하다가 제때에 당도하지 못하여 면직되었다가 검교에서 정식 대방주 자사로 6계단이나 승진하였다(『구당서』 권84, 열전34, 유인궤).

107) 『구당서』 권199, 열전149, 백제, "百濟諸城皆復歸順 孫仁師與劉仁願等振旅而還 詔仁軌代仁願率兵鎭守 乃授扶餘隆熊津都督 遣還本國 共新羅和親 以招輯其餘衆"

108) 『자치통감』 권200, 당기16, 인덕 원년, "冬十月庚辰 檢校熊津都督劉仁軌上言"

사료 M-①은 663년 백제의 주류성이 함락되어 부흥전쟁이 종결된 후의 기사이다. 백제 고토에서 저항세력이 없어진 후 당은 조서를 내려 유인궤가 대신하여 지키도록 하면서, 부여융을 웅진도독으로 임명한 것이다. 그러나 사료 M-②에서 '검교 웅진도독 유인궤'라 하여 유인궤가 실권자였음을 알 수 있다. 부여융은 사료 M-③과 같이 신라 문무왕과 회맹을 맺기 위한 허수아비였다. 그러기에 회맹 후 무리가 이산될까 두려워하여 당으로 돌아가고 있다. 이를 토대로 당의 관직 담당자를 정리하면 다음 표와 같다.

〈표 6〉 도호 및 도독의 시기별 담당자[110]

구 분	660년	661년	662년	663년	664년
도 호		유인원			
웅진도독	왕문도	〈유인궤〉 왕문도의 무리만 통솔	유인원 (〈유인궤〉)		부여융
대방주자사		(유인궤)	(유인궤)	유인궤	유인궤
비 고		( )는 檢校, 〈 〉는 代行			

심정보는 대방주에 대하여 "『고려사』 지리지 남원부조의 대방군 설치 기사는 『삼국유사』의 '조위曹魏시절에 처음 남대방군을 두었는데 지금 남원부今南原府'라고 한 기록에서 비롯된 오류이다. 이를 답습하여 『동국여지승람』 남원부 고적조에 대방주자사 유인궤의 유적지가 기록되게 되었다. 유진당군의 활동지역은 사비성과 웅진성에 국한되었으며 5도독부는 일시적인 설치계획에 불과하였다. 661년 2월부터 665년 8월까지 백제 고

---

109) 『신당서』 권202, 열전145, 백제, 仁"願勒軍還 留仁軌代守 帝以扶餘隆爲熊津都督 … 麟德二年 與新羅王會熊津城 刑白 馬以 … 仁願等還 隆畏衆攜散 亦歸京師"

110) 이 표는 방향숙, 「백제고토에 대한 당의 지배체제」 『한국사학논총－고대편－』, 일조각, 1994, 318쪽의 내용을 수정한 것이다.

지에 머물렀던 유인궤는 1도독부 7주가 설치되기 이전에 대방주자사로 있었다. 대방주자사는 과거의 대방군의 명칭을 차용한 관직명으로 백제 고지의 대방주와는 관계가 없다"[111]라고 하였다.

방향숙은 유인원의 도호에 대하여 "사료 K-① 『구당서』등의 백제부성을 백제부百濟府의 성성城으로 볼 때 백제고토를 총괄하는 부府의 성이라는 뜻이다. 백제부성을 고유명사로 보아 백제지역의 한 부성으로 본다 해도 그 위치는 백제의 옛 수도인 사비에 어떤 부府가 존재하였음은 의심의 여지가 없다. 그런데 5도독부인 웅진·마한·동명·금련·덕안 중에서 사비의 명칭은 보이지 않는다. 이들 지역 중 하나가 사비로 고증되지 않은 이상 사비의 부를 도독부로 볼 수 없다. 그리고 유인원의 관직이 도호였으므로 백제부는 도호부로 보는 것이 타당하다. 더구나 사비가 백제의 수도였다는 점을 감안할 때 더욱 그러하다"[112]고 하였다.

또한 "사비성이었던 백제도호부는 백제부흥군의 주 공격 대상이었으므로 제 기능을 발휘하지 못하고, 유인원의 관직이 웅진도독으로 기록된 662년 7월 이후에 웅진으로 옮겨갔다. 즉 초기에 백제도호부를 두어 고구려와 신라를 점령하기 위한 전진기지로 삼고자 하였으나 백제부흥군의 강력한 저항으로 도독부체제로 전환한 것"[113]이라고 하였다.

이와 같이 당의 백제 고지지배 정책이 도호부체제에서 도독부체제로 바뀌었는지, 아니면 실제 도호부체제 운용 없이 유인원의 직책만 고려하였는지 논란이 있다. 또한 사비(부여)에서 웅진(공주)으로 옮겨 갔다고 하는 등 논란이 많다. 하지만 도호부였든 도독부였든 이들은 백제부흥군의 군사적 전략목표였다. 그런데 백제부흥군의 군사전략을 알아보려면 전략목표에 대한 지리적 위치가 정해져야 한다. 이에 문제가 되고 있는 웅진도

---

111) 심정보, 「백제고지 대방주고」 『백제연구』 18, 1987, 32쪽.
112) 방향숙, 앞의 논문, 1994, 314~315쪽.
113) 방향숙, 앞의 논문, 1994, 317~319쪽.

독부의 지리적 위치를 규명해보자.

(2) 웅진도독부의 지리적 위치

백제부흥군의 군사전략 목표는 당의 관부였던 백제도호부都護府나 웅진
도독부熊津都督府로서 부府를 구성하고 있는 당군이 공격 대상이었고 최종
목표는 그들의 철수였다. 그런데 당의 관부의 위치가 사료에 사비와 웅진
으로 기록되어 있어 혼선이 있다. 이에 웅진도독부의 지리적 위치를 알아
보기 위해서 먼저 당군이 사비성에 주둔했을 것으로 판단되는 사료를 검
토해보자.

> N-① 당시 소정방은 백제를 평정해서 낭장 유인원을 백제부성에 남겨 진수하
> 도록 하였다. … 백제에서는 승려 도침과 옛 장수 복신이 무리를 이끌고
> 다시 반란을 일으켜 옛 왕자 부여풍을 왕으로 옹립하였으며, 군사를 거느
> 리고 도성에서 유인원을 포위하였다. [당에서는] 유인궤에게 조서를 내려
> 임시로 대방주 자사의 직을 맡아 왕문도 대신에 무리를 통솔하도록 하고,
> 지름길로 신라군을 동원하여 힘을 합쳐 유인원을 구하도록 했다.[114]
> ② 이에 [그나라를] 웅진·마한·동명·금련·덕안의 다섯 도독부로 나누어 설치
> 하였다. 우두머리를 발탁하여 이를 다스리게 하였으며, 낭장 유인원에게
> 명하여 백제성을 지키게 하고 좌위낭장 왕문도를 웅진도독에 임명하였
> 다.[115]
> ③ 처음에 … 백제를 평정하고 낭장 유인원을 남겨두어 백제의 부성에서 진
> 수하게 하였다. … [도침과 옛 장수 복신이] 부성에서 유인원을 포위하였
> 다.[116]

---

114) 『구당서』 권84, 열전34, 유인궤, "時蘇定方旣平百濟 留郞將劉仁願於百濟府城鎭
守 … 百濟爲僧道琛 舊將福信率衆 復叛 立故王子扶餘豐爲王 引兵圍仁願府城 詔
仁軌檢校帶方州刺史 代文度統衆 便道發新羅兵合勢以救仁願"

115) 『신당서』 권220, 열전145, 백제, "乃析置熊津·馬韓·東明·金蓮·德安五都督府 擢
酋渠長治之 命郞將劉仁願守百濟城 左衛郞將王文度爲熊津都督 … 以劉仁軌代
之"

116) 『자치통감』 권200, 당기16, 고종 용삭 원년, "初 … 平百濟 留郞將劉仁願鎭守百
濟府城 … 引兵圍仁願於府城"

④ 낭장 유인원이 군사 1만 명으로써 사비성에 남아 지켰는데, 왕자 인태가 사찬 일원, 급찬 길나나와 함께 군사 7천명으로써 그를 보좌하였다.[117]

⑤ 낭장 유인원이 도성을 지키게 하고 … [복신과 도침이] 도성에 있던 유인 원을 포위하였다.[118]

⑥ [복신과 도침이] 낭장 유인원을 웅진성에서 에워쌌다. [유인궤가] 이전 도 독 왕문도와 우리 군사를 통솔하여 … [119]

⑦ 한병[당군사] 1만 명을 남아있게 하고, 신라도 역시 아우 인태를 보내 군 사 7천명을 거느리고 함께 웅진에 머무르게 하였습니다. [당나라] 대군이 돌아간 후 적의 신하 복신이 [웅진]강의 서쪽에서 일어나 … 부성을 에워 싸고 공격하여 … 거의 함락지경이었습니다.[120]

중국 측 사료는 N-①~③에서 660~661년 유인원이 있던 곳을 백제부 성·부성·백제성 등으로 표기하고 있다. 이들은 백제멸망 직후의 기사로 써 백제의 도성都城 사비(부여)가 분명하다. 그런데 한국 측 사료인『삼국 사기』는 사료 N-④~⑦과 같이 사비성·도성·웅진성· 웅진·부성 등으로 표기하고 있어 혼란스럽게 보인다. 웅진(공주)으로 표현한 부분에 대한 검 토가 필요하다.

사료 N-⑥에서 웅진성의 유인원을 포위했다는 내용은 660년과 661년 의 기사이다. 이를 문무왕 3년(663년)조에 기록한 것 자체가 맞지 않을뿐 더러, 복신과 도침이 포위한 사비성을 웅진성으로 기록한 것도 명백한 오 류이다. 사료 N-⑦ 문무왕의 '답설인귀서'에서도 당병 1만과 신라군 7천 명이 웅진에 함께 진을 쳤고 소정방이 돌아간 뒤 복신이 부성을 포위했다

---

117)『삼국사기』권5, 신라본기, 무열왕7년, "郎將劉仁願以兵一萬人留鎭泗沘城 王子 仁泰與沙飡日原·級飡吉那 以兵七千副之"

118)『삼국사기』권28, 백제본기, 의자왕20년, "命郎將劉仁願守都城 … 引兵圍仁願於 都城"

119)『삼국사기』권6, 신라본기, 문무왕3년, "圍留鎭郎將劉仁願於熊津城 … 統前都督 王文度之衆與我兵"

120)『삼국사기』권7, 신라본기, 문무왕11년, 답설인귀서, "留漢兵一萬 新羅亦遣弟仁 泰 領兵七千 同鎭熊津 大軍廻後 賊臣福信 起於江西 … 圍逼府城 先破外柵 摠奪 軍資 復攻府圍 … 幾將陷沒"

고 하여 웅진성을 포위한 것으로 기록하고 있다. 소정방이 돌아간 뒤라고 하였으므로 사비성이라고 해야 맞다. 이 또한 사비(부여)를 웅진(공주)으로 잘못 기록한 명백한 오류이다.

하지만 이 사료는 671년에 작성된 외교문서로써 가치가 매우 높은 것이다. 그런데 왜 사비를 웅진으로 기록했을까? 오류라기보다는 사비라는 지명이 당 측 어떤 사료에도 보이지 않는 것으로 보아, 당시 당에서는 사비(부여)가 웅진(공주)으로 불렸을 것이다. 따라서 신라는 외교문서에 설인귀가 알기 쉽게 사비를 웅진으로 표현한 것으로 추정된다. 그런데 연구자들은 사비와 웅진을 구분하여 보고 당의 관부가 사비성에서 웅진성으로 옮겨갔다고 하고 있다. 당의 관부가 사비에서 웅진으로 옮겨 간 것으로 추정하는 근거로 삼는 사료를 보자.

> O. 가을 7월 정사에 웅진도독 유인원과 대방주 자사 유인궤가 웅진의 동쪽에서 백제를 대파하고 진현성을 함락시켰다. 처음에 유인원과 유인궤 등이 웅진성에 주둔해 있었다. 〈고이에 이르기를 지난해에 도침과 복신이 유인원을 백제의 부성에서 포위하였는데, 지금은[도] 오히려[아직][尚] 웅진성에 있다고 하였는바, 혹자는 이를 한성이라고 한다. 아니면 포위를 풀고 난 뒤에 웅진성으로[옮겨]가 주둔해 있었던 것이라고 들었다.〉[121]

사료 O는 『자치통감』 용삭 2년(662)의 기사이다. 사료의 찬자인 사마광司馬光은 유인원과 유인궤가 처음에 웅진성에 주둔해 있었다고 하였다. 하지만 고이考異를 인용하며, 한성인지 포위를 풀고 옮겨 간 것인지 의문을 제시하고 있다. 그 이유는 다음과 같이 볼 수 있다. 사마광은 『자치통감』의 현경 5년(660)의 기사를 작성할 때 『북사』를 인용하여 백제의 5방 중

---

121) 『자치통감』 권200, 당기16, 용삭2년, "秋七月丁巳 熊津都督劉仁願 帶方州刺史劉仁軌 大破百濟於熊津之東 拔眞峴城 初 仁願·仁軌等屯熊津城〈考異曰 去歲道琛·福信圍仁願於百濟府城 今云尚在熊津城 或者共是一城 不則圍解之後 徒屯熊津城耳〉"

북방에 웅진성이 있다[122]고 하였다. 그런데 위 사료에 나오는 대로 처음에 웅진성에 있었다고 하니 북방에 웅진성이 있다는 내용과 앞뒤가 안 맞게 되었던 것이다. 즉 처음에 유인원과 유인궤가 있던 곳은 백제의 수도 사비성이어야 하는데 처음에 웅진성에 있었다고 하고 보니 서로 상충되게 되었던 것이다. 사마광은 이점을 해소하고자 고이를 인용하여 의문을 제시하며 위치비정을 시도하고 있는 것이다. 이는 중국 측 사료엔 사비성의 개념이 아예 없었기 때문일 것이다. 그런데 후대의 연구자들은 고이의 기사인 백제부성 포위를 풀고 웅진으로 옮겨가 주둔했을 것이라는 내용만 취하고 있다. 다음은 연구자들이 사비(부여)에서 웅진(공주)으로 이동했을 것이라는 가정 하에 인용하고 있는 사료들이다.

> P-① 이때는 용삭 원년(661) 3월이었다. … [도침은] 서한에 답하지 않고 [사신을] 그대로 돌려보냈다. 유인궤는 군사가 적었으므로 유인원과 군사를 합쳐서 군사들을 쉬게 하고 … [123]
> ② 6월 당 고종황제가 장군 소정방 등을 보내 고구려를 정벌하려 할 때 … [신라도] 출병하여 함께 [고구려를] 치라고 하였다. … [김유신, 김인문 등이] 남천주에 이르렀을 때 주둔하고 있던 유인원이 거느린 군사를 사비로부터 배를 태워 혜포에 이르러 하륙시켜 또한 남천주에 주둔하였다.[124]

사료 P-①은 용삭 원년661 3월 이후로 도침이 유인궤의 사신을 돌려보낸 뒤의 내용이다. 기사에서 유인궤는 그 수가 적어 유인원의 군사와 합군하고 병력을 쉬게 했다고 하였다. 합군이라는 것은 유인궤가 당에서 구

---

122) 『자치통감』 권200, 당기16, 현경5년, "北史, 百濟都俱拔城 … 其外更有五方 … 北方曰熊津城"
123) 『삼국사기』 권28, 백제본기, 의자왕20년, "時龍朔元年三月 … 不答書徒遣之 仁軌 以衆少 與仁願合軍 休息士卒"
124) 『삼국사기』 권42, 열전2, 김유신, "六月 唐高宗皇帝遣將蘇定方等 征高句麗 … 兼 諭出兵會我 … 於是 … 行次南川州 鎭守劉仁願 以所領兵 自泗沘泛船 至慧布下 陸 亦營南川州"

원군으로 와서 합군한 것이다. 웅진도독 왕문도의 후임으로서 웅진에 있
다가 사비의 유인원과 합군한 것이 아니다. 유인궤는 사료 N-①과 같이
왕문도의 후임이 아니라 왕문도의 무리만 이끌도록 하였기 때문이다. 즉
유인궤는 661년 웅진강구에서 도침을 패퇴시킨 후 사비부성 포위를 풀고
사비성에 입성하여 합군한 것이다. 군사가 적은 유인궤가 홀로 웅진에 가
서 주둔할 리가 없기 때문이다.

사료 P-②는 웅산성 전투가 있었던 661년 9월의 기사이다. 소정방이
고구려 정벌에 나서자, 이를 지원하기 위해 김유신이 병력을 이끌고 남천
주에 진을 쳤다. 이때 유인원 역시 사비에서 배를 띄워 혜포에 상륙하여
남천주에 영을 설치하였다는 기사이다. 이를 보면 661년 9월까지도 유인
원은 사비에 있었다. 그런데도 이 사료를 가지고 사비에서 웅진으로 이동
했다고 하며, 이동시기를 판단하고 있는 견해들을 보자.

이도학은 "『일본서기』에 얼마 후 백제 군사들이 다시 날래고 용맹해져
서 당이 감히 공격해 오지 못했다. 복신 등은 나라사람들을 모아 왕성을
함께 지켰다[125]라는 기사와 사료 N-⑦ '답설인귀서'에 나·당군이 웅진성
에 진수했다는 기록으로 보아 660년 8월 이후 당의 유진본영이 웅진성으
로 옮겨갔다"[126]고 하고 있다.

노중국은 "사료 O인 『자치통감』에 661년 3월 처음에 유인원과 유인궤
등이 백제부성에 진을 쳤다는 기사가 있으므로 사비에서 웅진으로 옮겨간
시점은 661년 3월이다"[127]라고 파악하였다.

김영관은 "사료 P-②와 같이 661년 6월 유인원이 사비에서 배를 띄워
혜포에 하륙하여 남천주에서 신라의 고구려 원정군과 만나고 있으므로,

---

125) 『일본서기』 권26, 제명천황6년 9월, "旣而百濟兵翻銳 唐不敢入 福信等遂鳩集同
國 共保王城"
126) 이도학, 「웅진도독부의 지배조직과 대일본정책」 『백산학보』 34, 1987, 83~84쪽.
127) 노중국, 『백제부흥운동사』, 일조각, 2003, 293쪽.

661년 6월부터 철군하는 662년 2월까지 사이에 사비성을 포기하고 웅진성으로 옮긴 것이다"[128]라고 하였다.

심정보는 "사료 N-①과 같이 유인궤는 사비성을 구한 후 웅진성으로 들어가 유진하였다. 유인원은 사비성에 있었으나 백제군의 공세로 웅진성과 사비성에 갇혀있는 상태였으며 웅진성의 고립이 심각하였다. 그리고 사료 P-①과 같이 합군하여 쉬고 있는데 합군 시기는 대체로 옹산성 전투가 있었던 661년 9월과 평양 정벌군이 철수한 662년 2월까지다"[129]라고 하였다.

김종복은 "평양의 당군이 퇴각한 것은 662년 3월로 평양으로 출동했던 유인원이 사비로 귀환한 후 유인궤가 있던 웅진으로 이동하였거나 아니면 평양에서 곧바로 웅진으로 귀환한 것이므로, 웅진으로 이동은 662년 3월부터 7월 사이이다"[130]라고 하였다. 방향숙과 김수미[131]도 P-② 옹산성 전투를 근거로 이와 유사하게 보고 있다.

유인원의 평양출동 복귀 후에 사비(부여)에서 웅진(공주)으로 옮겼다는 이들 논지는 대체로 사료 P-②인 김유신전을 근거로 들고 있다. 그런데 사료에 "사비에서 배를 띄워 혜포에 내려 경기도 이천 남천주에 진을 쳤다"고 하였다. 따라서 유인원이 사비의 백제부성에서 자리를 비운 것은 사실이다. 이렇게 보면 유인원이 사비성 즉 백제부성의 자리를 비웠다는 것이고, 백제부성인 사비에서 병력을 뺐다는 것이 된다. 이 부분에 대한 검토가 필요하다.

먼저 병력운용 측면이다. 661년 4월 평양도 행군대총관 소정방이 35개 수륙양군을 이끌고 있는데 1만여 명의 백제주둔 당군의 지원효과가 있는

---

128) 김영관, 「백제부흥운동의 성세와 당군의 대응」 『한국고대사연구』 35, 2004, 183쪽.
129) 심정보, 앞의 논문, 1987, 25~26쪽.
130) 김종복, 앞의 논문, 2010, 78쪽.
131) 662년 7월 이전(방향숙, 앞의 논문, 1994, 318쪽)과 평양에서 돌아온 후인 662년 2월 이후(김수미, 앞의 논문, 2006, 36쪽)로 보는 견해가 있다.

것인지, 그러한 효과를 얻기 위해 백제에서 평양까지 병력을 뺄 수 있는 것인지 의아스럽다. 왜냐하면 유인궤가 임존성까지 평정한 후 정식 대방주자사로 임명받고 나서 당 고종에게 올린 표문에 "폐하께서 만약 고구려를 없애려면 백제 땅을 포기할 수 없습니다. 부여풍豊이 북쪽에 있고 부여용勇은 남쪽에 있으며, 만약 군대가 없으면 [백제는] 다시 한 나라로 돌아갈 것[132]"이라고 하였다. 이를 볼 때 백제에 있던 당의 주둔군을 평양으로 보낸다는 것은 상식적으로도 이해가 안 가기 때문이다. 유인원은 신라의 병력출동이나 군량수송을 점검하기 위하여 소수의 병력과 함께 사비성 즉 백제부성을 잠시 떠났던 것으로 보아야 한다.

다음은 지휘공백 측면이다. 유인원이 사비에서 남천정으로 행차 후 웅진으로 이동했다는 것은, 유인원은 사비에 있었고 유인궤는 웅진에 있었다는 가정이 전제되어 있다. 그러면 유인원이 남천정 행차를 위해 사비성의 자리를 비웠을 때, 사비에는 잔여병력에 대한 통제와 지휘관 부재라는 문제가 발생한다. 즉 유인원이 사비의 자리를 비우고 남천정에 행차할 리 없다. 유인원은 유인궤와 함께 있다가 사비의 병력에 대한 지휘통제를 유인궤에게 위임하고 자리를 비웠을 것이다. 이와 같이 병력운용과 지휘공백 측면을 고려하면 유인원과 유인궤는 사비에 함께 있었던 것으로 볼 수밖에 없다. 따라서 처음부터 유인원과 유인궤는 사비에 같이 있었다.

한편 웅진도독부의 위치는 웅진(공주)이 아니며 사비(부여)라는 견해가 있다. 일찍이 천관우는 웅진은 백제의 고호古號이지만 그 치소는 구도舊都 부여[133]라고 하였다. 김주성은 "소정방의 직함이 신구도 행군대총관이면서 웅진도 대총관이다. 이는 당이 백제를 웅진으로 상징화시켜 부르는 것이다. 『삼국사기』 지리지의 1도독부 13현 중 1도독부 이름은 웅진도독부이다. 13현의 위치는 사비(부여)를 중심으로 한 충남일대로 비정되고 있

---

132) 『구당서』 권84, 열전34, 유인궤.
133) 천관우, 『인물로 본 한국고대사』, 정음문화사, 1988, 272쪽.

다. 더군다나 지명으로써 공주인 웅진은 동명주에 소속되어 있다. 결정적 증거로는 663년 건립된 「당 유인원기공비」가 사비(부여)에 세워진 것이다. 그리고 부여융과 문무왕이 맹약을 맺은 웅진 취리산을 웅진도독부 관내의 산으로 해석 한다"134)고 하였다.

군사학적인 측면에서 추가적으로 논증해보자. 첫째, 왕도 사비성의 상징성이다. 김영관은 당군이 사비성을 포기하고 웅진으로 이동하였다고 하였다. 이 논리로 보면 왕도 사비성은 텅 비게 된다. 왕도 사비성은 백제부흥군에게는 상징적인 의미가 매우 크다. 백제부흥군은 당연히 텅빈 왕도 사비성을 방치하지 않고 곧바로 점령했을 것이다. 역으로 당군 입장에서도 상징적인 의미가 큰 왕도를 백제부흥군이 점령하도록 비워둘 리 없다고 본다.

둘째, 나·당군의 웅진 이동 간 취약성이다. 도침 등은 661년 사비부성 포위 전투에서 1만여 명의 희생자를 내고 물러났다. 그러나 이 전투로 백제의 200여 성이 호응하였고, 도침은 유인궤의 사자를 돌려보내는 등 사기가 올라 있었다. 사기가 오른 백제부흥군이 사비에서 웅진으로 이동하는 나·당군을 그냥 보고만 있지는 않았을 것이다. 왜냐하면 부대는 주둔하거나 진을 치고 있을 때 보다 이동할 때가 취약하기 때문이다. 더군다나 도침이 백제부성을 포위 공격할 때 직접 나와 싸우지 않고, 백제부흥군의 힘이 쇠해지기만을 기다리던 당군이었다. 당군이 위험을 감수해가며 이동해 갔을 리 없다.

셋째, 새로운 주둔지 구축의 어려움과 노력의 낭비 여부이다. 664년 3월 백제의 남은 적들이 사비산성에서 반란135)을 일으킨 적은 있으나, 백제부흥군이 소멸되는 663년 11월까지 백제부성 즉 웅진도독부가 함락된 적이 없다. 즉 함락되어 피해를 입은 적이 없는 준비된 영구주둔지를 떠

---

134) 김주성, 「웅진도독부의 지리적 위치와 성격」 『백제연구』 56, 2012, 144~145쪽.
135) 『삼국사기』 권6, 신라본기, 문무왕4년.

날 리 없다. 웅진으로 이동하여 주둔한다고 하는 것은 전투 중 야영과 달리 영구주둔 준비를 새롭게 하여야하기 때문이다.

넷째, 지휘소 위치 차원에서의 검토이다. 도독부나 도호부의 임무는 고구려 정벌지원과 백제지역 안무가 주 임무였을 것이다. 이러한 임무를 수행하려면 지휘소가 지리적으로 중앙에 위치하는 것이 당연하다. 굳이 백제의 동쪽 경계에 해당하는 웅진으로 이동하여 위치하지 않았을 것이다. 또한 웅진(공주)지역은 사비(부여)지역에 비하여 30여km나 북쪽에 위치한 금강의 상류지역으로서, 백제부흥군이 금강을 도하할 수 있는 장소가 많은 곳이다.136) 그리고 백제의 동쪽 경계지역에 근접한 곳은 백제부흥군의 전력이 위치한137) 곳으로 당군 입장에서는 경계에 취약한 지역이기도 하다. 이러한 웅진이라는 곳에 병력이 얼마 안 되는 유인궤가 홀로 주둔하였다거나, 도독부의 지휘소가 있었다고 판단하기 곤란하다.

이외에도 660년 소정방의 상륙지점과 이를 막기 위해 백제군이 배치되었던 지역이 웅진강구(웅진구)이다. 또한 사비부성을 포위 공격하던 도침이 유인궤를 막은 지역도 웅진강구로 나온다. 즉 중국 측에서 사비를 웅진으로 불렀기 때문에 소정방의 상륙지점과 백제군 병력배치 지점을 웅진강구(웅진구)라고 표현 한 것이다. 따라서 웅진도독부가 위치한 지리적 위치도 웅진이 아닌 사비 즉 부여로 보아야 한다. 결국 웅진도독부는 사비(부여)에서 웅진(공주)으로 이동한 것이 아니다.

한편 전쟁에서 목표의 성격과 위치가 바뀌게 되면 전략이나 작전도 새

---

136) 設熊津橋(『삼국사기』권26, 백제본기, 동성왕20년)라 하여 웅진에 다리를 놓았던 기록이 있으며, 「대동여지도」에서도 서천-부여 구간이나 공주-옥천 구간과 달리 부여-공주 구간에는 津·浦가 상대적으로 적어 백제부흥군이 도섭이 가능한 곳이 있을 것으로 추정된다.

137) 백제부흥군은 고립전략을 수행하면서 신라로부터 부여에 이르는 웅진동쪽의 운량도를 2차 백제부성 포위공격 실패한 661년 4월경부터 662년 7월까지 집중 차단하고 있다.

롭게 구상해야 한다. 그런데 실질적으로 보면 백제부흥군의 목표인 당군의 성격과 위치가 바뀐 것이 아니다. 백제부흥군의 목표인 웅진도독부는 백제부성으로 당의 관부였고 위치 또한 줄곧 사비성에 있었다. 따라서 백제부흥군은 군사전략 목표로써, 사비(부여)에 위치해 있던 백제부성을 집중적으로 공략하였던 것이다.

제4장
백제부흥군의 전략과 군사활동

백제부흥군이 실시한 주요전투는 포위[1]공격 또는 차단작전[2]이 주를 이루고 있으며, 경우에 따라서는 기습이나 조우전[3] 등이 보이고 있다. 그 외에는 거점을 중심으로 한 거점방어[4] 즉 농성籠城[5] 등이다. 주를 이루는 포위공격은 당의 관부 즉 웅진도독부에 대한 공격이며, 차단작전은 신라의 경주로부터 사비 즉 부여에 이르는 운량도[6]를 차단하는 작전이었다.

이들을 전략으로 구분하여 보면 포위공격은 포위전략이고 차단작전은 고립전략이다. 두 전략은 백제 땅에서 웅진도독부 내지는 도호부를 축출하기 위한 것으로 백제부흥전쟁의 목적에 해당한다. 그리고 두 전략의 대

---

1) 여기에서 포위는 공격작전의 기동형태인 포위·우회기동·침투기동·돌파·정면공격 중 하나인 포위와는 개념이 다르다. 하지만 『三國史記』 등 사료에 "圍"라고 한 부분은 『손자병법』 謀攻篇에 "故用兵之法 十則圍之"와 같으며 "包圍란 둘러싼다"(조명제, 『기책병서』, 익문사, 1976, 477쪽)의 개념으로 해석하여야 한다.

2) 차단작전은 적이 어떤 지역 또는 통로를 사용하지 못하도록 제반수단을 이용하여 저지 또는 방해하는 작전이다(합동참모본부, 『합동·연합작전 군사용어사전』, 국군인쇄창, 2010, 377쪽).

3) 조우전은 불완전한 전개 상태에서 이동하고 있는 부대가 불충분한 정보로 인하여 이동히거나 정지하고 있는 적과 조우되었을 때 일어나는 전투행위이다(합동참모본부, 앞의 책, 2010, 342쪽). 661년 古沙比城(古泗)外에 군영을 설치하는 신라군을 豆良尹城으로부터 공격한 것은 기습이며, 빈골양/각산 등에서의 전투는 조우전이다(『삼국사기』 권5, 신라본기, 무열왕8년).

4) 방어작전의 성공을 위해 지형 상 요충지에 통상 대대급 제대의 진지를 구축하고 사주방어를 할 수 있도록 편성된 방어형태이다(합동참모본부, 앞의 책, 2010, 13쪽).

5) 농성(籠城)은 통상 고대전투에서 거점이나 성을 점령하여 방어하는 형태의 전투로 임존성/이례성/왕흥사잠성(660년), 옹산성/우술성(661년), 지라성/윤성/대산책/사정책/내사지성(662년), 거열성/거물성/사평성/덕안성(663년) 등 전투기록은 농성으로 분류할 수 있다.

6) 『삼국사기』 권7, 신라본기, 문무왕11년 답설인귀, "既拔甕山 仍於熊津造城 開通熊津道路"; 『구당서』 권84, 열전34, 유인궤/권199, 열전149, 백제, "遂通新羅運糧之路"

상목표 위치는 당연히 백제도성이 자리 잡고 있던 사비이며, 웅진도독부 자체이자 그 관부를 구성하고 있는 당군이다. 방법론적으로 포위전략은 당군을 포위공격으로 직접 격멸하는 것이며, 고립전략은 신라로부터의 군량로를 차단하여 웅진도독부의 당군을 고립시킴으로써 전쟁목적을 달성하려는 것이다.

백제부흥군은 초기에 웅진도독부의 당군을 직접 격멸하고자 했다. 이를 위해 웅진도독부에 대한 포위공격을 2차에 거쳐 실시했다. 사료에는 당군이 있던 사비성의 명칭을 백제부성·백제성·사비성·도성·웅진성·웅진도독부 등으로 기록하고 있다. 이들 중 웅진도독부는 웅진으로 그 지역을 혼돈할 우려가 있다. 백제성이나 사비성 및 도성 등은 목표에 대한 실체가 분명하게 드러나지 않는다. 『구당서』에 표기된 백제부성은 부府라는 당의 관부명이 붙어있어 도호부나 도독부까지도 포함하고 있으며, 웅진이라는 지역명칭으로 인한 혼돈 우려도 없다. 따라서 백제부흥군의 목표를 백제부성으로 명명하여 검토고자 한다.

1. 백제부흥군의 포위전략

1) 1차 백제부성 포위공격

백제부흥군의 백제부성에 대한 1차 포위공격은 소정방과 무열왕이 회군한 직후 실시되었다. 하지만 백제부흥군의 공세를 제대로 파악하기 위해 나·당군 회군 이전의 나당연합군에 대한 공격도 함께 검토해보자.

A-① 백제의 남은 적병들은 남잠과 정현 등의 성에 웅거하였고 또 좌평 정무가 무리를 모아 두시원악에 진을 치고서 당과 신라인을 노략질하였다. [8월]

26일에 임존의 큰 목책을 공격하였으나, 군사가 많고 지세가 험하여 이기지 못하고 다만 작은 목책만을 쳐서 이를 깨뜨렸다.[7]

② [9월] 23일에 백제의 남은 적군이 사비성에 들어와서, 항복하여 살아남은 사람들을 붙잡아 가려고 하였으므로 유수(留守) 유인원이 당과 신라인을 내어 이를 쳐서 쫓았다. 적이 물러가 사비성의 남쪽 산마루에 올라 네댓 군데 목책을 세우고 진을 치고서 모여 틈을 엿보아 가면 성읍을 노략질하니, 백제인 중에 배반하여 20여 성이 이에 부응하였다.[8]

③ 10월 9일에 왕이 태자와 여러 군사들을 이끌고 이례성을 쳤다. 18일에 그 성을 빼앗아 관리를 두어 지키게 하니, 백제의 20여 성이 두려움에 떨고 모두 항복하였다. 30일에 사비의 남쪽 산마루에 있던 군대의 목책을 공격하여 1천 5백 명을 목 베었다. 11월 1일에 고구려가 칠중성을 침공하여 군주 필부가 죽었다. 5일에 왕이 계탄을 건너 왕흥사 잠성을 공격하여 7일에 이겨 700명의 목을 베었다.[9]

④ [11월] 22일에 왕이 백제에서 돌아와 싸움에서의 공을 논하였다.[10]

⑤ [당나라] 대군이 돌아간 뒤에 적의 신하 복신이 [웅진]강 서쪽에서 일어나 남은 무리들을 모아서 부성을 에워싸고 핍박하였는데, 먼저 바깥 성책을 깨뜨려 군량을 모두 빼앗아가고 다시 부성을 공격하여 함락될 지경이었습니다. 또한 [이때] 부성 가까운 네 곳에 성을 쌓고 에워싸 지키니 부성은 거의 출입할 수도 없었습니다. [문무왕]제가 이끌고 나아가 포위를 풀고 사방에 있는 적의 성들을 쳐부수어 먼저 위급함을 구하였습니다. 다시 식량을 날라서 마침내 1만 명의 중국 병사들이 호랑이에게 잡혀 먹힐 위기에서 벗어나도록 하였으며, 머물러 지키고 있던 굶주린 군사들이 자식을 서로 바꿔 잡아먹는 일이 없도록 하였습니다.[11]

---

7) 『삼국사기』권5, 신라본기, 무열왕7년, "百濟餘賊 據南岑·貞峴 □□□城 又佐平正武 聚衆屯豆尸原嶽 抄掠唐·羅人 二十六日 攻任存大柵 兵多地嶮 不能克 但攻破小柵"

8) 『삼국사기』권5, 신라본기, 무열왕7년, "二十三日 百濟餘賊入泗沘 謀掠生降人 留守仁願出唐·羅人 擊走之 賊退上泗沘南嶺 堅四五柵 屯聚伺隙 抄掠城邑 百濟人叛而二十餘城"

9) 『삼국사기』권5, 신라본기, 무열왕7년, "十月九日 王率太子及諸軍攻尒禮城 十八日 取其城置官守 百濟二十餘城 震懼皆降 三十日 攻泗沘南嶺軍柵 斬首一千五百人 … 十一月一日 高句麗侵攻七重城 軍主匹夫死之 五日 王 行渡鷄灘 王興寺岑城 七日乃克 斬首七百人"

10) 『삼국사기』권5, 신라본기, 무열왕7년, "二十二日 王來自百濟論功"

11) 『삼국사기』권7, 신라본기, 문무왕11년 답설인귀서, "大軍廻後 賊臣福信 起於江西

(1) 전투경과 및 분석

전투경과를 알아보기 위한 사료분석이다. 사료 A-① 정무正武의 공격
시기는 660년 8월 2일 의자왕의 항복례 이후 8월 26일 나당연합군의 임존
성 공격 이전이다. 백제잔적이 남잠南岑12)과 정현貞峴13) 등에 웅거하고,
좌평 정무가 두시원악14)에 진을 치고 당과 신라인을 공격하였다는 기록
으로 보아 두시원악의 좌평 정무만 공격하였거나, 남잠과 정현의 백제부
흥군도 함께 공격하였을 수도 있다.

사료 A-②는 660년 9월 3일 소정방과 무열왕이 사비에서 철수하고 난
후인 9월 23일에 백제부성을 공격한 것이다. 20여 성이 호응하였다는 것
으로 보아 백제부흥군의 공세는 상당했던 것 같다. 그리고 사비남령은 현
재 부여군 석성으로 비정되며, 사비성으로부터 약 5km 이격되어 있다.

사료 A-⑤에서 "다시 공격했다"는 어구로 보아, 사료 A-②의 9월 23일
공격에 이은 또 다른 포위공격으로 추정된다. 즉 복신福信이 8월 26일 임
존성에서 소정방의 공격을 물리치고15) 백제부성 포위공격에 추가로 가담
한 것이다.

백제부성의 상황이 불리해지자 10월 9일 무열왕과 태자 법민이 삼년산

취集餘燼 圍逼府城 先破外柵 摠奪軍資 復攻府城 幾將陷沒 又於府城側近四處 作
城圍守 於此 府城不得出入 … 某領兵往赴解圍 四面賊城 並皆打破 先其危 復運粮
食 遂使一萬漢兵 免虎吻之危難 留鎭餓軍 無易子而相食"
12) 남잠(南岑)은 부여 금성산이나 석성산성에 비정된다(충청남도역사문화연구원, 『백
    제사자료 역주집』, 아디람, 2008, 265쪽).
13) 진현(貞峴)은 진현성(眞峴城)이라고도 하며, 공주 동쪽 鎭嶺(津田左右吉), 유성산
    성(池內宏), 대전 서구 봉곡동 흑석동산성(『대동지지』, 김정호 ; 심정보 ; 지헌영)으
    로 보는 견해 등이 있다(충청남도역사문화연구원, 앞의 책, 2008, 265쪽).
14) 두시원악은 전북 무주군 부남면 일대(정구복), 충남 정산 계봉산성(심정보)으로 보
    는 견해 등이 있다(충청남도역사문화연구원, 앞의 책, 2008, 265쪽).
15) 『구당서』권110, 열전35, 흑치상지, "黑齒常之 … 依任存山自固 … 定方勒兵攻之
    不克" ; 『삼국사기』권5, 신라본기, 무열왕7년, "八月二十六日 攻任存大柵 兵多地
    嶮 不能克 但攻破小柵"

성으로부터 회군하여 사료 A-③과 같이 이례성과 사비남령, 왕흥사잠성
을 함락시켰다. 그리고 사료 A-④와 같이 11월 22일 경주에 도착하여 백
제 정벌 전쟁에서의 논공행상을 행하였다. 이처럼 왕흥사잠성을 마지막으
로 공략한 것으로 보아 왕흥사잠성이 백제부흥군의 근거지였을 가능성이
있다. 따라서 승려였던 도침道琛[16]이 1차 백제부성 포위공격을 주도하였
다. 도침이 승려로서 왕흥사잠성을 근거지로 하였을 것으로 추정되기 때
문이다.

이와 같은 사료분석을 기초로 전투경과를 정리하면 다음과 같다. 백제
부흥군은 660년 8월에 있었던 정무의 백제부성에 대한 산발적인 공격 이
후, 비교적 조직적인 포위공격은 도침에 의하여 9월 23일부터 시작되었
다. 백제부흥군은 사비성에 들어가 산사람과 항복한 사람을 잡아오기도
하였다. 이에 백제부성의 유인원이 나·당군을 이끌고 물리치자 백제부흥
군은 사비남령으로 철수하여 4~5개의 책을 세우고 틈을 보아가면 성읍을
공격하니 백제의 20여 성이 호응하였다. 이후 임존성에서 소정방의 공격
을 물리친 복신이 백제부성 포위공격에 추가로 가세하였다.[17] 복신은 부
성근처에 4개성을 쌓아 출입을 통제하고 백제부성의 군자를 탈취하며 힘
락직전까지 갔다. 그러자 회군 중이던 무열왕이 삼년산성으로부터 다시

---

16) 왕흥사는 법왕 2년(600년)에 창건되어 무왕37년(634)에 완공된 절로 왕이 매번 드
 나들었다는 기록(『삼국유사』 권3, 법왕금살 편)으로 보아 왕실에서 운영하던 사찰
 이었을 것이며, 후에 도침이 영군장군(領軍將軍)이라는 백제부흥군 최고사령관임
 을 자칭한(『신·구당서』 및 『삼국사기』 등) 것으로 보아 도침이 주관했을 것으로
 추정된다.

17) 『삼국사기』 권5, 신라본기, 무열왕7년 8월 26일 임존성에서 소정방의 공격을 막아
 낸 기록은 『자치통감』 권201, 당기17에 의하면 흑치상지로 되어 있다. 그러나 『일
 본서기』 권26, 제명천황6년 9월조에 복신이 예산 임존성으로 추정되는 임사기산에
 서 거병하였다는 기록과 흑치상지가 거병하여 복신에게 호응하였다는 것으로 보아
 소정방의 임존성 공격을 막아낸 것은 복신으로 보아야 한다. 그리고 복신이 백제부
 성 포위공격에 나섰던 것으로 추정된다.

투입하였다. 백제부흥군은 사비남령에서 이를 저지하고자 하였다. 그러나 10월 30일 1,500여 명의 사상자를 내고 포위를 풀고 물러날 수밖에 없었다. 또한 포위공격을 지휘했던 왕흥사잠성이 11월 7일 함락되고 700여 명의 사상자가 발생하였으며, 결국 1차 백제부성 포위공격은 실패로 끝났고 말았다.

다음은 전투경과에 대한 군사학적 분석이다. 첫째, 백제부흥군의 백제부성 공격방법과 전략이다. 사료 A-⑤에서 위圍라는 표현을 쓰고 있으므로 포위로 볼 수 있다. 즉 백제부흥군이 백제부성에 대한 포위전략을 구사하고 있다. "근처에 4개성을 쌓아 출입을 통제하였다"는 것으로 보아 전면적인 포위는 아니었던 것으로 추정된다. 길목을 지키며 사비의 외책을 공격한 것은 도성의 외곽인 나성을 공격한 것이다. 백제부흥군이 공격하였던 외책은 현재 발굴된 북나성과 동나성[18]이다.

둘째, 백제부흥군의 공세정도이다. 문무왕의 '답설인귀서'인 사료 A-⑤의 내용은 신라가 당군을 구해줬다는 점을 부각하기 위해 과장된 면이 있다. 그렇다 하더라도 부흥군의 포위공세는 대단하였고 백제부성의 유진당군은 상당한 어려움을 겪었다.

셋째, 백제부흥군의 병력규모이다. 1차 백제부성을 포위 공격할 때 부흥군의 병력은 충분하였다고 보기에는 어려울 것 같다. 왜냐하면 시기적으로는 의자왕 항복 직후로써 각지에서 거병한 백제부흥군 세력을 결집시킬 시간적 여유가 충분하지 않았기 때문이다. 그리고 4개성으로 부성을 포위했다고 한 점과 외곽인 나성을 공격하고 있는 것으로 보아 주요출입구를 봉쇄했다고 보는 것이 타당하다. 병력이 충분하였다면 완전봉쇄 후 나성을 넘어 부성으로 공격해 들어 갈 수도 있었기 때문이다.

넷째, 백제부흥군의 포위공격 목적과 성과이다. 포위공격 목적은 백제

---

18) 북나성은 부소산성-청산성 구간의 0.9km이고, 동나성은 청산성-석목리-염창리 구간의 5.4km이다(박순발, 『백제의 도성』, 충남대학교출판부, 2010, 259쪽).

를 다시 부흥시키기 위한 것이었으며, 목표는 백제부성에 주둔한 당군 축출이었다. 그러나 백제부흥군의 병력규모는 충분하지 못하였다. 당군에 대하여 공세를 유지하며, 사료 A-⑤와 같이 백제부성을 핍박하였지만 목표는 달성할 수가 없었다. 단지 백제부성 포위공격에서 군자를 탈취하고 항복한 병력을 구출해내는 정도였다.

다섯째, 전투결과이다. 백제부흥군은 약 2,200여 명의 사상자를 내고 물러났다. 결국 1차 백제부성 포위공격은 실패하였다. 무열왕은 사료 A-④와 같이 백제의 잔적을 소탕하였기 때문에 백제 정벌을 완료하였다고 판단하고 논공행상을 행하였다. 그러나 이는 오판이었다. 백제부흥군은 4개월 뒤인 661년 2월 또 다시 백제부성에 대한 2차 포위공격을 하였기 때문이다.

(2) 포위선

백제부흥군의 백제부성 1차 포위공격 기록에 나타나는 지명은 부성측근府城側近 4처四處작성作成, 왕흥사잠성王興寺岑城 등과 사비남령泗沘南嶺 4~5책栅, 이례성尒禮城, 계탄鷄灘 등이 있다.

첫째, 포위선 검토를 위해서 사료 A-②의 사비남령 4~5책과 사료 A-⑤의 부성근처 4개성을 비교해보자. 지금까지 사비남령 4~5책을 부성근처 4개성과 숫자가 같아 포위선으로 보아왔다. 사비남령은 사비의 남쪽에 위치한 석성산성에 비정[19]하고 있다. 석성산성은 사비도성의 외곽인 나성으로부터 직선거리 5km나 이격되어 있어 백제부성의 포위선으로 보기는 어렵다.

사비남령은 백제부성을 포위하고 있던 백제부흥군이 유인원의 공격을 받아 철수한 곳이자, 무열왕의 재투입을 막고자 했던 지역이다. 반면 부

---

19) 田中俊明,「백제후기왕도사비의 방어체계」『사비도성과 백제의 성곽』, 서경문화사, 2000, 147쪽.

성근처 4개성은 사료 A-⑤와 같이 임존성으로부터 병력이 투입되자 다시 백제부성을 공격한 곳이다. 따라서 사비남령 4~5책은 포위선으로부터 철수했던 곳이며, 부성근처 4개성을 포위선으로 보아야 한다.

둘째, 사료 A-⑤에서 복신이 바깥 성책인 외책外柵을 깨뜨리고 부성근처 4개성을 지키기 때문에 부성을 출입할 수 없었다고 하였다. 외책은 사비도성의 외곽으로 현재의 나성이며, 부성의 출입은 나성의 통문을 통하여 이루어졌다. 즉 나성의 통문을 통제할 수 있는 장소의 4개성으로 부성을 포위하였던 것이다.

사비도성의 나성은 북나성과 동나성으로 이루어져 있으며, 북나성은 부소산성을 기점으로 청산성에 이르는 지역까지이다. 동나성은 청산성에서 능산리를 거쳐 염창리에 이르는 구간이고[20] 현재 일부가 복원되어 있다. 확인되지 않는 서나성과 남나성은 백마강이라는 자연해자垓字 때문에 굳이 축조할 필요가 없었다고 한다. 하지만 나성은 방어적인 기능 외에 왕도의 위엄을 높여주는 권위물로써 존재하였을 것이기 때문에 지리서 등에서 반월성半月城이라고 하였으므로 그 존재를 인정[21]하기도 한다.

나성에는 모두 〈요도 13〉과 같이 6개의 문지가 확인되었다. 부소산성에서 청산성까지 북나성 구간에 문지 1이 있다. 동나성에는 석목리에 문지 2, 능산리에 문지 3, 부여-논산 간 국도 4호선 지점에 문지 4, 염창리 군들고개에 문지 5, 염창리 하염마을에 문지 6 등 총 5개소[22]가 있다.

이러한 나성의 문지 6개소를 통제하기 위해 부성근처에 구축했다는 4개성을 판단해보자. 4개성은 급조로 구축했을 것이며 책柵으로 추정된다. 즉 책을 설치하고 나성의 문지를 통제했을 것이다. 북나성 구간의 문지 1을 통제하기 위한 성책은 백제문화로 124번 길과 116번 길 사이의 야산

20) 박순발, 앞의 책, 2010, 259쪽.
21) 이도학, 『백제 사비성 시대연구』, 일지사, 2010, 527~528쪽.
22) 박순발, 앞의 책, 2010, 259쪽.

일대일 가능성이 있다. 석목리 문지 2를 통제하기 위해서는 석목리 뒷산
에 책을 쌓았을 것이다. 능산리 문지 3과 국도 4호선 지점의 문지 4는 능
산리 고분군 야산에서 통제가 가능하다. 군들고개 문지 5와 하염마을 문
지 6은 염창리 뒷부분 오석산 능선에서 통제가 가능하다. 사비도성의 통
로였던 문지를 통제한 4개성 즉 4책의 위치는 〈요도 13〉과 같이 6개 통로
가까운 야산이나 능선상에 구축했을 것이다.

셋째, 마지막 함락된 왕흥사잠성에 대한 검토다. 왕흥사잠성은 부여군
규암면 신리의 울성산성에 비정되며, 왕흥사지 배후 산정에 축조된 소규
모 테뫼식 산성[23]이다. 왕흥사잠성은 1차 백제부성을 포위 공격할 때 백
제부흥군의 지휘소로 판단된다. 그 이유는 최고사령관이었던 도침은 승려
로서 왕흥사를 근거지로 하였을 것이기 때문이다. 또한 무열왕이 백제부
성의 포위를 풀고 난 후, 계탄을 도하하여 왕흥사잠성을 함락시킨 것은
근거지를 소탕하고자 했기 때문이다.

〈요도 13〉 1차 백제부성 포위공격 상황도

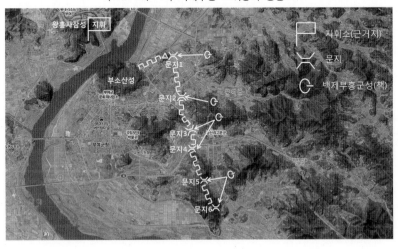

---

23) 충청남도역사문화연구원, 앞의 책, 2008, 306쪽.

종합하여 보면 1차 백제부성 포위공격 시 포위선은 다음 요도와 같이 나성의 문지 6개의 통로를 통제했던 부성근처 4책으로 추정된다. 그리고 왕흥사잠성은 백제부흥군의 지휘소였을 것이다.

(3) 무열왕 투입로와 저지부대 배치

백제부흥군의 포위공격으로 백제부성이 위태롭게 되자 사료 A-③과 같이 무열왕은 백제부성의 포위를 풀기 위해 삼년산성[24]으로부터 다시 투입하였다. 무열왕은 이례성을 함락시키고 사비남령의 4~5책을 평정하고 나서, 부성근처 4책柵이었던 백제부성의 포위를 풀고 계탄을 건너 왕흥사 잠성을 함락시켰다.

사료 A-③의 이례성은 충남 논산시 연산면 두솔산으로 추정하는 견해[25]와 논산군 노성면에 위치한 노성산성으로 보는 견해[26]가 있다. 두 지역 중 전자에 해당하는 연산면의 두솔산이 이례성의 위치로 타당해 보인다. 노성산성은 계룡산 줄기로써, 보은지역의 삼년산성으로부터 부여로 향하는 경유지로 보기에 무리가 있기 때문이다. 반면 두솔산 방면은 김유

---

24) 무열왕은 9월 3일 부여에서 철수하였다. 충북 보은으로 비정되는 삼년산성에서 9월 28일 웅진도독으로 부임한 당의 왕문도가 무열왕에게 당 황제의 조서와 예물을 주다가 갑자기 죽었다. 백제부흥군이 9월 23일부터 백제부성을 포위공격하자 무열왕은 10월 9일 군사를 이끌고 삼년산성으로부터 다시 부여에 투입하였다(『삼국사기』 권5, 신라본기, 무열왕7년).

25) 충남 논산시 연산면에 있는 성으로 추정하고 있다(이병도, 『국역 삼국사기』, 을유문화사, 1977, 87쪽) ; 『신증 동국여지승람』 권18 연산현 산천조에 "兜率山在縣東十五里 有古城基"라 하여 두솔산에 伊里城이 있다고 전하는데, 이리성은 이례성과 음이 유사하여 이례성으로 비정할 수 있다(충청남도역사문화연구원, 앞의 책, 2008, 306쪽).

26) 노성(魯城)은 열야산(熱也山)·니산(尼山)이라는 구명(舊名)을 가지며 열야(熱也)와 이례(爾禮)는 닮은 것이고 니(尼)와 이(爾)는 동음이다. 산(山)은 고훈(古訓)에 무레라고 읽혀지므로 니산(尼山)은 니무레로써 이례(爾禮)에 통한다(田中俊明, 앞의 논문, 2000, 149쪽).

신이 경유한 통로이자, 무열왕이 삼년산성으로 가는 경유지로써 지리적으로도 적합하기 때문이다.

사비남령은 부여로부터 5km 이격된 남쪽의 석성산성으로 비정하였다. 이격된 거리로 볼 때, 이례성과 사비남령인 석성산성 등은 삼년산성으로부터 무열왕이 투입하자 이를 막기 위해 백제부흥군이 병력을 배치하기에 적합한 곳이다. 따라서 이들은 백제부성의 포위를 풀기위해 다시 투입되고 있는 신라군을 차단하기 위한 백제부흥군의 저지부대가 배치되었던 곳으로 보고자 한다.

사료 A-③의 계탄을 대전광역시 유성구 남단으로 추정[27]하는 견해가 있다. 하지만 왕흥사잠성은 금강 건너 부여 사비성의 반대편에 위치하고 있다. 무열왕이 사비성의 반대편으로 건너가기 위해서는 금강을 건너야 하는데, 대전의 갑천인 유성구 남단의 금강 지류에서 도하했다고 볼 수가 없다. 무열왕은 사비남령으로부터 나성을 따라 북상하면서 백제부성을 포위했던 부성근처 부흥군의 4개성[책柵] 지역의 포위상태를 확인[28]하였을 것이다. 그리고 계속 북상하여 금강의 상류인 부여와 공주의 중간이나 공주부근에서 도하하였을 것이다. 이와 같이 무열왕이 금강을 건넌 계탄은 금강의 상류에 있을 것으로 추정되나 현재로선 판단하기가 어렵다. 하지만 당시 금강에 백세부흥군이나 신라군이 도하할 수 있는 지점[29]은 금강

---

27) 문헌상으로 그 위치를 추정하기 어려우나, 『大東輿地圖』에 의하면 계룡산에서 흘러나와 진잠(鎭岑)의 서남쪽으로 흘러가는 작은 하천을 계탄(鷄灘)이라 하였다. 그렇다면 이는 현재의 대전광역시 유성구 남단(舊 충남 대덕군 진잠면) 서남쪽의 하천이 아닌가 한다(충청남도역사문화연구원, 앞의 책, 2008, 306쪽).

28) 부성근처의 4성(책)을 함락시켰다는 기록은 없다. 즉 사비남령이 함락되자 백제부흥군은 포위를 풀고 임존성을 복귀했을 것으로 추정되어 확인이라는 용어를 사용하였다.

29) 미군과 평양 선두입성 경쟁을 벌였던 백선엽이 미군보다 먼저 평양에 입성할 수 있었던 것은 그가 소년시절부터 알고 있던 유독 수심이 낮아 장비 없이 대동강을 건널 수 있는 곳을 알았기 때문이었다(백선엽, 『군과 나』, 시대정신, 2009, 125쪽)는 것과 같이 금강에도 지리를 잘 아는 백제부흥군이 넘나드는 도하지점이 있었을

의 상류 어디엔가는 있었을 것이다. 도하가능 지점으로는 부여에서 공주에 이르는 구간 중 공주근처로 추정된다.

그 이유는 대동여지도를 볼 때 금강의 부여에서 옥천까지 구간 중 부여와 공주 구간이 津津·浦浦가 상대적으로 적은 곳이며,[30] 웅진시대인 동성왕 20년(498)에 웅진교를 가설하였다[31]는 기록으로 보아 공주근처에 다리를 놓을 수 있는 수심이 비교적 얕은 곳이 있었을 것이기 때문이다. 이에 계탄을 제외하고 이례성과 사비남령 4~5책 그리고 무열왕의 투입로를 요도로 그려보면 다음과 같다.

〈요도 14〉 1차 포위 시 무열왕 투입로와 부흥군의 저지선

종합하여 보면 백제부흥군의 1차 백제부성 포위공격은 660년 9월 23일에 시작하여 사비남령의 저지부대가 함락되는 10월 30일까지 약 37일간 지속되었다. 그리고 백제부흥군을 지휘한 사람은 최초 도침이었고, 이어

것이다.

30) 대동여지도에 공주-옥천구간의 津·浦는 7개소이나, 부여-공주구간은 양단에 2개소 뿐이다.

31) 『삼국사기』 권26, 백제본기, 동성왕20년, "設熊津橋"

복신이 가세하였다. 백제부흥군이 백제부성을 포위하여 공격할 때 포위선은 나성의 6개 통로를 통제할 수 있는 부성근처의 4개성이었다. 이들 백제부흥군 포위병력의 지휘소는 왕흥사잠성이었다. 이례성과 석성산성으로 비정되는 사비남령은 백제부흥군이 포위를 풀기 위해 다시 투입되고 있는 신라군을 차단하기 위한 저지부대를 배치하였던 곳이다.

2) 2차 백제부성 포위공격

백제부흥군의 2차 백제부성 포위공격은 660년 9월 1차 포위공격이 실패로 끝나자 이듬해 661년 2월 곧바로 실시되었다.

> B-① 봄 2월에 백제의 남은 적들이 사비성을 공격해 왔다. [이에] 왕이 이찬 품일을 대장군으로 삼아[32] … 가서 구원하도록 하였다. 3월 5일 중도에 이르러 품일이 휘하의 군사를 나누어 먼저 가서 두량윤성〈윤(尹) 또는 이(伊)로도 썼다〉 남쪽에서 군영 만들 땅을 살펴보게 하였다. 백제인이 진영이 정돈되지 못한 것을 보고 갑자기 나와 생각지도 않게 치니 우리 군사는 놀라서 흩어져 달아났다. 12일에 대군이 고사비성(古沙比城) 밖에 와서 주둔하면서 두량윤성으로 나아가 공격하였다. 그러나 한 달 엿새가 되도록 이기지 못하였다. 여름 4월 19일 군사를 돌이켰는데, 대당(大幢)과 서당(誓幢)이 먼저 가고 하주의 군사는 맨 뒤에 가게 되었다. 빈골양(賓骨壤)에 이르러 백제군을 만나 싸워 패하여 물러났다. 죽은 사람은 비록 적었으나 병기와 군수품을 잃어버린 것이 매우 많았다. 상주와 랑당은 각산(角山)에서 적을 만났으나 진격하여 이기고 드디어 백제의 진지에 들어가 2천 명의 목을 베었다. 왕은 군대가 패하였다는 소식을 듣고 크게 놀라 장군 김순·진흠·천존·죽지를 보내 군사를 증원하여 구원하게 하였으나, [그들은] 가시혜진에 이르러서 [퇴각하는] 군대가 물러나 가소천에 이르렀다는 말을 듣고 돌아왔다.[33]

---

32) 이외에 이때 출전 장군으로 迊湌文王, 大阿湌良圖, 阿湌忠常, 迊湌文忠, 阿湌眞王, 阿湌義服, 武欻, 旭川, 文品, 義光 등이 더 있다.

33) 『삼국사기』 권5, 신라본기, 무열왕8년, "春二月 百濟殘賊 來攻泗沘城 王命伊湌品

② [현경] 6년(661)에 이르러 복신의 무리들이 점점 많아지고 강의 동쪽 땅을 침범하여 빼앗았으므로, 웅진의 중국 군사 1천 명이 적의 무리들을 공격하러 갔다가 적에게 격파를 당하여 한 사람도 돌아오지 못하였습니다. 이 싸움에 패한 이후 웅진에서 군사를 청함이 밤낮 계속되었는데, 때마침 신라에는 전염병이 많이 돌아 군사와 말을 징발할 수가 없었으나 [그들이] 애타게 청하는 것을 거절하기 어려워 드디어 군사를 일으켜 주류성을 포위하러 갔습니다. 그러나 적이 [우리군사가 적은 것을 알고 곧 달려와 공격함으로 [우리는] 많은 군사와 말을 잃고 이득 없이 돌아오게 되니, 남쪽의 여러 성들이 일시에 모두 배반하여 복신에게 속하였습니다. 복신은 승세를 타고 다시 부성을 에워싸니 이 때문에 웅진으로 가는 길이 끊겨서 성안에는 소금과 간장이 떨어지게 되었습니다. 이에 곧 장정들을 모집하여 몰래 소금을 보내 그들의 곤경을 구원해 주었습니다.[34]

③ [도침과 복신이] 부성에 있는 유인원을 포위하자, [고종은] 유인궤에게 조서를 내려 임시로 대방주자사 직을 맡아 왕문도 대신에 무리를 통솔하도록 하고, 지름길로 가서 신라군을 동원하여 힘을 합쳐 유인원을 구하도록 하였다.[35]

④ [도침과 복신이 주류성에 근거하여] 고왕자 부여풍을 왕으로 옹립하고 반란을 일으키자 그 서부와 북부가 모두 응하였다. … 도침 등은 웅진강구에 두 개의 책을 세우고 관군[유인궤]을 막으려 하였다. … [유인궤와 신라의 공격에] 적의 무리는 퇴각하여 목책 안으로 들어가려다 물에 가로막히고 다리가 좁아서, 물로 추락하거나 전사한 자가 일만여 명이었다. 도침 등은 이에 유인원의 포위를 풀고 퇴각하여 임존성을 지켰다.[36]

日爲大幢將軍 … 往救之 三月五日 至中路 品日分摩下軍 先行 往豆良尹 *一作伊 城南 相營地 百濟人望陣不整 猝出急擊不意 我軍驚駭潰北 十二日大 軍來屯 古沙 比城外 進攻豆良尹城 一朔有六日 不克 夏四月十九日 班師 大幢誓幢先行 下州軍 殿後 至賓骨壞 遇百濟軍 相鬪敗退 死者雖小 失亡兵械輕重甚多 上州郎幢 遇賊於 角山 而進擊克之 遂入百濟屯堡 斬獲二千級 王聞軍敗大驚 遣將軍金純‧眞欽‧天 存‧竹旨濟師 至加尸兮津 聞軍退至 加召川 乃還

34)『삼국사기』권7, 신라본기, 문무왕11년 답설인귀서, “至六年 福信徒黨漸多 侵取江 東之地 熊津漢兵一千 往打賊徒 被賊摧破 一人不歸 自敗已來 熊津請兵 日夕相繼 新羅多有疫病 不可徵發兵馬 苦請難違 遂發兵衆 往周留城 賊知兵小 遂卽來打 大 損兵馬 失利而歸 南方諸城一時摠叛 並屬福信 福信乘勝 復圍府城 因卽熊津道斷 絶於鹽戝卽募健兒 偸道送鹽 救其乏困”

35)『구당서』권84, 열전34, 유인궤, “引兵圍仁願於府城 詔仁軌檢校帶方州刺史 代文 度統衆 便道發新羅兵合勢以救仁願”

⑤ 3월 ⋯ 유인궤가 신라와 더불어 군사를 합쳐서 쳐서 격파하였는데, 살해
당하고 익사한 자가 1만여 명이나 되었다. ⋯ 도침이 이에 부성의 포위를
풀고 물러가서 임존성을 지켰다.37)

⑥ [도침과 복신 등] 여러 장군들은 점차 [도성의] 중부까지 진입하여 ⋯ 우
리 군대를 포위하여 공격하였다. 운제로 굽어보고 지도로 환히 들여다보
며 돌과 화살이 별처럼 달리고 비처럼 떨어지며 밤낮으로 계속해서 싸우
고 아침저녁으로 침범하여 ⋯ [유인원은] 무심한 척, 창검을 가지고 다투
지 않고, [부흥군의] 기운이 쇠하기를 오랫동안 기다렸다.38)

(1) 전투경과 및 분석

전투경과를 알아보기 위한 사료분석이다. 『자치통감』인 사료 B-⑤는
이때를 용삭 원년 661년 3월로 기록하고 있다. 그런데 『구당서』인 사료
B-④ 등은 661년 3월에 부여풍이 들어와 있는 것으로 기록하고 있다. 하
지만 부여풍의 귀국은 『일본서기』에 의하면 662년 5월 설과 661년 9월
설이39) 있는데 9월 설을 적용하더라도 앞뒤가 맞지 않는다. 따라서 중국
측 사료에서 백제부흥군이 2차 백제부성을 포위하여 공격할 때 고왕자 풍
을 왕으로 세웠다는 기록은 타당하지 않다.

사료 B-②는 현경 6년으로 661년이다. 이때 당군 1천명이 출동하였다
가 한 명도 살아 돌아오지 못했다고 하였다. 이는 백제부흥군의 독립된
작선이라기보나 사료 B-④의 백제부성 포위공격 일환으로 보아야 한다.
복신이 서북부에 있던 임존성으로부터 백제부성을 포위공격하기 위하여

---

36) 『구당서』 권199, 열전149, 백제, "迎 故王子扶餘豊立爲王 其西部·北部並翻城應之
⋯ 道琛等於熊津江口立兩柵以拒官軍 ⋯ 賊衆退走入柵阻水橋狹 墮水及戰死萬餘
人 道琛等乃釋仁願之圍 退保任存城"

37) 『자치통감』 권200, 당기16, 용삭 원년, "三月 ⋯ 仁軌與新羅兵合擊 破之 殺溺死者
萬餘人 ⋯ 道琛乃釋府城之圍 退保任存城"

38) 「당 유인원기공비」, "竝□將軍 ⋯ 漸入中部 ⋯ 攻圍連連. 雲梯俯瞰 地道旁通 擊
石飛矢 星奔雨落 晝夜連戰 朝夕憑陵 ⋯ 閑然高枕 不與爭鋒 ⋯ 曠日持久 力竭氣衰"

39) 661년 9월 설(『일본서기』 권27, 천지천황 즉위기)과 662년 5월 설이 있다(『일본서
기』 권27, 천지천황 원년 5월).

강의 상류인 웅진부근의 어느 지점40)을 도하하여 백제부성으로 기동하고 있던 상황이거나, 거점을 점령했던 것으로 추정되기 때문이다. 다시 말하면 백제부성에 있던 유인원이 이동 중이거나 강의 동쪽거점을 점령한 백제부흥군을 공격하려고 당군 1천명을 출동시켰던 것이다.

이와 같이 유인원은 백제부흥군에 대한 초기공격에 실패했다. 이에 놀란 유인원은 실제 백제부성이 2차 포위공격을 받을 때는 신라에게 계속 청병하면서, 사료 B-⑥과 같이 일체 대응을 하지 않았다.

상황이 이렇게 되자 신라에서는 사료 B-①과 같이 661년 2월 품일 등 장군 11명을 보내 유인원을 구하도록 하였다. 3월 5일 중로에 이르러 품일은 군대를 나누어 먼저 두량윤성(두량이성)으로 보냈다. 두량윤성으로 가지 않은 품일의 본대는 사료 B-③, ④, ⑤와 같이 당에서 파견되어 오는 유인궤와 합류하여 백제부성의 유인원을 구하기 위한 부대였다. 사료 B-①에서 두량윤성으로 간 부대가 기습을 받고 흩어졌는데 3월 12일 대군이 왔다고 하였다. 이 대군은 유인궤와 합류하여 웅진강구 전투와 백제부성 해위전투를 끝내고 기습받은 부대를 구하기 위해 온 것이다. 따라서 백제부흥군의 백제부성 포위전투는 최대한 잡아도 3월 11일 이전에는 끝난 것으로 보아야 한다.

한편, 사료 B-⑥에서 백제부흥군은 사비도성의 외책인 나성을 넘어 중부까지 진입하여 유인원을 압박하고 있었다. 이때 유인궤가 유인원을 구하러 오고 있으며 신라군과 합세할 것이라는 사실을 알아차린 도침은, 사료 B-③~⑤와 같이 웅진강구에 양책을 세우고 이들을 막고자 하였다. 그러나 웅진강구에 세운 양책에서 다리가 좁고 물이 가로막아 물에 빠지거나 전투로 죽은 자가 1만여 명이나 되는 사상자가 발생하여 결국 포위를 풀고 임존성으로 퇴각하였다. 이와 같이 백제부성을 치열하게 포위공격하

---

40) 동성왕 20년에 가설했다는 웅진교이거나 부근에 도하 가능지점일 것으로 추정된다.

던 도침이 웅진강구에 투입되었으므로 웅진강구는 백제부성에서 멀지 않은 곳에 위치한 것으로 보아야 한다.

사료분석을 기초로 전투경과를 정리하면 다음과 같다. 백제부흥군은 2차 포위공격을 위하여 661년 1월 임존성으로부터 백제부성으로 기동을 시작하였다. 이를 저지하고자 유인원이 당군 1천명을 출동시켰으나 강 동쪽에서 복신에게 궤멸당하여 한 명도 살아 돌아오지 못했다. 백제부흥군은 2월경에 백제부성을 포위하여 사비도성의 내부인 중부까지 진격하였다. 백제부흥군은 운제·포차 등을 동원하였으며, 지도地道를 뚫어 내부까지 통하며 당군을 압박하였다. 당에서는 유인궤에게 조서를 내려 편도로 가서 신라군과 합세하여 유인원을 구하도록 하였다. 신라군은 장군 품일 등 11명이 투입되었다. 품일은 도중에 군대를 둘로 나누어 3월 5일 한 부대를 두량윤성으로 먼저 가도록하였다. 그리고 본대는 유인궤와 합세하여 웅진강구에서 도침을 격퇴하고 백제부성의 포위를 풀었다. 도침은 웅진강구에서 1만여 명의 피해를 입고 임존성으로 물러났으며, 2차 백제부성 포위공격 전투는 3월 11일 이전까지 계속되었다. 그 후 신라군의 본대인 품일의 대군은, 먼저 가서 두량윤성을 공격하다 백제부흥군에게 기습당한 신라군을 구하기 위하여 3월 12일 고사비성에 도착하였다. 그리고 한 달 엿새간이나 두량윤성을 공격하였으나 이기지 못하였다.

전투경과에 대한 군사학적인 분석이다. 첫째, 백제부흥군의 백제부성 공격 기동형태[41]이다. 사료에서는 위圍라고 하여 포위를 말하고 있다. 고대전법에서는 병력이 상대에 비하여 10배가 되었을 때 포위[42]가 가능하다고 한다. 백제부흥군이 유진당군에 비하여 10배가 되지 않았지만 위圍라는 용어를 고려해 볼 때 현대전법의 공격 기동형태 중 하나인 포위로

---

41) 공격 기동형태는 포위·우회기동·침투기동·돌파·정면공격 등이 있다(합동참모본부, 앞의 책, 2010, 68쪽).
42) 『손자병법』 第3篇, 謀攻, "故用兵之法 十則圍之 五則攻之 倍則分之"

볼 수 있다. 따라서 고대에도 포위공격을 했다면, 오늘날과 같이 적의 퇴로나 증원 및 병참선을 차단해야 했을 것이다. 즉 도침은 웅진강구에서 적의 증원을 차단하고자 했던 것이다.

둘째, 백제부흥군의 기동로 분석이다. 백제부흥군은 예산의 임존성으로부터 웅진강의 상류인 웅진부근에서 도하하여 강 동쪽지역으로 기동하였다. 사료에 나오는 강의 동쪽은 지리적으로 볼 때, 부여에서 보면 대전지역으로 추정이 되기 때문이다. 그리고 대전지역은 신라군의 증원을 막을 수 있는 지점이기도 한 곳이다. 즉 백제부흥군은 백제부성을 포위공격하기 위해 기동하면서, 신라군의 증원 예상로를 차단하려 했거나 견제를 하려 했던 것이다.

셋째, 백제부흥군의 공세정도에 대한 분석이다. 사료 B-⑥에서 보면 백제부흥군은 도성의 중부까지 진입하였으며 밤낮은 물론 아침저녁으로 공격하였다. 이러한 연속된 집중공격은 증원군 도착 이전에 속전속결을 꾀했던 것이며, 전쟁목표 즉 당군의 완전격멸을 이루고자 했던 것이다. 하지만 당군은 일체 대응하지 않았다. 사료 B-⑥과 같이 구원군 유인궤의 도착에 의한 상황변화를 꾀하며[43] 불리한 상황에서 대응하지 않았던[44] 것이다.

넷째, 2차 백제부성 포위공격에 동원된 병력규모이다. 신라의 경우 장군 11명이 투입되었으므로 약 2만 명[45] 이상이다. 당군은 유인궤의 군사가 적어 유인원과 합류하였다[46]고 하였으므로 많지 않았을 것이다.

반면 백제부흥군은 증원부대 저지장소였던 웅진강구에서 1만여 명이

---

43) 『손자병법』 第7篇, 軍爭, "故兵以詐立 以利動 以分合爲變者也"

44) 『손자병법』 第11篇, 九地, "合於利而動 不合於利而止"

45) 신라군 장군 1명당 평균 1,500명의 군사를 거느린 것으로 추정하면 16,500명의 전투병이 있고, 30%의 치중병을 고려하면 21,450명이 나온다(이상훈, 「신라의 군사편제 단위와 편성규모」 『역사교육논집』 46, 2011, 184~187쪽).

46) 『자치통감』 권200, 당기16, 용삭 원년 ; 『삼국사기』 권28, 백제본기, 의자왕20년.

손실을 입은 것으로 보아, 포위선에 배치된 병력을 포함한다면 가용한 최대한의 병력이 투입되었을 것이다. 백제부흥군을 지휘한 장군은 『구당서』 등 중국 측 사료에 도침과 복신 2명이 나오고 있다. 그러나 금석문인 사료 ⑪의 「당 유인원기공비」에 병並□장군將軍이라고 한 것으로 보아 사료에 이름을 올린 8명의 장군[47] 대부분이 투입되었을 것이다.

다섯째, 전투결과이다. 2차 백제부성에 대한 포위공격은 신라군과 합군한 유인궤에게 도침 등이 웅진강구에서 패함으로써 끝이 났다. 결국 2차 백제부성 포위공격도 실패하고 말았던 것이다.

(2) 포위선

백제부흥군의 2차 백제부성 포위공격 때 사료에 나타나는 지명은 사비성泗沘城·강동지지江東之地·편도便道·웅진강구熊津江口·중부中部 등이 있다. 이 중 포위선과 관련되는 지명은 사비성·중부 등이다.

첫째, 포위선 판단을 위해 먼저 사료 B-①의 사비성에 대한 검토이다. 현재까지 확인된 바에 의하면 사비도성에는 부소산성과 왕궁, 그리고 나성이 있는 것으로 전해진다. 당의 관부는 부소산성이나 사비도성의 왕궁에 주둔하고 있었을 것이다. 부소산성은 군창지 및 사비루 소재 테뫼식 산성과 이를 둘러싸고 있는 포곡식 산성으로 이루어져 있는 복합식 산성으로 알려져 있다. 그러나 부여문화재 연구소 발굴조사 결과 군창지 및 사비루 소재 테뫼식 산성은 통일신라시대 축성된 것으로 확인되었다. 따라서 백제시대 축조된 산성은 포곡식 산성뿐이며[48] 부소산성은 왕궁의 배후산성으로 판단되고 있다.

왕궁의 위치는 부소산성 남쪽 산기슭 일대가 지목되어 왔다. 이후 2004

---

47) 사료에 나오는 백제부흥군의 장군은 도침(道琛), 복신(福信), 정무(正武), 여자진(餘自進), 흑치상지(黑齒常之), 사타상여(沙吒相如), 지수신(遲受信) 등이 있다.

48) 이형구, 『백제의 도성』, 주류성, 2004, 161~166쪽.

년과 2005년 발굴조사 결과 부여읍 관북리에서 발견된 대형 건물지가 왕궁과 관련된다는 심증을 굳혀주고 있다. 그러나 주변에 왕궁 지원시설로 추정되는 것들만 확인되고 있고, 기단토에 혼입된 연화문 와당 등의 형식은 7세기 이후로 추정된다. 따라서 관북리의 일대는 후궁에 해당되고 왕궁의 중심부는 이보다 남쪽 부여 시가지 방면에 위치하고 있을 것으로 판단하기도 한다.[49]

나성은 앞서 검토한 바와 같이 부소산성에서 청산성에 이르는 북나성이 있다. 그리고 청산성에서 능산리를 거쳐 염창리에 이르는 동나성이 있다. 결국 사비도성은 왕궁과 부소산성 그리고 곽郭, 외책外柵으로 표현된 나성으로 구성되어 있으며, 왕궁의 위치는 부소산성 남쪽 능선보다는 앞쪽 시가지 방면으로 보는 것이 타당하다.

둘째, 사료 B-⑥의 중부에 대한 검토이다. 백제는 왕도를 상부·전부·중부·하부·후부 등 5부로 나누었다.[50] 사료 B-⑥에서 백제부흥군은 중부까지 진출하였다고 한다. 5부의 위치비정과 관련하여 일찍이 '전부前部'명 및 '상부전부천자차이上部前部川自次以'명 표석 출토지를 근거로 정림사 남쪽이 '전부'이고 그 북쪽이 '후부'일 것이라는 주장이 제기된 이래 5부의 개념적인 위치를 상정한 견해들이 제기되기도 하였다.[51] 그러나 구체적인 위치를 제시한 견해[52]도 있다. 중부의 위치는 개념적인 설과 구체적인 설을 종합해 볼 때 대체로 부소산성 아래 궁남지 위쪽이며, 부여읍에 있는 금성산 좌측의 중심부에 해당되는 것으로 추정된다. 그리고 왕궁은 중부에 위치해 있었을 것이다.

49) 박순발, 앞의 책, 2010, 274~275쪽.
50) 『주서』 권49, 열전41, 백제 ; 『北史』 권94, 열전82, 백제.
51) 박순발, 앞의 책, 2010, 273쪽.
52) 이병호, 「사비도성의 구조와 운영」 『한국의 도성 – 도성운영의 전통-』, 서울시립대학교 부설 서울학연구소, 2003, 67쪽.

〈요도 15〉 사비도성의 나성 및 왕궁,53) 중부배치54) 및 포위선 추정도

셋째, 포위선이 사비도성의 왕궁 가까이까지 근접한 사실을 확인할 수 있는 사료가 있다. 사료 B-⑥「당 유인원기공비」에서 백제부흥군의 공세를 기록한 '운제부감雲梯俯瞰 지도방통地道旁通 격석비시擊石飛矢'라는 기사이다. 운제는 고가사다리로써 성을 넘어가기 위한 공성무구이다. 백제부흥군은 운제를 설치하여 관부의 내부를 굽어보고 있었다고 기록하고 있다. 그리고 지도라고 하여 지하로 길을 내어 통하며, 돌과 화살을 날렸다는 포차55)를 사용하고 있다. 포차는 300보 이상 돌을 날려 보내는 공성무

---

53) 박순발, 앞의 책, 2010, 277쪽.
54) 이병호, 앞의 논문, 2003, 66쪽.
55) 砲車는 일종의 長兵武器로써 포석을 3백보 이상 떨어진 적진으로 발사할 수 있는 위력적인 무기이다(국방부 군사편찬연구소,『한국의 성곽공방전 연구』, 국군인쇄창, 2012, 18쪽). 1보를 현대 평균보폭 77~78㎝로 보면 포차의 사거리는 약 231~

기의 일종이다. 따라서 포차의 사거리와 운제를 운용하며 지도로 통하였다는 것을 고려할 때 포위선은 왕도 5부 중 중부를 포위하는 서부·전부·상부 등에 형성되었을 가능성이 있다. 이를 종합한 것이 앞의 〈요도 15〉이다.

〈요도 15〉에서 보면 백제부흥군은 1차 백제부성을 포위공격할 때 포위선이었던 나성을 넘어 도성으로 진입하였다. 그리고 도성의 5부 중 중부의 왕궁에 주둔해 있을 것으로 추정되는 유진당군을 근접하여 포위하였다. 즉 2차 백제부성을 포위공격할 때 백제부흥군의 포위선은 중부외곽으로써 서부·전부·상부·후부에 위치하였을 것이다.

(3) 웅진강구 전투

웅진강구 전투경과는 사료 B-③, ④, ⑤를 종합하면 다음과 같다. 백제부흥군은 661년 2월 〈요도 15〉와 같이 왕궁 가까이 중부를 연하는 선까지 포위선을 좁혀가며 백제부성을 포위 공격하였다. 당은 삼년산성에서 죽은 왕문도를 대신하여 유인궤를 검교 대방주자사로 삼아, 지름길로 가서 신라군과 합세하여 유인원을 구하도록 하였다. 백제부성을 포위공격하던 도침은 이러한 사실을 간파하고, 웅진강구에 양책을 세우고 유인궤와 신라군을 저지하려고 하였다. 그러나 웅진강구에 세운 양책을 연결한 다리가 좁아 물에 빠져죽거나 전투하다가 죽은 자가 1만여 명이나 되었다. 결국 도침은 백제부성의 포위를 풀고 임존성으로 퇴각하였다.

웅진강구 전투를 이해하려면 웅진강구의 위치가 정확하게 규명되어야 한다. 사료 B-④에 기록된 웅진강구는 2차 백제부성 포위공격에서 도침이 당 유인궤와 신라의 증원군을 저지하고자 했던 곳이다. 660년 7월 소정방이 상륙한 곳 또한 웅진강구(웅진구)라고 기록[56]하고 있다. 『삼국사기』

234m가 된다.

56) 『구당서』 권83, 열전33, 소정, "熊津江口" ; 『신당서』 권220, 열전145, 백, "熊津口" ;

에는 소정방이 상륙한 곳을 백강 또는 기벌포로 기록[57]하고 있다. 하지만
중국 측 사료는 660년 7월 소정방이 상륙한 지점과 661년 도침이 유인궤
를 막고자 했던 곳은 웅진강구라고 동일하게 기록하고 있다. 이러한 사료
의 혼선으로 웅진강구·백강·기벌포 위치에 대한 학계의 의견이 분분하다.

  분분한 의견을 구분하여 보면 첫째, 웅진강구를 금강하구로 보는 연구
자는 쓰다 소키치津田左右吉,[58] 이케우치 히로시池內宏,[59] 가루베 지온輕部
慈恩,[60] 심정보,[61] 이도학,[62] 김영관[63] 등이 있다. 둘째, 전북 부안의 동
진강으로 보는 연구자는 오다 쇼고小田省五,[64] 전영래,[65] 이종학,[66] 서정
석[67] 등이 있다. 셋째, 부여근처의 고다진 즉 반조원으로 보는 연구자는
이마니시 류今西龍,[68] 엄정용[69] 등이 있다. 소수 의견으로는 두포천[70]이
나 안성천,[71] 아산만[72] 등에 비정하는 자들도 있다.

  『자치통감』 권200, 당기16, "熊津江口"
57) 『삼국사기』 권28, 백제본기, 의자왕20, "白江/伎伐浦/熊津江口"; 권5, 신라본기,
   무열왕7, "伎伐浦"; 권42, 열전2, 김유, "依伐浦"; 권44, 열전4, 김인문, "熊津口"
58) 津田左右吉, 「百濟戰役地理考」『朝鮮歷史地理』 1, 1913, 169~175쪽.
59) 池內宏, 「百濟滅亡後の動亂及び唐·羅·日三國の關係」『滿鮮地理研究報告』 14,
   1934, 140~146쪽.
60) 輕部慈恩, 「百濟都城及び百濟末期の戰跡に關する歷史地理研究檢討」『百濟遺跡の
   研究』, 吉川弘文館, 1971.
61) 심정보, 「백강에 대한 연구현황과 문제점」『백제문화』 32, 2003, 182쪽.
62) 이도학, 『한국 고대사, 그 의문과 진실』, 김영사, 2001, 208~211쪽.
63) 김영관, 「나당연합군의 백제 공격로와 금강」『백제와 금강』, 서경문화사, 2007,
   243~248쪽.
64) 小田省吾, 『朝鮮史大系』, 朝鮮總督府, 1929, 194~195쪽.
65) 전영래, 「삼국통일전쟁과 백제부흥운동연구」『군사』 4, 1982, 25~27쪽.
66) 이종학, 「주류성·백강의 위치 비정에 관하여」『군사』 52, 2004, 189쪽.
67) 서정석, 「백제 5방성의 위치에 대한 시고」『호서고고학』 3, 2000, 81쪽.
68) 今西龍, 『百濟史研究』, 近澤書店, 1934, 375~378쪽.
69) 엄정용, 『백강-기벌포·탄현·주류성의 위치비정-』, 바다기획, 2011, 76~87쪽.
70) 노도양, 「백제주류성고」『명지대논문집』 12, 1979, 23~29쪽.
71) 김재붕, 『전의 주류성 고증』, 보전출판사, 1980, 34~35쪽.
72) 박성흥, 『내포지방의 고대사와 홍주주류성과 당진백촌강 연구』, 조양인쇄사, 2001,
   217쪽.

그러나 군사학적인 검토 결과 소정방의 실제 상륙지점 웅진강구는 금
강과 석성천이 만나는 지점이었다. 그리고 백제군이 배치되었던 지점은
금강과 논산천이 만나는 지점이었다.[73] 그러면 군사학적인 검토로 선정
된 웅진강구의 위치가 도침이 양책을 세웠던 위치와는 어떻게 다른지 살
펴보자. 도침이 세웠던 웅진강구와 양책의 위치를 규명하기 위하여 유인
궤·신라군·도침의 입장으로 구분하여 검토해보자.

첫 번째, 당 유인궤의 입장에서의 검토이다. 유인궤는 사료 B-③와 같
이 편도便道로 왔다. 편도를 우리말로 해석하면 지름길이다. 이 지름길에
대한 의견으로 "왕문도가 660년 9월 28일 삼년산성에서 죽었기 때문에 군
대의 특성상 별도의 명령계통이 없어 그의 시신과 호종 군사들이 여전히
삼년산성에 남아있었을 것이다. 그리고 유인궤는 군대와 함께 금강입구에
상륙한 것이 아니라 당항성에 내린 후 직산~진천~청주를 거쳐 삼년산성
으로 이동한 것이다"[74]라는 견해가 있다. 반면 "왕문도의 무리는 왕문도
의 시신을 싣고 당으로 귀환[75]하였다. 그렇기 때문에 『자치통감』에 '왕문
도의 무리를 거느리고'라고 표현했다. 즉 유인궤는 왕문도의 무리를 그대
로 거느리고 금강하구를 통하여 백제에 들어왔다"[76]고 보는 견해도 있다.

---

73) 이재준, 「660년 소정방의 백제공격로에 대한 군사학적인 연구」『군사』 98, 2016,
    29쪽 ; 1장 2절 참조.
74) 김병남, 「백제부흥전쟁기 고사비성 전투의 의미」『정신문화연구』 35, 2012, 294~
    295쪽.
75) 전시에 영현발생 시 연대와 사단 영현수집소로 영현을 후송하며, 전투상황이 긴박
    할 경우 는 현지에 가매장할 수 있다. 하지만 상황이 종료되면 영현 수집 및 수색조
    를 편성하여 영현을 수집 후송한다(육군본부, 『인사업무』야전교범 6-21, 국군인쇄
    창, 2016, 5-4쪽). 따라서 당시에 정 3품이나 되는 최고지휘관이 전장에서 죽었기
    때문에 차하급자가 부대를 통솔하여 왕문도의 시신을 싣고 당으로 돌아갔을 것으
    로 추정된다. 그렇기 때문에 당측 사료에는 왕문도가 바다를 건너다 죽은 것으로
    기록된 것으로 추정된다(『구당서』 권84, 열전34, 유인궤/권199, 열전149, 백제 : 『신
    당서』 권220, 열전145, 백제 : 『자치통감』 권200, 용삭 원년).
76) 김주성, 「웅진도독부의 지리적 위치 및 성격」『백제연구』 56, 2012, 142쪽.

이 두 견해 중 전자인 당항성~직산~진천~청주~삼년산성까지의 거리는 약 130km나 된다. 유인원이 포위된 상황에서 구원군으로 오는 유인궤가 빠른 수로를 제쳐두고 먼 거리의 육로를 이용하였다는 것은 상식적으로도 이해가 안 간다. 서천이나 군산에서 부여까지 수로는 약 50km가 채 안 된다. 더구나 육로는 수로에 비해 빠를 수가 없다. 따라서 육로를 이용하며 시간을 지체했다고 볼 수가 없다. 육로인 당항성~삼년산성으로 왔다고 본 것은 편도라는 용어에 집착한 결과이다. 유인궤는 금강이라는 수로를 통하여 최대한 신속하게 백제에 들어왔다고 보아야 한다.

한편 당 고종은 유인궤에게 신라군과 합세하여 유인원을 구하도록 하였다. 금강 수로를 이용하여 백제에 들어오는 유인궤가 신라군과 만날 수 있는 곳은 당연히 금강에 위치하여야 한다. 그런데 신라군이 배를 이용하여 서천이나 군산에서 유인궤와 합류했다고 볼 수는 없다. 당연히 백제부성인 사비성 근처에서 만나야 할 것이다. 따라서 주목되는 곳은 금강이 논산천과 만나는 곳이나 석성천과 만나는 곳이어야 한다.

두 번째, 다음 신라군 입장에서의 검토다. 661년 2월 품일과 함께 출동하는 신라군에 상주上州장군 잡찬 문충이 포함되어 있다. 그러면 신라군은 상주를 경유하는 추풍령로를 따라 기동한 것이다. 신라군이 추풍령로[77]를 이용하였다면 660년 백제 정벌 시 김유신이 이용한 탄현[78]으로 넘어 왔을 것이다. 그리고 황산벌을 경유하였을 것이다. 따라서 신라군이 금강 수로를 통해 들어오는 유인궤와 합류하려면 황산벌로부터 논산천이나 석성천 방향으로 진입하여야 한다.

---

77) 추풍령로는 경주-상주-추풍령(화령)-보은-청산이나 보은-문의로 연결되는 통로다. 이는 공주-대전-옥천으로 통하는 대백제 교통로와 연결되어 신라와 백제의 교통로 역할을 하였다(서영일, 『신라 육상교통로 연구』, 학연문화사, 1999, 57쪽).
78) 탄현의 위치는 여러 가지 설이 있으나 옥천과 대전 사이에 자리 잡고 있는 원치(遠峙)가 가장 가능성이 높다(서정석, 「탄현에 대한 소고」『중원문화논총』 7, 2003, 106쪽.

세 번째, 도침의 입장에서의 검토이다. 도침은 백제부성에 대한 2차 포위공격을 지휘하고 있었다. 즉 도침의 전투 장소는 부여 사비도성이다. 그런데 왕문도의 무리를 거느린 유인궤가 포위된 유인원을 구하기 위하여 투입되었다. 더불어 신라군도 투입되었다. 이에 도침은 유인궤와 신라군이 합류하는 것을 저지할 수 있는 지점을 통제해야 했을 것이다. 따라서 도침이 통제하려던 웅진강구는 금강에서 유인궤와 신라군이 합류할 수 있는 지점이어야 한다. 결국 추풍령로를 이용하는 신라군과 금강 수로로 들어오는 당군이 만날 수 있는 지점은 당연히 금강과 석성천이 만나거나 논산천이 만나는 지점 둘 중 하나가 되어야 한다.

한편 도침은 포위공격을 지휘하면서 부대를 나누어 증원군을 저지해야 했다. 두 부대는 포위부대와 증원군 저지부대이다. 최고사령관이던 도침이 두 부대를 효과적으로 지휘통제하려면 두 부대가 서로 멀리 떨어져 작전할 수 없다.

따라서 도침이 세운 양책은 유인궤와 신라군이 합류할 것으로 예상되는 두 지점이며, 부여 사비도성 근처에 위치했을 것이다. 도침은 이러한 예상접근로 두개를 통제하고자 양책을 세우고 두 책을 다리로 연결했던 것이다.

그런데 지금까지 연구자들은 웅진강구를 금강입구인 서천이나 군산지역으로 간주하여왔다. 도침이 세웠던 웅진강구의 양책이 서천이나 군산이 될 수 없는 이유들을 살펴보자.

첫째, 백제부성 포위공격을 지휘하고 있던 도침의 지휘 폭을 금강입구인 군산이나 서천까지로 보는 것은 너무 넓다. 도침이 사비 부여에서 50여km나 이격된 서천이나, 60여km 이격된 군산지역까지 출동했을 리 없다. 1만여 명의 부흥군이 60여km를 이동하려면 5일[79]이나 시간이 걸리

---

79) 『左傳』, 僖公二十五年, "晋侯 圍 原, 命三日之糧, 原不降, 命去之, 退一舍而 原降";
　　『左傳』, 僖公二十八年 "退三舍辟之 晋 杜預 注 : 一舍三十里"; 고대군대의 하루

기 때문이다. 또한 도침이 금강입구인 서천이나 군산까지 나가 싸웠다는
것은 이미 백제부성 포위를 포기한 것이나 다름없기 때문이다. 둘째, 웅
진강구 전투는 백제부흥군이 유인궤의 당군과 신라군이 합류한 연합군과
싸운 전투이다.

웅진강구를 금강입구인 서천이나 군산으로 본다면 당군과 신라군이 어
디에서 만났는지가 설명이 안 된다. 신라군은 수로가 아닌 육로인 추풍령
로로 이동하였기 때문이다. 셋째, 서천이나 군산지역에 양책을 세울만한
지형적 조건이 형성되는 곳을 찾을 수 없다. 양책을 세우고 한 책에서 싸
우다 다른 한 책으로 철수하는 모습이 그려지지가 않는다. 넷째, 금강입
구의 서천에서 군산까지는 넓고[80] 깊은 강의 하구로서 고대에 다리를 놓
았다고 보기 어렵다.

결론적으로 도침과 유인궤 그리고 신라군의 입장에서 보면 웅진강구는
서천이나 군산이 될 수가 없으며, 금강과 논산천 및 석성천이 만나는 지
점이어야 한다. 금강을 통하여 백제에 들어오는 유인궤가 추풍령로를 통
하여 들어오는 신라군과 합류할 수 있는 가장 적합한 곳이기 때문이다.
이 웅진강구는 660년 백제군이 소정방의 상륙을 저지하고자 병력을 배치
했던 지점이기도 하다.[81] 결국 당측 사료에 일관되게 기록된 웅진강구는
부여입구 금강과 논산천 및 석성천이 만나는 곳으로, 이곳에서의 전투상
황은 다음 요도와 같다.

행군거리는 一舍라 하여 30리로 본다(이병도 역주, 『국역삼국사기』, 을유문화사,
1977, 425쪽). 1902년(광무6년)에 정해진 도량형 규칙의 1리는 423.9m이므로
60km ÷ (1리 거리 0.4239 × 30리) = 4.718일 = 5일이 된다.
80) 오늘날 도상에서도 서천과 군산은 약 4~5km나 이격되어 있다.
81) 백제군은 금강과 논산천이 만나는 우곤리 일대에 병력을 배치하였다. 그러나 소정
방은 4km 이격된 석성천이 만나는 봉정리 일대에 상륙하였다(이재준, 앞의 논문,
2016, 29쪽).

〈요도 16〉 2차 포위공격 시 증원군 저지선 웅진강구 양책 전투

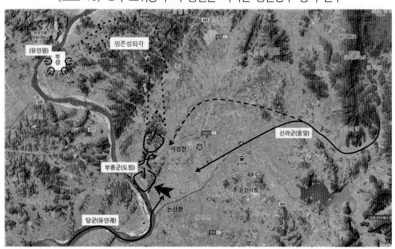

위 요도를 좀 더 구체적으로 설명하면 다음과 같다. 도침은 유인궤와 신라군이 만날 수 있는 예상접근로를 석성천(점선)과 논산천(실선) 두 곳으로 보고 이 두 곳에 책을 설치하였다. 그리고 두 책을 다리로 연결하였다. 그런데 유인궤와 신라군은 논산천 방향에서 합류하여 논산천 앞의 우곤리·개척리 일대에 배치된 백제부흥군을 공격하였다. 이에 백제부흥군은 두 번째 책인 석성천 건너 석성리일대로 피하고자 한 것이다. 그러나 석성천에 설치했던 다리를 건너는데 다리가 좁아 전투 중 죽거나 물이 가로막아[82] 빠져 죽은 자가 1만여 명[83]이 되었다.[84] 결국 도침은 웅진강구

---

82) 현지답사 때 지역주민(현재 86세 유병학)에 의하면 본인 어려서까지 이 지역 일대에 갯벌이 형성되었으며 간만조의 영향을 받았다고 하므로, 고대에 바닷물이 들어왔을 것이고, 만조 시기는 다리가 역할을 하지 못했을 것이다.

83) 『구당서』 권199, 열전149, 백제, "賊衆退走入柵 阻水橋狹 墮水及戰死萬餘人"；『신당서』 권220, 열전145, 백제, "道琛立二壁熊津江 … 挾擊之 奔入壁 爭梁墮溺者萬人"

84) 백제부흥군의 1, 2차 백제부성 포위공격은 학술지에 게재된 내용이다(이재준, 「백제부흥군의 백제부성 포위공격과 웅진강구 전투」, 『군사연구』 142, 2016).

의 양책에서 피해를 입고, 북쪽인 웅진 쪽으로 퇴각하여 강의 상류인 웅진부근에서 도하하여 임존성으로 피신하였던 것이다.

3) 기타전투

기타전투로는 백제부흥군의 2차 백제부성 포위공격과 더불어 발생한 전투로 사료 B-①에서 보이는 두량윤성豆良尹城 전투와 신라군이 패퇴하면서 치른 빈골양賓骨壤 및 각산角山 전투가 있다. 그리고 전투는 없었지만 빈골양 전투에서 크게 패한 신라군을 구원하기 위해 김순 등을 보냈다가 가시혜진加尸兮津에 이르러, 퇴각하는 군대가 가소천加召川에 이르렀다는 말을 듣고 돌아왔다고 하였다. 또한 『자치통감』에 "도침 등이 포위를 풀고 임존성으로 물러나 있으면서 그 세가 날로 커지자 유인궤는 병력이 적어 유인원의 군사와 합군하여 사졸들을 쉬게 하고 조서를 올려 신라병을 요청하였다. 이에 무열왕이 조서를 받들고자 김흠을 보내 유인궤 등을 구출하도록 하였다. 고사古泗에 이르렀을 때 복신이 격퇴하자 갈령도葛嶺道로 도망간 후에는 감히 다시 출병하지 못했다"[85]고 하는 전투가 있다. 이들 기타전투에 대해 검토해보자.

(1) 전투경과 분석

먼저 신라의 전투부대 검토이다. 두량윤성 남쪽에 이르러 숙영지를 살피다가 백제군에게 패한 부대는 3월 5일 품일이 둘로 나누어 먼저 보낸 부대다. 그리고 12일에 대군이 와서 고사비성古沙比城 밖에 진을 치고 두량윤성을 한 달 엿새간 공격하였으나 이기지 못한 부대는 유인궤와 합류

---

85) 『자치통감』 권200, 당기16, 용삭 원년, "道琛乃釋府城之圍 退保任存城 … 招集徒衆 其勢益張 … 仁軌衆少 與仁願合軍 休息士卒 上詔新羅出兵 新羅王春秋奉詔 遣其將金欽將兵 救仁軌等 至古泗 福信擊退 敗之 欽自葛嶺道遁還新羅 不敢復出"

하여 웅진강구 전투와 사비도성에 있던 백제부성의 포위를 풀고 온 품일의 부대다. 결국 대군은 유인궤와 합세하여 유인원을 구하기 위해 출동했던 품일의 부대로써 처음에 나누어졌다가 다시 합쳐진 것이다.

둘째, 공격목표와 공격진지에 대한 검토이다. 고사비성 밖에 진을 치고 두량윤성을 한 달간 공격하였다고 하였다. 그러면 고사비성은 공격진지이며 두량윤성은 공격목표이다. 공격진지와 공격목표는 멀리 떨어져 있을 수가 없다. 고사비성과 두량윤성은 가까운 곳에 있어야 한다.

셋째, 두량윤성을 공격하기 위해 고사비성에 투입된 대군의 일정이다. 대군은 3월 12일에 왔다고 하였다. 대군은 유인궤와 합군하여 웅진강구 전투와 백제부성 포위를 풀고 온 부대이다. 3월 5일 나누어진 부대가 3월 12일 도착하였다면, 그 사이에 웅진강구 전투와 백제부성 포위를 푸는 전투가 이루어진 것이다. 두 전투기간은 알 수 없지만 3월 6일 이후 시작했다 하더라도 최소한 3~4일은 걸렸을 것이다. 3월 6일 이후 3~4일 경과한 뒤 3월 12일까지는 2~3일이 남는다. 그러면 고사비성은 웅진강구와 백제부성으로부터 2~3일 행군거리에 있어야 한다.

넷째, 구원부대의 목적과 지휘관이다. 『삼국사기』인 사료 B-①에서는 김순金純이 신라군을 구원하기 위해 출동했다. 그러나 『자치통감』에서는 유인궤를 구원하기 위하여 김흠金欽이 출동했다. 동일한 시기의 출동으로써 『삼국사기』와 『자치통감』이 출동목적을 각각 상이하게 기록한 것인지 아니면 별개의 기사인지 혼란스럽다. 하지만 『삼국사기』 열전 김유신전에는 김순을 흠춘欽春[86]이라 하였다. 그런데 김순과 김흠은 같은 시기에 출동하고 있다. 따라서 김순 = 김흠춘 = 김흠 임을 알 수 있다.[87] 이렇게 볼 경우 구원부대로 추가로 투입된 부대의 지휘관은 김순(김흠)이다. 출동목적은 『삼국사기』는 신라군을 구하기 위해, 『자치통감』은 유인궤를 구

---

86) 『삼국사기』 권42, 열전2, 김유신, "龍朔元年(661)春 … 又遣伊金純(一作欽春)"
87) 충청남도역사문화연구원, 앞의 책, 2008, 273쪽.

하기 위한 것이라고 각각의 입장에서 기록한 것이다.

다섯째, 품일과 김순(김흠)의 행군로에 대한 검토다. 품일 등 대부대의 퇴각로는 빈골양과 각산으로 기록되어 있다. 구원부대였던 김순(김흠)의 경우 『삼국사기』에는 가소천까지 갔다 왔다고 하였고, 『자치통감』에는 고사에서 복신에게 패퇴하여 갈령도로 도망간 것으로 나오고 있다. 두 기사는 동일한 전투행위였으므로 빈골양賓骨壤·각산角山·가소천加召川·고사古泗·갈령도葛嶺道 등은 한 축선 상에 있어야 한다.

그러나 사료 자체가 혼란스럽고 미상지명이어서 기타전투가 벌어졌던 모든 위치를 단정적으로 비정하는 것은 쉽지도 않고 위험한 일이다. 이에 백제부성 포위를 풀기 위해 투입되었던 부대가 고사비성에 진을 치고 두량윤성을 한 달간 공격하였으나 이기지 못했다는 두량윤성과 진을 쳤다는 고사비성을 위주로 그 위치를 추정해보자.

(2) 군사학적인 두량윤성, 고사비성 위치비정

『삼국사기』는 "열기현 일명 두릉윤성 일명 두곶성 일명 윤성"[88]이라고 하였다. 『고려사』 지리지와 『동국여지승람』에는 "정산현은 본래 백제 열기현인데 신라가 개명하여 열성현이 되었다"[89]고 기록되어 있다.

이러한 사료를 바탕으로 연구자들은 나음과 같이 다양한 의견을 세시하고 있다. 먼저 『삼국사기』의 열기현조 기록을 긍정하는 논자들이다. 안정복은 『동사강목』에서 "두량윤성은 지금 청양의 정산이지만 고사비성古沙比城은 미상이다"[90]라고 하였다. 한편 노도양은 "주류와 두릉윤은 같은 지명이며, 두릉윤성은 정산의 계봉산성이다. 지금도 주민들이 두능성이라

---

88) 『삼국사기』 권37, 잡지6, 지리4, 웅천주, "悅已縣 一云豆陵尹城 一云豆串城 一云尹城"
89) 『고려사』 권56, 지10, 지리1, 양광도 ; 『신증동국여지승람』 권18, 정산현, 건치연혁, "定山縣 本百濟悅己縣 一云豆陵尹城 新羅 … 改悅城"
90) 『동사강목』 제4, 상, "豆良尹城 今定山 … 古沙比城 今未詳"

부르며 백제시대 기와 와편도 발견되었다"[91]고 하였다.

심정보는 "『삼국사기』 신라본기 문무왕 3년의 백제부흥군 패망기록에, 왕이 김유신 등 28(30)장군과 함께 두릉(량)윤성과 쥬류성 등 여러 성을 쳐서 모두 항복시켰다고[92] 하여 별개의 성으로 기록하고 있어 동일지명이 아니다. 그런데 『삼국사기』 잡지5 지리3에 열성현은 본래 백제의 열기현인데 경덕왕이 개명하여 지금의 정산현이라고[93] 하였으며, 『대동지지』에 계봉산성은 계봉산고성이라 칭하고 있어 고읍성지였음을 알 수 있다. 따라서 두량윤성을 계봉산성에 비정한다"[94]고 하였다.

다음은 『삼국사기』의 열기현조 기록을 부정하는 논자들이다. 이들 중 두량윤성을 서천 한산에 비정하는 논자들은 쓰다 소키치津田左右吉,[95] 이케우치 히로시池內宏,[96] 이병도[97] 등이 있으며, 전북 부안으로 비정하는 논자들은 이마니시 류今西龍,[98] 전영래[99] 등이 있다. 이외에 지헌영은 대덕군 진잠면 산장산성[100]이라고 하였으며 김재붕은 연기군 연기현[101]에 비정하고 있다.

---

91) 노도양, 「백제주류성고」 『명대논문집』 12, 1979, 14쪽.

92) 『삼국사기』 권6, 신라본기, 문무왕3년, "王領金庾信等二十八(一云三) 將軍與之合攻豆陵(一作)尹城 周留城等 諸城皆下之"

93) 『삼국사기』 권36, 잡지5, 지리3, 부여군, "悅城縣 本百濟 悅已縣 景德王改名 今定山縣"

94) 심정보, 「백제 두릉윤성에 대하여」 『대전개방대학논문집』 1, 1984, 41~46쪽.

95) 津田左右吉, 「百濟戰役地理考」 『朝鮮歷史地理』 1, 南滿洲鐵道株式會社, 1913, 130쪽.

96) 池內宏, 「百濟滅亡後の動亂及び唐羅日三國の關係」 『滿鮮地理歷史硏究報告』 14, 1934, 84쪽.

97) 두릉윤성은 충남 서천에 두량윤성은 충남 금산 추부면에 비정하였다(이병도 역주, 앞의 책, 2012, 114쪽, 121쪽, 616쪽).

98) 今西龍, 『百濟史硏究』, 近澤書店, 1934, 38쪽.

99) 전영래, 『주류성·백강의 위치비정에 관한 신연구』, 부안군, 1976, 20~65쪽.

100) 지헌영, 「두량윤성에 대하여」 『백제연구』 3, 1972, 43쪽.

101) 김재붕, 『전의 주류성 고증』, 보전출판사, 1980, 24~25쪽.

특히 전영래는 "『삼국사기』의 찬자 김부식이 좁은 식견과 지레짐작으로 지리지 4 열기현조에 '일명 두릉윤성, 일명 두곳성, 일명 윤성'이라고 적어 놓았다. 이는 중국 측 사료나『삼국사기』신라본기의 두솔성, 윤성, 두량윤성 등 눈에 띄는 대로 열기현에 끌어다 붙인 것이다.『삼국사기』신라본기 무열왕 8년 두량윤豆良尹과 고사비성古沙比城이 대응되고, 고사古泗에 이르러 복신에게 패하여 갈령도葛嶺道로 도망쳤다. 고사비성과 고사는 전북 고부이다. 그리고 두량윤성은 고부의 서쪽 7km 연장선상에 있는 부안의 도롱이뫼襄山일대[102]이다"라고 하였다.

김병남은 "두량윤성豆良尹城을 윤성尹城이라고 약칭하였던 것과 대비하여 두량이성豆良伊城 또는 이성伊城으로도 통용되었을 가능성이 있다. 그러므로 두량윤성豆良尹城은 음이 비슷한 완주군 영현의 두이현이다. 부안의 우금산성이 주류성이며, 고사비성은 정읍 고부다. 유인궤가 직산~진천~청주를 거쳐 삼년산성으로 이동한 후에 웅진으로 이동하였으므로 웅진강구는 사비성의 북쪽 웅진쪽이다. 따라서 도침을 웅진강구에서 패퇴시킨 유인궤와 신라군이 백제부성의 포위를 풀기 위해 남쪽으로 이동하자, 복신은 임존성으로 가지 못하고 남쪽으로 피신하였다. 이때 신라군만이 복신 등의 부흥군을 쫓아 두량이성(완주)과 고사비성(정읍고부)까지 진군하였다. 이후 신라군은 고사비성(정읍 고부)에 진을 치고 두량윤성(완주)과 주류성(부안)으로 분산하여 공격하였기 때문에 한 달 엿새간 이기지 못했다"[103]고 하였다.

이와 같이 두량윤성의 위치에 대하여 의견이 분분하다. 먼저 고사비성古沙比城을 정읍의 고부로 보고 있는 견해들은 모두 주류성을 부안 우금산성을 전제하고 있다. 이들은 대군이 도착했다는 고사비성古沙比城의 위치 비정을 함에 있어 고사古泗를 중방이라는 고사성古沙城과 고사古四로 본 것

---

102) 전영래,『백촌강에서 대야성까지』, 신아출판사, 1996, 59쪽, 69~84쪽.
103) 김병남, 앞의 논문, 2012, 288~298쪽.

이다. 즉 중방은 고사성古沙城이라고 한『주서』,『북사』의 내용과104)『한
원』에 나오는 남쪽 260리에 고사성古沙城이 있다105)고 한 내용, 그리고『삼
국사기』잡지5 지리3의 고부군은 본 백제의 고묘부리古眇夫里106)라고 한
내용과『삼국사기』잡지6 지리4의 고사古四주는 본래 고사부리古沙夫里107)
라고 한 내용 등 음이 유사함에 근거하고 있다.

군사학적인 측면에서 검토해보자. 부여에서 고부까지는 약 85km가 된
다. 고대군대는 하루에 12.7km를 행군한다고 했으며, 신라군은 경주로부
터 경기도 이천까지 11.6km의 속도로 행군하였다. 그 속도로 이동한다면
부여에서 고부까지는 7~8일이 걸린다. 더구나 고부까지 행군로 중간에
석성천·논산천·만경강·동진강을 도하하여야 한다. 만약 신라의 대군이 3
월 6일 유인궤와 합군했다 하더라도 합군과 웅진강구 전투, 그리고 백제
부성을 포위했던 백제부흥군을 격퇴시키는 전투일정은 최소한 3일 이상
은 걸렸을 것이다. 결국 품일의 대군이 부여로부터 정읍 고부에 도착하려
면 3월 18일 훨씬 이후가 되어야 한다. 따라서 신라의 대군이 3월 12일
도착했다는 고사비성古沙比城은 정읍 고부(古沙城, 古四)가 될 수 없다.

또한 도침이 임존성으로 퇴각했는데 복신은 임존성으로 가지 못하고
남쪽을 피신했다는 논리도 성립될 수가 없다. 그 이유는 포위된 유인원을
구하러 오는 유인궤가 빠른 수로를 놔두고 직산~삼년산성 등 육로를 이용
했다고 볼 수 없으며, 도침의 웅진강구가 웅진 쪽이라면 소정방 상륙지점
웅진강구와도 부합되지 않기 때문이다.

한편 완주에 있는 두량윤성을 공격하기 위하여 고사비성(고사)인 정읍
고부에 진을 쳤다는 것 또한 전술적으로 있을 수 없다. 정읍 고부에서 완

---

104)『주서』권49, 열전41, 백제 ;『北史』권94, 열전82, 백제, "中方曰 古沙城"
105)『한원』권□, 번이부, 백제, "又國南二百六十里 有古沙城"
106)『삼국사기』권36, 잡지5, 지리3, 古阜郡, "古阜郡 本百濟古眇夫里"
107)『삼국사기』권37, 잡지6, 지리4, 古四, "古四州 本古沙夫里 五縣 平倭縣 … "

주 이서까지 약 38km나 되고, 중간에 동진강도 가로놓여 있다. 공격하는 부대가 목표로부터 38km나 되는 원거리에 공격진지 편성한다는 것은 있을 수 없기 때문이다.

그리고 정읍 고부로부터 서쪽으로 약 10km 지점에 부안 우금산성인 주류성을 공격하며, 동북쪽으로 38km나 떨어진 완주에 있는 두량윤성을 같이 공격하였다고 하는 논리 또한 도저히 있을 수 없는 사안이다. 물론 같은 공격축선 상에 두 개의 공격목표가 있을 수는 있다. 그러나 정반대 공격방향에 있는 두 개의 목표를 동시에 양쪽으로 공격하는 지휘관은 없기 때문이다.

따라서 두량윤성을 공격하기 위한 고사비성古沙比城은 고사성古沙城·고사古四·고사부리古沙夫里·고부古阜로 명명되는 정읍 고부가 될 수 없다. 이들은 단지 음성 또는 표기상 유사할 뿐이다. 결국『삼국사기』지리지 열기현조의 "일명 두릉윤성 일명 두곳성, 일명 윤성"이라고 한 기록은 정확한 것으로 보아야 한다.

그러므로 두량윤성은 청양군 정산이 타당하며, 두량윤성을 공격하기 위한 고사비성古沙比城을 고사비성古泗比城의 오기라고 보는 견해108)가 전술적으로 타당하다. 고사비성古泗比城(공주로 추정) 밖에 3월 12일 진을 쳤다면, 3월 5일 군대를 나눈 후 유인궤군과 합군하여 웅진강구 전투와 부성포위를 푸는 일정과 이동소요 등 7일 정도 소요된 것으로 볼 때 일정상 타당하기 때문이다. 또한『삼국사기』찬자가 지명을 기록하면서 지명만 있고 분명치 않은 지역을 367개나 열거한 것을 보면, 매우 심사숙고한 것으로 오류를 범했을 것 같지는 않다. 안정복이 고사비성古沙比城을 미상으로 남겨놓은 점도 합리적인 것으로 보아야 한다.

이와 같이 볼 때 전영래가 고사비성古沙比城과 고사古泗를 정읍 고부에

---

108) 심정보,「부흥군의 봉기와 부흥활동 전개」『백제의 멸망과 부흥운동』, 아디람, 2007, 169쪽.

비정하고, 이를 기점으로 4월 19일 군대를 철수하며 전투를 벌인 빈골양과 각산에 대한 위치비정도 전혀 신뢰할 수가 없다. 그는 고부~태인~임실~진안~장수~거창~고령을 잇는 선상에서 빈골양과 각산을 찾고 있기 때문이다. 즉 『동국여지승람』에 태인으로 비정되는 빈굴현賓屈縣의 빈굴을 빈골賓骨로 보고, 태인천을 빈골양賓骨壤으로 본 것이다. 또한 각산角山을 임실군 관촌면 성미산 뿔뫼109)로 보고 있다. 이러한 견해는 퇴각부대의 출발기점을 정읍 고부로 보는 오류에서 시작되고 있으며, 고사비성古沙比城을 고사성古沙城으로 보는 등 음성상 유사점만을 적용한 대단히 잘못된 위치비정이다. 주류성을 전북 부안에 꿰맞추기 위한 억지 논리일 뿐이다.

그는 또 갈령도葛嶺道는 노령산맥 줄기로 위령葦嶺 또는 노령蘆嶺이라고 적는데 둘 다 갈·재의 새김 글자를 빌린 것으로 소리 나는 대로 적었기 때문에 갈령이 되었다. 따라서 신라군은 고부를 출발하여 거창~고령을 연결하는 노령산맥 줄기의 갈재를 넘었다110)고 하였다. 그런데 정읍 고부와 거창, 고령은 지리적으로 횡으로 놓여 있다. 도상에서 보면 단거리 접근로이다. 그렇다 해도 중간에 세로로 뻗어있는 1,353고지인 금원산이나 1,279고지 백운산, 1,507고지 덕유산 등 백두대간을 횡으로 넘었다는 것은 이해하기 어렵다. 이들 지역에서 백제와 신라의 성을 횡으로 연결하였을 것으로 추정되는 교통로도 확인할 수가 없으며, 한 두 명이 아닌 대부대가 숙영과 취사장비 등을 갖추고 산악 소로 길을 갈 수는 없기 때문이다. 한편 신라의 교통로 발전과정은 자연발생적 교통로 확보단계를 거쳐 군사적 진출단계 그리고 종합적 단계로 발전하는데,111) 거창 서쪽으로는

---

109) 전영래, 앞의 책, 1996, 76~83쪽.
110) 전영래, 앞의 책, 1996, 82쪽.
111) 487년에 정비된 관도는 이전부터 경주와 주요 거점을 연결하는 도로였으며, 6세기 중반 소백산맥을 넘어 한강유역으로 확대 정비되면서 추풍령로나 계립령로 죽령로 등이 개척되고 있다(서영일, 『신라의 육상 교통로 연구』, 학연문화사, 1999, 305~332쪽).

교통로 확인이 안 되고 있다.

갈령葛嶺은 『삼국사기』에 미상지명으로 기록되어 있다. 그러나 갈령으로 추정되는 단서는 있다. 논산읍에서 서남쪽 1.5km 지점에 있는 황화산에 둘레 600m 가량의 옛 성이 있다. 성안에 창고자리 두 곳과 사방에 문지가 있고 주춧돌이 있다. 홑잎 연꽃무늬 기와가 흙속에서 나왔는데 '갈라성葛羅城'이라 양각되어 있어 백제 때 고적임을 증명112)하여 주고 있다. 또한 대전시 용운동·판암동 등에서 대덕군 동면 신상·신하리를 통하여 회인·보은 방면에 이르는 속칭 갈고개가 있고, 1974년도에 갈고개 상에서 갈현성葛峴城이 발견113)되었다. 이외에도 대전 동쪽에 갈마동渴馬洞, 갈마산渴馬山, 신탄진읍의 갈전리葛田里 등114)도 있다.

갈령葛嶺은 『삼국사기』에 미상이라고 하였다. 그러나 위에 열거한 갈령葛嶺으로 추정되는 지역들 중 갈라성葛羅城은 논산~연산~옥천을 통하여 추풍령로와 연결된다. 그리고 갈현성葛峴城·갈마동渴馬洞·갈마산渴馬山·갈전리葛田里는 대전~회인~보은 방면을 통하거나 옥천을 통하여 추풍령로와 연결된다. 즉 신라군은 미상의 고사비성古沙比城으로부터 추풍령로와 연결되는 어느 한 통로를 이용하여 도망갔다고 추정된다.

그러면 고사비성古沙比城의 위치를 검토해보자. 위에서 퇴각로였던 갈령도는 추풍령와 연계되어 있음을 추정하였다. 퇴각로의 출발기점은 당연히 대군이 12일 도착하여 한 달 엿새간 두량윤성을 공격했던 고사비성古沙比城이다. 공격목표는 두량윤성이었고 공격진지는 고사비성古沙比城이었다. 그런데 통상 군사학적으로 공격진지는 공격목표와 1일 행군거리 이내에 편성한다. 공격목표가 청양 정산의 두량윤성이라면, 공격진지였던 고사비성古沙比城은 목표로부터 약 12km 떨어진 공주지역이 될 수 있다. 공

---

112) 한글학회, 『한국지명총람4 - 충남편 - 』, 보진재, 1974, 158쪽.
113) 성주탁, 「대전부근 古代城址考」 『백제연구』 5, 1974, 28~29쪽.
114) 한글학회, 앞의 책, 1974, 332쪽, 342쪽.

주는 백제의 옛 수도였다. 따라서 당시 수도였던 사비성泗沘城에 옛고古자
를 붙여 고사비성古泗沘城으로 표기하면서 고사비성古沙比城이라 오기했다
고 보는 견해가 타당하다. 고사비성古沙比城은 공주지역으로 추정된다.

한편 구원부대인 김순이 도착하는 가시혜진과 퇴각부대가 도착하는 가
소천은 신라의 영역으로 추정된다. 가시혜진은『삼국사기』잡지 3 지리
1 고령군조의 "신복현은 원래 가시혜현을 경덕왕이 개칭한 것인데 지금은
미상이다"라고 하였다. 가소천은 같은 책인 거창군조 가소현에서 단서를
찾을 수는 있다. 그러나 이들 지역을 거창군이나 고령군으로 단정할 수는
없다. 미상지역으로 보아야 한다.

이와 같이 군사학적으로 검토해 볼 때, 두량윤성은 청양 정산의 계봉산
성이 타당하다. 그리고 고사비성古沙比城은 정읍의 고부가 될 수 없으며,
백제의 옛 수도였던 공주지역일 가능성이 높다. 한편 빈골양과 각산, 갈
령도 등은 추풍령로와 연계된 곳에서 찾는 것이 더 타당할 것이다.

2. 백제부흥군의 고립전략

포위공격의 한계를 느낀 백제부흥군의 지휘부는 전략을 수정하였다.
즉 고립전략을 시행하게 된 것이다. 고립전략은 백제부성의 유진당군에
대한 신라로부터의 보급로를 차단함으로써, 전쟁의 목적을 달성하고자 했
던 것이다. 이는 군사적인 가용수단이 결정적 승리를 보장하기에 부적당
하다고 판단하여, 적의 사기를 저하시키고 피로케 하는 고립전략으로 바
꾼 것이다. 이러한 전략은 앞서 검토한 군사적으로 소극적인 지구전(a
protracted struggle, but at a low of military intensty)유형이다.

고립전략으로 간주되는 운량도 차단작전은 1·2·3차로 구분된다. 1차
운량도 차단작전은 웅진도 작전이며, 백제부흥군이 옹산성과 우술성에서

신라의 문무왕과 김유신을 상대로 싸운 전투이다. 2차 운량도 차단작전은 백제부흥군이 지라성·윤성·대산·사병 등 책과 진현성에서 당의 유인궤와 싸운 전투이다. 그리고 3차 운량도 차단작전은 백제부흥군이 내사지성에서 약 3만 7천명을 인솔한 신라장군 19명과 싸운 전투이다.

학계에서는 1차 차단작전을 『삼국사기』에 웅진도라고 기록되어 있어 웅진도 작전이라고 하고 있다. 그러나 같은 보급로를 차단하는 2차 차단작전을 중국 측 사료에는 운량지로로 기록하고 있다. 웅진도라는 『삼국사기』 기록만을 적용할 경우 웅진으로 가는 길로 잘못 이해할 수 있어, 운량도로 통일하고자 한다.

1) 1차 운량도 차단작전

백제부흥군은 2차 백제부성 포위공격이 실패로 돌아가자 전략을 수정하여 곧바로 운량도 차단을 실시하였다. 2차 백제부성 포위공격이 661년 3월에 끝나고 661년 7월에 1차 운량도 차단작전인 옹산성 전투가 벌어졌기 때문이다.

> C-① 7월 17일에 김유신을 대장군으로 삼고[115] … 8월에 대왕이 여러 장수를 거느리고 시이곡정에 이르러 머물렀다. 관리가 와서 보고하기를 백제의 "남은 적이 옹산성에 웅거하여 길을 막았으니 앞으로 바로 나가서는 안 된다"고 했다. 대왕이 우선 사람을 보내 [백제부흥군을] 타일렀으나 듣지 않았다. 9월 19일 대왕이 웅현정에 머물고 모든 총관과 대감들을 모아놓고 친히 나아가 훈계하였다. 25일에 군사를 보내 옹산성을 에워싸고, 27일에 이르러 먼저 큰 목책을 불사르고 수천 명을 베어죽이고 드디어 항복시켰다. 전공을 논하여 상을 주고 … 웅현성을 쌓았다. 상주총관 품일 등이 … 군사를 이끌고 우술성을 쳐서 1천 명의 머리를 베었다. 10월 29일에 대왕이 당나라 황제의 사신이 왔다는 말을 듣고 드디어 경주로 돌아왔

---

115) 김유신과 함께 출동한 장군은 『삼국사기』에 총 24명이 기록되어 있다.

다. … 김유신 등이 군사를 쉬게 하고 다음 명령을 기다리는데, 함자도 총관 유덕민이 와서 칙지를 전하며 평양으로 군량을 수송하라 하였다.116) ② 대군을 출동시켜 고구려로 향하게 하였다. 행군이 남천주에 이르렀을 때, 유인원이 거느린 군사를 사비로부터 배를 태워 혜포에 이르러 하륙시켜 또한 남천주에 주둔하였다. 그때 담당 관청이 보고하기를 "앞길에 백제의 잔적이 옹산성에 모여 길을 막고 있으니 곧바로 전진할 수가 없습니다." 고 하였다. 이에 김유신이 군사를 전진시켜 [옹산성을 포위하고 사람을 시켜 성 아래에 가까이 가게하여 적장에게 말하였다. … [이에] 적들이 큰 소리로 "비록 조그만 성이지만 군사와 식량이 모두 넉넉하며, 장수와 병졸이 의롭고 용기가 있으니 차라리 죽도록 싸울지언정 맹세코 살아서 항복지는 않겠다"고 하였다. 이에 깃발을 흔들고 북을 치면서 공격하였다. 대왕은 높은 곳에 올라 싸우는 군사를 보고 눈물을 흘리며 격려하니 병사들이 모두 분발 공격하여 창끝과 칼날을 무릅쓰고 [돌진하였다] 9월 27일 성을 함락하고 … 공을 논하여 상을 주니 유인원도 역시 비단을 차등이 있게 나누어 주었다.117)

(1) 전투경과 및 분석

사료 C-①은 『삼국사기』 신라본기 문무왕 원년 기사이다. 사료 C-②는 『삼국사기』 김유신전으로 사료 C-① 문무왕 원년 기사와 다소 차이가 있으며 이해 안 되는 부분이 있다. 김유신은 7월 17일 경주를 출발하였기

---

116) 『삼국사기』 권6, 신라본기, 문무왕 원년, "七月十七日 以金庾信爲大將軍 … 八月 大王領諸將至始飴谷停留 使來告曰 百濟殘 賊據甕山城□□□□□ 大王先遣使 諭之 不服 九月十九日 大王進次熊峴停 集諸摠管大監 親臨警之 二十五日 進軍圍 甕山城 至二十七日 先燒大柵 斬殺數千人 遂降之 論功賜 … 築熊峴城 … 上州摠 管品日 … 率兵攻雨述城 斬首一千級 … 十月二十九日大王聞 唐皇帝使者至 遂 還京 … 庾信等休兵待後命 含資道摠管劉德敏至 傳據旨輸平壤軍粮"

117) 『삼국사기』 권42, 열전2, 김유신, "發大兵向高句麗 行次南川州 鎭守劉仁願 以 所領兵 自泗沘泛船 至鞋浦下陸 亦營於南川州 時有司報 '前路有百濟殘賊 屯聚瓮 山城遮路 不可直前' 於是庾信以兵 進次圍城 使人近城下 與賊將語曰 … '雖蕞爾 小城 兵食俱足 士卒義勇 寧爲死戰 誓不生降' … 乃揮旗鳴鼓攻之 大王登高見戰 士 淚語激勵之 士皆奮突 鋒刃不願 九月二十七日城陷 … 論功賞賚將士 劉仁願 亦分絹有差"

때문에 늦어도 8월 중순이면 이천에 도착할 수 있다.[118] 그런데 김유신은
9월 25일 웅산성을 공격하였다. 약 한 달간의 행적이 없다. 또한 김유신
이 경기도 이천으로 비정되는 남천주에 진을 쳤다고 하였는데 중간에 백
제 잔적이 막고 있다고 하였다. 그러면 김유신을 막고 있는 웅산성은 남
천주보다 위에 있어야 한다. 한편 고구려를 공격하러 간 군대가 시간을
지체하며 웅현성을 쌓은 이유도 이해할 수가 없다. 즉 고구려를 향해 출
병한 신라 대군의 기동일정과 목적, 행군로 등이 의아스런 부분이다. 이
부분들에 대하여 분석해보자.

첫째, 출병목적에 대한 분석이다. "660년 6월 당에 숙위 중이던 인문과
유돈 등이 돌아와 왕에게 고하였다. 황제가 소정방을 보내 수륙水陸35도
병道兵을 거느리고 고구려를 치면서 왕에게 군사를 내어 호응하라고 명하
였으니 비록 상중이지만 황제의 칙명을 어기기 어렵다"[119]고 『삼국사기』
에 기록되어 있어 출동목적이 분명하다. 그런데 문무왕 11년조인 '답설인
귀서'에는 "함자도 총관 유덕민이 와서 칙명으로 평양으로 군량을 수송하
라고 하였다. 이때 웅진에서 관리가 와서 부성이 고립되어 위태롭다고 하
였다. 유총관이 자기 스스로 말하기를 만일 평양으로 군량을 보낸다면 웅
진도[120]가 끊어질까 염려되고 웅진도가 끊어진다면 진에 머물고 있는 한
병漢兵이 적의 손아귀에 들어갈 것이라고 하면서 나와 함께 먼저 웅산성을
쳤다. 이어 웅진에 성을 쌓고 웅진도를 개통하였다"[121]고 기록되어 있다.

이를 종합해 보면 신라는 고구려 정벌군을 보내라는 황제의 칙명에 의

---

118) 『삼국사기』 권5, 신라본기, 무열왕7년에 백제침공 시 5월 26일 경주를 출발하여
  경기도 이천인 남천정에 6월 18일 도착하였다. 22일 소요되었다. 따라서 8월 중순
  이면 도착할 수 있다.
119) 『삼국사기』 권6, 신라본기, 문무왕 원년.
120) 사료에 기록된 웅진도는 사비에 있는 부성에 군량을 수송하는 운량도이다. 웅진도
  라 하면 부성이 웅진에 있는 것으로 혼돈될 우려가 있어 본고에서는 운량도로 통
  일하고자 한다.
121) 『삼국사기』 권7, 신라본기, 문무왕11년 답설인귀서.

하여 출동하였지만 도중에 옹산성과 우술성만 함락시켜 부성으로 가는 웅
진도 즉 운량도를 개통하고 복귀한 것이다. '답설인귀서'에 유덕민이 6월
에 온 것처럼 되어있지만, 문무왕 원년조에 의하면 옹산성 전투 후 10월
29일에 경주에 왔기[122) 때문에 유덕민과 상의하여 옹산성을 공격한 것이
아니다. 문무왕 원년조의 기록대로 문무왕의 진로를 막고 있었기 때문에
공격한 것이다. 그리고 웅현성을 쌓고 우술성을 함락시키고 있는 도중에
당의 사자가 왔다고 하여 복귀하였다. 즉 신라군의 출동목적은 최초 당
고종의 명령에 따른 불가피한 출동이었으나, 운량도 개통으로 바뀐 것이
다. 이렇게 바뀐 이유는 고구려 정벌군을 보내기 싫은 신라의 본래 의도
였다고 볼 수 있다. 또한 신라의 입장에서 오랜 숙원이었던 백제병탄의
꿈이 운량도 차단으로 인하여 백제가 다시 회생할 수도 있다는 우려도 작
용했다고 볼 수 있다.

둘째, 신라군의 기동일정과 경로에 대한 분석이다. 문무왕이 8월에 시
이곡정에 도착하여 옹산성의 도로차단 보고를 받고 웅현정에는 9월 19일
행차하였다. 옹산성 전투는 9월 25일에 벌어졌다. 시이곡정까지 갔다가
웅현성으로 물러났고 다시 옹산성 전투가 벌어졌으므로, 시이곡정·웅현
정·옹산성은 모두 가까운 거리에 있을 것이다. 시이곡정 도착을 8월 말로
보더라도 25일이나 후에 공격한 것을 이해할 수 없다.

그리고 김유신은 7월 17일에 출발하였으므로 8월 중순경에는 경기도
이천 남천주에 도착하였을 것이다. 그런데 백제부흥군이 옹산성에서 앞의
도로를 차단하고 있다는 보고를 받고 있다. 경기도 이천에 진을 치고 북
진해야 할 김유신이 9월 25일 대전부근 옹산성 전투에 투입된 부분도 이
상하다.

이들 두 기사는 모순처럼 보인다. 하지만 이상훈은 "7월 17일 김유신과

---

122) 『삼국사기』 권6, 신라본기, 문무왕 원년, "十月二十九日大王聞唐皇帝使者至遂還
　　京 … 劉德敏至傳"

문무왕은 각각 행군로를 달리하여 출발하였다. 김유신은 1일 약 12km의 정상속도로 상주~보은~청주를 경유하여 경기도 이천 남천정에 도착하였다. 반면 문무왕은 상주~보은~옥천~대전으로 이동하여 운량도를 확보하고자 하였다. 행군속도를 고려하여 8월 중순경에 대전지역의 시이곡정에 도착한 일정으로 보아도 문제가 없다. 이러한 기동은 왕이 친히 전쟁에 나서는 친솔형親率型과 예하 신료에게 명을 내려 전쟁을 치르는 교견형敎遣型으로 구분123)하는 데서도 알 수 있다. 즉 7세기 신라가 대규모 병력을 동원할 때에는 주력부대와 국왕의 부대가 분리되어 행군했다. 그리고 문무왕이 시이곡정에 도착했을 때 앞을 가로막은 옹산성의 백제부흥군에 대한 상황을 남천정에 있던 김유신에게 전달하였고, 김유신은 혜포에 상륙하여 남천정에 진을 쳤던 유인원과 함께 운량도 개통을 위하여 다시 남하한 것이다. 이때 문무왕은 시이곡정에서 안전한 웅현정으로 물러나 김유신의 주력부대가 올 때까지 기다렸다. 즉『삼국사기』신라본기와 열전 김유신전의 기록이 모순된 것이 아니라, 신라본기는 문무왕을 기준으로 하여 작성되었고 열전은 김유신을 기준으로 하여 작성된 것임을 알 수 있다"124)고 하였다. 이는 당시 신라군의 기동속도를 고려한 행군일정 및 전투의 진행방향과 부대 운용상 매우 타당하다.

셋째, 고구려 원정을 위해 출동한 신라군이 웅현성을 축성했다는 점이다. 신라군이 축성한 것으로 보는 이유는 문무왕이 옹산성 전투 전에 태감太監 문천文泉을 소정방에게 보내 서신을 전하였는데 돌아와서 정방의 말을 전하기를 "내가 명을 받고 만리 먼 곳에 푸른 바다를 건너 적을 토벌하려고 해안에 배를 댄지 벌써 달을 넘겼다. 대왕의 군대는 도착하지 않고 군량수송이 계속되지 않아 위태함이 심하니 왕은 잘 도모하여 달

---

123) 이문기, 『신라병제사 연구』, 일조각, 1977, 280쪽.
124) 이상훈, 「백제부흥군의 옹산성 주둔과 신라군의 대응」『역사교육논집』57, 2015, 115~131쪽.

라"[125]고 한 내용에서 알 수 있다. 신라군은 9월 27일 옹산성을 함락시키고 바로 북상하지 않고, 문무왕이 경주로 돌아가는 10월 29일까지 웅현성을 축성했던 것이다.

이렇게 신라군이 고구려 출동을 지연한 이유에 대해 다음과 같은 견해가 있다. 당시 신라에게 급한 것은 백제지역을 차지하는 것이지 고구려 원정이 아니었기 때문에 백제부흥군이 길을 막고 있다는 핑계를 대면서 옹산성을 공격[126]하는 등 시간을 지체한 것이다. 그리고 신라는 고구려 원정에 병력이 소모되는 것을 원치 않았다. 고구려 원정에서 병력이 소모된다면 차후 백제부흥군과의 전투에서 열세를 면치 못하였을 수도 있다. 결국 신라는 주력부대를 평양으로 보내지 않으면서 수송부대를 편성하여 군량을 수송하는 선에서 타협을 본 것[127]이라고 하고 있다.

그러나 신라가 단독으로 축성을 하며 시간을 끌었다고는 볼 수 없다. 유인원이 남천주까지 기동하였다가 김유신과 함께 남하하여 옹산성 전투 현장에 같이 있었기 때문에 유인원과 타협을 했을 것이다. 이때 신라는 '답설인귀서'의 기록대로 운량도가 끊어져 백제부성이 위험한 상황을 주장했을 것이고, 유인원도 유진당군의 고립상태가 심각하였기 때문에 묵인하였을 것이다.

(2) 운량도에 대한 검토

백제부흥군이 운량도를 차단하기 위해 점령했던 성은 옹산성과 우술성이다. 따라서 옹산성과 우술성은 운량도 상에 있었을 것이다. 지금까지의 연구는 옹산성과 우술성에 대한 위치비정과 함께 웅진으로 가는 웅진도

---

125) 『삼국사기』 권42, 열전2, 김유신.
126) 김용만, 「2차 고구려-당 전쟁(661-662)의 진행 과정과 의의」『민족문화』 27, 2004, 181쪽.
127) 이상훈, 앞의 논문, 2015, 139쪽.

(운량도)를 검토하여 왔다. 그러나 웅진도는 웅진으로 가는 도로가 아닌 백제부성 즉 사비(부여)에 군량을 수송하는 운량도였다. 이에 옹산성과 우술성에 대한 종래의 제 학설과 문제점들을 알아보고, 군사학적인 차원에서 운량도를 고찰해보자.

① 종래의 제 학설

이케우치 히로시池內宏는 "웅현정 및 옹산성의 소재는 공주이남 금강의 동쪽 땅이다. 공주에서 논산천의 상류에 있는 노성魯城 및 논산에 이르러 다시 서북으로 향하면 부여에 이른다. 이는 공주 부여간의 자연도로이며, 노성에는 열야산현熱也山縣이 논산의 서쪽 금강 가까이 석성리에는 진악산현珍惡山縣이 있었다. 문무왕의 글에 보이는 웅진도는 이 통로를 가르키는 것으로 관찰된다. 우술성은 지금의 회덕으로 정해진다. 신라군병은 황간·영동방면보다 회덕으로 온 뒤, 진잠·연산을 지나 목적지로 진격하였다. 그리고 옹산성을 함락시키고 우술성으로 향하였던 것이다. 이러한 통로의 관계 또는 신라군의 행동의 볼 때 옹산성은 노산성魯山城이다"[128]라고 하였다.

쓰다 소키치津田左右吉는 "옹산성의 위치가 분명치 않다. 왕이 경주를 출발하여 님천징으로 향하고 있었으므로 그 언도에 백제인이 지키는 성지가 있어야 한다. 그러면 그 길은 반드시 보은방면을 통과하여야 한다. 따라서 웅현이나 옹산도 그 부근일 것이다. 백제 무왕 3년조의 옹잠甕岑이 옹산甕山처럼 생각된다. 그러므로 옹산성은 두 나라의 경계에서 멀지 않은 곳이며 보은방면으로 해도 대과 없을 것이다"[129]라고 하였다.

이병도는 옹산성을 대덕군 회덕면 계족산성이라고 하였다.[130]

---

128) 池內宏, 앞의 책, 1934, 42~44쪽.
129) 津田左右吉, 「百濟戰役地理考」 『朝鮮歷史地理』 1, 南滿洲鐵道株式會社, 1913, 175~176쪽.

심정보는 "군량을 논산으로 돌아 웅진으로 운반한다는 것 자제가 타당성이 없다. 옹산성은 신라군의 북진로 상에 있고 요충지에 위치하고 있으며, 웅진부성에 주둔하고 있는 당병이 위태롭게 되어 당군의 요청에 의하여 먼저 옹산성을 치게 된 것이다. 따라서 웅진도는 신라에서 웅진에 이르는 최단거리 코스에서 찾아야 한다. 우술성은 古회덕읍 연축동 산성이다. 이 우술성으로부터 3km 떨어진 계족산성은 옥천에서 문의~청주를 거쳐 북상하는 고대도로를 내려다보고 있다. 또한 신라의 전초기지라고 볼 수 있는 보은~옥천에서 웅진에 이르는 가장 가까운 거리인 회덕에 위치하고 있다. 따라서 이는 신라의 북진로를 막을 수 있고, 신라에서 웅진에 이르는 소위 웅진도를 차단할 수 있는 계족산성이 옹산성이다"[131]라고 하였다.

김영관은 "계족산성 내에서 우술이라는 기와가 다수 출토되고 있어 우술군의 치소가 되고, 문의 부근에서는 회덕과 문의 사이를 흐르는 금강 본류를 경계로 양국이 대치하였다. 신라군은 삼년산성에서 출발하여 회인을 거친 후 미원에서 청주를 경유하여 진천·죽산·이천으로 이동할 계획을 세웠을 것이다. 회덕의 계족산성은 백제부흥군의 또 다른 거점인 우술성이 분명하므로 옹산성이 될 수 없다. 다만 북진하던 신라군이 옹산성과 우술성을 거의 비슷한 시기에 공격하므로 두 성은 멀리 떨어진 곳에 있지 않다. 옹산성은 신라군의 북상을 막을 수 있는 교통상의 요로이며 백제군이 활동할 수 있는 지역이어야 한다. 따라서 옹산성은 백제의 미곡현인 회인지역이고, 보은에서 주성산성으로 향하는 길목인 내북면 대안리에 웅령熊嶺이 웅현정인데 신라군이 옹산성을 함락시키고 웅령에 웅현성을 쌓았다"[132]고 하였다.

---

130) 이병도 역주, 앞의 책, 2012, 118쪽.
131) 심정보, 「삼국사기 문무왕답서에 나나타는 웅진도에 대하여」, 『황산이홍종박사화갑기념 사학논총』, 1997, 46~49쪽.

　김병남은 "옹산성(계족산성)은 이 지역에서 상주~보은~문의~청주로 이어지는 교통로와 선산~황간~옥천~대전~공주로 이어지는 교통로를 상하로 견제할 수 있음을 의미한다. 특히 후자의 교통로는 웅진도로써 신라가 당 주둔군을 지원하던 루트였기 때문에 중요한 지정학적 위치를 점하였다"[133)고 하며 심정보의 견해를 따르고 있다.

　강헌규는 "연축동連丑洞의 소지명 등마루는 옹산甕山의 고유지명으로 보인다. 따라서 회덕읍 연축동 산성이 옹산성이다. 계족산과 기우제, 기타 비雨와 연결된 설화는 이산의 옛 이름이 우술산이라 하여 계족산성이 우술성임을 시사한다. 그리고 시이곡정始餄谷停은 옹산성 아래에 있어야 한다. 그런데 시始의 뜻이 처엄, 비르슬, 비로소를 나타내므로 대전광역시 비래동 일대이다. 웅현성(정)에 대하여는 웅현熊峴이라는 지명이 전국에 6개나 있다. 회덕의 전래 지명 김재는 곰재/감재〉갬재의 변화에 의한 것으로 웅현은 이들의 훈차표기다. 모두 회덕일대이다"[134)라고 하였다.

　이상훈은 "시이곡정, 웅현정, 옹산성은 모두 대전 근방의 지명이다. 시이곡정(비래동)~웅현정~옹산성(대전 계족산)으로 이동한 것으로 보면 지명의 위치상 모순이 없다. 김유신은 상주~보은~청주~이천으로 이동하여 당군과 보조를 맞추었고, 문무왕은 일부병력을 인솔하여 상주~보은~옥천~대전으로 이동하여 웅진도를 확보하고자 하였다. 그런데 옹산성(대전 회덕)에서 막고 있는 백제부흥군을 문무왕 단독으로 진압하기 어려워 옹산성에서 가까운 시이곡정에서 물러나 보다 안전한 후방인 보은군 내북면 대안리 웅령熊嶺 즉 웅현정에 머물렀다. 그리고 보은의 삼년산성과 대전 옹산성을 연결하는 거점으로서 웅현성을 쌓았다. 한편 대전지역의 진산鎭山은

132) 김영관, 「660년 신라와 백제의 국경선에 대한 고찰」, 『신라사학보』 20, 2010, 119~128쪽.
133) 김병남, 「백제부흥전쟁기의 옹산성 전투와 그 의미」, 『전북사학』 42, 2013, 49~50쪽.
134) 강헌규, 「백제의 우술군(/성)·옹산성 및 그 주변 지명과 고려 이후의 계족산(/성)에 대하여」, 『백제문화』 25, 1996, 172~178쪽.

해발 423.6m의 계족산이며, 계족산성은 서쪽으로 대전지역이 전체적으로 조망되고 동쪽으로는 충청북도의 옥천과 보은지역이 조망된다. 계족산성 내에 우술이라는 명문의 기와 출토는 이곳이 우술군의 관내였음을 나타낸다. 즉 계족산성은 신라 본토에서 웅진으로 나아가는 길목에 위치하고 대전의 전략적 요충지이므로 옹산성이 될 수밖에 없다"[135])고 보았다.

이들 의견을 종합해 보면 옹산성의 위치비정은 이케우치 히로시池內宏의 노성산을 제외하고는 회덕 계족산성 혹은 보은지역 또는 회인지역 등으로 구분이 되고 있다. 그리고 웅진도(운량도)는 목적지를 공주로 하여 회덕~논산~공주로 보거나 보은~옥천~회덕~대전~공주 등으로 보고 있다.

② 기존 연구에 대한 검토

첫째, 백제부흥군이 막았다는 실체에 대한 검토다. 대부분 연구는 사료에 기록된 대로 백제부흥군이 신라군의 고구려 북진을 막았다고 하였다. 그러나 면밀히 보면 김유신은 막힘없이 북상하여 남천주까지 기동하여 사비에서 기동한 유인원과 함께 남천주에 주둔[136])하였다. 즉 문무왕의 기동로와 김유신의 기동로는 달랐던 것이다. 그리고 백제부흥군이 막은 것은 김유신의 기동로가 아니라 문무왕의 기동로인 운량도였다.

둘째, '답설인귀서'에 기록되어 있는 웅진도의 웅진에 대한 검토다. 대부분 웅진도의 목적지를 웅진으로 보고 있다. 그러나 백제부흥군의 목표이며 당의 관부인 웅진도독부는 사비에 있었다. 웅진도독부의 웅진은 공주의 지역명칭이 아닌 백제의 수도 사비를 대신하여 부르던 명칭이었다. 실제 웅진도독부의 위치는 사비 부여였다. 그렇다면 운량도인 웅진도와 이를 막았던 옹산성은 사비 부여로 가는 길에서 찾아야 한다.

또한 『자치통감』에도 "하나뿐인 성으로 적의 한가운데 자리 잡고 있

---

135) 이상훈, 앞의 논문, 2015, 124~135쪽.
136) 『삼국사기』 권42, 열전2, 김유신.

다"137)는 기록에서 당의 관부는 지리적 중앙인 사비에 있었다고 보는 것이 타당하다. 따라서 지금까지의 웅진도와 옹산성에 대한 연구에 있어, 유진당군에 대한 신라 보급부대 즉 군량수송부대의 목적지를 웅진으로 본 것은 큰 착오라고 본다.

셋째, 비정된 위치의 군사학적 타당성이다. 제시된 견해는 대부분 옹산성이나 우술성의 위치를 회덕일·계족산성·연축동 산성·보은일대 등으로 보고 있다. 또한 계족산성에서 보은~청주를 연결하는 북진로를 견제할 수 있다고 하며 신탄진을 통한 북상로를 통제 할 수 있다고 하였다. 그러나 현장을 답사해보면 군사지리적인 측면에서 신라군이 회덕 계족산성 일대를 통하여 신탄진 방향으로 북상했을 것이라고 볼 수 없다. 신라군이 회덕으로 오려면 금강을 도하하여야 하고 회덕에서 북상할 경우 다시 신탄진 일대에서 금강을 도하하여야 한다. 추풍령로에서 보은을 경유하는 경우 금강을 도하하지 않고 북상이 가능한데 계족산성·연축동산성·회덕지역을 경유하며 굳이 금강을 두 번씩이나 도하할 이유가 없기 때문이다. 한편 전술적으로도 계족산성 일대에서 보은~청주 구간을 견제 내지는 통제했다고 볼 수가 없다. 계족산성에서 보은·회인지역까지 직선거리 16km나 되고 첩첩산중과 금강이 가로막고 있는데 당시 무기체계 중 하나인 사거리 140보인 활이나 병력으로 견제 내지는 통제했다고 볼 수가 없다.

넷째, 계족산의 연축동 산성에서 발견된 우술이라는 명문기와에 대한 분석이다. 우술이라고 한 명문이 발견된 연축동 산성은 우술성일 가능성이 가장 높다. 하지만 연축동 산성이 우술성이 아닐 수도 있다. 우술이라는 명문을 사용한 성이 우술군 관내의 다른 지역에서도 발견될 수 있기 때문이다.

『삼국사기』 지리지에 의하면 "웅진주 예하에 있는 우술군은 노사지현

---

137) 『구당서』 권84, 열전34, 유인궤, "且今以一城之地 居賊中心" ;『자치통감』 권200, 당기16, 용삭2년, "且今以一城之地 居敵中央"

과 소비포현 두 현이 있다"고 하였다. 소비포현은 유성구 덕진동에 해당되고 노사지현은 지금의 유성구에 해당된다. 우술군 영역은 회덕의 계족산성으로부터 유성현까지 보아야 한다.[138] 실제 대전시 유성구는 지금도 남북으로 길이가 27km나 된다. 따라서 우술이라는 명문은 회덕으로부터 유성이남 지역에서도 출토될 수 있다.

다섯째, 백제부흥군 입장에서의 검토이다. 백제부흥군은 661년 3월에 있었던 도침의 웅진강구 전투에서 1만여 명이나 손실되는 막대한 피해를 입었다. 백제부흥군은 전력이 부족하게 되어 포위전략에서 백제부성에 대한 고립전략으로 계획을 수정한 것이다. 전력이 부족한 백제부흥군이 고구려로 북상하는 신라 대군의 길까지 막을 수 있는 여력은 없었다. 따라서 회덕의 계족산성이나, 보은의 회인지역까지 가서 북상로를 막았다고 볼 수가 없다. 백제부흥군 입장에서는 신라에서 백제로 통하는 운량도를 차단하여, 백제부성 즉 웅진도독부를 고립시켜야 했다. 이렇게 볼 경우 당연히 지금까지 신라군이 사용했던 국경상의 통로를 막아야 했을 것이다.

국경상의 통로라 하면 관산성 전투나 성왕이 살해된 구천狗川 등을 고려할 수 있다. 김유신이 5만 대군을 이끌고 넘은 탄현도 고려할 수 있다. 신라의 무열왕이 백제 평정 후 660년 9월 웅진도독 왕문도의 조서를 받은 삼년산성으로 갔을 때도 같은 통로일 것이다. 그러한 지역은 백제의 관문이었을 것이다. 이렇게 보면 백제부흥군 입장에서 백제부성의 당군을 고립시키기 위해 운량도 상에서 점령하여 지켜야 하는 곳은, 신라와 백제를 연결할 수 있는 국경지대의 관문이 될 수밖에 없다. 지금까지 운량도에 대한 기존연구는 이러한 부분이 전혀 고려가 안 된 음운학적, 문헌적 연

---

138) 『삼국사기』 권37, 잡지6, 지리4, "熊川州一云熊津 … 雨述郡 奴斯只縣, 所比浦縣";
『삼국사기』 권36, 잡지5, 지리3, "比豐郡 本百濟雨述郡景德王改名 今懷德郡 領縣
二 儒城縣 本百濟奴斯只縣 景德王改名 今因之 赤鳥縣 本百濟所比浦縣 景德王改
名 今德津縣"

구에만 의존한 것이다. 그리고 우술이라는 명문출토와 신라군의 북상을 막았다는 부분에만 집착한 결과이다. 그러면서 군사적으로 있을 수 없는 통제나 견제를 하였다고 하고 있는 실정이다. 이에 군사학적인 측면에서 고찰해보자.

③ 운량도에 대한 군사학적 고찰

작전 중인 군부대와 작전기지를 연결하여 보급품과 병력이 이동하는 일체의 지상·해상·항공보급로를 병참선이라고 칭한다. 통상 후방지역에서는 병참선이라고 하고 전투부대에서는 주보급로[139]라고 한다. 이렇게 구분하는 이유는 아군지역에서의 보급수송과 적지역에서의 보급수송에 현격한 차이가 있기 때문이다. 또한 오늘날 병참선이나 주보급로 등을 판단할 때는 도로의 상태·장애물·적 위협 등을 고려하여 전투근무지원 부대의 이동계획을 수립[140]한다. 그러나 본고에서는 당시의 운송수단인 우마차의 장애물인 강·하천 등이 적지역에 있는지 아군지역에 있는지에 따라 위험지역·애로지역으로 구분하여 판단해보자.

웅진도독부인 백제부성에 군량을 수송하는 업무는 신라의 몫이었다. 신라가 백제부성에 군량을 수송하는 병참선이나 주보급로인 운량도를 알아보려면 먼저 수송할 물동량과 수송수단이 고려되어야 한다. 그리고 군량수송부대가 이동할 운량도의 상태를 판단해야 한다.

첫째, 물동량에 대한 판단이다. 백제부성에 있던 병력은 당군 1만 명과 신라군 7천명이다. 경주에서 사비(부여)까지 한 달에 한 번 군량을 수송한다고 가정하여 1회 수송량을 판단하면 다음과 같다. 당의 1인 병사가 하

---

139) 합동참모본부, 앞의 책, 2010, 146쪽.
140) 이동계획 수립 시 녹색도로, 황색도로, 적색도로, 흑색도로 등으로 구분하고 애로 지역에서는 우회로 등을 사전 판단하여 계획을 수립한다(육군본부, 『이동관리』야 전교범 참고-6-7, 국군인쇄창, 2009, 4-8~4-10쪽).

루 소비하는 군량은 2승升이다.[141] 신라의 경우 성덕왕 6년(707)에 백성들
이 굶어 죽었으므로 한 사람에게 하루에 속粟(조, 좁쌀, 겉곡식) 3승을 7월까
지 내주었다.[142] 따라서 병사 1인 하루 소비군량은 쌀 2승으로 보아도 무
방할 것이다. 그러면 1만 7천명이 30일간 소비하는 군량은 1,020,000승이
되며 부피로는 304,470,000㎖[143]가 된다. 1,000㎖는 849.5g[144]이므로
304,470,000㎖의 중량은 258,647.265㎏[145]이 된다. 이 수치는 쌀米로만
판단하여 정확하다고 할 수는 없지만 개략적으로 월 1회 군량을 수송할
경우 1회의 물동량은 약 260톤 정도가 된다.

둘째, 신라의 수송수단에 대한 검토이다. 1980년 중원문화연구소 발굴
조사단은 삼년산성 서문유구에서 수레바퀴 자국을 발굴하였다. 보고서에
의하면 수레바퀴 자국은 폭이 14㎝이고 양 바퀴 홈 사이의 거리는 165~
166㎝로 확인[146]하였다. 오늘날 한우 한 마리가 끄는 수레의 폭은 85㎝
이므로, 당시의 수레는 두 마리의 역우가 끄는 수레였다.[147] 삼년산성은
신라가 백제 정벌의 주 전략기지로 사용하고 있던 점을 고려하면, 신라가
이러한 규모의 수레를 이용하여 군량을 운반하였음을 알 수 있다. 사료에
서도 662년 왕이 김유신에게 명하여 인문과 양도 등 9명의 장군이 수레
2천여 대에 쌀 4천석과 조 2만2천석을 싣고 평양으로 가도록[148]한 기록

---

141) 孫繼民, 『唐代行軍制度研究』, 文津出版社, 1995, 320쪽.
142) 『삼국사기』권8, 신라본기, 성덕왕6년, "六年春丁月 民多饑死 給粟人一日三升 至
    七月"
143) 문무왕 12년(672)까지 사용하였던 1승은 오늘날 298.5㎖가 된다. 신라는 통일 문
    무왕 12년에 도량형을 개혁하였는데 개혁 후 사용하였던 1승은 오늘날 597㎖에
    해당된다(박흥수, 『한국도량형 제도사』, 성균관대학교출판부, 1999, 531쪽). 따라
    서 1,020,000승×298.5㎖ = 304,470,000㎖이 된다.
144) 2003년 경기도 연천 정미소에서 실제 실험한 결과이다(윤일영, 「신라군의 행군과
    군수」『군사학연구』6, 2008, 55~61쪽).
145) 304,470,000㎖ ÷ 1,000㎖ × 849.5g = 258,647,265g = 258,647.265㎏ = 258.6ton.
146) 충북대학교중원문화연구소, 『중원문화연구총서24 - 삼년산성 -』, 1998, 98쪽.
147) 윤일영, 앞의 논문, 2008, 102쪽.

이 있다. 이때 수레 한 대당 438kg을 실었다[149]고 계산이 된다. 이를 적용해보면 백제부성으로 월1회 수송해야 할 물동량이 약 258,647kg이므로, 총 수레 수는 약 590대[150]가 나온다. 즉 신라는 유진당군과 신라군을 위하여 매달 590대의 수레와 1,180마리의 우마로 군량을 운송해야 했다.

셋째, 당시의 국경선에 대한 검토이다. 660년 신라와 백제의 경계는 문의와 회덕을 가르는 금강줄기였다. 백제는 금강 동편에서 공격해 오는 신라군을 막기 위해 계족산과 식장산으로 이어지는 험준한 산줄기를 따라 계족산성 등 14개의 산성을 쌓아 대비하였다. 옥천지역은 신라의 영역이었으며, 오늘날 대전시와 옥천군과의 경계를 이루는 식장산은 험준한 산줄기였다. 신라는 이 산줄기 끝에 있는 탄현을 넘어 백제로 진군하였다. 옥천 남쪽으로는 금산 서대산과 영동 천태산 줄기로 이어지는 산줄기를 자연적인 경계로 삼았고, 영동군 양산면 조천성을 경계로 서쪽은 백제의 영역이었으며 동쪽은 신라의 영역[151]이었다. 하지만 산성과 유물조사 결과 대전과 옥천 사이의 식장산이 경계가 아니고 옥천읍 군서면까지 내려와야 한다[152]고 한다.

넷째, 운량도에 대한 군사적 안전성이다. 신라 입장에서는 661년 당시 백제지역에 대한 장악력이 부족하고 방향유지도 쉽지 않았을 것이다. 그러므로 660년 김유신이 탄현을 지나 사비로 진격히였던 교통로기 가장 안전성이 높다고 판단했을 것이다. 따라서 운량도는 김유신이 넘었던 탄현과, 황산벌을 경유하였을 가능성이 매우 높다. 그리고 무열왕과 태자 법

---

148) 『삼국사기』 권6, 신라본기, 문무왕2년.

149) 쌀 1石은 44,775㎖이고 쌀 1,000㎖의 무게는 848.5g이다. 벼(租) 1석은 44,775㎖이고 벼(租) 1,000㎖의 무게는 551.7g이다. 둘을 합하면 총 695,597.535kg이 되고 수레 2천대로 나누면 수레 당 438kg을 싣고 이동하였다(윤일영, 앞의 논문, 2008, 76~78쪽).

150) 258,647.265kg ÷ 438kg = 590.6대.

151) 김영관, 앞의 논문, 2010, 121~131쪽.

152) 성주탁, 「대전부근 古代城址考」『백제연구』 5, 1974, 34~38쪽.

민이 백제부성 포위를 풀기 위해 삼년산성으로부터 다시 투입되었던 이례
성과 석성산성도 탄현과 같은 방향이다.

다섯째, 강이나 하천 등에 대한 검토이다. 강이나 하천은 590대의 수레
와 1,180마리의 군마로 이루어진 군량수송부대가 극복해야 하는 심각한 장
애물이다. 오늘날 금강은 전북 장수읍 수분리에서 남쪽으로 흐르는 섬진강
과 갈라져 영동~옥천~문의~공주~부여를 지나 서해로 흘러드는 남한에서는
한강, 낙동강 다음으로 큰 강153)이다. 「대동여지도」에서 살펴보면 백제의
왕도 부여입구인 강경일대로부터 상류에 해당하는 영동지역까지 총 17개의
진津·포浦가 있다. 이들 17개 지역은 우마차가 도하할 수 없으며, 적(백제)지
역에 있어 위험지역이다. 한편 신라의 영역인 옥천과 영동 사이도 3개의
진이 있다. 신라의 영역이므로 적 위협은 없지만 진·포구는 도하하는데 어
려운 애로지역이다. 이외에 백제내륙의 하천도 위험지역154)이다. 이를 표
와 요도로 보면 다음과 같다.

지금까지 연구는 웅진도가 옹산성 및 우술성이라고 비정하는 회덕의
계족산을 경유하여 웅진(공주)로 갔다고 보았다. 그러나 이 경우 590여대
의 우마차는 〈요도 17〉의 24번 신탄진과 22번 덕진이 있는 하천을 도하
하여야 한다. 현재 갑천에 놓여있는 18개 교량의 평균길이가 약 400m이
다. 이러한 하천들을 우마차가 군량을 싣고 도하하여 갈 수가 없다. 따라
서 웅진도는 웅진(공주)이 아닌 사비(부여)로 가는 운량도로서 다음과 같이
검토되어야 한다.

---

153) 금강 명칭은 1914년부터 공식적으로 사용되었으며, 유역면적 9,810㎢, 유로연장
    396km에 달하는 우리나라 6대 하천의 하나이다(권혁재, 『한국지리』, 법문사,
    2003, 68쪽).
154) 국경지대에서 부여 쪽으로 진출하려면 대전천(27km), 유등천(45km), 갑천(75km),
    논산천(33km) 등을 지나야 하며, 이들 지역에는 표와 같이 7개의 진·포 즉 위험
    지역이 있다.

〈요도 17〉 동여도의 진·포구 / 위험지역, 운량도

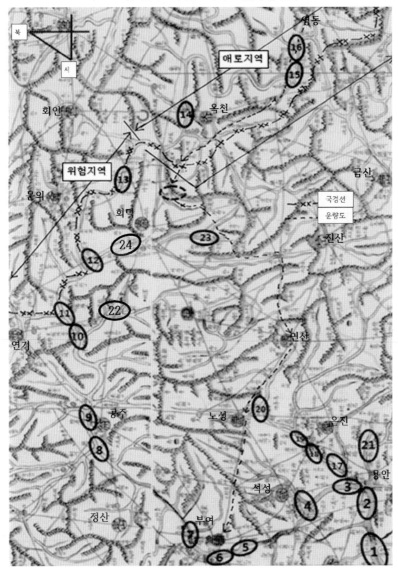

〈표 7〉 대동여지도에 나타난 금강의 진·포구 현황

구 분		진·포구 현황	계		비 고
금 강	강경일대	1.남당진, 2.청포진, 3.양청진, 21.증산포	4	17	위험지역 (백제)
	부여일대	4.저포, 5.대왕포, 6.고성진, 7.왕지진	4		
	공주일대	8.웅진, 9.음암진	2		
	논산천	17.금포, 18.논산포, 19.시포, 20.초포	4		
	갑천 등	22.덕진(금강지류) 23.유등포, 24.신탄진	3		
금 강	공주-옥천	10.지동진, 11.라리진, 12.두저포, 13.형강진	4		위험지역 (국경)
	옥천-영동	14.화인강진, 15.적등진, 16.심천진	3		애로지역 (신라)

〈요도 17〉과 〈표 7〉에서 보면 옥천~공주지역은 4개의 진·포구가 있어 삼년산성이나 회인지역으로부터 회덕지역으로 도섭이 불가하다. 지금은 대청호로 되어 있지만, 댐을 만들기 전에는 강의 상류로서 도섭이 가능하다고 판단했을 수도 있다. 하지만 이 지역은 댐을 만들기 전에도 수량이 풍부하여 도섭이 불가한 지역이었다.[155] 즉 진·포구가 있는 지역은 군량수송부대의 우마차 도섭이 불가한 지역이다. 어렵게 강의 도하에 성공한다 하더라도 백제지역에 접안을 할 경우 공격을 받을 수 있는 위험지역이다.

반면 옥천과 영동사이의 구간은 〈표 7〉과 〈요도 17〉 같이 진·포구가 3개소가 있지만 신라지역이기 때문에 애로지역이다. 결국 590여대의 수레로 군량을 수송하려면, 애로지역이지만 신라지역이기 때문에 적 위협이 없는 옥천~영동 구간에서 강을 도하하여 백제의 내륙으로 진입하여야 한다.

---

155) 필자는 2001년도에 청남대에 근무하면서 수시로 배를 타고 옥천까지 대청호를 순찰하였다. 회덕 앞의 대청댐 한 가운데 무너미라고 하여 물이 넘었다는 고개가 있다(한글학회, 『한국지명총람 – 충남편 – 』, 보진재, 1974, 354쪽). 즉 무너미를 기점으로 회덕-옥천-영동까지 상류에 해당되지만 진·포구가 많아 댐을 막기 전에도 금강의 수량이 많았음을 알 수 있다.

그리고 내륙에서는 탄현을 지나 공주방향으로 가기 위하여 북쪽인 회덕으로 올라간 것이 아니었다. 김유신이 넘었던 탄현을 지나 남쪽으로 향한 다음 논산천 위에서 황산벌을 경유하여 부여방향으로 가야했다. 그 이유는 첫째, 군사적 안정성 면에서 기존에 사용하던 통로를 사용했을 것이며 둘째, 목적지가 공주가 아닌 부여이고 셋째, 우마차로 구성된 군량수송부대는 내륙의 위험지역인 대전천·유등천·갑천 등을 도하할 수 없기 때문이다. 즉 배가 드나들어 도하하기 어려운 〈요도 17〉의 23번 유등포를 우회하여, 갑천을 따라 상류인 한삼천리를 경유하여 연산방향으로 향하였을 것이다. 이 통로는 결국 연산의 황산벌을 경유하고 있어 주로 사용되던 통로였음을 알 수 있다.

종합하여 보면 신라의 군량수송부대인 우마차들은 〈요도 17〉과 같이 신라의 경주로부터 금강의 위험지역이 없는 애로지역인 옥천지역을 경유하여 백제지역에 진입하였다. 그리고 백제부성인 부여방향으로 가기 위하여 23번의 위험지역을 우회하고 갑천의 상류에서 도하할 수 있도록 남쪽으로 내려와 황산벌이 있는 연산방향으로 향했다. 그리고 연산~노성~석성을 거쳐 부여의 백제부성에 군량을 수송하였던 것이다. 요도에 점선으로 표기된 부분이다.

(3) 옹산성 등 위치 비정

지금까지 운량도에 대하여 검토하였다. 옹산성은 운량도 상에 있을 것으로 추정된다. 운량도나 옹산성은 지금까지 제시된 회덕의 계족산성이나 보은지역 또는 회인지역은 해당되지 않는다. 그러면 옹산성과 함께 사료에 나타나는 우술성·시이곡정·웅현정·웅현성 등에 대해 알아보자.

우술성 위치는 명문와 출토가 결정적 이유가 될 수도 있다. 그러나 우술이라는 명문은 회덕을 포함한 현 유성군 관내에도 있을 수 있다. 그리고 웅현성을 쌓고 나서 함락되었으므로, 옹산성이나 웅현성에서 멀지 않은 곳에 위치하였을 것이다. 시이곡정의 위치는 음운학적으로 대전시 비래동으로 보고 있다.[156] 이는 계족산성 = 옹산성과 공주로 가는 웅진도라는 가설과 부합하여 타당성 있게 보이지만 군사학적으로 이해하기 어렵다. 대전시 비래동은 계족산 바로 아래 있으며, 군량수송부대는 비래동으로부터 공주로 가는 갑천과 유등천을 극복할 수 없기 때문이다. 또한 군량을 가득 실은 우마차가 회덕의 계족산성까지 갔다가 다시 남하하여 부여로 가는 역행군을 했다고 볼 수가 없다. 한편 웅현정을 보은의 웅현에 비정하는 견해가 있다.[157] 삼년산성을 비워두고 14km나 북쪽인 보은의 웅현에서 남천정으로부터 내려오는 김유신을 기다렸다는 것은 이해할 수가 없다.

따라서 옹산성, 우술성, 시이곡정, 웅현정, 웅현성 등의 연계성을 고려하여 모든 위치비정을 시도하는 것은 쉽지도 않으며 위험할 수 있다. 이에 운량도 상에서 옹산성의 개략적인 위치에 대하여만 검토해보자.

옹산성은 군량수송부대의 우마차가 사용했던 통로에 있어야 함을 고려해야 한다. 그리고 완전히 장악하지 못한 백제지역에서의 군사적 안정성을 고려하여, 탄현이나 황산벌 등 기존에 사용된 통로가 고려되어야 한다. 물론 기존통로의 목적지는 공주가 아닌 부여로 가는 길이어야 한다. 이러한 보급로는 신라본토에서 물자를 수송해야하기 때문에 대전 남쪽으로 연결하는 것이 효율적이다.[158] 이 보급로로 추정해 볼 수 있는 교통로가 있다. 통일신라 시기 웅주로라고 불리던 구미~영동~옥천~대전~공주[159]로 이어지는 통로이다. 이 통로에서 백제로 진입하는 지점은 국경지대인 옥천지역이다. 즉 백제부흥군이 군량수송부대의 운량도를 차단하려

---

156) 강헌규, 앞의 논문, 1996, 174쪽.
157) 이상훈, 앞의 논문, 2015, 131~133쪽.
158) 이상훈, 앞의 논문, 2015, 117쪽.
159) 정요근, 「통일신라시기의 간선교통로」 『한국고대사연구』 63, 2011, 172쪽.

면 국경에 위치한 산성에 의존하였을 것이다. 따라서 옹산성은 신라로부
터 백제로 진입하는 국경지대에서 찾아야 한다.

〈요도 18〉 대전부근 고성지 분포도160)

1.구성리산성	2.유성산성	3.성북리산성	4.사정성
5.송곡리/덕진산성		6.봉곡리산성	7.보문산성 및 퇴뫼
8.소호리산성	9.계족/연축동산성	10.질현성	11.능성
12.갈현성	13.삼정리산성	14.성치산성	15.계현성
16.환산성	17.서산성	18.탄현	19.흑석동산성(진현성)

---

160) 성주탁, 앞의 논문, 1974, 9쪽의 그림에 19번 흑석동산성(심정보, 1989)을 추가하
였다.

앞 〈요도 18〉은 성주탁의 대전부근 산성요도에 백제와 신라의 국경선을 추가한 것이다. 국경선은 북쪽으로 금강을 연하는 선이며, 동쪽의 옥천지역은 17번 산성들이 위치한 지역이다. 이 지역은 성왕이 태자를 격려하기 위해 출동하였다가 살해되는 구천이 있는 지역[161]이며, 이 지역에서 5km를 서쪽으로 가면 18번 탄현으로 비정되는 곳이 된다.

그런데 일반적으로 옹산성으로 비정하고 있는 9번 계족산성은 탄현으로 추정되는 곳으로부터 직선거리로 9.5km나 북쪽에 자리 잡고 있다. 물론 9번 계족산성의 서쪽으로 직선거리 30km 지점에 공주가 위치해 있어 공주로 가는 웅진도상의 옹산성으로 보기에 타당할 수 있다. 그러나 우마차로 구성된 신라 군량수송부대의 특성 상 대전 시내의 갑천과 유등천 등을 도하할 수가 없다. 따라서 계족산성을 경유하여 부여로 갔다고 볼 수 없다. 결국 군량수송부대를 차단할 수 있는 옹산성은 계족산성이 될 수 없다.

신라의 군량수송부대는 옥천지역으로 진입하여 17번 산성들을 극복하고 18번 탄현을 넘었을 것이다. 그리고 대전 시내의 갑천이나 유등천을 우회하기 위하여 〈요도 17〉과 같이 남하하여 부여방면으로 가야 한다. 이렇게 볼 경우 옹산성은 18번의 탄현 일대나 동쪽지역 국경지대인 17번 일대에서 찾아야 한다. 쓰다 소키치津田左右吉도 지적했듯이 백제부흥군은 국경지대에서 신라의 군량수송부대를 저지했을 가능성이 있다. 옹산성의 위치로는 18번 탄현주변 산성들 중에서 17번 산성들이 격전의 흔적이 발굴되고 있어 개연성이 있다고 본다.

이 지역에서 군량수송부대의 진입을 차단했다고 보는 것이 전술적으로

---

161) 성왕이 보기(步騎) 50기만을 거느리고 간 것은 자국의 영토였기 때문이고, 지명인 '구천'은 현재의 옥천군 군북면 삼거리에서 군서(郡西)로 가는 길가의 '구진베루'로 비정되는바(옥천거주 곽정길씨 談, 72세) 관산성의 치소는 〈요도 2〉의 서산성 남방 어느 지점에서 찾아야 한다(성주탁, 앞의 논문, 1974, 42쪽).

타당해 보이는 또 다른 이유는 17번 지역의 차단이 실패하자 내륙지역인
19번 진현성에서 2차 운량도를 차단[162]하였기 때문이다. 즉 국경지대에
서 차단이 여의치 않자 내륙으로 이동하여 차단하였던 것이다. 그러면 17
번 지역에서 옹산성의 위치를 추정해보기 위해 이들 산성을 세분화한 요
도와 함께 산성조사 결과를 검토해보면 다음과 같다.

〈요도 19〉 1차 운량도 차단지역 및 옹산성 추정도[163]

위 요도의 산성에 대한 성주탁의 조사결과[164]는 다음과 같다. 서정리
의 서산성 17-1번은 둘레 약 700m의 테뫼형 석성이다. 이 산성에는 천여
평이나 되는 넓은 밭에 많은 건물지가 있었던 것으로 추정된다. 이 성에
대한 문헌은 『동국여지승람』 옥천군 성곽조에 기록[165]되어 있다. 이 산

---

162) 『구당서』 권199, 열전149, 백제 "二年七月(662) … 福信等以眞峴城臨江高險 …
　　加兵守之"
163) 위 요도는 〈요도 2〉의 17번 산성을 17-1, 17-2, 17-3 등 세분화된 번호로 표기하였다.
164) 성주탁, 앞의 논문, 1974, 36~39쪽.

성의 특징은 앞의 〈요도 18〉의 대전 서북부의 1번 구성리 산성처럼 낮은 구릉상에 있는 것이 특징이며 유물도 구성리 산성유물과 비슷하여 백제의 산성임이 분명하다. 토기편 및 와편이 다량으로 나온 것은 산성을 중심으로 치열한 격전이 있었음을 입증하고 있으며 지대가 낮은 것으로 보아 전투용 산성이라기보다 읍성류의 역할이 더 컸던 것으로 추정된다.

월전리에 있는 서산성 17-2번은 둘레 약 700m의 테뫼형 석성이다. 산의 능선을 따라 동서로 길쭉하게 북방으로 만곡한 모양의 석성으로 사정성이나 정현성(봉곡리산성)과 같은 석재가 사용되었고 부서진 형태도 비슷하며 위치의 험조險阻함도 비슷하다. 동단에는 망대지로 보이는 석루지石壘址가 있고 중앙부에는 장대지將台址로 보이는 대지台址가 있다. 이곳에서 발견되는 유물들은 역시 백제계 토기편으로 대단히 경질인 편이며, 서정리 서산성 유물보다는 적은 편이다. 이 산성에 대한 기록은 비교적 큰 산성임에도 명칭이 뚜렷하게 없다는 점이다. 굳이 이에 대한 기록을 찾는다면 『세종실록지리지』에서 성황당산성166)으로 볼 수 있다. 하지만 거리는 동일하나 규모가 달라 성황당산성과 서산성은 동성이명同城異名으로 해석할 수밖에 없다.

서산성 17-3번은 3개의 보堡를 표기한 것이다. 제 1보는 옥천군 군서면 하동리와 상중리 사이의 표고 436m의 용봉에 테뫼형으로 쌓은 석보이다. 둘레는 200m에 달하며 매우 험조한 지형에 삼각형 모양으로 축조되어 있다. 멀리까지 조망되므로 서산성의 망대역할을 하던 보로 판단된다. 제 2보는 둘레 250m의 테뫼형 석성으로 성남부에 군창지로 보이는 대지台址가 남아있으며 출토유물은 17-1번 서산성과 같다. 주민들은 이성은 관산

---

165) 『신증동국여지승람』 권15, 옥천군, 성곽조, "西山城 距郡西五里 石築周二千一百四十尺 高六尺 有軍倉"

166) 『世宗實錄地理誌』 권149, 옥천군조, "城隍堂山城 在郡西四里 周三百九十六步 險阻 城內有井一 遇旱則竭 有軍倉"

성이라 부른다. 제 3보는 둘레 250m정도로 출토유물은 경질의 백제 토기 편으로 17-2번 서산성의 출토유물과 같다.

이상과 같은 17-1~17-3번 서산성에 대한 조사결과와 더불어 〈요도 18〉의 11번 릉성·12번 갈현성·13번 삼정리산성·14번 성치산성·15번 계현성 등에서는 유물이 거의 발견되지 않는다는 점을 고려하면[167] 다음과 같은 결론을 얻을 수 있다. 당시 백제와 신라의 국경은 옥천군 군서면에 위치한 17번 서산성 및 3개의 보로 연결되는 어느 지점일 것이다. 신라의 군량수송부대의 이동로, 즉 운량도는 영동방면에서 옥천군 군서면을 통하여 18번 탄현을 넘었을 것이다. 따라서 백제부흥군의 옹산성은 〈요도 19〉의 17-1·2· 3번 서산성 중 서화천을 앞에 두고 있는 17-1번일 가능성이 높다. 전술적 차원에서 뒤로 탄현과 연결되는 통로를 통제할 수 있고, 앞으로 서화천을 건너는 군량수송부대를 저지할 수 있는 위치이기 때문이다. 한편 우술성은 옹산성에서 멀지 않은 곳으로 탄현 이서지역 즉 우술군 예하 노사지현인 유성구 관내에 있을 것으로 추정되나 현재로서는 판단하기 어렵다.

결국 운량도 차단작전은 국경지대인 옥천군 군서면에 위치했을 옹산성에 의지하여 신라의 백제부성에 대한 군량보급을 차단하려 했던 백제부흥군의 고립전략이었다. 즉 운량도 상의 옹산성에서 수천명으로 신라의 군량수송부대를 차단하고자 했으나, 고구려 원정에 투입되었던 4만 6천여명의 대군에게 3일 만에 함락되고 말았다. 그러나 옹산성 전투에서 보여주었던 백제부흥군의 "사졸들이 의기가 있고 용감하여 차라리 싸워서 죽을지언정 결코 살아서 항복하지 않겠다"는 굳은 결의는 또 다른 운량도 차단[168]으로 이어졌다.

---

167) 성주탁, 앞의 논문, 1974, 27~33쪽.
168) 백제 부성으로 향하는 신라 군량수송부대의 운량도를 국경지대인 옹산성에서 차단하고자 했으나, 옹산성이 함락되자 내륙으로 이어지는 운량도를 차단하였던 것

2) 2차 운량도 차단작전

신라는 옹산성을 함락시키고 웅현성을 쌓았다. 웅현성의 위치에 대해
문무왕이 시이곡정에서 물러났던 웅현정이라는 견해도 있다. 그러나 웅진
도를 개통했다고 하므로 운량도 진입을 보장해 줄 수 있는 지역으로써 옹
산성 부근으로 보는 것이 타당하다. 왜냐하면 옹산성 전투를 참관했던 유
인원 입장에서도 운량도를 안정적으로 확보하여야 할 필요성에 의해서 고
구려 정벌을 미루고 웅현성을 쌓도록 묵인하였기 때문이다. 여하튼 웅현
성 축성으로 운량도를 개통하였으나, 다음과 같이 곧바로 운량도가 다시
차단되고 있다.

『삼국사기』 신라본기 문무왕 11년조 '답설인귀서'에 의하면, "옹산성을
함락시켰습니다. 웅진에 성을 쌓고 웅진도로를 개통시켰습니다. 12월에
이르러 웅진의 양식이 다하였습니다. 먼저 웅진으로 군량을 보낸다면 칙
령을 어기는 것이 염려가 되고, 만약 평양으로 군량을 보낸다면 웅진의
양식이 곧 끊어질까 염려가 되었습니다. 이렇기 때문에 늙고 약한 자를
시켜 웅진으로 군량을 운반하고 힘세고 건장한 정병精兵은 평양으로 향하
도록 하였습니다. 웅진으로 양식을 보냈는데 길에서 눈을 만나 사람과 말
이 다 죽고 백에 한 명도 돌아오지 못하였습니다. 용삭 2년(662) 정월에
유총관과 김유신 등이 평양으로 군량을 수송하고 … 집에 도착한지 한
달도 못되어 웅진부성에서 여러 차례 곡식을 청구하였습니다"[169]라고 하

─────────

으로 추정된다. 이 두 번째 차단은 백제의 내륙인 支羅城及尹城·大山·沙幷等栅
과 眞峴城 등으로 당의 유인원과 유인궤가 662년 7월 개통한 運糧之路를 뜻한다
(『구당서』 권199, 열전149, 백제).

169) 『삼국사기』 권7, 신라본기, 문무왕11년 답설인귀서, "旣拔甕山 仍於熊津造城 開
通熊津道路 至十二月 熊津粮盡 先運熊津 恐違勅旨 若送平壤 卽恐熊津絶粮 所以
差遣老弱 運送熊津 强健精兵 擬向平壤 熊津送粮 路上逢雪 人馬死盡 百不一歸
… 龍朔二年 丁月 劉摠管共 … 金庾信等 同送平壤軍粮 … 此兵到家 未經一月
熊津府城 頻索種子"

였다. [661년] 9월 27일에 옹산성이 함락되고 웅진도가 개통되었으며 10
월 29일까지 웅현성을 쌓았다고 하였는데, 12월에 이르러 웅진의 양식이
떨어졌다면 백제부흥군이 곧바로 다시 운량도를 차단한 것이다. 그러면
백제부흥군이 2차로 차단한 운량도가 당의 유인궤에 의하여 개통되고 있
는 전투기록을 검토해 보자.

D. [고종이] 칙서를 내려 "평양으로 갔던 군대가 돌아왔다는 바, 한 성을 혼자
고수할 수는 없을 것이다. 그러니 신라로 옮겨가 있는 것이 마땅하다. 만약
[신라왕] 김법민이 경들의 유진(留鎭)을 의뢰해 오거든 그대로 머물러 있어
도 좋지만, 만약 원하지 않거든 바로 바다를 건너 돌아오라"고 하였다. [이
에] 장수와 병사들은 모두 서쪽으로 돌아가기를 희망했다. [이때] 유인궤가
말하였다. "[싸워] 이기고 나서 … 표를 올려 다시 군사를 더 보내줄 것을
요구하면, 조정에서 성공한 것을 알고 반드시 장수에게 명하여 군사를 보내
줄 것인바, 성원이 있으면 섬멸할 수 있을 것이다. … 우리는 성 하나만을
의지한 채 적의 한 가운데 있으니 혹 잘못 움직이다가는 곧바로 사로잡히
게 될 것이다. … 적당한 기회를 틈타서 그들을 공격[取]해야지 함부로 움
직여서는 안 된다" … 여러 사람들이 그의 말을 따랐다. … 이때 백제왕
부여풍과 복신 등은 유인원 등이 지원군도 없이 외롭게 성을 지키는 것을
알고 사신〈사신(使)은 소통하는 관리로 번역[疏吏翻]〉을 보내 이르기를 "대
사 등은 언제 서쪽으로 돌아갈 것인가? 그 때는 마땅히 나가 전송하겠노라"
라고 하였다. 유인원과 유인궤는 백제 측에 방비가 없는 것을 알고 갑자기
줄농하여 지라성 ·윤성 ·대산 ·사정 등 책을 함락시켰다. 죽이거나 포로로
잡은 자가 심히 많았다. 복신 등이 진현성이 험준한 요충이라 하여 군사를
보태어 지켰다. 유인궤가 그들의 방비가 조금 해이한 것을 엿보고는 〈엿보
다(伺)는 상호관리로 번역[相吏翻]〉 신라의 군사를 이끌고 밤을 틈타 성 아
래에 다가가 성가퀴 풀을 잡고 기어 올라가 새벽에 성안으로 들어가 점거
하였다. 이에 드디어 신라의 곡식을 운반하는 길[運糧之路]이 뚫렸다.[170]

---

170) 『자치통감』 권200, 당기16, 용삭2년, "上興之勅書 以平壤軍回 一城不可獨固 宜拔
就新羅 若金法敏籍卿留鎭 宜且停彼 若不順 卽宜泛海還也 壯士咸欲西歸 仁軌曰
… 旣捷之後 … 飛表以聞 更求益兵 朝廷知其有成 必命將出師 聲援纔捷 … 居敵
中央 苟或動足 卽爲擒虜 … 乘便取之 不可動也 衆從之 … 時百濟王豊與福信等
以仁願等孤城無援 遣使謂之曰 大使等何時西還 當遣相送 〈使, 疏吏翻 下同〉 仁

(1) 전투경과 및 분석

사료 D는『자치통감』용삭 2년(662)의 기록으로 유인궤가 운량도를 개통하게 되는 과정을 설명하고 있다. 고종이 칙서를 내려 "신라로 가던지 아니면 돌아오라"고 한 것은 당군이 사비성에 고립되어 어려움을 겪고 있다는 것이다. 이는 백제부흥군이 운량도를 차단하여 군량공급을 제대로 받지 못하였기 때문이다. 이에 당의 장수와 병사들은 돌아가기를 희망하였으나 유인궤가 "잘못 움직이다 포로로 잡히니 기회를 봐서 공격을 하자. 우리가 이긴 것을 알면 군사를 더 보내 줄 것이다"며 설득하고 있다. 즉 유인궤는 위기 타개책으로 백제부흥군에 대한 공격을 계획하고 있었다.

첫째, 사료에 전하는 내용에서 전투의 목적이다.『구당서』는 사료 D와 같이 전투결과 운량지로[171]를 개통했다고 하였다.『신당서』는 향도餉道·양도饟道[172]를 개통했다고 하였다. 향餉·양饟은 모두 건량乾糧·군량軍糧을 뜻하고 있다. 따라서 유인원과 유인궤의 웅진 동쪽 4개성 및 진현성 공격목적은 신라로부터 군량인 식량이 운반되는 도로를 개통하기 위한 것이었다.

둘째, 당군의 운량도 공격이유다. 당군이 백제부흥군을 공격한 이유는, 운량도 차단으로 백제부성에 유진 중이던 당군의 식량이 고갈될 위기에 처해 있었기 때문이다. 이는 문무왕의 '답설인귀서'에서 661년 12월 웅진의 양식이 다 되었다고 하고, 신라에서 노약자로 출발시킨 군량수송부대가 한 명도 살아 돌아오지 못했다고 한데서 알 수 있다. 또한 662년 정월 평양에 운량을 수송하러 갔던 병력이 돌아온 지 한 달도 안 되어 재차 식량을 요청하는 데서도 알 수 있다. 이와 같이 백제부성의 식량이 고갈

願·仁軌知其無備 忽出擊之 拔其支羅城及尹城·大山·沙井等柵 殺獲甚衆 分兵守之 福信等以眞峴城險要 加兵守之 仁軌伺其稍懈 引新羅兵夜傳城下 攀草而上 比明 入據其城〈伺 相吏翻 懈, 古隘翻 傳音附 上, 時 掌翻 比, 必寐翻〉遂通新羅運糧之路"

171)『구당서』권199, 열전149, 백제 ;『구당서』권84, 열전34, 유인궤.
172)『신당서』권220, 열전145, 백제 ;『신당서』권108, 열전33, 유인궤.

되기에 이르렀다. 따라서 유인원과 유인궤가 직접 나서 운량도를 차단하고 있던 백제부흥군을 공격한 것이다.

셋째, 백제부흥군의 패배원인이다. 사료 D와 같이 당 고종의 칙서가 내려오고, 백제왕 부여풍과 복신은 유인원 등이 지원을 못 받고 성에 고립되어 있는 것을 알고 사신[使]을 보내고 있는데, 유인원과 유인궤는 방비가 소홀함을 알고 갑자기 공격하였다.

백제부흥군은 왜 방비를 소홀히 하였고 유인원과 유인궤는 어떻게 그것을 알았을까? 백제부흥군 입장에서 볼 때 당군이 고립되어 있는 상태에서 당 고종의 조서까지 내려왔으니, 곧 돌아갈 수 있을 것으로 판단하며 어느 정도 승리에 도취되어 있었던 것이다. 그래서 대비를 소홀히 한 것이다.

사료에는 없지만 아마도 유인궤도 사신을 보냈을 것이다. 과거 661년 도침이 사신을 보냈을 때 유인궤의 사신이 답서를 가지고 온데서도 알 수 있다. 따라서 662년에도 유인궤는 풍왕과 복신이 보낸 사자에 대한 답변 형식으로 사신을 보냈을 것이며, 사신은 백제부흥군의 대비상태나 취약지점 등을 확인하였을 것이다. 이는 사료 D에서 엿보았다는 사伺의 주석에 상리번相吏翻이라 하여 상호관리라고 번역한데서 알 수 있다.

즉 당의 사신은 백제부흥군 진영의 대비상태나 취약지점 등을 엿보았고, 이 정보를 이용하여 유인궤가 인솔한 신라병이 험한 성벽의 성가퀴를 잡고 기어올라173) 새벽에 백제부흥군이 잠들었을 때174) 성에 진입한 것이다. 반면 백제부흥군은 지형이 험한 곳으로는 적이 오리라 생각하지 못했던 것 같다. 또한 새벽 취약시간에 대한 통제도 미흡했다. 즉 백제부흥군은 유진당군을 장기간 고립시킨 고립전략이 성공적이라 판단하여, 전쟁

---

173) 사료 D에서 攀草而上의 上 주석에 [時掌翻]라 번역하여 손으로 성가퀴 풀을 잡고 기어 올라갔음을 나타내고 있다.

174) 사료 D에서 比明의 주석에 [比 必寐翻] 라 번역하여 잠들었을 때를 가리키고 있다.

의 목적도 쟁취할 수 있으리라는 승리감에 도취되어 있었던 것이다. 이로 인하여 방비를 소홀히 하고 내부 허점을 적에게 노출시킴으로써 불의의 공격을 당하여 패하고 말았다.

넷째, 백제부흥군 지도부의 위치문제다. 일반적으로 복신 등 지휘부는 주류성에 있을 것이라고 생각하고 있다. 사료 D를 보면 지라성 등 4책이 함락되자 복신 등은 곧바로 요충지라는 진현성에 병력을 추가로 배치하였다. 만약에 복신 등이 서쪽으로 비정되는 주류성에 위치하였다면 곧바로 진현성에 대한 병력 증가배치가 쉽지 않았을 것이다. 따라서 복신은 수시로 2차 운량도 차단작전 현장을 지도하며 진현성에 위치해 있었던 것으로 추정된다. 그리고 진현성에서 유인원·유인궤와 사자도 주고받았던 것이다.

다섯째, 백제부흥군의 고립전략 수행개념이다. 662년 함락된 성은 총 5개이다. 1차 웅진도 차단 때는 옹산성과 우술성을 점령하여 신라의 진입을 막고자 했다. 그러나 국경지대인 외곽에서 2개성에 의한 운량로 차단이 실패하자, 내륙으로 종심 깊게 5개의 성城·책柵을 배치하였다. 이는 고립전략의 주요작전인 차단작전 수행개념을 선방어 개념에서 종심방어 개념으로 바꾼 것이다. 즉 옥천지방 국경지대 차단작전에서 내륙에 위치한 자연장애물인 갑천 이전에서 종심 깊게 신라의 군량수송부대를 차단하고자 하였다. 이러한 전술은 국경에서의 방어실패에 대비하여 내륙으로 종심 깊게 방어계획을 수립하는 오늘날 개념과 같다. 이와 같이 백제부흥군 지도부는 2차 차단지역 5개소를 종심 깊게 배치하였다. 그러나 5번째 성인 진현성 마저 함락되고 드디어 운량도를 개통시켜주게 되었다.

여섯째, 작전기간이다. 2차 운량도 차단작전은 661년 11월부터 시작되었다. 그 이유는 문무왕이 661년 10월 29일 경주로 돌아갈 때까지는 백제부성에 정상적으로 군량이 수송되었으나, 12월이 되어 양식이 떨어졌다고 하는 것은 11월의 군량수송이 이루어지지 않았기 때문이다. 즉 백제부흥군은 문무왕이 돌아가자마자 11월에 곧바로 운량도 차단에 들어간 것이다. 이후 유인원과 유인궤가 직접 공격에 나서는 662년 7월까지는 백제부흥군의 차단작전이 성공을 거두고 있었다. 이상과 같이 볼 때 2차 운량도 차단작전은 661년 11월부터 662년 7월까지 9개월간이나 지속되었다.

(2) 2차 차단지역에 관한 종래의 견해

2차 운량도 전투에 나타나는 지명은 지라성·윤성·대산·사정175) 등 책과 진현성이다. 이들 중 진현성 위치는 『삼국사기』에서 다음과 같이 확인되고 있다. "진령현은 본래 백제의 진현(정현)현인데 경덕왕 때 명칭을 고쳐 지금은 진잠현이다"176)라고 하였다.

한편 진현성에 대한 심정보의 조사결과는 다음과 같다. "대전직할시 서구 흑석동산성은 표고 180m의 산 정상에 있는 테뫼식 석축산성이다. 둘레는 540m정도이다. 밖에서 본 서벽은 산 정상부위의 험준한 지형이 깎아내린 듯 벽면을 이루고 있어, 서쪽 산기슭에 걸쳐 축조된 석벽과 함께 2중성 같이 보이고 있다. 성내에 동쪽과 서쪽에 넓은 평지가 있어 당시의 건물지로 짐작된다. 이곳에서 개배편蓋杯片을 비롯하여 선조문線條文, 격자문, 사격자문 등의 토기편과 다양한 문양의 와편을 다수 수집하였다. 이 산성을 속칭 밀암산성이라고도 하는데 남쪽을 제외한 3면이 두마천인 갑천으로 돌려져 있고 경사면이 매우 가파르며 대전에서 한삼천리를 거쳐 연산에 이르는 고대도로와 호남선철로가 내려다 보여 길목을 감시하는 요충지이다. 『구당서』나 『자치통감』 등에 진현성의 입지조건인 임강고험臨江高險의 산성을 진잠 관내에서 찾는다면 이 흑석동산성이 적합하다."177)

---

175) 『구당서』에는 사병(沙幷)으로 기록되어 있으나 『자치통감』인 사료 D에서는 사정(沙井)으로 기록되어 있다. 본고에서는 『자치통감』의 기록을 따라 사정책으로 보고 이를 사정성으로 통일하고자 한다.

176) 『삼국사기』 권36, 잡지5, 지리3, 웅주 황산군, "黃山郡本百濟 黃等也山 景德王 改名 今 連山縣 領縣二 鎭嶺縣 本百濟眞峴縣(眞一作貞) 景德王 改名 今鎭岑縣"

서정석도 대전시 유성구 흑석동에 위치한 흑석동산성이 진현성이 분명하다[178]고 하였다. 이와 같이 진현성을 흑석동산성으로 보는데 이의가 없다.

사정성沙井城은 『삼국사기』 지리지에 미상지분[179]으로 나온다. 그러나 동성왕 20년(498) 7월에 사정성을 축조하였다[180]는 기사가 있다. 이는 신라가 소지왕 8년(486) 보은에 삼년산성과 옥천군 청성면 산규리에 비정하는 굴산성을 축조하자 이에 대비하여 사정성을 축조한 것이다. 또한 성왕 4년(526) 웅진성을 보수하고 사정책을 세웠다.[181]는 기사가 있다. 이는 신라가 법흥왕 12년(525)에 현 상주에 사벌주沙伐州를 설치하고 군주를 두자 이에 대비하여[182] 사정책을 보수한 것이다. 즉 백제는 신라의 삼년산성·옥천 굴산성·상주 사벌주 등 대비하기 위해, 이들 지역으로부터 웅진에 이르는 웅진의 동남방에 사정성을 축조했던 것을 알 수 있다. 그리고 1974년 조사결과 사정성을 대전시 사정동沙井洞 창평부락倉坪部落 뒷산으로 비정[183]하는데 이의가 없다.

그런데 문제는 지라성·윤성·대산 등에 대한 위치이다. 이에 대해 사정성을 포함해 웅진 동쪽에 있다고 보는 설과 웅진 서쪽에 있다는 설로 나뉘어 있다. 쓰다 소키치津田左右吉는 "『자치통감』에 진현성이 웅진의 동쪽이라고 하는 것은 『구당서』와 같으나 백제왕 풍과 복신 등이 유인원에게 사자를 보냈고 유인원과 유인궤가 그 대비가 없음을 알고 출격하여 지라성·윤성·대산·사정책 등을 함락시킴을 보아 백제 왕 및 복신의 거성居城이 주류성임을 생각하면 지라성이하의 성책은 웅진의 서남쪽에 있다. 지

---

177) 심정보, 「대전의 고대산성」 『백제연구』 20, 1989, 224~225쪽.
178) 서정석, 『백제의 성곽』, 학연문화사, 2002, 318~323쪽.
179) 『삼국사기』 권37, 잡지6, 지리4, "三國有名未詳地分 … 沙井城"
180) 『삼국사기』 권26, 백제본기, 동성왕20년 7월, "築沙井城 以扞率毗陀鎭守"
181) 『삼국사기』 권26, 백제본기, 성왕4년 10월, "冬十月 修葺熊津城 立沙井柵"
182) 심정보, 앞의 논문, 1997, 52쪽.
183) 성주탁, 앞의 논문, 1974, 15~16쪽.

라성은 결성군의 사시랑현과 음이 가깝다. 윤성은 정산의 고지명 두량윤성을 약해서 쓴 것이다. 대산은 지금 홍산鴻山의 고지명이다. 이럴 경우 『자치통감』에서 보여주는 방위와 같다"[184]고 하였다.

노도양은 "『구당서』를 개수하였다는 『신당서』 백제전은 웅진이라고 하였지 웅진지동熊津之東이나 강동지지江東之地라는 것이 없다. 또한 『신·구당서』 유인궤전에도 없다. 『자치통감』 및 『책부원구』에는 웅진지동熊津之東은 보이나 거기에는 진현성만을 들었다. 이렇게 모든 사료가 웅진지동이라는 방향지시가 없는데 오직 『구당서』 백제전만을 고수할 수 없다. 소부리가 사비로 되듯 두릉이가 지라 또는 지리(『책부원구』에 지리성급윤성(支離城及尹城)으로 되어있다)로 표기될 수 있다"[185] 하면서 쓰다 소키치津田左右吉의 논리에 동조하고 있다.

그러나 심정보는 "백제왕과 복신의 거성이 주류성이기 때문에 무비無備를 틈타 지라성 등 4성책을 공함한 곳이 웅진의 서남쪽이라 한 것은 음운에 의한 자의적인 판단으로 주류성과 지라성을 혼동하고 있는 것이다. 당시 당군이 처하고 있는 상황과 이를 타개하기 위한 목적의식을 잘못 판단한 것이다. 4성책과 진현성 함락 이후에 수통신라운량지로遂通新羅運糧之路라고 한 것으로 보아 운량지로 개통이 주목적이었다. 당군 입장에서는 신라로부터의 군량보급이 가장 절실했을 것이다. 따라서 진현성과 지리성 등 4성책은 웅진의 동쪽 대전부근에 분포되어 있다. 웅진도는 보은·옥천 방면에서 대전(구회덕)을 거쳐 웅진에 이르는 통로가 확실하다"[186]고 하였다.

(3) 2차 운량도 차단지역 검토

위와 같은 논란들의 시발은 아무래도 백제의 수도에 대한 사료의 오기

184) 津田左右吉, 앞의 논문, 1913, 178~179쪽.
185) 노도양, 「백제주류성고」 『명지대논문집』 12, 1979, 16~19쪽.
186) 심정보, 앞의 논문, 1997, 49~55쪽.

에서 비롯되었다고 판단된다. 『신·구당서』백제전에서 왕이 거주하는 곳이 동·서 두 개의 성이 있다[187]고 하였으며, 『자치통감』에서는 『북사』를 인용하여 북방에 웅진성이 있다[188]고 하였다. 백제는 사비성과 웅진성이 있었지만 중국 측 사료에서 사비성에 대한 기록은 찾을 수가 없다. 모두 웅진이나 웅진성만 나오고 있다. 소정방의 직책도 웅진도 대총관[189]이다. 사비라고 추정되는 지명은 고작 도성都城, 진도眞都 등이다. 이는 중국 측에서 백제의 수도를 웅진으로 불렀기 때문일 것이다.

또한 의자왕이 북쪽으로 피신하였다[190]고 하였지 웅진성으로 갔다고 하지 않았다. 웅진이라는 지명을 사료 곳곳에 사용하면서 의자왕이 피신한 곳을 웅진성이라 하지 않고 북쪽이라는 방향만을 표시했다. 즉 중국 측에서는 사비라는 개념이 없고, 사비를 웅진으로 보았기 때문에 혼란을 방지하기 위해서였던 것으로 추정할 수가 있다.

그런데 위에서 쓰다 소키치津田左右吉와 노도양이 웅진의 동쪽에 대해 논하고 있다. 중국 측 사료의 찬자들이 방위와 관련하여, 웅진이라는 용어를 넣기도 하고 빼기도 하였기 때문이다. 그런데 방위상으로 보면 위치가 확실시되는 사정성과 진현성의 위치는 웅진 동쪽이 아니다. 사비의 동쪽이다. 엄밀히 보면 웅진의 동남쪽이어야 한다. 즉 『구당서』찬자들이 사비를 웅진으로 보고 웅진의 동쪽이라고 기록하였으나 『신당서』찬자들이 후에 웅진은 북방에 있는 것을 알고 맞지 않다고 판단하여 정정하고자 했던 것[191]으로 볼 수 있다. 그러면 지라성 등은 진현성과 함께 함락되었

---

187) 『구당서』권199 열전149 백제, "其王所居有東西兩城" ; 『신당서』권220, 열전145, 백제, "王居東西二城"

188) 『자치통감』권200, 당기16, "北史 百濟都俱拔城 亦曰固麻城 其外更有五方 … 北方曰熊津城"

189) 『구당서』권83, 열전33, 소정방, "顯慶5年 從幸太原 制授熊津道大總管 率師討百濟"

190) 『구당서』권83, 열전33, 소정방, "其王義慈及太子隆奔於北境"

191) 이러한 용례는 『구당서』에 소정방의 상륙지점을 '웅진강구'라고 하였다가, 『신당

으므로 사비 동쪽 진현성 부근에서 찾아야 한다.

한편『삼국사기』찬자도 상당부분 중국 측 사료를 참고하고 있다. 사비·소부리성[192]이라는 지명을 쓰는 경우가 있기는 하지만 대부분 웅진으로 표현하고 있다. 신라의 사료가 웅진으로 표기된 것은 당 측에서 사비를 웅진으로 불렀기 때문일 것이다.

결국 확실하게 위치를 알 수 있는 것은 사비의 동쪽에 있는 사정성과 진현성 밖에 없다. 단편적이긴 하지만 확인된 두 성을 기준으로 백제부흥군의 2차 운량도 차단지역 추정도는 다음 요도와 같이 표시할 수 있다.

〈요도 20〉 2차 운량도 차단지역 추정도[193]

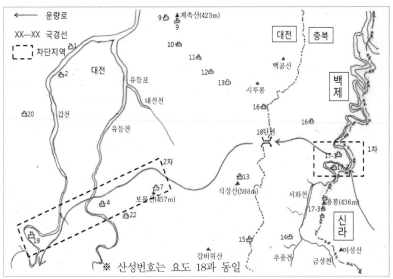

서』에서는 모두 '웅진구'로 바꾼 데서도, 찬자들이 사비를 웅진으로 보고 있다는 것을 알 수 있다.
192)『삼국사기』권5, 신라본기, 무열왕7년.
193) 〈요도 18〉에 추가된 위 〈요도 20〉의 22번 산성은 대전시 중구 무수동에 해발 240m의 석축산성 국사봉보루이다(충남대학교백제연구소, 논산시,『논산황산벌전적지』, 현대읍 인쇄사, 2000, 127쪽).

위 추정도를 좀 더 구체적으로 설명하면 다음과 같다. 백제부흥군의 1차 운량도 차단작전은 국경지대인 옥천군 군서면 지역의 17-1·2 등 옹산성 일대에서 실시하였으나 실패하였다. 그러자 백제부흥군은 운량도 상에서 위 요도와 같이 작전지역을 내륙으로 옮겨 종심 깊게 2차 차단을 실시하였다. 2차 차단작전 지역은 총 5개소였으나 4번 사정성과 19번 진현성만 확인할 수 있다. 하지만 22번 국사봉 보루나 7번 보문산성을 확인되지 않는 지라성·윤성·대산 중 하나로 추정해볼 수도 있다.

결론적으로 백제부흥군의 2차 운량도 차단작전은 나름대로 성공을 거두어 약 9개월간이나 유진당군을 고립시켰고, 당 조정에서 철군조서까지 내려올 정도로 성공하였다. 그러나 당 고종의 철군조서 등 동향을 눈치챈 백제부흥군은 승리에 도취되어, 자만심에서 당과 사신을 교류하며 내부의 허점을 유인궤에게 정탐당하였다. 그리고 지형적 이점이 있다 하더라도 최소한의 병력배치와 주야 경계가 되어야 했는데, 안이한 대처로 임강고험의 진현성마저 함락되면서 유진당군과 신라군이 공세로 돌아서게 되는 분기점이 되었다.

3) 3차 운량도 차단작전

3차 운량도 차단은 662년 8월에 있었으며, 전투는 신라군과 벌어졌다. 지라성 등 4책과 진현성이 함락되고 운량도가 개통되자 백제부흥군은 거점을 옮겨 다시 운량도를 차단하고자 했던 것이다. 다음은 관련 사료이다.

> E. 8월에 백제의 남은 적들이 내사지성에 모여 나쁜 짓을 행하므로 흠순 등 19명의 장군을 보내 [이들을] 토벌하여 깨뜨렸다. 대당 총관 진주와 남천주 총관 진흠이 거짓으로 병을 핑계하고 놀며 방탕하여 나랏일을 생각하지 아니하므로 드디어 목을 베고 아울러 그의 일족을 다 죽였다.194)

(1) 전투경과 및 분석

위 사료 E는 3차 운량도 차단작전으로 추정된다. 그 이유는 백제부흥군이 모인 곳이 대전시 유성으로 비정되는 내사지성이며 지역적으로 2차 작전지역인 진현성과 가까울 뿐만 아니라, 경주에서 사비에 이르는 운량도 근처에 있기 때문이다. 또한 신라에서 대대적인 병력이 투입되고 있기 때문이기도 하다. 이 전투기록을 분석해보자.

첫째, 백제부흥군의 3차 운량도 차단이유이다. 662년 7월에 유인원과 유인궤가 운량도에서 5개성을 함락시키고 운량도를 드디어 개통하였다. 백제부성에 식량이 고갈되었으므로 당연히 신라는 개통된 운량도를 통하여 식량을 운반하였을 것이다. 그러나 백제부흥군은 또다시 신라군을 공격하였다. 이 백제부흥군의 공격활동이 3차 운량도 차단이며, 사료에 작악作惡으로 표현된 것으로 추정된다.

그러면 백제부흥군은 거듭된 실패에도 불구하고 왜 3차로 운량도를 차단하고자 하였을까? 당시 병력과 장비 등 모든 면에서 열세한 백제부흥군 입장에서, 백제부성에 대한 공격보다는 운량도 차단 외에 다른 작전은 고려할 수 없었다. 열세한 병력으로는 군사적으로 소극적인 지구전 유형의 보급로 차단과 같은 작전이 효과적이기 때문이다. 이러한 전략의 유형은 모택동이 사용했던 군사적으로 소극적인 지구전 유형과 유사하나.

둘째, 대대적인 신라군의 투입이유이다. 신라는 당 고종이 유진당군에게 내려 보낸 회군과 관련한 조서내용과 유인궤가 돌아가기를 희망하는 장사將士들을 설득하는 내용을 백제부성의 신라군을 통하여 충분히 인지하였을 것이다. 그리고 662년 7월의 유진당군과 백제부흥군의 2차 운량도 전투상황도 충분히 인지하였을 것이다. 또한 신라는 백제 고지지배에

---

194) 『삼국사기』 권6, 신라본기, 문무왕2년, "八月 百濟殘賊 屯聚內斯只城作惡 遣金純 等十九將軍 討破之 大幢摠管眞珠 南川州摠管眞欽 詐稱病 閑防不恤國事 遂誅之 幷夷其族"

있어 당군에게 주도권을 빼앗길 우려와, 당군이 지속적인 고립으로 철군을 할 경우 백제가 부활할 수 있음을 우려했음이 분명하다. 더군다나 이때는 부여풍이 왕으로 옹립되어 있는 상태였기 때문에 더욱 그러했다. 따라서 신라는 내사지성을 점령한 백제부흥군에 의하여 다시 운량도가 차단될 우려를 하였던 것이다. 이에 신라가 대규모 병력을 출동시키게 되었다.

셋째, 신라의 병력규모이다. 신라는 내사지성을 점령한 백제부흥군을 공격하기 위하여 19명이나 되는 장군을 투입하였다. 19명의 장군이 투입되었다면 그 병력 수는 대략 3만 7천명[195]이 된다. 이러한 대규모 병력투입은 바로 위와 같은 신라의 우려가 반영되었기 때문이다.

넷째, 백제부흥군의 공세정도이다. 위 사료에서 보듯 대당총관 진주와 남천주 총관 진흠이 거짓으로 병을 빙자하여 내사지성 전투에 참전하지 않고 있다. 이들은 661년에 대당총관과 하주총관으로 고구려 정벌과 옹산성 전투에 참여하였던 인물들이다. 이러한 역전의 노장들이 칭병을 핑계로 참전을 하지 않아 주살된 것을 보면, 사료에 표현된 작악作惡의 상태가 신라 장군들이 전투를 회피하게 한 원인이었을 것이다. 즉 백제부흥군은 2차 운량도 작전에서 5개성을 잃었기 때문에, 극에 달한 행동을 했던 것이다.

(2) 내사지성 위치비정

F-① 웅천주는 웅진이라고도 한다. … 우술군 [예하에] 노사지현이 있다.[196]
　② 비풍군은 원래 백제의 우술군을 경덕왕이 개칭한 것인데 지금의 회덕군이다. 이 군에 속한 현이 둘이다. 유성현은 원래 백제의 노사지현을 경덕왕이 개칭한것인데 지금도 그대로 부른다.[197]

---

195) 장군 1인당 1,500명을 계산하면 28,500명이 되고, 이중 30%인 전투근무지원 부대 8,550명을 합하면 37,050명이 된다(이상훈, 『나당전쟁 연구』, 주류성, 2012, 302쪽).
196) 『삼국사기』 권37, 잡지6, 지리4, "熊川州 一云 熊津 … 雨述郡 奴斯只縣"

③ 고읍 유성은 공주 동쪽 54리에 있다. 본래 백제의 노사지이며 노를 내라
고 하기도 하였다. 신라 경덕왕 16년(757)에 유성이라고 고치고 비풍군
영현으로 하였다.[198]

위 사료들은 내사지성內斯只城에 대한 기록들이다. 사료 F-①, ②는『삼
국사기』지리지 내용으로써 노사지현은 회덕군 유성현임을 알 수 있다.
사료 F-③『대동지지』에서 '노'는 '내'라고도 한다고 하였으므로 내사지현
은 노사지현이다. 즉 백제부흥군의 3차 고립작전 지역이었던 내사지성은
노사지성이며 지금의 유성이 된다.

내사지성은 어디일까? 위의 논리로 본다면 당연히 유성관내에서 찾아
야 한다. 이에 심정보는 〈요도 18〉의 1번인 대덕군 유성면 구성리 구성동
산성을 내사지현의 치소로 보고, 〈요도 18〉의 2번인 대전시 월평동 산성
을 내사지성에 비정[199]하고 있다. 이에 반해 성주탁은 구성리 산성을 내
사지성[200]으로 보고 있다. 두 성은 남북으로 사이에 갑천을 두고 3km를
이격하여 마주보고 있다. 이들이 내사지성을 웅진도와 관련하여 비정한
것은 아니다. 그러나 이들 지역으로부터 공주까지는 서쪽으로 직선거리
약 25km이다. 즉 웅진을 목적지로 하였을 때 웅진도상에 있는 것처럼 보
인다.

하지만 3차 운량도 차단작전이라고 가정한다면, 내사지성은 월평동 산
성이나 구성리 산성으로 볼 수가 없다. 이 경우 신라의 군량수송부대가
갑천을 도하하여야 하며, 그 이전에는 대전천과 유등천을 도하하여야 하
기 때문이다. 더군다나 이 지역 일대는 하천의 중·하류에 해당되며 유등

---

197)『삼국사기』권36, 잡지5, 지리3, "比豐郡 本百濟雨述郡 景德王改名 今懷德郡 領
縣二 儒城縣 本百濟奴斯只縣 景德王 改名今因之"

198)『대동지지』권5, 충청도, 공주, "古邑 儒城 東五十四里 本百濟奴斯只 奴一作 內
新羅 景德王16年 改儒城爲比豐郡領縣"

199) 심정보, 앞의 논문, 1997, 57쪽.

200) 성주탁, 앞의 논문, 1974, 11쪽.

포가 있는 지역이다. 따라서 내사지성은 하천의 상류로 이동하여 도하할
수 있는 지역에서 찾아야 한다.

현재 유성구는 북으로는 신탄진 부근의 금강 맞은편에 부강면과 마주
보는 지역으로부터 우측에 갑천을 경계로 하여 남으로는 현재 계룡역까지
이며, 남북으로는 직선거리 약 27km에 해당되는 넓은 지역이다. 이 유성
의 관내에서 당군이 있었던 백제부성 즉 부여로 가는 길을 찾아야 한다.
이렇게 볼 때 당군이 개통했다는 진현성과 인접한 내사지현이었던 유성의
관내에서 내사지성을 찾는 것이 타당하다. 따라서 가능성이 있는 곳으로
〈요도 18〉의 3번인 성북리 산성과 6번인 봉곡리 산성을 주목해야 한다.

다음은 주목되는 두 산성에 대한 성주탁의 조사결과[201]이다. 〈요도
18〉의 3번인 성북리 산성은 유성과 진잠 간을 통하는 속칭 성재의 남쪽
산 정상에 테뫼형도 포곡형도 아닌 변형으로 둘레는 약 600m정도이다.
성내에는 장대지將台址로 추정되는 평평한 지형이 있고, 여기서 사방을 조
망할 수 있다. 동으로 대전평야와 유성산성이 보이고 서로는 봉곡리 산성
과 연결된다. 발견된 와편과 토기편은 대부분 백제계였고 신라계도 습득
되었다. 지헌영은 이 산성을 두량윤성에 비정[202]하였다. 그러나 성주탁은
문헌만 가지고 실시한 탁상비정에 대해 그 시비를 가리기는 실로 어렵지
만 확인 할 수 있는 것은 교통상의 요충지요 격전지였다는 것일 뿐이라고
비판하였다.

〈요도 18〉의 6번인 봉곡리 산성은 두계~연산~부여로 통하는 길목인
봉곡리에 축성한 것인데 둘레는 약 500m의 테뫼형 석성이다. 성내에는
천여 평의 밭에 당시의 건물지가 다수 보이며 백제계 유물들이 산재하여
있었고 장대지는 정상에 있다. 이 산성은 흑석동 산성 건너편에 위치하고

---

201) 성주탁, 앞의 논문, 1974, 13~19쪽.
202) 지헌영, 「산장산하 지명고(상)－두량윤성에 대하여(속)－」『백제연구』4, 1973,
    55쪽.

있다.

위와 같은 성주탁의 산성조사 결과로 내사지성을 추정해보자. 당군이 지라성·윤성·대산·사정 등 책을 함락시키고, 백제부흥군이 병력을 증가하여 배치시킨 진현성마저 함락시키고 드디어 운량도를 개통했다고 하였다. 진현성이 함락되자 백제부흥군은 다시 내사지성에 모였을 것이다. 그리고 『삼국사기』 신라본기 문무왕 2년조의 표현대로 작악을 행하였다. 신라 입장에서 작악이라면 그 대상은 군량수송부대일 것이다. 그리고 당시에 나·당군이 백제부흥군을 함락 후 병력을 주둔시킨 사정성·진현성 및 백제부성 등을 대상으로 하였을 것이다. 이들을 상대로 공격한다면 〈요도 18〉의 3번이나 6번 모두 내사지성에 비정될 수 있다. 하지만 3번 보다는 아무래도 6번 봉곡리 산성일 가능성이 크다. 성주탁의 조사결과나 백제부흥군의 공격대상 위치를 고려해 볼 때 가장 타당하기 때문이다.

한편 신라군의 운량도 차원에서 본다면 신라의 군량수송부대는 우마차로 구성된 부대의 특성상 진현성에서 갑천변을 따라 두마면을 지나며 남서방향으로 기동하여 한삼천리[203]에서 갑천의 상류를 도하하여 황산벌을 경유하였을 것이다. 이러한 코스는 장애물을 회피하고 갑천을 방향유지를 위한 지형지물로 이용하며, 부여로 가는 통로이어야 하기 때문이다.

이러한 운량도를 다시 차단하기 위해 백제부흥군은 자신들의 안전을 고려하여 갑천 건너편 봉곡리 산성에 둔취하였다. 그리고 신라의 보급부대나 진현성·사정성 등에 배치된 나·당군을 공격하였던 것이다.

(3) 3차 운량도 차단지역 추정

내사지성의 위치를 〈요도 18〉 6번 봉곡리 산성에 비정하고 2차 차단지역을 연결하며, 운량도의 목적지인 사비(부여)로 가는 길 위에서 도식하면

---

203) 대전에서 한삼천리를 거쳐 연산에 이르는 고대도로가 있다(심정보, 앞의 논문, 1989, 224쪽).

3차 운량도 차단지역은 다음과 같다.

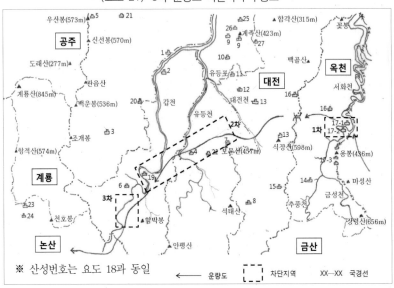

〈요도 21〉 3차 운량도 차단지역 추정도[204]

※ 산성번호는 요도 18과 동일　←── 운량도　[ ] 차단지역　XX─XX 국경선

　　백제부흥군은 위 요도와 같이 국경지대와 종심지역에서의 1·2차 차단
작전이 실패하자 운량도 상에서 내륙으로 이동하여 3차 운량도 차단을 시
도하였다. 하지만 662년 8월에 투입된 3만 7천명의 신라군에게 근거지였
던 6번 내사지성이 함락되면서 이 역시 무위로 끝나버렸다. 그리고 결국
나·당이 대대적인 공세로 돌아서면서 백제부흥전쟁도 종말로 들어서게
되는 전환점이 되었다.

---

204) 위 요도는 〈요도 18〉에 20번 상대동산성, 21번 송곡리(안산동)산성, 22번 국사봉
보루, 23번 황산성, 24번 청동리산성, 25번 이현동산성, 26번 장동산성, 27번 대두
성 등을 충남대학교백제연구소·논산시, 앞의 책, 2000, 126~127쪽을 참조로 추가
하여 재작성하였다.

제5장
백제부흥전쟁의 종결과 그 의미

660년 7월 18일 의자왕의 항복 이후 곧바로 거병한 백제부흥군은 백제
부성의 나·당군을 상대로 1·2차 포위공격과 1·2·3차 운량도 차단작전 등
치열한 전투를 계속하였다. 2차 포위공격에서는 사비도성의 중부까지 진
출하여 나·당군을 압박하였으며, 운량도 차단작전은 백제부성을 고립시
키기에 충분하였다. 하지만 전력약화와 내부분열 등으로 무위로 끝나 버
렸다.

한편 나·당군은 그동안의 수세적인 입장에서 선회하여 대대적인 공세
로 전환하였다. 나·당군의 대대적인 공세전환은 백제부흥군의 풍왕 옹립
과 백제국 선포 등 백제의 부활에 대한 우려가 작용했던 것이다. 또한 백
제부흥군 내부의 분열 즉 풍왕이 백제부흥군의 군사적 지도자이자 훌륭한
장군이었던 복신을 처형한 것이 호기로 작용하였다. 군사적으로는 나·당
의 고구려 정벌이 잇따라 실패하여 소강상태가 되면서, 백제부흥군 토벌
에 여유를 주게 되었다. 그리고 고립상태에 있던 백제부성의 당군이 운량
도를 개통함으로써 정상적인 신라의 군수보급도 받게 되었다. 이를 계기
로 당 조정에 증원군을 요청하게 되는 등 진반적인 싱횡은 나·당이 공세
로 전환하는 계기가 되었다.

유인원의 증원요청을 받은 당 조정에서는 663년 손인사 등 7천명[1]의
군사를 추가로 파병하였다. 신라에서는 왕도경비 및 주요거점방어를 위한
최소한의 병력을 제외한, 신라군의 거의 대부분이라 할 수 있는 장군 28

---

1) 『삼국사기』 권6, 신라본기, 문무왕3년조에는 손인사가 40만을 거느리고 덕물도에
   이르렀다가 웅진부성으로 온 것으로 되어 있으나, 『신·구당서』 백제전과 『자치통
   감』 당기16에는 용삭2년 7월조에 당시 손인사가 끌고 온 당나라 군사는 치주·청
   주·래주·해주의 사람 7천명으로 기록되어 있다.

명(혹은 30명)과 4만 5천명의 병력이 동원2)되었다.

이를 감지한 백제의 풍왕도 고구려와 왜에 병력을 요청하였으나, 손인사가 7천명의 당군을 이끌고 건너오는 도중에 격파하였다3)는 것으로 보아 고구려의 지원군으로 추정된다. 고구려와 달리 왜는 약 1만여 명의 병력을 파견하여 백촌강에서 당군과 결전을 벌였다.

결국 나당연합군의 총 공세로 고구려 지원군은 도중에 격파되고, 왜의 지원군은 백촌강 전투에서 크게 패하였으며 주류성도 함락되었다. 백제부흥군이 최초 거병했던 임존성마저도 663년 11월 당군에 항복한 흑치상지 등에 의하여 함락되었다. 이로써 백제부흥전쟁은 그 종말을 맞게 되었다. 이에 본 장에서는 백제부흥전쟁이 종말을 맞게 되는 백촌강·주류성·임존성 전투에 대하여 그 경과를 분석해보고자 한다. 그리고 논란이 되고 있는 백촌강과 주류성의 위치를 군사학적인 관점에서 고찰해보고자 한다.

1. 백제부흥전쟁의 종결

1) 백촌강 전투

백촌강白村江은 『일본서기』에 기록된 명칭이다. 중국 측 사료에는 백강구白江口라고 기록되어 있다. 『삼국사기』에는 백사白沙라고 기록되어있다. 본고는 백강구라 할 경우 『삼국사기』에 나오는 백강白江과 혼선이 우려되어 백촌강을 주로 사용하고자 한다. 지금까지 백촌강에 대한 연구는 많았다. 하지만 백촌강과 주류성의 위치에 대한 논란은 아직까지 해결되지 않

---

2) 이상훈, 『나당전쟁 연구』, 주류성, 2012, 300쪽.
3) 『구당서』 권199, 열전149, 백제, "扶餘豐 … 掩殺福信又遣使 往高麗及倭國請兵以拒官軍 孫仁師中路迎擊 破之"

고 있다. 따라서 더 많은 연구가 필요한 부분이다. 다음은 백촌강 전투에 관한 사료들이다.

A-① 8월 13일에 백제왕이 자기의 훌륭한 장수를 죽였으므로, 신라는 곧바로 백제로 쳐들어가 먼저 주유[주류성]을 빼앗으려고 하였다. 그러자 백제왕 [부여풍]이 적의 계략을 알고 장군들에게 말하였다. "지금 들으니 대일본 국 구원군 장수 노원군신(盧原君臣)이 건아 1만여 명을 거느리고 바다를 건너오고 있다. 장군들은 미리 준비한대로 하라. 나는 백촌에 가서 기다리고 있다가 접대하리라"고 말하였다. … 대당(大唐) 장군이 전선 170척을 이끌고 백촌강에 진을 쳤다. 27일에 일본의 수군 중 처음에 온 사람들이 대당의 수군과 싸웠다. 그러나 일본이 져서 물러났다. 대당은 진열을 굳게 지켰다. 28일에 일본의 장군들과 백제왕이 기상을 살피지 않고, "우리가 선수를 친다면 저쪽은 스스로 물러갈 것이다"라고 말하였다. 그리고 대오가 흐트러진 일본 중군(中軍)의 병졸을 이끌고 다시 나아가 진열을 굳건히 하고 있는 대당의 군사를 공격하였다. 그러자 대당이 곧 좌우에서 배를 둘러싸고 싸웠다. 눈 깜짝할 사이에 관군이 패배하였다. 이때 물속으로 떨어져 익사한 자가 많았다. 또한 뱃머리와 고물을 돌릴 수가 없었다. 박시전래진(朴市田來津)은 하늘을 우러러 맹세하고 이를 갈며 분노하면서 수십 명을 죽이고 마침내 전사하였다. 이때 백제왕 풍장은 몇 사람과 함께 배를 타고 고구려로 도망갔다.[4]

② 9월 8일 웅진도 행군총관 좌우위장군 손인사 등을 파견해 백제의 남은 군사들 및 왜병을 백강에서 격파하고, 주류성을 함락시켰다. … 손인사와 유인원 및 신라왕 김법민이 육군을 서느리고 진격하고, 유인궤가 별장 두상 및 부여융과 더불어 수군과 양선(糧船)을 거느리고 웅진강으로부터 백강으로 들어가 육군과 만나 함께 주류성으로 진격하였다. 유인궤가 백

---

4) 『일본서기』 권27, 천지천황2년, "秋八月 壬午朔甲午 新羅 以百濟王斬己良將 謀直 入國先取州柔 於是 百濟知賊所計 謂諸將曰 今聞 大日本國之救將盧原君臣 率健兒 萬餘 正當越海而至 願諸將軍等 應預圖之 我欲自往待饗白村 … 大唐將軍 率戰船 一百七十艘 陳烈於白村江 戊申 日本船師初至者 與大唐船師合戰 日本不利而退 大 唐堅陣而守 乙酉 日本諸將 與百濟王 不觀氣象 而相謂之曰 我等爭先 彼應自退 更 率日本亂伍 中軍之卒 進打大唐堅陣之軍 大唐便自左右夾船繞戰 須臾之際 官軍敗 績赴水溺死者衆 艫舳不得廻旋 朴市田來津 仰天而誓 切齒而嗔 殺數十人 於焉戰死 於時 百濟王豊璋 與數人乘船 逃去高麗"

강구에서 왜병을 만나 네 번 싸워서 모두 이기고는 그들의 배 400척을 모두 불태우니, 연기와 불꽃이 하늘에 치솟았으며 바닷물이 붉게 물들었다. 백제왕 부여풍은 몸을 빼어 고구려로 달아났다.[5]

③ 용삭 3년(663)에 이르러 총관 손인사가 군사를 거느리고 부성을 구원하러 왔을 때 신라 군사 또한 나아가 함께 정벌하여 주류성 아래에 이르게 되었습니다. 이때 왜의 수군이 백제를 도우러 와, 왜의 배 1천척은 백사(白沙)에 정박해 있고 백제의 정예기병이 언덕위에서 지키고 있었습니다. 신라의 용맹한 기병들이 중국 군사의 선봉이 되어 먼저 언덕의 진지를 깨뜨리니 주류성에서는 간담이 서늘해져 드디어 곧바로 항복하였습니다.[6]

(1) 전투경과

백촌강 전투경과를 정리하기 위한 사료분석이다. 사료 A-①의 『일본서기』에 의하면 8월 27일 백촌강 전투가 있었고, 9월 7일에 주류성이 함락되었다. 사료 A-②의 『자치통감』에는 9월 8일에 백강구 전투가 있었던 것으로 기록되어 있다. 백강구 전투 일자를 9월 8일이라고 한 것은 주류성 함락기사와 종합하여 기록하면서 발생한 오류이다.

혹자는 사료 A-③을 근거로 왜의 선단 1천척이 8월 13일 백강구 밖 즉 백사에 이미 도착하여 있었던 것[7]으로 보기도 한다. 그러나 사료 A-①에 의하면 전투는 8월 27일에 시작되었다. 왜군이 14일간이나 백사에 머물렀을 리 없다. 왜의 지원군은 풍왕이 주류성에서 제장들을 모아놓고 작전지시를 하고 나오는 8월 13일부터 최초전투가 있던 8월 27일 사이에 도착

---

5) 『자치통감』 권201, 당기17, 용삭3년, "九月戊午 熊津道行軍摠管右威衛將軍 孫仁師 等 破百濟餘衆及倭兵於白江 拔其周留城 … 仁師仁願與新羅王敏將陸軍以進 仁軌 與 … 水軍及糧船 自熊津入白江 以會陸軍 同趣周留城遇倭兵於白江口 … 百濟王 豐脫身奔高麗"

6) 『삼국사기』 권7, 신라본기, 문무왕11년 답설인귀서, "至龍朔3年 摠管孫仁師領兵來 救府城 新羅兵馬 亦發同征 行至周留城下 此時倭國船兵 來助百濟 倭船千艘 停在 白沙 百濟精騎 岸上守船 新羅驍騎 爲漢前鋒 先破岸陣 周留失膽 遂卽降下"

7) 심정보, 「백강에 대한 연구현황과 문제점」 『백제문화』 32, 2003, 186쪽.

했을 것이다.

사료 A-② 등 중국 측 사료는 육군이 수군과 만나 주류성으로 간 다음, 백강구에서 왜군을 조우한 것으로 기록하고 있다. 즉 당 수군이 왜의 수군보다도 먼저 백강구에 도착한 것이다. 왜의 수군이 먼저 왔다면 주류성으로 진입하였거나, 육군과 접전이 있었을 것이다. 즉 백촌강인 백강구에 왜군보다도 당군이 먼저 와서 진을 친 것이 타당하다.

따라서 전개순서는 풍왕 주류성에서 백촌 이동 → 나당연합군 백촌강 및 주류성 도착 → 왜 지원군 도착 → 백촌강 전투 → 주류성 함락 순이다. 이를 기초로 한 백촌강 전투경과는 다음과 같다.

663년 8월 13일 백제 풍왕은 신라가 주류성을 공격할 것이라는 사실을 알고 제장들에게 미리 정해진 계획대로 대응하여라[應預圖之]라고 지시하고, 왜의 구원군을 맞이하여 향연을 베풀기 위해 주류성을 나와 백촌白村으로 갔다.

손인사와 유인원 그리고 문무왕은 육군을 인솔하고, 유인궤와 두상 및 부여융은 수군과 군량선을 이끌었다. 수군은 웅진강으로부터 백강으로 가서 육군과 만났다. 이후 육군은 8월 17일 주류성에 도착하여 왕성을 포위하였고, 당의 수군은 전선 170척으로 백강구 입구 즉 백촌강에 진을 쳤다.

8월 27일 먼저 도착한 왜 수군의 신단이 딩 수군을 공격하였으나 왜가 불리하여 퇴각하였다. 당 수군은 백강구를 견고하게 지켰다. 8월 28일 왜의 여러 장수와 백제왕은 기상을 살피지 않고, 뒤에 도착한 선단이 흐트러진 중군을 이끌고 견고하게 진을 형성하고 있는 당 수군을 다시 공격하였다.

이에 당 수군이 편을 나누어 왜의 수군을 좌우에서 에워싸고 공격하였다. 잠깐 사이에 왜의 수군은 계속 패하여 물에 빠지고 전투하다 죽은 자가 많았으며 배를 돌릴 수가 없었다. 당의 유인궤는 네 번 싸워서 모두 이기고 왜선 400척을 불태우니, 연기와 불꽃이 하늘에 치솟았으며 바닷물이 모두 붉게 물들었다.

박시전래진朴市田來津은 하늘을 우러러 맹서하고 이를 갈며 수십 명을 죽이고 전사했다. 백제왕 풍장은 보검을 버리고, 여러 사람과 함께 배를 타고 고구려로 도망갔다.

(2) 전투경과 분석

첫째, 백촌강 전투에 참가한 양 세력의 작전목적이다. 나당연합군 중 육군의 목표는 백제부흥군의 근거지 주류성이었다. 당 수군의 목적은 주류성을 공격하는 육군에 대한 군수지원과 왜 수군의 주류성 구원군에 대한 주류성 진입차단이었다. 유인궤가 인솔한 170척의 선박에 부여융 등이 군량선을 이끌고 있었고, 백촌강 입구에 진을 치고 있었기 때문이다.

반면 왜 수군의 목적은 백촌강으로 진입하여 주류성을 구하는 것이었다. 이는 풍왕이 "대일본국에서 구원군이 온다"는 소식을 전하고 있는데서 알 수 있다. 따라서 당의 수군은 주류성으로 진입하는 왜군을 백강입구 즉 백촌강에서 막아야 했고, 왜의 수군은 백촌강을 막고 있는 당 수군을 격파하여야 주류성으로 진입할 수 있었다.

둘째, 전투에 투입된 양 세력의 병력규모에 대한 검토이다. 먼저 당의 수군은 170척 7천명으로 손인사가 이끌고 온 부대다. 그런데 사료 A-②를 보면 손인사의 전함 170척을 유인궤가 인솔하고 있으며, 손인사는 유인원과 함께 육군을 이끌고 있다. 다소 이해가 안 되는 부분이다. 물론 유인궤는 660년 요동을 정벌할 때 수군을 총 지휘한 경험8)이 있다. 군량선은 부여융이 인솔하고 있다. 유인궤와 부여융이 수군을 이끌고 있는 것은 백촌강이라는 새로운 전장으로의 투입에 대비해 지형에 익숙한 자들로 구성한 것으로 추정된다. 그리고 손인사는 웅진도 행군총관으로서 주류성으로

---

8) 『구당서』 권84, 열전34, 유인궤.

육군을 인솔한 것은 임무와 공격목표에 충실하고자 한 것이다.

왜의 수군은 풍왕이 전한 말에 의하면 1만여 명이다. 그러나 『일본서기』에 1만 명이 출동하는 기록은 없다. 이에 백촌강 전투에 참여한 왜의 병력을 2만 7천명9)으로 보기도 한다. 이 경우 662년 5월 풍왕 귀국 시 5천명이 170척의 배를 타고 왔으므로 1척당 29.4명이 승선한 셈이 된다. 왜의 선박을 A-③에 기록된 백사白沙의 1천척이라고 보면 병력은 2만 7천명이 될 수 있다. 하지만 『일본서기』에 663년 3월에 2만 7천명을 보냈고 6월에 사비沙鼻·기노강岐奴江 2개성을 공략하였다10)는 기사는 『삼국사기』에는 전혀 없어 진위여부를 가늠할 수가 없다.

한편 변인석은 일본 조선술에 대하여 "『일본서기』 권25에 [650년] 안예국安藝國에 명령을 내려 백제선百濟船 2척을 만들었다. 또 신라의 조선기술이 일본에 전달된 기록은 『일본서기』 권10 응신천황應神天皇 31년조에 있다. 이때 일본의 조선기술로서는 현해탄을 건너올 수 없었을 뿐만 아니라 병력수송도 어려웠다. 실제 제명천황齊明天皇 3년(657) 9월 사문沙門 지달智達 일행이 당唐에 가기 위하여 신라에게 요청하였다가 거절당하고 다음해 7월에 신라의 특별한 배려로 갈수 있었다. 이러한 배경은 661~663년에 왜가 자력의 조선기술로는 많은 수의 배를 만들기 어려웠으며 백제계 도래인들과 관련이 있을 것이다"11)하였다. 그리고 『구당서』에 백촌강 전투에서 패한 왜선 400척은 당시 일본의 경제력이나 군사력에서 엄청난 숫자이다. 이 기록을 볼 때 1척당 약 20명이 승선한 것12)이라고 하였다.

---

9) 이도학, 「백제부흥운동의 시작과 끝, 임존성」 『백제부흥운동사 연구』, 공주대학교 백제문화연구소, 서경문화사, 2004, 182쪽.
10) 왜는 천지천황2년(663) 3월에 前將軍, 中將軍, 後將軍 등 2만 7천 명을 보내 신라를 공격하였다. 6월 前將軍 上毛野君稚子 등이 신라의 沙鼻·岐奴江 2개성을 공략하였다(『일본서기』 권27, 천지천황2년).
11) 변인석, 「7세기 중엽 백강구전에 있어서의 일본의 패인에 관한 고찰」 『동방학지』 75, 1992, 16쪽.
12) 변인석, 앞의 논문 1992, 23쪽.

이와 같이 왜선 1척당 20명이 승선하였고 왜의 병력을 풍왕이 전한 1만여 명이 타당하다고 보면 왜의 선박은 약 500척이 될 것이다. 즉 약 500여척이 백촌강 전투에 투입되었다가 약 400척이 불에 타고 격침되었던 것이다. 그리고 백촌강 전투에 투입된 병력은 663년 3월에 투입되어 6월에 사비沙鼻 및 기노강岐奴江 2개성을 공격한 2만 7천명 중 일부로 추정해 볼 수도 있다.

셋째, 세부 전투내용이다. 중국 측 사료 A-②는 모두 네 번 싸운 것으로 되어 있다. 하지만 『일본서기』는 8월 27일과 28일 양일간의 전투기록만 있다. 따라서 나머지 두 번의 전투는 27일에 한 것인지 28일에 한 것인지 알 수가 없다. 중군이 도착한 이후에 전투가 본격적으로 이루어졌을 것으로 추정되며 28일에 크게 패하였으므로 28일에 세 번 싸웠을 수도 있다.

27일 전투는 처음 도착한 왜의 수군이 당 수군을 공격하였을 때, 당 수군은 견고하게 진을 치고 있었고 왜가 불리하여 퇴각하였다. 이를 통해 볼 때 당 수군은 닻을 내리고 군량선을 후미에, 전투선은 전방에 복횡렬진 대형13)으로 백촌강 입구를 차단하였을 것이다.

28일 전투는 견고하게 진을 친 당 수군에 대하여 왜의 중군이 전법의 변화 없이 흐트러진 선박의 대오로 성급하게 공격하였다. 이때 당 수군은 공격해오는 왜의 선단을 좌우로 포위하고 당파전술과 화공작전14)으로 공격하였다. 28일 전투에서는 27일 전투와 달리 왜의 선박이 선회하여 퇴각도 못하고 400척이 수몰되었다. 『일본서기』에 기상을 고려하지 않았다는 내용과 배를 돌릴 수 없었다는 기록을 보면, 당 수군은 기상을 이용하여

---

13) 해군전술기동은 크게 단열진·횡렬진·사열진·복렬진·경계진 등으로 구분된다(해군교육사령부, 『전술기동 문제해설집』, 국군인쇄창, 2016, 1쪽).

14) 당시의 당의 전술인 화공과 당파전술에 왜의 선박이 비교가 안 되게 열악하였다(변인석, 앞의 논문, 1992, 13~16쪽).

화공작전을 수행한 듯하고 왜는 강한 조수의 영향을 받은 것으로 추정된다.

넷째, 전투결과 왜의 패전원인이다. 지금까지 왜의 백촌강 전투 패전원인을 『일본서기』에 기록된 대로 기상을 관측하지 않고 성급하게 공격하였으며, 조류 때문에 배를 선회하지 못한 이유 등으로 보아왔다. 하지만 당시의 전황은 한치 앞을 내다볼 수 없는 격전이 아니라 당의 일방적인 승리였으며, 나당연합군의 우수한 전술과 위력적인 당의 선박 등 선진기술 앞에 일순간에 무너진 전투였다.[15] 물론 선박의 크기나 화전火箭 등 당의 선진 무기체계에 의한 영향력이 컸다. 더불어 당 수군이 일방적으로 크게 승리할 수 있었던 원인은 당의 수군이 왜군의 선발대보다도 먼저 백촌강에 도착하여 유리한 위치를 선점하고 기상관측 등 사전 전투준비를 한데 있다.

다섯째, 사료 A-③은 백사에 정박해 있는 1천척의 왜 선단을 안상岸上에서 지키던 백제정기精騎를 문무왕이 격파했다는 부분이다. 백사라는 지명과 1천척이라는 숫자는 이 기사가 사실인 것처럼 보이게 한다. 하지만 왜의 조선능력을 고려해 볼 때 1천척은 신뢰하기 어렵다. 그리고 신라군과 백제군이 실제 전투를 하였는지, 언제 하였는지는 알 수가 없다. 이는 사료 A-③은 '답설인귀서'로써 외교문서이지만 신라군이 왜 수군과의 전투에서도 기여했음을 과장하였을 수도 있기 때문이다.

굳이 해석한다면 다음과 같이 추정해볼 수 있다. 왜선은 27일 도착한 선발대와 28일 도착한 중군 및 후군을 모두 합하면 약 500척이 된다. 이들은 백촌강 입구를 막고 있는 당 수군을 공격하기 위하여 백사에 정박하거나 대기하였다. 그리고 백제부흥군이 이들 왜의 선박을 지켰다. 이때

---

15) 당은 『武經總要』의 軍船記事에 漢代의에 보이는 蒙衝, 遊艇, 鬪艦, 樓船, 海鶻船 등 견고한 군선을 보유하고 있었고, 전국시대부터 발명된 화약에 의한 불화살[火箭]을 사용한 것이다(변인석, 『백강구전쟁과 백제·왜 관계』, 한울 아카데미, 1994, 171~192쪽).

백촌강 입구에 얼마간 잔류했던 신라군이 소수의 백제부흥군을 공격했을
것이다. 이때를 8월 28일로 추정해볼 수 있다. 새롭게 투입되는 왜 수군
의 중군 대오가 흐트러져 있었다는 기록으로 볼 때, 정박 중 신라군의 공
격을 받았을 수도 있기 때문이다. 따라서 사료 A-③은 백사에서 작은 전
투가 있었던 것을 확대 과장한 것으로 추정된다.

여섯째, 주류성과 백촌강·백촌·백사의 위치관계이다. 사료 A-①에 의
하면 풍왕 일행은 지원되는 왜 수군을 맞이하기 위해 8월 13일 주류성을
나와 백촌으로 갔다. 신라군은 백촌강 입구에서 수군을 만나 군수지원을
받고 주류성으로 이동하여 8월 17일 주류성을 포위하였다. 그리고 당의
수군은 백강구(백촌강)에 진을 쳤다. 왜의 선발대는 8월 27일 도착하여 당
수군을 공격하였다. 28일에 본대인 중군이 재차 당 수군을 공격하였다.
이러한 사건의 전개일정을 보면, 주류성과 백촌강·백촌·백사는 일정한
거리가 떨어져 있어야 한다. 한편 사료 A-②에서 바닷물이 붉게 물들었다
고 하였으므로 백촌강·백촌·백사는 바다에 인접한 곳으로 추정이 된다.

(3) 백촌강에 대한 군사학적 고찰

제1장에서 660년 소정방의 상륙지점을 알아보기 위하여 백강(기벌포)과
웅진강구(웅진구)에 대하여 알아보았다. 『삼국사기』에 기록된 백강(기벌포)
은 서천일대로 추정하였으며, 중국 측 사료에 일관되게 기록된 웅진강구
(웅진구)는 금강이 논산천과 만나는 우곤리 일대로 추정하였다. 그런데 663
년 기사는 사료 A-②와 같이 백강구白江口라고 기록되어 있다. 이와 관련
하여 지금까지 연구는 663년 백강구(백촌강)를 웅진강과 동일한 강으로써
서천으로 보는 설이 있다. 또한 백강과 웅진강은 다른 강으로써 백강구를
동진강·줄포만·두포천·아산만·안성천 입구 등으로 비정하는 설이 있다.

사료내용을 보자. 663년 백강구 전투기록으로 『구당서』에는 웅진강으
로부터 백강으로 가서 육군과 만났다[16]고 하였으며, A-④ 『자치통감』에

서는 웅진으로부터 백강에 들어가[ㅅ] 육군과 만났다고 하였다. 만약에 웅진강과 중국 측에서 말하는 백강이 같은 강이라면 660년 기록과 663년 기록을 다르게 하지 않았을 것이다. 또한 같은 강이라면 강의 상류에서 하류로 이동했다는 뜻이 되는데 그럴 경우 입ㅅ이라는 글자를 사용하기 어색하다. 그러나 사료에는 입백강入白江이라 하여 바다에서 강의 입구로 들어가는 것을 뜻하고 있다. 이는 웅진강과 백강이 같은 강이 아님을 나타내고 있는 것이다.

한편 『삼국사기』 백제본기 무령왕 원년조에 "가림성에서 백가의 목을 베서 백강에 던졌다"[17]는 기사와 의자왕 20년조에 홍수가 백강에서 막으라고 한 내용을 볼 때, 백제에서는 사비 즉 부여 앞을 지나는 강[18]을 백강이라고 부르고 있다. 하지만 중국 측 사료는 660년 기록에서 백강이나 기벌포라는 명칭 대신에 웅진강이라고 기록하고 있다. 또한 663년 기록은 사료 A-②와 같이 웅진강에서 백강으로 갔다고 하였다. 즉 백제인들이 부르던 백강과 당 측에서 부르던 백강은 서로 다른 것이다. 이와 같은 용례는 당 측에서 사비나 소부리라는 백제지명 대신 웅진이라는 용어를 사용하고 있는 데서도 알 수 있다. 결국 웅진강과 663년의 백강(백촌강)은 서로 다른 강이어야 한다. 그러면 현재까지 다른 강이라고 가정하여 제시된 백촌강(백강)들의 위치를 군사학적인 측면에서 고찰해보자.

먼저 백촌강(백강)을 동진강·줄포만·두포천이라고 보는 설이다. 이 설은 주류성을 부안 우금산성으로 전제하고 있다. 즉 왜의 수군은 일본에서 바다를 건너 서해안을 따라 동진강·줄포만·두포천 중 한 곳을 통하여 부안의 우금산성으로 들어가고자 한 것이다.

---

16) 『구당서』 권84, 열전34, 유인궤, "自熊津江往白江 會陸軍"
17) 『삼국사기』 권26, 백제본기, 무령왕 원년.
18) 가림성은 부여군 임천면에 있는 성흥산성으로 부여읍과는 7km 이격되어 있어, 백가의 목을 백강에 던졌다는 기록은 백강이 부여 앞을 흐르는 강으로 추정케 하고 있다.

그러나 당시 나당연합군은 왜의 구원군 선발대가 도착하는 8월 27일보다 10일 전인, 8월 17일 이미 주류성을 포위하였다. 만약에 주류성이 부안의 우금산성이라면 시급하게 주류성을 구원하여야 하는 왜의 구원군이 군이 당 수군이 막고 있는 동진강·줄포만·두포천 중 한 곳으로 진입하여야 했을까 의문이 간다. 왜 수군이 서해안을 따라 올라오면서 주류성을 구하기 위하여 부안군 변산반도 하서면 방면으로 상륙하는 것이 시간적으로나 군사학적으로 타당하다. 우금산성까지 비록 산악이지만 직선거리 6km밖에 안 되기 때문이다. 군이 원거리를 돌아서 당군이 막고 있는 동진강을 통하여 주류성으로 진입하려 했다는 것은 군사학적으로 있을 수 없다.

또한 백촌강을 동진강·줄포만·두포천이라고 비정하면, 전투에서 패한 풍왕이 보검도 버리고 황급히 고구려로 도망한 이유도 설명이 궁색해진다. 풍왕이 배를 이용하여 북쪽인 고구려로 도망하기 위해서는 금강입구인 서천·군산 앞바다를 지나야 한다. 서천·군산 앞바다는 금강입구로써 당 수군의 통제 하에 있는 지역이기 때문이다. 또한 백촌강 전투가 동진강·줄포만·두포천 등에서 이루어졌다면 남쪽이나 왜로 피신하는 것이 더 빠르고 안전하며 당연하기 때문이다.

다음은 주류성을 홍성, 백촌강을 아산만의 백석포일대로 보는 설과 주류성을 연기, 백촌강은 안성천일대로 보는 설이다. 안성천이나 아산만은 금강입구인 군산을 기준으로 볼 때 태안반도와 당진을 돌아서 약 220km를 항해하여야 한다. 당진唐津은 당군이 중국과 백제를 오가면서 중간 기항지로 사용하거나 연안을 따라 시인거리 항해를 했던 곳이다. 그런데 소형선박을 보유한 왜군이 당군의 통제하에 있는 당진을 돌아서 아산만이나 안성천까지 갔다고 보는 것은 무리다. 또한 아산만에서 주류성으로 추정하는 홍성까지 거나, 안성천에서 연기까지의 거리 또한 약 40km의 원거리여서 아산만이나 안성천을 백촌강(백강)으로 비정하는 것은 군사학적으로 타당하지가 않다.

이에 백촌강(백강구)이 갖추어야 할 요건들은 다음과 같이 정리해 볼 수 있다. 첫째, 주류성과 지리적으로 밀접한 관계에 있어야 하되, 1~2일의 행군거리가 이격되어 있어야 한다. 그렇게 보는 이유는 풍왕이 왜의 구원군을 백촌白村에서 맞이하기 위하여 8월 13일 주류성을 나왔고, 나·군은 8월 17일 주류성에 도착하였으므로 4일 동안 서로 조우하지 않고 이동하였기 때문이다. 또한 나당연합군이 백강에서 육군과 수군이 만나 육군은 주류성으로 간 다음 수군이 백강구를 지킨 것을 볼 때 주류성 바로 아래 백촌강이 흐른다고 보기 어렵다. 둘째, 왜선 약 500척의 배가 정박하거나 대기할 수 있는 백사白沙라고 할 수 있는 넓은 지역이 있어야 한다. 셋째, 풍왕이 영접하려 했던 백촌白村이라는 지명과 관련이 있어야 한다. 넷째, 바닷물이 붉게 물들었다고 하였으므로, 바다 입구이어야 한다. 다섯째, 격전지 백촌강 입구는 왜선 500척과 당 전선 170척 도합 700여척이 전개하여 전투할 수 있는 공간이 있어야 한다. 여섯째, 왜의 선박이 배를 돌릴 수 없다고 하였으므로 조류의 유속이 강한 곳이어야 한다. 일곱째, 풍왕이 고구려로 도망하였다는 것을 고려하면 금강 이북에 있어야 한다.

금강 이북지역에서 이러한 요건에 부합되는 지역으로 충남 보령의 대천만[19]과 대천이 주목된다. 대천은 웅천熊川을 상징하는 '곰내' → '한내' → '내천'이 되었다[20]고 한다. 대천은 오서산과 백월산에서 발원하여 해소포蟹所浦로 들어가는 하천이다.[21] 해소포는 대천만으로 보령의 어항 내륙이며, 폭 5km 깊이 6km의 현재 갯벌 체험장을 말한다. 그리고 대천의 상류지역인 청라면 지역은 현재 댐을 막아 청라저수지가 있는 한 가운데를 의평리蟻坪里라고 한다. 의평리는 고려 말 전라우도 도만호 김성우金成

---

19) 대천만은 1900년도에 대천방조제가 축조되기 이전의 명칭으로, 보령시 연안여객선 터미널이 있는 어항으로부터 북쪽 바다건너 주포면의 고정리 구간의 우측을 말한다.

20) 대한지리학회, 『한국지명유래집－충청편－』, 국토해양부 국토정보지리원, 2010, 413쪽.

21) 『신증동국여지승람』, 권20, 보령현, 산천조.

雨 장군이 보령 어항의 군드리로부터 왜구의 선박을 의평리까지 유인하여 크게 격멸한 왜구의 시체가 개미떼와 같았기 때문에 붙여진 지명이다.[22] 즉 고려 말에도 대천의 상류인 청라지역에 바닷물이 들어오고, 배가 드나들었다는 것이다.[23] 따라서 고대인 7세기 서해안의 해수면이 현재보다 1m 높았다고 추정[24]되고 있기 때문에 7세기인 663년 무렵에는 청라지역의 대천은 선박통행이 용이했을 뿐만 아니라 강수로로써 활용가치가 매우 높았을 것이다.

이곳 청라지역인 대천의 상류지역으로부터 주류성일 것이라고 추정되는 홍성군 장곡면 산성리·대현리 일대까지는, 청양군 화성면을 경유하며 무한천을 따라 약 12km의 양호한 평지로 이어져 있다.

한편 백사白沙는 지명이라기보다 지역형상을 나타낸다고 볼 수 있으며, 오늘날의 대천해수욕장 백사장을 뜻한다고 할 수 있다. 또한 백사지역인 대천해수욕장에 정박한 배를 지키는 안상岸上이라 칭한 곳은, 해수욕장의 백사장 끝에 있는 레이더 기지가 있는 곳이나 어항漁港 뒷산 해망산으로 볼 수 있다.

그리고 보령은 『삼국사기』기록에 의하면 백제 때 지명이 신촌新村이다.[25] 우리말은 흰 → 신 → 신, 머리가 하얗다 → 머리가 세다 → 신, 또는 형님 → 성님으로 변화할 수 있다. 이는 'ㅎ'발음이 'ㅅ'으로 변화한 것으로 볼 수 있다. 즉 백촌(흰촌)을 한자로 표기하면서 신촌으로 표기했을 가능성이 있다.

---

22) 이재준, 「고려 말 金城雨부대의 왜구토벌에 관한 군사학적인 검토」『군사』 80, 2011, 42~62쪽.
23) 이는 1918년 발행된 조선총독부의 「朝鮮半島全圖」 '대천리'에서 확인 가능하다.
24) 가로림만(충남 태안)의 해수면 변동을 연구하여 제시한 도표에 의하면, 7세기인 1,300 B.P.에 서해안의 해수면이 현재보다 1m 정도 높았음을 알 수 있다(신동혁, 「한국 서해안 가로림만 퇴적환경과 홀로세 해수면 변동」, 인하대학교 박사학위논문, 1998, 159쪽).
25) 『삼국사기』권36, 잡지5, 지리3, "新邑縣 本百濟 新村縣 景德王改名 今保寧縣"

〈요도 22〉 백촌강 전투상황 및 주류성 추정도

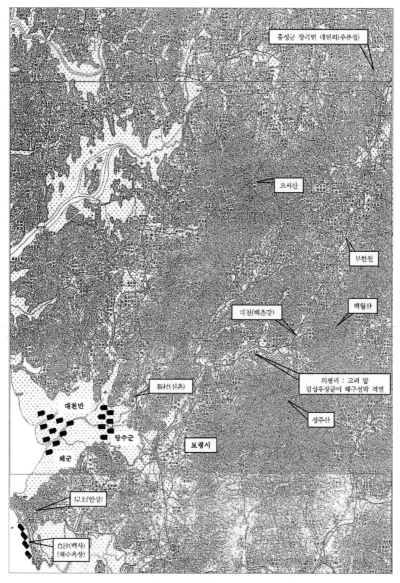

더불어 이 지역은 태안반도의 아랫자락인 안면도가 끝나는 곳이자 천수

만의 입구로써 서해안 어떤 지역보다도 유속이 유난히 빠른 지역이다.[26]

앞의 〈요도 22〉는 1918년에 조선총독부에서 제작된 지도로 신촌新村이 표기되어 있다. 그리고 대천의 상류인 청라면지역에 왜구의 선박을 격퇴했다는 지명유래가 전해지는 의평리蟻坪里가 표기되어있다. 이로부터 홍성군 장곡면 산성리·대현리까지는 무한천을 따라 약 12km의 양호한 평지로 되어있다. 지금은 댐을 막아 대천의 원형을 알아보기 어렵지만 이와 같은 조건들을 고려해 볼 때 대천만을 백강구로, 대천을 백촌강으로 볼 수도 있다. 따라서 군사학적으로는 대천(대천만)을 백촌강(백강구)으로 추정하며, 추후 정밀분석과 검증을 기대한다.

2) 주류성 전투

주류성은 백제부흥전쟁에 있어 중요한 성이었음에도 불구하고 그 위치를 가늠하기 어려우므로, 주류성 위치에 대해 논의하는 것 자체가 논란의 소지를 키울 수 있다. 하지만 주류성은 백제부흥전쟁을 이끌었던 백제의 마지막 왕성이자 부흥전쟁을 종결시키는 의미를 내포하고 있다. 따라서 소략하게나마 주류성 전투를 다루면서 지리적 위치에 대해 군사학적인 고찰결과를 제시하고자 한다.

> B-① 왕이 김유신 등 28명(30명이라고도 한다) 장군을 거느리고 이들과 함께 두릉윤성(두량윤성이라고도 한다)과 주류성 등 여러 성을 쳐서 모두 항복시켰다.[27]

---

26) 대천만 시작지점인 송도 앞바다는 울돌목처럼 유속이 빠르고, 조류가 회전하는데 이는 만입구가 좁고 바닷 속에 깊은 골이 형성되어 있기 때문이다. 지금도 바다 속에서 청자를 캐내는 등 고려시대의 보물선이 침몰했다고 전해지는 곳이다. 실제 밀물이나 썰물 때 유속이 빨라, 이때 물에 떠서 이동하는 상괭이 등을 적의 빠른 침투로 오인하기도 한다. 서해안 유속이 평균 유속이 3~4knots인데 이 지역은 5~6knots가 나온다('98년~'07년 보령해안 레이더기지 기지장 이용태 육군준위 증언).

② 대왕이 친히 김유신·김인문·천존·죽지 등 장군들을 인솔하고, 7월 17일 정벌에 나서 웅진주에 이르러 주둔하고 있던 유인원과 군사를 합세하여 8월 13일 두솔성에 이르렀다. 백제 군사와 왜 군사가 함께 출전하므로 우리군사들이 힘껏 싸워 크게 깨뜨리니 백제와 왜군이 모조리 항복하였다. 대왕이 왜군들에게 말하였다. "우리나라와 너희 나라는 바다를 사이에 두고 강역이 나뉘어 있어 일찍이 전쟁한 일이 없고, 단지 우호관계를 맺어 사신을 서로 교환하여 왔는데, 무슨 까닭으로 금일 백제와 죄악을 함께하여 우리나라를 도모하는가? 지금 너희 군졸들은 나의 손아귀 속에 들어 있으나 차마 죽이지 않겠다. 너희들은 돌아가서 너희 국왕에게 [이말을] 전하라! 그리고 너희는 가고 싶은 데로 가라!" 그리고 군대를 나누어 공격하여 여러 성이 항복하였으나 오직 임존성만이 … 28)

③ 왜선 1천척이 백사白沙에 머물러 있고 백제의 정병들이 언덕에서 배를 지키고 있었습니다. 신라의 날랜 기병들이 당나라의 선봉이 되어 우선 언덕위의 진지를 깨뜨리니 주류성은 혼이 나서 드디어 항복하였습니다. 남쪽 지방이 이미 평정되매 군사를 돌려 북방을 치는데 임존성 한 곳이 항복하지 않았습니다.29)

④ 이에 제장회의를 열었는데 혹자가 말하기를 "가림성은 수륙의 요충이니 그곳을 먼저 공격합시다"라고 하자 유인궤는 "가림성은 험하고 견고하오. 급하게 공격하면 전사를 손상케 되고, 고수한다면 세월만 보내며 지구전을 하게 되니 먼저 주류성을 공격하느니만 못하오. 악을 제거하고 근본에 힘쓰려면 모름지기 그 근원을 뽑아내야 하오. 주류성을 함락시키면 뭇 성들은 저절로 떨어질 것이요"라고 하였다. … 부여풍은 몸만 빠져 달아나고 그가 찼던 보검을 획득하였다. 위왕자 부여충승·충지 등은 사녀士女

27) 『삼국사기』 권6, 신라본기, 문무왕3년, "王領金庾信等二十八 [一云三十]將軍 與之 合攻豆陵[一作良]尹城·周留城等諸城 皆下之 扶餘豊脫身走 王子忠勝·忠志等 率其 衆降 獨遲受信 據任存城不下"

28) 『삼국사기』 권42, 열전2, 김유신, "大王親率庾信·仁問·天存·竹旨等將軍 以七月十 七日 征討 次熊津州 與鎭守劉仁願合兵 八月十三日 至于豆率城 百濟人與倭人出陣 我軍力戰大敗之 百濟與倭人皆降 大王謂倭人曰 "惟我與爾國 隔海分疆 未嘗交構 但結好講和 聘問交通 何故今日與百濟同惡 以謀我國 今爾軍卒在我掌握之中 不忍 殺之 爾其歸告爾王"任其所之分兵擊諸城降之 唯任存城"

29) 『삼국사기』 권7, 신라본기, 문무왕11년 답설인귀서, "倭船千艘 停在白沙 百濟精騎 岸上守船 新羅驍騎 爲漢前鋒 先破岸陳 周留失膽 遂卽降下 南方已定 廻軍北伐 任 存一城 執迷不降"

와 함께 왜군 및 탐라국사신을 이끌고 일시에 항복하고, 백제의 여러 성
은 모두 다시 귀순하였다. 적의 우두머리 지수신은 임존성을 차지하고는
항복하지 않았다.[30]

⑤ 이에 제장들이 공격방향[所向]을 토의하였다. 혹자가 말하였다. "가림성
은 수륙의 요충이니 어찌 먼저 공격하지 않을 수 있겠는가?" 하였다. 유
인궤가 말하였다. "병법에 강한 것은 피하고 약한 것을 공격하라[避實擊
虛]고 하였다. 가림성은 험하고 견고하다. 공격한다면 병사들을 상하게
된다. [그들이] 지킨다면 오래갈 수 있다."[31]

⑥ [8월] 17일에 적장이 주유에 이르러 그 왕성을 에워쌌다 … 9월 7일에 백
제의 주유성[주류성]이 마침내 당에 항복하였다. 이때 나라사람들이 "주
유가 항복하였다. 사태가 어찌할 수 없게 되었다. 백제의 이름은 오늘로
끊어졌다. 이제 조상의 분묘가 있는 곳을 어떻게 갈 수 있겠는가? 테례성
에 가서 일본 장군들과 만나 무엇을 어떻게 해야 할지 의논하자"고 말하
였다. 그리고 먼저 침복기성에 가 있던 처와 아이들에게 나라를 떠나려
한다는 마음을 알렸다. 11일에 모테를 출발하였다. 24일에 일본의 수군
및 좌평 여자신 달솔 목소귀자 등 … 국민들이 테례성에 이르렀다. 이튿
날에 배가 출항하여 일본으로 향하였다.[32]

(1) 전투경과

주류성 전투경과를 정리하기 위한 사료분석이다. 사료 B-①을 보면 두
량윤성과 주류성 등 모든[諸城] 성이 항복하였다고 한다. 그러므로 두량윤

---

30) 『구당서』권84, 열전34, 유인궤, "於是諸將會議 或曰"加林城水陸之衝 請先擊之"
仁軌曰"加林城險固 急攻則傷損戰士 固守則用日持久 不如先攻周留城 周留 賊之巢
穴 羣兇所聚 除惡務本 須拔其源 若剋周留 則諸城自下" … 餘豐脫身而走 獲其寶
劍 僞王子扶餘忠勝·忠志等率士女及倭衆幷耽羅國使 一時並降 百濟諸城 皆復歸順
賊帥遲受信據任存城不降"

31) 『신당서』권108, 열전33, 유인궤, "於是 諸將議所向 或曰"加林城水陸之衝 盍先擊
之"仁軌曰"兵法避實擊虛 加林險而固 攻則傷士 守則曠日""

32) 『일본서기』권27, 천지천황2년, "戊戌 賊將至於州柔 繞其王城 … 九月辛亥朔丁巳
百濟州柔城 始降於唐 是時 國人相謂之曰 州柔降矣 事無奈何 百濟之名 絶于今日
丘墓之所 豈能復往 但可往於弓禮城 會日本將軍等 相謀事其所要 遂敎本在枕服岐
城之妻子等 令知去國之心 辛酉 發途於牟弖 癸亥 至弖禮 甲戌 日本船師及佐平余
自信·達率木素貴子 … 幷國民等 至於弖禮城 明日發船始向日本"

성과 주류성은 같은 성이 아니다. 그리고 제성諸城이라고 하였으므로 주
류성은 여러 성과 함께 있음을 알 수 있다.

사료 B-②는 8월 13일 두솔성을 함락시키고 군대를 나누어 제성을 공
격하여 항복을 받았으나 오직 임존성만 남았다고 하였다. 그런데 주류성
은 A-②와 B-⑥을 보면 9월에 함락되었다. 따라서 두솔성은 주류성이 아
니며, 사료 B-②에서 말하는 군대를 나누어 공격한 여러 성 중에 주류성
이 있을 것이다. 이와 같은 사료분석을 기초로 전투경과를 정리하면 다음
과 같다.

663년 7월 17일 문무왕과 김유신 등 장군 28명(혹은 30명)이 경주에서
출발하였다. 신라군은 부여인 웅진주에 도착한 뒤, 당군과 합류하여 작전
회의를 하였다. 작전회의에서 가림성보다는 약한 주류성을 먼저 공격하기
로 하고, 손인사와 유인원 및 신라왕은 육군을 거느리고 육로로 진격하였
다. 유인궤는 별장別將 두상杜爽과 부여융扶餘隆을 인솔하여 수군과 군량선
을 이끌고 웅진강에서 백강으로 갔다.

김유신은 8월 13일 두솔성에 이르러 전력을 다해 싸워 백제군사와 왜
군을 모조리 항복시켰다. 그리고 문무왕은 그들이 가고 싶은 곳으로 가도
록33) 하였다. 그리고 육군은 백강에서 수군을 만나 군량을 보급받았다.
이후 주류성으로 진격하여 8월 17일 주류성에 도착하여 왕성을 에워싸고,
수군 170척은 백촌강(백강구)에 진을 쳤다.

당 수군이 8월 27일과 28일 백촌강(백강구)에서 왜의 수군을 대패시키고
풍왕은 고구려로 도망갔다. 9월 7일 주류성이 마침내 항복하였다. 왕자
충승·충지 등은 사녀와 왜군 및 탐라국 사신을 이끌고 항복하였다. 신라

---

33) 이때 문무왕은 "우리나라와 너희나라를 생각해 보면, 바다를 경계로 일찍이 싸운
일이 없고 다만 우호적인 강화를 맺어 사신을 교환하고 있는데 어찌 백제와 함께
악을 행하며 우리나라를 도모 하는가. 지금 너희 군졸들은 나의 손아귀 안에 있으
니 차마 죽이지는 않겠다. 너희들은 돌아가서 너희 왕에게 이 말을 전하라"고 하며
가고 싶은 곳으로 가도록 하였다.

군이 군대를 나누어 공격하니 여러 성[諸城]이 항복하였다. 오직 임존성만
은 함락시키지 못하였다.

(2) 전투경과 분석

첫째, 양 세력의 병력규모이다. 백제부흥군의 지휘자는 풍왕이었으나
주류성에는 없었다. 주류성에는 항복한 왕자 충승·충지 등이 있었다. 이
외에도 왜국으로 망명한 좌평佐平 여자신余自信, 달솔達率 목소귀자木素貴
子·곡나진수谷那晉首·억례복류憶禮福留 등이 있었다. 주류성에 있던 백제부
흥군의 숫자는 파악이 되지 않고 있다. 하지만 전쟁기간 동안의 피해를
고려해 볼 때 많지는 않았을 것이다.

나당연합군은 추가로 증원된 웅진도 총관 손인사와 그의 병력 7천명이
있다. 그리고 웅진도독 유인원이 이끄는 병력 약 1만과 신라군 7천명, 검
교 대방주자사 유인궤, 별장 두상, 부여융 등이 있다. 그리고 신라에서는
문무왕과 김유신·김인문·천존天存·죽지竹旨 등 장군 28~30명과 약 4만 5
천명의 군사가 출동하였다. 이들을 모두 합한다면 나당연합군은 수군 7천
명을 제외한다 하더라도 약 6만 2천명이나 된다.

둘째, 전투기간이다. 나당연합군이 주류성에 도착하여 포위한 날짜가
8월 17일로 기록이 되어있다. 그리고 항복한 날짜는 9월 7일이다. 백제부흥
군은 약 20여 일 동안 6만 2천명의 나당연합군과 전투를 계속했던 것이다.

셋째, 13일 전투가 벌어진 두솔성豆率城에 대한 검토이다. 이 두솔성은
솔率의 발음이 률邦音, Lu(중국음)인 것으로 보아 두률豆率이 주류周留와 비
슷하다고 하여 주류성으로 비정34)하고 있다. 또한 두율이 주유와 비슷하
므로 신라에서는 두율성, 중국에서는 주류성 일본에서는 주유성이라고 부
른다고 하여 두솔성을 주류성이라35)고 하기도 한다.

---

34) 이병도 역주, 『국역 삼국사기』, 한국학술정보(주), 2012, 689쪽.
35) 노도양, 「백제주류성고」『명지대논문집』 12, 1979, 20~23쪽.

하지만 사료 B-②와 사료 B-⑥을 비교하면 두솔(두율)성과 주류성이 함락되는 날짜가 전혀 다르다. 『삼국사기』 김유신전에서 8월 13일 두솔성을 함락시켰다고 하였는데, 풍왕은 이날 제장들을 모아놓고 작전지시를 한 날이다. 더구나 『일본서기』에 의하면 주류성이 함락된 날은 9월 7일이고, 『신당서』나 『자치통감』에는 9월 8일 주류성이 함락된 것으로 나오고 있다. 그리고 두솔성이 주류성이라고 하면 곧이어 임존성 전투로 이어져야 한다. 그러나 『삼국사기』 김유신전을 보면 두솔성 전투 이후 군대를 나누어 여러 성을 공격하여 항복받았지만 임존성만 남았다고 하였다. 즉 두솔성은 주류성이 될 수 없으며, 주류성은 군대를 나누어 공격하여 항복받았다는 여러 성 중에 포함되어있어야 한다.

한편 『대동지지』에는 충남 청양 칠갑산에 고성古城이 있는데 본래 두솔성이라 하고 일명 자비성慈悲城이다[36]라고 되어 있다. 자비성이라고 부른다고 한 것은 문무왕이 성을 함락시킨 후 백제군과 왜군들을 살려 보냈다는 내용에서 붙여진 것으로 볼 수 있다.

넷째, 백제부흥군과 탐라국과의 연계성이다. 사료 B-④에서 충승·충지 및 탐라국의 사신이 함께 항복하였다. 이는 부흥백제국이 탐라국과도 연계가 되어 있음을 알 수 있다. 탐라국이 어떻게 백제부흥군을 지원하였는지는 알 수가 없다. 탐리는 동성왕 20년(498) 백제에 귀복하였고,[37] 문무왕 2년(662) 탐라국주 좌평 동음율冬音律이 신라에 항복하여 속국屬國[38]이 되었다[39]고 하지만 탐라국 나름대로 급변하는 정세를 탐색하려한 것으로

---

36) 『대동지지』 권5, 충청도, 정산조, "古城 在七甲山 本豆率城 或 慈悲城"
37) 『삼국사기』 권26, 백제본기, 동성왕20년.
38) 속국(屬國)이 되었다는 것은 근대 국제법에서 말하는 '종속국' '예속국'이란 뜻이 아니다. 전근대 시기 동아시아 역사권에서 속국이란 상하 의례를 행하며 일정한 공물을 바치는 관계를 말한다. 그 외 대내외의 일은 탐라국이 자치(自治)·자주(自主)하였다(노태돈, 『삼국통일전쟁사』, 서울대학교출판부, 2009, 192~193쪽).
39) 『삼국사기』 권6, 신라본기, 문무왕2년.

볼 수 있다. 이러한 정황으로 볼 때 주류성의 부흥백제국은 나름대로 외교관계도 하고 있었다.

다섯째, 백제부흥군의 패인을 보자. 사료 B-③에 의하면 백촌강에 정박한 왜군의 선단을 지키던 백제정기精騎를 신라의 효기驍騎가 공격하여 격파하자 주류성이 낙담하여 곧바로 항복하였다고 하였다. 하지만 이 기사는 앞서 검토하였듯이 과장된 것이다. 백제부흥군은 주류성에서 6만 2천명이나 되는 나당연합군의 대대적인 포위공격을 20여 일 동안 막아냈으나 중과부적으로 패하였다고 보는 것이 더 타당하다.

여섯째, 주류성 항복 날짜이다. 『일본서기』에는 9월 7일로 되어있고, 『신당서』 및 『자치통감』에는 9월 8일로 되어 있어 하루가 차이가 난다. 하루차이는 크게 문제가 되지 않는다. 다만 가장 이른 시기에 편찬된 『일본서기』의 9월 7일이 더 사실일 가능성이 있다.

일곱째, 패전 후 백제부흥군의 동향이다. 문무왕은 과거 전투40)와 달리 두솔성과 주류성 전투에서 백제인과 왜인들을 참수하지 않았다. 아마도 대군이 동원된 상태에서 백제 전 지역을 완전히 평정했다고 판단했거나, 더 이상 위협적인 존재로 여기지 않았기 때문일 것이다. 여하튼 주류성에서 항복한 백제부흥군의 대부분은 사료 B-⑥와 같이 "백제의 이름이 오늘로 끊어졌다. 이제 조상의 분묘가 있는 곳을 어떻게 다시 갈 수 있겠는가?"라고 통탄하며 왜국으로의 망명길에 오르고 있다.

(3) 주류성에 대한 군사학적 고찰

주류성의 위치에 대하여 지금까지 부안설·서천설·홍성설·연기설·청양설41) 등이 있다. 각각의 설들이 주장하는 논거를 일일이 다 열거할 수는

---

40) 660년 사비남령 1,500명, 왕흥사잠성 700명, 각산 2천 명, 661년 옹산성 수천명, 우술성 1천명, 진현성 800명, 663년 2월 거열성 7백여 명, 덕안성 1,070명 등은 참수되었다(『삼국사기』 권5,6, 신라본기, 무열왕7~8년, 문무왕1~3년).

없지만 대체로 지명학적, 음운학적 그리고 문헌사적인 방법에 의한 것이었다. 그리고 대부분 『일본서기』에 기록된 대로, 산이 험하여 방어에 유리하고 공격하기 어렵다거나, 양잠에는 적합하나 논밭과 멀리 떨어져 있어 농사에 부적합하다는 등의 지세[42]를 활용하고 있다. 그러나 이러한 지세는 주류성이라고 제기된 모든 성에서 찾을 수 있다.

또한 복신이 칭병하고 누워있다 풍왕에게 잡혔다는 굴실窟室이나 662년 천도하고 있는 피성避城 그리고 백제부흥군이 왜로 망명하는 과정에서 나타나는 모테牟弖, 테레성弖禮城, 침복기성枕服岐城 등 위치까지 제시하며 각각의 논리들을 주장하고 있다.

하지만 주류성의 위치비정과 관련하여 영성한 어느 한 사료에 편중되거나 음운학적 문헌사적 유사지명 찾기 방식으로는 한계가 있었다. 이에 고고학적 발굴조사 등으로 증명을 할 수가 없는 상태에서 위치비정을 위하여 분석의 틀을 재고할 필요가 있다고 본다. 새로운 분석의 틀이란 주류성에서 행하여진 행위의 본질인 전쟁지도와 전투에 관한 것이다.

이와 관련하여 다음과 같은 군사학적인 측면을 고려해 볼 수 있다. 즉 전쟁지도본부로서의 예하 전투부대와의 연계성, 나당연합군의 공격로, 가림성보다 방어력이 약한 곳, 나당연합군의 포위 가능성, 백촌강과의 접근성, 제성諸城이 있는 곳 등이다. 그러면 지금까지 주류성이라 제기된 성들에 대하여 이들 고려사항을 적용하여 비교해보자.

① 전쟁지도본부로서 주류성의 예하 전투부대와의 연계성이다. 즉 당시 통신수단이 극히 제한되는 상황에서 전쟁지도본부인 주류성이 독립적으로 위치하였다고 보기는 어렵다. 주변의 주요세력들과 연계되어 있어야 할 것이며, 상호간에 도하하여야 하는 장애물 등이 중간에 있다면 곤란할

---

41) 엄정용, 『백강-기벌포, 탄현, 주류성의 위치비정-』, 바다기획, 2011, 131~162쪽.
42) 『일본서기』권27, 천지천황 원년 12월, "此州柔者 遠隔田畝 土地磽埆 非農桑之也 是拒戰之場 … 州柔設置山險 盡爲防禦 山峻高而谿隘 守而攻難之故也"

것이다.

이러한 측면에서 변인석은 주류성이 임존성과 긴밀한 연계가 있어야 함[43]을 지적한 바 있다. 임존성은 주류성의 예하 전투부대로 볼 수 있다. 또한 임존성은 백제부흥군이 거병한 곳이자 부흥군의 주요 지휘관이었던 흑치상지와 사타상여가 당군에 항복하기 전까지 지켰던 곳이다. 따라서 주요 지휘관들이 위치했던 임존성과의 연계성을 고려하여야 한다. 이와 같이 볼 때 부안의 우금산성은 임존성과의 사이에 금강이라는 장애물이 있고, 독립적인 위치여서 주류성으로 고려될 수가 없다. 임존성과의 연계성이 있는 곳은 홍성의 석성·학성, 청양의 계봉산성, 서천 건지산성 등이 될 것이다.

② 나당연합군의 주류성 공격로 검토이다. 사료 B-④, ⑤에 의하면 주류성 공격 출발 전 전략회의를 하면서 가림성을 먼저 쳐야 한다는 주장이 있다. 가림성[44]은 부여군 임천면 성흥산성으로 금강 이북에 있다. 즉 당시에 당군이 주둔하고 있던 웅진도독부인 부여에서 강을 건너 주류성으로 진격하고자 하는데, 가림성이 진격로 상에 있으므로 당연히 먼저 공격해야 한다는 것이다. 이러한 공격로를 고려하면 주류성은 금강 이북에 있어야 한다.

이러한 측면에서 노태돈은 "부안의 우금산성은 논의 대상이 되지 않는다. 또한 청양의 계봉산성은 661년 3월 신라군이 공격하였던 성으로 두량윤성이며, 이는 두율성과 같이 주류성으로 동일하게 볼 수 없다"[45]고 하였다. 따라서 나당연합군의 주류성 공격로는 부여로부터 금강을 도하하여

---

43) 변인석, 앞의 책, 1994, 77쪽.
44) 가림성은 축조연대가 분명한 유일한 성으로, 동성왕 23년 8월에 축조하였으며, 衛士佐平 苩加에게 지키게 하였으나, 백가가 불만을 품고 사람을 보내 왕을 시해하고 반란을 일으켰다. 이에 무령왕이 반란을 진압하고 백가의 목을 베어 백강에 던졌다 (『삼국사기』 권26, 백제본기, 동성왕23년, 무령왕 원년).
45) 노태돈, 앞의 책, 2009, 181쪽.

가림성인 부여군 임천면 성흥산성을 경유하는 곳으로 보아야 한다. 이렇게 고려할 수 있는 곳은 서천 건지산성, 홍성 석성·학성, 연기 운주산성 등이다.

③ 주류성의 지형적인 방어력 검토이다. 사료 B-⑤에서 유인궤는 피실격허避實擊虛라 하여 강한 곳은 피하고 약한 곳을 쳐야한다[46]는 병법을 말하고 있다. 유인궤가 말한 강한 곳이라는 표현은 지형적인 방어력을 말하는 것이다. 물론 지형적인 방어력이 꼭 강하다는 표현과 비교하여 절대적일 수는 없다. 왜냐하면 방어하는 내부의 지휘관이나 무기체계 그리고 병력들의 능력 여하에 따라 성패가 달라질 수 있기 때문이다. 하지만 유인궤가 가림성은 험하기 때문에 피하고, 험하지 않고 허虛한 주류성으로 직공하자고 한 것은 지형적인 방어력을 말한 것이다. 이러한 지형적인 방어력은 산성의 외책까지 접근하는 경사도, 수목이나 암석, 장애물 등을 종합적으로 고려해야 할 것이다. 즉 주류성은 가파르고 험준한 부여군 임천면의 가림성보다 지세가 약한 곳이라야 한다.

이러한 측면에서 주류성이라고 제시된 부안 우금산성, 서천 건지산성, 홍성 석성·학성, 정산 계봉산성, 연기 운주산성 등을 비교하여 보자. 지형적인 방어력 측면에서는 부안의 우금산성은 가림성보다도 험하며, 주류성이라 제기된 성 들 중 지형적인 방어력이 가장 양호한 지형이다. 가림성보다 약한 성은 홍성의 석성·학성이며, 청양 계봉산성, 그리고 서천의 건지산성 순이다.[47]

④ 나당연합군의 주류성 포위가능성이다. 오늘날 포위包圍는 일익포위, 양익포위, 전면포위 등[48]으로 구분한다. 그리고 『손자병법』에도 포위는

---

46) 『손자병법』第6編, 虛失, "夫兵形象水 水之形 避高而趨下 兵之形 避實擊虛 水因地制流 兵因敵而制勝"

47) 필자가 2012년부터 지형을 가늠할 수 있는 동계와 춘계에 해당 지역들을 수차례 정찰 및 답사한 결과이다.

48) 김광석 편저, 『용병술어연구』, 병학사, 1993, 676쪽.

위圍자[49]를 사용하고 있으며 대부분 사료에서 위圍자로써 포위를 기록하고 있다. 그러나 『일본서기』인 사료 A-①은 요기왕성繞其王城이라 하여 요繞자를 사용하고 있다. 주류성에서 패하고 왜에 망명한 백제의 달솔 곡나진수 등이 병법에 능하여 왜에게 병법을 가르쳤다[50]고 하였다. 이들이 720년 편찬된 『일본서기』에 영향을 미쳤을 가능성이 있다. 그러면 당연히 위圍자를 사용했을 것으로 추정되는데 요繞자[51]를 사용하였다. 이는 완전히 둘러싸는 전면포위를 나타내고자 했을 가능성이 있다.

이와 같이 볼 때 전면포위를 할 수 있는 지형은 건지산성, 계봉산성, 석성·학성, 우금산성 순이 된다. 그런데 우금산성의 경우 산 기저부가 너무 넓고 험한데다 한 면은 서해바다이기 때문에 전면포위를 하였다고 보기 어렵다. 물론 병력이 6만 2천명이나 되기 때문에 가능했을 수도 있다. 하지만 우금산성의 서쪽은 바다로 연결되어 전면포위가 쉽지 않다. 백제 부흥군 입장에서는 주류성 함락 직전에 항복하지 않고 바다 쪽으로 도피할 수도 있는 지형이다. 따라서 이러한 나·당의 포위전술을 고려해 볼 때 건지산성, 계봉산성, 석성·학성, 운주산성 등이 해당된다.

⑤ 백촌강(백강구)과의 접근성 검토이다. 물론 백촌강의 위치가 명확하지 않은 상태에서 주류성에 대한 검토자체가 불가할 수도 있다. 하지만 사료 B-④, ⑤의 회의내용에서 공격로를 고려하면 주류성은 금강 이북이어야 한다. 즉 부안의 동진강은 고려대상이 되지 않는다. 그러면 현재까지 백강으로 제시되어 있는 서천·아산만·안성천·대천 등을 고려할 수가 있다.

제시된 각각의 위치를 비교해보자. 서천지역은 660년 당군의 백제침공

---

49) 『손자병법』 第3篇, 謀攻, "故用兵之法 十則圍之 五則攻之 倍則分之"

50) 『일본서기』 권27, 천지천황10년 10월, "達率 谷那晉首[閑兵法] 憶禮福留[閑兵法] 答㶱春初[閑兵法]"

51) '圍'의 뜻은 '둘레 위'다. 하지만 '繞'의 뜻은 '두룰 요, 둘러싸다'의 뜻이 있어 완전히 둘러싼다는 의미가 더 강하게 느껴진다.

때 유린되었을 것이며, 당군이 자주 왕래하던 금강하구 주변에 백촌강이 위치하였다고 볼 수가 없다. 또한 그러한 곳에서 주류성이 3년 넘게 버틸 수 있다고 볼 수도 없다. 한편 안성천·아산만 등은 소형인 왜의 선박규모를 볼 때 거리상 원거리여서 백촌강이 될 수 없다. 더불어 주류성과 백촌강은 1~2일의 행군거리가 이격되어 있어야 한다. 이에 부합되는 곳은 충남 보령의 대천이다. 따라서 대천을 백촌강으로 비정하면 접근성면에서 주류성은 홍성 석성·학성이 타당하다.

⑥ 주류성으로 추정되는 사료의 제성諸城에 대한 검토이다. 사료 B-②는 『삼국사기』 김유신전에 나오는 임존성 전투 이전의 기록이다. 사료에 의하면 8월 13일 두솔성을 함락시키고 나서 군대를 나누어 여러 성을 공격하여 항복받았으나 오직 임존성만이 항복하지 않았다고 하였다. 앞에서 검토한 대로 두솔성은 주류성이 될 수 없다. 군대를 나누어 공격했다는 것은 주류성을 공격한 것이다. 제성諸城 함락 후에 임존성만 남았다고 하였기 때문이다. 즉 여러 성을 공격했다고 하는 것은 주류성과 주변의 여러 성을 뜻하는 것이다. 따라서 주류성은 여러 개의 성과 함께 있는 것으로 보아야 한다.

제기된 성들이 여러 개의 성과 함께 있는지 살펴보자. 서천의 건지산성으로부터 3km 이격된 한산면 어사리와 단상리에 산성이 있으나, 백제의 토기출토가 없다.52) 또한 서천지역은 660년 당군의 금강 진입작전 때 유린되었거나 당군의 주요 진입로 부근으로써, 백제부흥군이 안정적 거점으로 사용하기에 부적합한 곳이다.

연기 운주산성은 주변에 고려산성, 증와산성, 이성산성, 금이성 등이 있다.53) 하지만 사료 B-③에서 주류성 함락 후 북쪽 임존성을 쳤다고 하였다. 그런데 연기 운주산성으로부터 임존성은 북방이 아닌 서방으로 타

---

52) (재)충청매장문화재연구원, 『한산건지산성』, 공주중앙인쇄소, 2001, 6쪽.
53) 충남발전연구원, 『연기운주산성-문화유적시굴조사-』, 삼성디자인기획, 2000, 9쪽.

당하지가 않다. 청양의 계봉산성 주변에는 백곡리 산성과 두솔성이 있으나,[54] 두솔성 등은 이미 8월 13일 함락된 성이고, 임존성으로의 방향 또한 북서방향에 해당되어 타당하지 않다.

반면 홍성 장곡면의 석성·학성·태봉산성·천태산성·소구니산성 등이 1.5km 내외로 위치해있다. 특히 장곡면 산성리 일대는 적을 방어하기 쉽고, 적이 공격하기 어려운 입지적 조건을 가지고 있다. 그리고 주변에 야철지가 6개소나 있고, 연이어 축성된 것도 이 지역이 전략상 유리한 지형적 조건이기도 하다.[55] 한편 석성산에 있는 석성산성에서는 두 번의 발굴조사 및 지표조사에서 사시량沙尸良 사라沙羅 등 명문이 발견되어 백제말기~통일신라 초기로 파악되고 있으며,[56] 태봉산성에서도 백제토기가 발굴되었다.[57] 따라서 『삼국사기』나 『구당서』 등에 나오는 제성諸城이 항복하였다는 내용과 부합되는 곳은 홍성군 장곡면 산성리·대현리 일대 산성들이다.

㉠ 각각 다르게 표현된 주류성 용어의 자전字典적 의미 검토이다. 『삼국사기』에는 주류성周留城 또는 제성諸城이라고 기록되어 있다. 반면 중국측 사료는 주류성周留城이라고 표현되어 있다. 『일본서기』는 소류성疏留城·주유성州柔城으로 기록되어 있다. 주周의 뜻을 '두루·널리'라고 하고, 소疏의 뜻을 '널리 소통하다·트이다'로 하며, 주州의 뜻을 '고을·나라·모여 살다·모이다'로 보면 모두 같은 뜻이 된다. 또한 류留의 뜻이 '머므르다·다스리다'로 보고, 유柔의 뜻을 '부드럽다·복종하다'로 보면 같은 뜻이 될 수 있다. 따라서 주류성周留城·소류성疏留城·주유성州柔城은 모두 같은 의미로 제성諸城과 통하게 된다. 이와 같이 보면 주류성은 어느 1개성을

---

54) 성주탁, 박태우, 『청양지방 산성조사 보고서』, 양지문화사, 1991, 11~17쪽.
55) 상명여자대학교박물관, 『홍성군 장곡면일대 산성 지표조사보고서』, 홍성군청, 1995, 175~176쪽.
56) 백제문화 개발연구원, 『홍성 효학리 산성·석성산성 지표조사 보고서』, 2007, 8쪽.
57) 상명여자대학교 박물관, 앞의 보고서, 1995, 111쪽.

말하는 것이 아니라 뜻을 나타낸다고 볼 수도 있다.

⑧ 최초 거병 당시 3만 명이나 되는 백제부흥군 주둔지에 대한 검토이다. 사료에는 흑치상지가 본부로 돌아와 임존성을 지키며 책책栅을 구축하니 10일이 이내에 3만이나 모였다[58]고 하였다. 한편『신증동국여지승람』에는 임존성의 둘레가 5천 1백 94척이고 성내에 우물이 3곳 있다[59]고 기록되어 있다. 5,194척은 약 1,574m이다.[60] 그러나 정밀지표조사 결과는 임존성의 둘레는 약 2,426m였으며 비교적 큰 건물지 7개소를 포함하여 20여개의 건물지가 확인되었다. 건물지 외에는 성벽이 거의 험한 경사[61]로 이루어 졌듯이 성내의 경사도가 심한 편이다. 이러한 임존성의 험한 경사도를 고려하면 3만 명이 단기간 주둔은 가능할지 몰라도 숙영은 곤란하다. 또한 식수로 사용할 수 있는 우물이 3곳밖에 없어 장기간 주둔과 숙영은 더욱 어렵다. 따라서 병력을 나누어 주둔할 필요성이 제기된다. 고려할 수 있는 지역은 임존성으로부터 남쪽으로 약 13km 떨어진 홍성군 장곡면 일대의 여러 성들이 주목된다. 백제부흥군은 거병 후 인원 대비 장소가 협소하여 인근의 성들에 나누어 거처하였을 것이다.

⑨ 장곡면 석성에서 발굴된 '사시량현沙尸良縣'에 대한 검토이다. 임존성 거병의 실질적인 주체인 복신의 이름은 663년 건립된『당 유인원기공비』와 720년에 편찬된『일본서기』에 귀실복신鬼室福信으로 되어 있다. 복신은 무왕의 조카로써 의자왕과는 사촌간이며 왕족이다. 그러면 성씨가 부여扶餘씨가 되어야 한다. 하지만 귀실鬼室씨로 되어 있다. 귀실씨에 대하여 815년에 편찬된 일본의『신찬성씨록新撰姓氏錄』은 귀신이 감화하였

---

58)『구당서』권109, 열전59, 흑치상지 ;『신당서』권110, 열전59, 흑치상지 ; 제1장 1절 3항 참조.

59)『신증동국여지승람』, 대흥현, 고적조.

60) 1척은 0.303m이므로 5,194 × 0.303 = 1,573.782m이다.

61) 예산군 충남발전연구원,『예산 임존성-문화유적 정밀 지표조사-』, 2000, 삼성디자인기획, 29, 14, 72~150쪽.

기 때문62)이라고 하였다. 그러나 이는 백제멸망 후 귀실씨 후손들이 그들의 성씨에 의미를 부여한 것으로 성씨 배경을 다른 곳에서 찾아야 한다.63) 다른 예로는 계백階伯이라는 성은 본래는 부여扶餘씨로부터 분지해나와 봉지封地인 개백현皆伯縣의 이름을 따서 만들어진 것이다.64) 또한 1929년 10월 중국 하남성에서 발견된 흑치상지의 묘지명에 흑치黑齒씨도 봉지 이름을 따랐다65)는 기록을 볼 때 귀실을 봉지로 볼 수 있다.

귀실鬼室이라는 지명은 흑치黑齒와 같이 『삼국사기』 지리지에 보이지 않는다. 글자 뜻과 관계없이 형태나 음만을 취하여 활용했을 유사한 지명도 찾을 수 없다. 그렇다면 봉지 지명을 성씨로 바꾸어 한자로 표기하면서 의미를 풀이하여 귀실이 되었을 가능성도 있다. 이렇게 해석할 경우 귀신의 방 또는 집이라는 뜻과 연계해 볼 수 있는 지명이 7개가 있다.66) 그런데 『일본서기』에 '서부은솔귀실복신'67)이라고 하였으므로 지역을 서부로 한정할 수 있다. 즉 '사시량현沙尸良縣'은 백제의 서부에 해당하며, '주검이 모래같이 많은'의 뜻으로 볼 수 있다. 따라서 복신이 사시량현을 봉지로 받았기 때문에 귀실이라는 성을 사용했다고 추정해 볼 수 있다. 그러면 임존성에서 거병한 복신이 자신의 근거지였던 사시량현 즉 장곡면 석성산성으로 거점을 옮긴 것이다.

⑩ 복신의 도침 살해와 관련하여 임존성과 주류성과의 위치관계검토이다. 먼저 복신의 도침 살해 기사이다. 『구당서』 등 중국 측 사료는 대부분 "도침과 복신이 주류성을 차지하고 풍왕을 옹립하고 반란을 일으켰다.

---

62) 『신찬성씨록』, 우경제번右京諸蕃 하, "百濟公 因鬼神感和之義 命氏謂鬼室"
63) 노중국, 『백제부흥운동사』, 일조각, 2003, 99~100쪽.
64) 노중국, 「백제 식읍제에 대한 일고찰」 『경북사학』 23, 경북사학회, 2000, 74쪽.
65) 『흑치상지묘지명』 "府君諱常之 字恒元 百濟人也 其先出自扶餘氏 封於黑齒"
66) 『삼국사기』 권37, 잡지6, 지리4, 백제, "沙尸良縣, 大尸山郡, 豆尸伊縣, 古尸伊縣, 武尸伊郡, 靈池鄕, 神丘縣"
67) 『일본서기』 권26, 제명천황6년, "於是 西部恩率鬼室福信"

서부와 북부가 호응하였다. 도침 등이 백제부성의 유인원을 포위하였다. 유인궤가 물리치자 도침 등은 웅진강구에서 1만여 명의 사상자를 내고 임존성으로 퇴각하였다. 도침은 유인궤에게 사신을 보냈으며, 유인궤의 사절이 오자 외관外館에 머물게 하고 답신도 주지 않고 돌려보냈다. 얼마 있다가 복신은 도침을 살해하고 무리를 병합하였다. 부여풍은 이를 제어치 못하고 단지 제사만 주관하였다"68)고 하고 있다.

이에 많은 연구자들이 도침제거 시기를 풍왕 귀국 후로 보고 있다. 그런데 풍왕의 귀국은 661년 9월 설과 662년 5월 설로 나뉘어 있다. 이중 661년 9월 설을 적용하더라도 도침과 복신이 풍왕을 왕으로 옹립하고, 풍왕이 있을 때 백제부성을 포위하였다는 내용은 사실이 아니다. 백제부성 포위는 661년 2월이기 때문이다. 그리고 풍왕이 복신의 도침 살해를 제어치 못하고 제사만 주관하였다는 것 또한 사실이 아니다. 풍왕이 귀국하여 있었다면 당시 최고사령관이었던 도침에 관한 기록이 『일본서기』에 기록되어 있어야 하나 전혀 없기 때문이다. 따라서 복신의 도침 살해 시기는 백제부성 포위공격이 끝나는 661년 5월 이후부터 풍왕 귀국 이전이 타당하다.69)

하지만 『구당서』에서 도침과 복신이 백제부성을 포위할 때 주류성을 근거지로 히고 있으며, 주류성은 서부西部와 북부北部에 있다는 것을 알 수 있다. 『신당서』는 주류성이 서부西部에 있다고 하였으며, 『자치통감』은 임존성은 백제의 서부西部에 임존산에 있다고 기록하고 있다.70) 『일본서기』에도 소류성疏留城을 서쪽[서루西壘]으로 기록하고 있다.71) 그리고 도침은 웅진강구에서 퇴각하여 서쪽에 있는 임존성에서 유인궤와 사신을 주

---

68) 『구당서』 권199, 열전149, 백제.
69) 이재준, 「백제의 멸망과 부흥전쟁에 대한 군사학적 연구」, 영남대학교 박사학위논문, 2017, 163~166쪽.
70) 『신당서』 권220, 열전145, 백제 ; 『자치통감』 권200, 당기16, 용삭원년.
71) 『일본서기』 권27, 천지천황 원년 3월.

고발은 얼마 뒤 살해된 것이다. 그리고 각 사료들은 주류성의 위치를 서부라고 하고 있다.

이와 같이 볼 때 주류성과 임존성은 모두 서부에 있다. 그리고 임존성에서 도침이 살해되었다는 사실을 보면 복신이 거처하였을 것으로 추정되는 주류성은 임존성과 가까이 있어야 한다. 복신이 도침을 살해한 이유는 여러 가지가 있다.72) 하지만 둘이 함께 있거나 가까이 있어 갈등이 생겨 살해를 하게 된 것이다. 복신이 거처했을 주류성이 서천이나 부안 등 임존성으로부터 멀리 떨어져 있다면 갈등 요인이 쉽게 드러나지 않았을 것이며, 멀리까지 가서 살해할 이유도 없기 때문이다.

⑪ 홍성 장곡면 석성·학성을 주류성으로 비정할 때 문제가 되는 부분이다. 먼저 피성에 대한 검토이다. 대체로 피성을 김제로 보고 있다. 하지만 김제 벽골제가 풍왕이 천도한 바로 그 장소인지는 검토되어야 한다. 피성은 적이 있는 곳에서 하룻밤 거리에 있다고 한 박시전래진朴市田來津의 언급73)에서처럼, 당시 김제에서 하룻밤 사이 거리 약 12.7km 주변에 나·당군이 주둔했다고 볼 수 없기 때문이다. 그렇다 하더라도 홍성 주류성에서의 김제 피성 천도가 반드시 상충되는 것만은 아니다.

다음은 '답설인귀서'에서 신라군의 주류성 공격실패로 남방제성이 복신에게 호응하였다는 내용 검토이다. 즉 주류성이 남방인 부안에 있었기 때문에 남방제성이 호응하였다는 것이다. 그런데 이 기사는 661년 신라가 주류성을 공격한 것으로 기록되어 있지만, 신라본기에 의하면 두량윤성이어야 한다. 즉 두량윤성을 주류성으로 잘못 기재한 것이다. 한편 잘못 기재된 것이 아니라고 가정해도 금강 이북의 주류성 방어성공 소식을 듣고,

---

72) 이재준,「백제의 멸망과 부흥전쟁에 대한 군사학적 연구」, 영남대학교 박사학위논문, 2017, 166~168쪽.
73) 『일본서기』 권27, 천지천황 원년, "朴市田來津獨進而諫曰 避城與敵所在之間 一夜可行"

북방은 이미 부흥군 관할 하에 있으므로 남방까지 호응했다고 표현한 것
일 수도 있다.

그리고 B-③과 같이 주류성 항복으로 남쪽지방이 평정되자 군사를 돌
려 북방을 쳤다[74]는 기사를 근거로 주류성을 남방으로 보고 있다. 그러나
주류성이 부안이기 때문에 남쪽지방이 평정되었다고 기록한 것이라고 고
집할 수 없다. 주류성 항복 후 다음 작전이 북쪽이며, 주류성이 한 성이
아닌 여러 성이었기 때문에 남방이 평정되었다고 기록한 것일 수도 있다.
한편 9월 7일 주류성을 함락시킨 후 10월 21일부터 임존성을 공격하였다
는 일정상의 문제점은 다음 임존성전투에서 다룰 예정이다.

여하튼 주류성 홍성설은 김정호가 『대동지지』에서 제기한 것으로,[75]
주류성 위치비정의 최초로 추정된다. 이후 박성흥에 의하여 발전되었다.
박성흥은 장곡면 대현리의 학성을 음운학적으로 주류성으로 비정[76]하였
다. 그리고 『일본서기』에 663년 5월 고구려에 출병 사실을 고하고 돌아오
는 왜의 견상군犬上君이 규해糾解를 만난 석성石城을[77] 장곡면 산성리의 석
성산의 석성으로 보았다.[78] 하지만 박성흥이 음운학적으로 당진 혜성槥城
을 피성避城으로, 아산만 백석포를 백촌강으로 비정한 부분은 수긍하기 어
렵다.

물론 추후 정밀 분석과 검증이 필요하겠지만 이상과 같은 군사학적인
면을 포함하여 종합적으로 분석해 보면 지금까지 제시된 지역들 중에 홍

---

74) 『삼국사기』 권7, 신라본기, 문무왕11년 답설인귀서, "往圍周留城 賊知兵小 遂卽來
   打 大損兵馬 失利而歸 南方諸城 一時摠叛 幷屬福信 … 周留失膽遂卽降下 南方已
   定 廻軍北伐 任存一城執迷不降"
75) 『대동지지』 권5, 홍주연혁, "本百濟周留城 唐改支潯州"
76) 홍성군 장곡면 대현리의 두루산=두루성(두루미)=鶴城과 산성리의 竺方城=왕궁성=
   석성이 인접한 두 산성이 형성하는 대부동 분지를 중심으로 광역 주류성을 상정하
   였다(박성흥, 『홍주 주류성고』, 조양인쇄사, 1994, 17쪽).
77) 『일본서기』 권27, 천지천황2년.
78) 박성흥, 『홍주 주류성과 당진 백촌강 연구』, 조양인쇄사, 2001, 51~53쪽.

성군 장곡면 산성리·대현리의 석성·학성이 주류성일 가능성이 있으며, 산성리~천태리 일대 산성들이 주류성을 포함하는 제성諸城일 가능성이 가장 높다.

3) 임존성 전투

임존성은 백제부흥전쟁의 마지막 전투가 있었던 곳이다. 임존성은 백제부흥군이 최초 거병한 곳이자 마지막 전투장소여서 더욱 의미가 크다. 임존성의 위치는 예산군 대흥면의 봉수산(484m) 정상부에 축조된 석축 산성에서 발굴조사를 통해 임존관任存官이라는 명문이 나옴으로써 봉수산성 = 임존성이라 것이 학계에 의심없이 받아들여지고 있다.[79] 한편 임존성 전투에 대한 일정은 이해할 수 없는 부분이 일부 있지만 비교적 상세히 사료에 기록되어 있다. 따라서 이를 통하여 백제부흥전쟁에서 그 위치를 비정하기 어려운 여타지역의 위치도 가늠해 볼 수 있는 척도가 될 것이다. 다음은 임존성 전투와 관련된 사료들이다.

> C-① 7월 17일에 정벌에 나서 … 8월 13일 두솔성에 이르렀다. … 군대를 나누어 여러 성을 공격하여 항복받았으나 오직 임존성만 지세가 험하고 게다가 식량이 많아 30일을 공격하여도 함락시키지 못했다. 군사들이 피곤하여 싸움을 싫어하였으므로 대왕이 말하기를 "지금 비록 한 성을 함락시키지 않아도 다른 모든 성들은 항복하였으니 공이 없다고 할 수 없다"하고는 군사를 거두어 돌아왔다. 겨울 11월 20일에 경주에 와서 김유신에게 토지 500결을 내려주고 다른 장병에게 상을 차등이 있게 내려주었다.[80]
> ② 홀로 지수신만이 임존성에 웅거하여 항복하지 않았다. 겨울 10월 21일부

---

79) 이남석, 「예산 봉수산성(임존성)의 현황과 특징」, 『백제문화』 28, 1999, 221~224쪽.
80) 『삼국사기』 권42, 열전2, 김유신, "以七月十七日 征討 … 八月十三日 至豆率城 … 分兵擊諸城降之 唯任存城 地險城固而又糧多 是以攻之三旬 不能下 士卒疲困厭兵 大王曰 "今雖一城未下 而諸餘城保皆降 不可謂無功" 乃振旅而還 冬十一月二十日 至京 賜庾信田五百結 其餘將卒賞有差"

터 이를 치기 시작하여 이기지 못하고, 11월 4일 군사를 돌려 설리정(舌利停)〈설을 후(后)라고도 한다〉으로 왔다. 전공을 논하여 상을 차등 있게 주었다. 죄수들을 크게 사면하고 의복을 만들어 진에 머물고 있는 당나라 군사들에게 주었다.[81]

③ 남쪽이 이미 평정되자 군사를 돌려 북쪽을 정벌하였는데, 임존성 하나만이 헛되이 고집을 부리고 항복하지 않았습니다.[82]

④ 흑치상지와 별부장 사타상여가 각각 험한 곳에 웅거하여 복신에게 호응하였다. 백제가 이미 패하고 난 뒤에 모두 그들의 무리를 이끌고 항복하였다. 유인궤가 흑치상지와 사타상여로 하여금 그들의 군사를 거느리고 임존성을 취하게 하고, 또 군량과 병기를 나누어주어 그들을 도우려 하였다. 그러자 손인사가 말하기를 "이들은 짐승과 같은 마음을 가지고 있으니 어찌 믿을 수 있겠는가?"하니, 유인궤가 말하기를 "내가 보건대 사타상여와 흑치상지 두 사람은 모두 충성스럽고 용맹하다. 지모가 있으며 신의가 두텁고 의리를 중히 여기는 사람들이다. 그런데 다만 지난날 의탁할 사람으로 좋은 사람을 얻지 못하였다. 지금은 정히 이들이 감격하여 공을 세울 때이니, 의심할 것 없다"하였다. 그리고 드디어 군량과 병기를 대주고, 군사를 나누어 그들을 따르게 하고 임존성을 공격하여 빼앗았다. 그러자 지수신이 처자를 버리고 고구려로 달아났다. 고종이 조서를 내려 유인궤로 하여금 군사를 거느리고 진수케 하였으며, 손인사와 유인원을 소환하였다.[83]

(1) 전투경과 및 분석

제시된 사료를 가지고 임존성의 전투경과를 정리하면 다음과 같다. 주

---

81)『삼국사기』권6, 신라본기, 문무왕3년, "獨遲受信 據任存城不下 自冬十月二十一日 攻之 不克 至十一月四日班師 至舌〈一作后〉利停 論功行賞有差 大赦 製衣裳 給留 鎭唐軍"

82)『삼국사기』권7, 신라본기, 문무왕11년 답설인귀서, "南方已定廻軍北伐 任存一城 執迷不降 兩軍併力 共打一城 固守拒捍 不能打得"

83)『자치통감』권201, 당기17, 용삭3년, "常之與別部將沙吒相如 各據險以應福信 百濟 旣敗 皆帥其衆降 劉仁軌使常之·相如自其衆 取任存城 仍以糧仗助之 孫仁師曰 "此 屬獸心 何可信也" 仁軌曰 "吾觀二人 皆忠勇有謀 敦信重義 但向者所託 未得其人 今正是其感激立效之時 不用疑也" 遂給其糧仗 分兵隨之 攻拔任存城 遲受信弃妻子 奔高麗 詔劉仁軌將兵鎭百濟召孫仁師·劉仁願還"

류성을 함락시킨 나당연합군은 군대를 돌려 북쪽 정벌에 나섰다. 임존성은 지세가 험하고 식량이 많아 한 달을 공격하여도 이기지 못하였다. 군사들이 싸움을 싫어하므로 문무왕은 군사를 돌리어 경주로 돌아갔다. 이때 임존성의 흑치상지와 사타상여가 무리를 이끌고 당군에게 항복하였다. 유인궤는 흑치상지와 사타상여에게 군량과 병기를 주어 임존성을 공격하게 하였다. 결국 지수신은 끝까지 지키던 임존성이 함락되자, 처자를 버리고 고구려로 달아났다. 이를 기초로 전투경과를 분석해보자.

첫째, 임존성 백제부흥군의 방어태세이다. 임존성의 백제부흥군은 당군 1만 7천명과 신라군 4만 5천명을 합한 6만 2천명의 공격을 한 달간 막아냈다. 이는 임존성의 백제부흥군 방어태세가 견고했다는 것을 말해준다. 물론 사료 C-①에서 지형이 험하고 진지가 견고하며 식량이 많아 이기지 못하였다고 하였다. 하지만 지형적인 방어력 못지않게 백제부흥군 지휘관들의 역할이 컸을 것이다. 김유신과 유인궤 등이 한 달간 이기지 못한 성을 사료 C-④와 같이 흑치상지와 사타상여가 함락시키고 있기 때문이다. 즉 임존성에서 지수신·흑치상지·사타상여가 함께 나당연합군의 공격을 막아냈으나, 신라군이 돌아간 뒤에 지수신 혼자 방어하다가, 당에 항복한 흑치상지와 사타상여에게 함락되었다. 백제부흥군 지휘관들의 역량을 엿볼 수 있는 사례이다.

둘째, 흑치상지와 사타상여의 투항원인이다. 흑치상지는 660년 8월 2일 의자왕의 항복례에 참석했다가 소정방의 만행을 보고 도주하여 거병한 인물이다. 이들은 3년 넘게 백제부흥을 위하여 나당연합군과 전투를 벌였다. 이러한 그들이 항복한 원인은 백제부흥군의 포위전략과 고립전략이 모두 실패로 끝나고 백촌강 전투 패전과 주류성 함락 등 연패하고 있었기 때문일 것이다. 하지만 직접적인 원인은 풍왕의 복신 처형이 아니었을까 한다. 복신의 도침 살해 후에는 그 세가 커졌다고 하였다. 즉 복신의 도침 살해는 나름대로 명분이 있었다고 볼 수 있다. 그러나 풍왕의 복신 살해

후에는 주류성과 임존성이 반목한 것으로 추정된다. 백촌강에서 도주한 풍왕이 임존성으로 가지 않고 고구려로 도망갔기 때문이다.

결국 흑치상지와 사타상여는 복신이 처형된데 대한 반감과, 백촌강 전투 패배 및 주류성 함락 등 백제부흥의 꿈이 실현되기 어렵다는 것을 알고 자신들의 무리를 이끌고 투항하였던 것이다. 복신 처형에 대한 반감이라고 추정할 수 있는 것은 사료 C-④의 "신의가 두텁고 의리를 중히 여기는 사람들이다. 그런데 지난날에는 의탁할 사람으로 좋은 사람을 얻지 못하였다"는 유인궤의 말에서 유추해 볼 수 있다. 그리고 이들이 당에 투항한 이유는 신라에 대한 백제의 적대관계 의식 때문에 신라가 아닌 당에 투항했을 것이다.

셋째, 당군의 임존성 함락전술이다. 당의 유인궤는 흑치상지와 사타상여가 충용스럽고 지모가 있음을 알고 병력과 장비를 주고 임존성을 공격하도록 하였다. 이들은 자신들이 웅거하였던 임존성의 허점을 잘 알고 있었을 것이다. 게다가 임존성에는 지수신 혼자만이 지키고 있었고, 병력도 약 1/3로 줄어[84]들어 있었을 것이다. 결국 임존성은 당에 항복한 흑치상지와 사타상여에 의해 함락되었다. 이는 무경칠서武經七書의 하나인 『이위공문대李衛公問對』에 나오는 만이蠻夷로써 만이를 공격한다는 전법[85]이다. 즉 당시 중국에서 통용되던 오랑캐로써 오랑캐를 친다는 대표적인 이이제이以夷制夷전법이다. 이와 같이 660년 8월 26일 소정방도, 663년 김유신과 유인궤도 한 달 동안 함락시키지 못한 백제부흥군의 난공불락 임존성은 당의 이이제이 전법에 의해 함락되고, 백제부흥전쟁도 종말을 맞게 되었다.

넷째, 전투일정에 관한 검토이다. 사료 C-②『삼국사기』신라본기 문

---

84) 임존성의 지휘관이 지수신, 흑치상지, 사타상여 세 명만 보이는데 흑치상지와 사타상여가 무리를 이끌고 임존성을 나와 당군에 투항하였으므로 1/3로 줄어든 것으로 추정된다.

85) 『李衛公問對』(林東錫 譯註, 동서문화사, 2009, 112쪽), "太宗笑曰 蕃人皆爲卿役使! 古人云 "以蠻夷攻蠻夷 中國之勢也" 卿得之矣"

무왕 3년조에 의하면 10월 21일부터 임존성을 공격하였다. 사료 C-①의 『삼국사기』 김유신전에 의하면 한 달간 공격하였다. 10월 21일부터 한 달간이면 11월 21일이 된다. 그러면 사료 C-②의 11월 4일에 군대를 돌려 설리정舌利停에 도착했다는 기사와 C-①의 11월 20일 경주에 도착했다는 기사는 앞뒤가 맞지 않게 된다. 사료의 오기로 판단이 되는데 임존성 전투가 언제부터 언제까지 이루어졌는지 분석이 요구되는 부분이다.

다섯째, 임존성 전투결과이다. 임존성은 백제부흥군이 최초 거병했던 곳으로 주류성과 같이 상징성이 매우 큰 곳이었으며 난공불락의 성이었다. 하지만 주류성 함락 후 당에 투항한 흑치상지와 사타상여에게 역으로 공격을 당하여 함락되었다. 이로 인하여 백제부흥군은 강력한 거점을 상실하게 되었다. 결국 사료 C-④와 같이 마지막까지 임존성을 지키던 지수신이 처자를 버리고 고구려로 도망하였으며, 백제부흥군은 사실상 궤멸되었다. 당의 손인사와 유인원은 고종의 조서에 의거 귀환하였고, 백제부흥전쟁은 종결되었다.

(2) 전투일정에 대한 군사학적 고찰

사료 C-①, ②에 나오는 신라군의 일정은 다음과 같다. 7월 17일 경주 출발, 8월 13일 두솔성 도착, 10월 21일 임존성 공격시작, 한 달간 임존성 공격, 11월 4일 회군 및 설리정 도착, 11월 20일 경주 도착 등이다. 이렇게 기록된 일자는 모두 어떤 의미가 있을 것이다. 일정상 앞뒤가 안 맞는 것은 단지 사료에 나온 일자의 앞이나 뒤에 붙은 술어에 문제가 있을 수 있다. 따라서 임존성 전투일정을 알아보기 위하여 부대의 기동일정을 검토해 보자.

먼저 출동 및 도착일정에 대한 검토이다. 문무왕과 김유신 등은 사료 C-①과 같이 7월 17일 경주를 출발하여 8월 13일 두솔성에 도착하였다. 기간은 27일이 소요되었다. 27일간의 기간 중 백제부성 즉 웅진도독부에서 당군과 회의 1일, 백제부성 도착 및 주류성을 향한 출발준비 등 어떤 지체시간 1일을 소요했다면 경주에서 두솔성까지 25일간 행군한 결과가 된다.

다음은 복귀하는 일정에 대한 검토이다. 신라군이 임존성에서 경주로 복귀하는 도중에 두솔성을 지났다는 기록은 없다. 그러나 금강을 상류에서 도하하여야 하고 백제부성을 경유하려면 두솔성 인근을 지났을 것이다. 두솔성을 『대동지지』의 기록대로 청양으로 본다면 임존성에서 두솔성까지 약 36km로써 3일 행군거리이다. 그리고 설리정에서 논공행상과 당군에게 의복을 지어주는 일정을 2일로 가정할 수 있다. 그러면 임존성에서 경주까지는 약 30일이 소요된다.[86) 즉 신라군이 사료 C-①과 같이 11월 20일 경주에 도착하려면 임존성에서 30일 전에 출발하여야 한다.

그런데 사료 C-②의 10월 21일 임존성 공격을 시작하였다는 일자로부터 사료 C-①의 경주에 도착하는 11월 20일까지는 약 한 달의 기간이다. 즉 10월 21일 공격을 시작하는 것이 아니라 부대이동을 시작해야 11월 20일 경주에 도착할 수 있다. 사료에 기록된 일자는 어떤 의미가 있는 날일 것이다. 그렇다면 일자를 서술하는 부분에 오류가 있을 수 있다. 따라서 10월 21일은 공격을 시작한 날이 아니고 공격을 끝내는 날이나 군대를 돌리는 날로 서술되어야 자연스럽다. 이를 기초로 사료를 정리하면, C-②는 "10월 21일부터 공격하였으나 이기지 못하였다自冬十二一日攻之 不克"를 "10월 21일까지 공격하였으나 이기지 못하였다至冬十二一日攻之 不克" 혹은 10월 21에 이르러 군대를 돌렸다自冬十二一日班師"로 고쳐보아야 타당하다.

이렇게 볼 경우 신라군은 9월 21일부터 10월 21일까지 한 달간 임존성을 공격한 것이 된다. 그런데 10월 4일부터 한 달간 공격했을 것으로 추정[87)하는 견해가 있다. 10월 4일부터 한 달간 공격 후 11월 4일 군대를

---

86) 임존성~두솔성 3일, 두솔성~경주 25일, 설리정 논공행상 및 당군의복 제작 2일을 모두 합하면 30일이 된다.

돌렸다고 한다. 그러면 12월 4일이 되어야 경주에 도착할 수 있으므로 11월 20일 경주에 도착했다는 사료해석이 궁해진다. 그리고 이 견해는 설리정을 서천으로 비정하고 있다. 그러나 신라군이 경주로 돌아가기 위해서 금강을 도하하여야 한다. 임존성에서 경주로 가기 위해서는 청양을 거쳐 동성왕 때에 다리를 놓았다고 하는 금강 상류인 공주지역에서 도하하여야 했을 것이다. 도하할 수 없는 하류지역인 서천까지 갔다 왔다고 볼 수가 없다.

사료 C-②의 설리정舌利停, 후리정后利停을 설림군舌林郡에 비정88)한 사람은 최초 김정호였다. 이어 이병도89)도 설리정이 서천이라고 하였다. 심정보는 임존성 공격에 실패한 신라군이 설리정 즉 이미 함락시킨 바 있는 백제부흥군의 왕성인 서천의 주류성으로 군사를 돌이켜 논공행상을 행하고 당군에게 의복도 나눠주었다90)고 주장하였다.

하지만 경주로 복귀하는 신라군이 도중에 설리정에서 의복을 제작하여 유진당군에게 나누어 주었다면, 설리정은 신라군의 복귀행군로상에 있어야 하며 유진당군이 있는 백제부성 즉 부여근처로 보는 것이 타당하다. 결국 신라군의 경주로의 복귀일정과 유진당군의 위치를 고려해 볼 때 서천 설리정 설은 성립되기 어렵다.

---

87) 심정보, 「백제부흥운동과 임존성」『백제부흥운동사 연구』, 서경문화사, 2004, 235쪽.
88) 『대동지지』권5, 충청도, 서천조, "舒川 [沿革] 本百濟舌林郡 新羅置舌利停 景德王 十六年 改西林郡"
89) "舌[혹은 后로 씀]利停 (舒川)古邑 靈鷲山城"(이병도 역주, 앞의 책, 2012, 122쪽).
90) 심정보, 「백제 주류성고」『백제문화』28, 1999, 34쪽.

〈표 8〉 663년 백제부흥전쟁 종결 일정표

구분	신라/당(육군)	당(수군)	백제부흥군/왜군 /고구려군	비고
663.6			풍왕 복신처형, 왜·고구려에 청병	『일/당』
		손인사 증원/제해간 고구려군 격퇴	고구려 수군 중도 격퇴됨	『당』
7.17	문무왕/김유신 등 출발(28~30장군)			『신/김』
	나·당 연합군 작전회의 - 가림성 우회 주류성 직공여부 토의			『당』
8.13	두솔성 도착/전투		풍왕 주류성 출발, 두솔성 함락	『김/일』
8.17	주유성 도착 포위	유인궤, 부여융 170척 백강구 도착		『일/당』
	(정박 왜 선박 경계 백제부흥군 공격)		(백사 1천척? 정박)	『답』
8.27		1일차 백촌강 전투	왜 선발대 당 수군 공격, 불리하여 퇴각	『일/당』
8.28		2일차 백촌강 전투	박시전래진 전사, 왜선 400여척 침몰	『일/당』
			풍왕 고구려 피신	『당/일』
9.7 (9.8)	주류성 함락		왕자 충승·충지 등 주유성 항복	『당/일』
9.21	나당연합군 임존성 공격		임존성 한 달간 나당연합군 공격 막아냄	『김/신/답』 (사료 성성)
10.21	나당연합군 임존성에서 회군			
11.4	설리정 도착			『신』
11.~		흑치상지, 사타상여 투항, 임존성 공격	임존성 함락/지수신 고구려 피신	『당』
11.20	경주 도착, 논공행상			『신』
~		유인원/손인사 당으로 귀환		『당』

* 범례 : 『일』일본서기, 『김』삼국사기 김유신전, 『신』삼국사기 신라본기, 『답』삼국사기 답설인귀서, 『당』신·당서 및 자치통감, ( ) 단독사료

한편 흑치상지와 사타상여가 당군에게 투항하는 시점은 신라군이 완전

히 빠진 10월 21일 이후일 것이다. 그리고 흑치상지와 사타상여가 임존성 공격하는 시기는 11월경으로 추정이 된다. 이에 지금까지 검토된 일정을 표로 만들어 보면 앞의 〈표 8〉과 같다.

〈표 8〉에서 보듯이 백제부흥전쟁의 종결일정은 663년 6월 풍왕이 복신을 처형하면서 시작되었다고 할 수 있다. 8월 28일 백촌강에서 주류성을 구하러 오던 왜의 1만 구원군이 대패하고 풍왕은 고구려로 도망하였다. 그리고 9월 7일 주류성이 항복하였다. 백제부흥군은 임존성에서 9월 21일부터의 한 달 동안 나당연합군의 공격을 막아냈다. 결국 신라군은 임존성을 이기지 못하고 10월 21일 군사를 돌려 11월 20일 경주에 도착하였다. 그러나 신라군이 퇴각하자 임존성의 흑치상지와 사타상여가 당군에게 투항하였고, 유인궤는 그들로 하여금 임존성을 공격하게 하여 함락시켰다. 마지막까지 임존성을 지키던 지수신이 처자를 버리고 고구려로 도망함으로써 백제부흥군이 주도한 나·당과의 3년 4개월간의 부흥전쟁은 종결되었다.

2. 백제부흥전쟁의 의미

1) 역사적 의의

백제부흥전쟁은 백제 의자왕 항복 후 약 3년 4개월간이나 지속되었으나 결국 실패로 끝나고 말았다. 백제의 부흥전쟁이 승리로 끝이 났다면 한국사의 또 다른 장이 열렸을 수도 있다. 실패로 끝났다 하더라도 백제부흥전쟁의 역사적 의의는 매우 크다고 판단된다. 역사적인 측면에서 그 의의는 다음과 같이 몇 가지로 정리 해 볼 수 있다.

첫째, 한국사상 최초의 민·군 조국회복 전쟁[91]이었다는 점이다. 이를

신채호는 다물多勿운동92)이라 하며, 백제부흥군을 성충의 유당으로 몰리
어 퇴직한 구신舊臣들과 초야의 의사義士·의병義兵으로 표현하고 있다. 이
도학은 백제부흥군을 백제 회복군이라고 부르며 우리나라 역사상 중요한
의병운동의 시발이 되었다93)고 하고 있다. 이와 같은 백제부흥전쟁의 역
사적 의의에 대하여 이의를 제기하는 사람은 없는 듯하다. 다만 그 주체
를 백제유민으로 보고 그 행위를 운동으로 명명하고 있을 뿐이다. 하지만
그들의 행위를 성격적으로 보면 군인들에 의해 전략과 전술을 구사하는
명백한 전쟁이었다. 따라서 백제부흥전쟁은 우리나라 역사상 최초의 민·
군 조국회복 전쟁이었다.

둘째, 우리나라 최초의 승려들에 의한 호국불교의 효시가 되었다는 점
이다. 660년 9월 사비성 1차 포위공격과 661년 2월 사비성 2차 포위공격
을 승려 도침이 주도하였다. 성주탁은 이러한 승려들의 구국운동 정신은
고려 말 홍건적의 난 때 승군僧軍의 참여와 조선시대 서산대사·사명당으
로 계승되는 호국항쟁을 가져왔다94)고 하였다. 결국 승려들의 백제부흥
전쟁 참여는 불교가 호국대열에 앞장서게 되는 효시가 되었다.

셋째, 지정학적 여건상 한반도에서의 전쟁은 국제전으로 비화될 수 있

---

91) 조국회복 전쟁이라는 용어는 이도학이 명명하였다(이도학, 「백제 조국회복전쟁기
의 몇 가지 쟁점검토」, 『백제문화』 32, 2003, 151쪽).
92) "다물운동"은 실지회복 혹은 상실된 국권을 회복하자는 운동을 의미한다. "다물"이
란 말은 『삼국사기』 「고구려본기」 동명성왕2년 6월조의 "松讓以國來降 以其地爲
多勿都 封松讓爲主 麗語謂復舊土爲多勿 故以名焉"(송양왕이 나라를 들어 와서 항
복하니 동명왕은 그 땅을 다물도라하고 송양왕을 그 성주로 삼았다. 고구려 말에
구토를 회복한다는 뜻을 다물이라 하였는데 그러므로 이렇게 이름한 것이다)의 다
물에서 나온 말이다. 이 말은 일제하에서는 독립운동을 하던 애국지사들이 독립운
동을 가리켜 다물운동이라고 하고 "국권을 회복하자"는 뜻으로 "따므르자"라는 표
현도 만들어 썼다고 한다(이만열 역주, 『譯註 朝鮮上古史』 下, 형설출판사, 1983,
479쪽).
93) 이도학, 『백제 사비성 시대연구』, 일지사, 2010, 353쪽.
94) 성주탁, 「백제승 도침의 사상적 배경과 부흥활동」 『역사와 담론』 19·20, 1992, 31쪽.

다는 교훈을 주고 있다. 비록 신라가 당과 연합하여 백제를 멸망시켰지만 백제부흥전쟁은 고구려와 왜까지도 가세하게 되는 결과를 가져왔다. 따라서 한반도에서의 내부전쟁일지라도 외부세력의 개입이 불가피한 역사적 사례로써, 오늘날 한반도 문제가 지구촌의 주요 관심지역이 되고 있는 사실과 맥을 같이 하고 있다.

넷째, 백제인의 기상과 저력을 보여준 전쟁이었다는 점이다. 일반적으로 백제는 의자왕이 항복한 660년 7월 18일 멸망하였다고 보고 있다. 그러나 백제부흥전쟁은 663년 11월까지 계속되었고, 663년 11월에 최종적으로 멸망하였다. 이와 같이 백제의 멸망은 우리가 아는 것처럼 계백장군과 5천 결사대의 황산벌 전투 외에 이렇다 할 전투 한 번 못하고 하루아침에 멸망한 것이 아니었다. 3년간의 긴 전쟁 끝에 멸망하였다.

이러한 역사적 의의 외에도 몇 가지 부정적인 측면이 있다. 백제부흥전쟁을 왜곡하여 정치적으로 이용하고 있거나, 당시 백촌강과 주류성 전투 후 왜로 망명해간 백제인들이 가지고 있던 적대적 대 신라관이 오늘날 일본인들의 대 한반도관으로 이어져 내려오고 있다는 점이다.

먼저 백제부흥전쟁에 대한 왜곡 및 정치적 이용이다. 북한에서 발행된 『조선전사』에서는 백제사 총 8개장 중 1개장을 백제부흥전쟁에 할애하여 인민투쟁을 적극 선전하고 있다. 즉 백제 인민들이 강점당한 국토를 되찾기 위한 정의의 애국투쟁으로 반침략투쟁에 떨쳐나섰음에도 불구하고, 항전군 지휘부 안에 들어앉은 봉건귀족들이 추악한 권력다툼을 벌림으로써 일정한 성과를 성공으로 연결시키지 못하고 실패하였다[95]고 한다.

또한 전기 신라사 7개장 중 1개장을 나당전쟁에 할애하여 당나라 강점군을 몰아내기 위한 인민들의 투쟁을 부각시키고 있다. 즉 신라는 백제 인민들의 투쟁을 이용하여 당 세력을 약화시키려고, 항전군과의 싸움에

---

95) 과학·백과출판사, 『조선전사4 - 중세편 - 』 4, 청년사, 1979, 89~99쪽.

소극적 입장을 취하며 인명의 손실을 적게 내고 무기를 빼앗기는 등 양면 전술을 사용하였다[96]는 것이다. 그러나 당시 백제와 신라의 적대관계나 백제부흥군의 결연한 의지 등을 고려해 볼 때 무리한 억측이라고 판단된다. 단지 인민들의 투쟁의식을 조장하기 위한 것이다.

다음은 고대 일본인들의 대 한반도관이 오늘날까지도 이어져 오고 있다는 점이다. 고대 일본과 친연적 관계를 가지고 있던 가야의 대부분은 신라에 병합되었고 백제는 신라에 의해 멸망되었다. 친연관계에 있던 나라를 멸망시킨 신라에 대한 고대 일본인의 적대관은『일본서기』에 그대로 반영되었다. 주된 내용들은 가야에 대한 내관가內官家 사상, 백제를 조공국으로 보고 일본은 종주국이라는 입장, 신라에 대해 극도로 대립적·멸시적 태도로 일관하는 것 등은 고대 일본인의 의식으로부터 비롯되었다.[97] 이는 백제멸망 후 왜로 건너간 백제인들이 일본조정이 한반도에 관심을 가지도록, 한반도가 이른 시기부터 일본 천황가에 종속되었다는 역사구축에 적극 나섰던 데서 비롯되었다. 이른바『백제삼서百濟三書』[98]는 이들의 저술이거나 이들의 손을 거쳐 수정된 것으로써『일본서기』의 내용구성에 크게 작용하였다.[99]

이와 같이『일본서기』에 나타난 고대 일본인들의 의식은 그대로 이어져 왔다. 물론 성격은 다소 다르지만 고려시대 고종 10년(1223)에 왜구에 대한 기록이 처음『고려사』에 등장한 이래 600여 회의 왜구침입이 있었

---

96)『삼국사기』권5, 신라본기, 무열왕8년 4월.
97) 연민수,『고대한일교류사』, 도서출판 혜안, 2003, 453쪽.
98) 백제삼서는 백제에서 편찬된 原百濟三書가 있는데 원형대로 남아있는 것이 아니고 백촌강 전투에서 패하고 망명한 백제계 도래인에 의해 개편되어,『일본서기』의 편찬소재로 이용되었다.『百濟記』는 4세기 후반 한성시대,『百濟新撰』은 5세기 후반 웅진시대,『百濟本紀』는 540년대의 사비시대를 대상으로 하고 있는데 내용이 상호 충돌되고 모순을 일으키고 있어 편찬과정에 미숙을 들어내고 있다(연민수, 앞의 책, 2003, 454쪽).
99) 노태돈,「백제부흥운동 백강구전투」『한일역사의 쟁점』1, 경인문화사, 2010, 176쪽.

다. 왜구는 고려의 지배체제 전반을 뿌리째 흔드는 국가의 사활이 걸린 문제가 되었다. 조선시대는 건국 이후 1555년 을미왜변에 이르기까지 160년 동안 165회나 왜구의 침입이 발생하였다.[100] 이러한 연장선상에서 임진·정유재란, 청일전쟁으로 이어지며 중국과 일본이 한반도에서 또다시 전쟁을 하게 되었다. 급기야 19세기 중반 일본에서 정한론征韓論이 대두된 이래 1910년 한일합병까지 이어져 온 것은 고대 일본인들의 의식을 담고 있는 『일본서기』로부터 잉태된 대 한반도 적대관 내지는 멸시관에서 비롯되었다.

결국 백제부흥전쟁은 역사적 의의나 그 영향이 매우 크다고 할 수 있다. 더구나 그 역사를 왜곡하고 정치적으로 이용함은 물론, 오늘날까지도 영향을 미치고 있는 일본인의 대 한반도 인식을 고려해 볼 때 역사적으로 중요한 전쟁이었음을 알 수 있다. 따라서 백제부흥전쟁이 가지고 있는 역사적 의의와 중요성에 비추어 다양한 분야의 연구가 더해져서 역사적 사실에 가까운 전쟁사가 정립되어야 할 것이다.

2) 각국에 미친 영향

백제부흥전쟁은 3년 4개월이라는 기간 동안 나당연합군을 대상으로 하여 백제와 왜 그리고 고구려와 탐라까지 직간접적으로 연결되어 치열하게 전개되었다. 따라서 전쟁에 참여한 각국은 나름대로 그 영향을 받을 수밖에 없었다. 백제부흥전쟁이 전쟁에 참여한 국가들에게 어떠한 영향을 미쳤는지 알아보자.

---

100) 13세기 왜구는 40년 동안 11회, 경인년(충정왕 2년 1350년) 이후는 40년 동안 591회, 조선시대 왜구는 165회 발생하였다(이영, 『잊혀진 전쟁 왜구』, 에피스테메, 2007, 15쪽).

(1) 당나라에 미친 영향

당나라는 백제부흥군이 직접 맞서 전쟁을 한 대상이자 목표였다. 즉 백제부흥군의 전쟁목적은 신라가 끌어들인 당이라는 세력을 백제지역에서 몰아내기 위한 것이었다.

당은 백제 땅에 도호부 또는 도독부체제를 유지하며, 고구려 정벌의 전진기지로 활용하고자 하였다. 그러나 이러한 당의 계획은 그대로 실현될 수가 없었다. 유진당군 1만 명과 유인원은 백제멸망 직후인 660년 9월부터 백제부흥군에 의하여 백제부성 즉 사비성에 고립되어 있었기 때문이다.

그리고 백제부흥군은 웅진도를 차단하여 평양으로 진군하던 김유신의 신라군과 유인원을 남천정으로부터 돌리게 하였다.[101] 결국 백제부흥군의 나·당을 상대로 한 전쟁은 당의 고구려 정벌을 위한 백제 완전지배 내지는 전진기지로서의 활용계획에 차질을 빚게 하였다.

한편 당이 663년 4월 신라 문무왕을 계림주대도독鷄林州大都督으로 임명한 것[102]이나 고구려 지역에 안동도호부安東都護府를 두었다가 다시 도독부체제로 바꾼[103] 사실 등에서, 당은 한반도를 완전히 자신들의 지배하에 두고자 하였다. 당의 백제 정벌 자체는 겉으로 신라의 청병에 의한 것이었지만, 실제는 한반도 전체를 장악하고자 하는 제국주의적 저의底意를 내포하고 있었다. 하지만 낭의 침략주의적 서의도 백세부흥군의 강력한 저항으로 무산되었다.

(2) 신라에 미친 영향

신라는 백제를 정벌하기 위하여 당나라를 끌어들였다. 신라의 백제 정

---

101) 『삼국사기』권42, 열전2, 김유신.
102) 『삼국사기』권6, 신라본기, 문무왕3년 4월.
103) 『구당서』권39, 지리지2, "聖曆元年六月 改爲安東都督部 神龍元年 復爲安東都護府"

벌은 백제의 영토가 목적이었다. 따라서 백제를 멸망시킨 후 당의 도호부나 도독부체제가 들어서자 반길 수만은 없는 입장이었다. 하지만 차후 고구려를 정벌한다는 계획 때문에 드러내놓고 반대할 수도 없었다. 그렇다 하더라도 당에게 백제의 고지를 넘겨줄 수는 없었다. 그래서 왕자 김인태 등 7천명의 신라군을 사비성에 주둔시켰던 것이다.

　그러나 백제부흥군이 사비성을 포위하자, 귀환 중이던 무열왕이 660년 10월 9일 삼년산성으로부터 회군하여 포위를 풀었다. 이어 백제부흥군이 2차로 사비성을 포위하자 661년 2월부터 4월까지 15명의 장군을 투입하여 백제부흥군과 전투104)를 하였다. 한편 661년 6월 무열왕이 죽고 상중인데도 황제가 칙명으로 소정방 등 수륙35도군을 보내 고구려를 치는데 신라가 군사를 내어 호응105)하도록 하였다. 신라가 당과 연합한 것은 백제 정벌이 목적이었지 고구려 정벌이 아니었다. 더구나 무열왕이 죽은 지 얼마 안 되는 상황이었다. 따라서 당의 요구를 받아들이기 힘들었지만 거부할 수가 없었다. 그런데 이러한 상황을 타개하기 위한 구실이 바로 백제부흥군이었다. 즉 신라군은 내키지 않는 고구려 정벌 참여를 회피하는 방법으로, 남천정까지 기동하였던 김유신의 부대를 돌려 옹산성 전투에 투입하는 등 백제부흥군을 이용하였다.

　결론적으로 백제부흥군이 이끌어 온 3년 4개월간의 백제부흥전쟁은 백제고지에 대한 당의 지배체제를 변화시켰고, 이러한 변화 속에 유진당군이 제 기능을 제대로 발휘하지 못하였다. 결국 이는 신라가 당군을 축출하기 위한 당과의 전쟁에 유리한 여건을 제공해 준 것이라 할 수 있다. 결과적으로 백제부흥전쟁은 신라의 삼국통일 전쟁에 기여하는 결과를 초래하였다.

---

104) 『삼국사기』 권5, 신라본기, 무열왕8년.
105) 『삼국사기』 권6, 신라본기, 문무왕 원년 6월.

(3) 왜에 미친 영향

백제부흥전쟁과 왜는 상당히 많은 부분이 연관되어 있다. 그런데『일본서기』는 왜가 백제를 조공국으로 간주하였다는 등 율령적 이념으로 윤색되어[106] 있어 백제부흥전쟁이 왜에 미친 영향을 파악하기란 쉽지 않다. 하지만 백제부흥전쟁 종결 후 왜는 다음과 같은 변화를 겪고 있다.

첫째, 나당연합군에 대비한 일본열도 방어시설물 설치다. 664년 왜는 대마도對馬島·일기도壹岐島·축자국築紫國 등에 방인防人을 두고 봉화를 설치하였다. 또 축자에 큰 제방을 만들고 물을 담게 하여 수성水城을 쌓았다. 이어 665년 장문국에 성을 쌓고 축자국에 대야성大野城·연성椽城[107]을 쌓았다. 이러한 축성기사는 667년과 670년에도 기록[108]되어 있는데 대체로 이들은 나당연합군 또는 당의 침략에 대한 우려 때문이라는데 의견이 일치되고 있다. 그리고 666년 고구려의 내분상황과 당이 고구려를 공격할 것이라는 것을 알게 되자, 그 여파가 고구려의 동맹국인 왜국까지 미칠 것을 우려하여 방어시설을 강화[109]한 것이다. 이들 산성은 조선식 산성 또는 백제식 산성이라 하여 왜국에 망명한 백제인의 기술로 축조한 것이다.

둘째, 백제에서 망명한 왕족 및 귀족 등에 대한 왜 조정에의 관리등용이다. 천지 4년(665) 좌평 복신의 공을 인정하여 귀실집사集斯[110]에게 소

---

106) 연민수, 앞의 책, 2003, 457쪽.
107) 장문국 성은 달솔 答㶱春初가 쌓았으며, 大野城과 椽城은 달솔 憶禮福留 달솔 四比福夫가 쌓았다. 이들은 663년 9월 백제에서 왜국으로 건너간 것으로 추정되며, 이들 산성은 조선식 산성이라고 하며 백제식 산성이라고도 부르는데 大野城은 배치와 구조가 부여 부소산성과 비슷하다(연민수 외,『역주 일본서기』3, 동북아역사재단, 2013, 349~351쪽).
108) 668년에는 왜국 고안성, 찬길국 산전군 옥도성, 대마국 금전성 등이 있고, 671년에는 장문에 성 하나, 축자에 성을 두 개 두었다(『일본서기』권27, 천지천황6년, 9년).
109) 연민수 외, 앞의 책, 2013, 357쪽.
110) 鬼室集斯는 鬼室福信의 아들 혹은 그의 친족으로 추정된다(충청남도역사문화연구원,『백제사자료 역주집 - 일본편 - 』, 아디람, 2008, 192쪽).

금하小錦下111)를 수여했다. 이외에도 좌평佐平 여자신余自信, 사택소명沙宅
紹明에게 법관대보法官大輔112)인 대금하大錦下를 수여하였으며 병법·의약·
오경·음양 등 백제유민의 능력을 고려하여 50여 인에게 관직을 수여113)
하였다. 이에 대해 왜 조정은 백제 지배층을 흡수하여 대당관계를 타개하
기 위한 돌파구를 모색하고 지배체제 재건을 꾀하고자114) 하였다고 한다.
하지만 민중들의 동요를 빌어 백제계 도래인의 등용에 불만을 나타내고
있는 기사115)가 있다. 이 기사의 전후 사정을 살펴보면, 천지천황天智天皇
은 후계자 대우황자大友皇子의 브레인으로 망명 백제인들을 기용하였다.
그러나 결국 천지천황의 후계 구도대로 되지 못하고, 임신壬申의 난116)으
로 이어졌다. 이와 같은 정치적 소용돌이 속에도 망명 백제인들은 일본
조정에서 나름대로 역량을 발휘하였다. 그리고 왜의 율령국가 체제성립과
당시 동아시아의 정세 속에서 일본의 대외관 특히 한반도관 형성에 일정

---

111) 천지 3년(664년) 2월에 제정된 26관위제 가운데 12위에 해당된다. 이 小錦下는
   천무 14년(685년) 춘정월에 淨御原令制에서 直大廣肆로 바뀌었으며 대보령제의
   종5위하에 상당한다(충청남도역사문화연구원, 앞의 책, 2008, 173쪽).
112) 중국의 법관은 사법관이나 일본의 법관은 율령제의 式部에 해당하는 관청으로 문
   관의 인사를 관장하였으며 대보는 차관이다(연민수 외, 앞의 책, 2013, 371쪽).
113) 이외에 병법에 달솔 谷那晉首, 木素貴子, 憶禮福留, 答炑春初, 의약에 炑日比子,
   贊波羅, 金羅金須, 鬼室集信에게 大山下를 주었으며, 의약에 달솔 德頂上, 吉大
   尙, 오경에 許率母, 음양에 角福牟를 小山上을 주었다. 나머지 달솔 등 50여 인에
   게는 小山下를 주었다(『일본서기』 권27, 천지천황10년).
114) 김은숙, 「백제부흥운동이후 천지조의 국제관계」 『일본학』 15, 1996, 154쪽.
115) 귤나무 열매는 각각 다른 가지에 열려있지만 이를 실에 꿸 때는 다 하나가 된다
   (『일본서기』 권27, 천지천황10년)하여 태어난 신분이나 재능이 다른 사람에게 관
   위를 주어 신하로 삼는 것을 비난하는 것으로 앞으로 일어날 난을 풍자한 동요이
   다(연민수 외, 앞의 책, 2013, 372~373쪽).
116) 고대 일본에서 大化改新 이전은 형제황위 계승이 원칙으로 천지조 당시 大海人
   (천무천황)이 예정자였다. 그러나 부자계승을 지향한 천지천황이 대우황자를 태정
   대신에 임명하였다. 이에 대해인은 의심을 피하기 위해 천황에게 출가허락을 받
   아 도망하였다가 다음해 거병하여 결국 대우황자를 자결하게하고 천무천황에 올
   랐다(『일본서기』 권28, 천무천황 상).

부분 기여한 것이다.

셋째, 율령체제를 바탕으로 한 중앙집권적 국가체제로의 전환이다. 율령은 중국 춘추전국시대의 혼란을 빠져나온 진·한 시대 이래의 긴 역사가 만들어낸 통치법이고, 그 율령을 받아들여 자국의 국가운영을 위한 근간 체제로 삼는 것을 율령국가라고 한다.[117] 그런데 왜가 율령국가 체제로 되는 것은 천지천황 3년 즉 664년부터 천무천황 대에 이르러 완성[118]되었다. 또한 일본의 교과서에 대부분은 율령체제 성립의 관점에서 백촌강 전투를 다루고 있다.[119] 즉 왜의 율령국가체제로의 전환 시점을 백촌강 전투 후로 보고 있는 것이다.

넷째, 동아시아의 새로운 한·중·일 관계 정립과 일본의 소중화적 대외관 형성이다. 왜는 종전에 대륙선진 문물수입 경로로 한반도 3국을 활용하고 있었다. 주로 백제를 통해 대륙문물 수입하였지만 왕조에 따라서는 친 신라정책을 취하기도 하였다. 하지만 백제부흥전쟁이 종결되고 백제가 완전히 멸망한 후에는 상황이 바뀌었다. 당[웅진도독부]과 신라는 고구려 정벌과 나당전쟁에 있어 왜에 대한 견제 내지는 교류의 필요성에 의거 각각 경쟁적으로 접촉을 시도하게 되었다. 결국 백제부흥전쟁이 끝나고 패배한 왜의 위상은 오히려 높아졌으며, 동아시아에서 오늘날과 같은 한·중·일 정립관계가 형성되었다.

---

117) 송완범, 「백촌강 싸움과 왜 – 동아시아세계의 재편과 관련하여 – 」『한국고대사연구』 45, 2007, 87쪽.

118) 천지천황 3년 기존의 19계제를 26계체로 확대 개편함은 물론 민부와 가부를 정하였으며, 동왕 9년에는 최초로 호적을 만들었고 동왕 10년에는 당령을 모방하여 일본령을 만들어 선포하였다. 이어 천무천황 2년에 호족층의 관료화를 추진하고, 동왕 4년 부곡을 폐지하고 동왕 5년 식봉의 봉지교체를 시행하는 등 중앙집권체제를 강화하였다. 동왕 12년에는 지방행정제도를 정비하였으며, 681년에는 율령을 편찬하고 동년 3월에 修史사업도 착수하였다(『일본서기』 권27, 천지천황, 권28·29, 천무천황).

119) 박해현, 「백촌강전투와 한·일 역사교과서 서술」『한국학 논총』 34, 2010, 255~261쪽.

이러한 국제관계 속에 왜는 국호를 일본이라 고치고[120] 율령선포와 천황이라는 호칭을 사용하였다. 그런가 하면 국사國史를 편찬하면서[121] 백제부흥전쟁 이후 중국 중화의식을 모방하여 중화제국을 추구하고자 하였다. 즉 백촌강 전투에 참가한 왜군을 백제 구원군이라 칭하고, 한반도 삼국이 조를 받쳤다고 하며, 대당 또는 대일본국이라 칭하여 당과 대등한 위치로 자신들의 격을 높였다. 즉 이때 대 반도 우위관 즉 소중화적 대외관[122]이 형성되었던 것이다.

결국 백제부흥전쟁은 왜로 하여금 방어태세를 갖추었고, 백제유민을 대거 등용하며 율령국가로 거듭나게 해주었다. 그리고 동아시아의 질서가 재편되면서 일본은 대 반도 우위관 즉 소중화적 대외관을 형성하게 되었다. 이렇게 포장되어 형성된 대외관은 여러 가지 형태[123]로 그 모습을 드러내며 수많은 침략과 충돌의 사상적 배경이 되었다. 또한 이렇게 시작된 역사인식은 오늘날까지도 한·일 양국에 큰 영향을 미치고 있다.

(4) 고구려에 미친 영향

고구려는 백제부흥전쟁이 한창일 때 당과 신라의 대대적인 공격[124]을

---

120) 『삼국사기』 권6, 신라본기, 문무왕10년.
121) 689년 '飛鳥淨御原令'이 성립되고 '飛鳥池遺蹟出土木幹'으로부터 천무시대의 목간 중에 '天皇'이라고 쓰여진 목간이 발견되어 천황이라는 호칭도 이 시대에 성립되었다(송완범, 앞의 논문, 2007, 90쪽).
122) 對半島優位觀과 小中華的 對外觀이라는 용어는 송완범, 앞의 논문, 2007, 91쪽에서 그대로 인용하였다.
123) 남한경영론, 정한론, 만선사관, 식민사관(일선동조론, 타율성론, 정체성론, 당파성론) 등이 있다.
124) 660년 11월 당은 설필하력은 패강방면, 소정방은 요동방면, 유백영은 평양방면, 정명진은 누방방면으로 공격하였다. 661년 3월과 4월에도 군대를 기동시켰으며 8월에 소정방이 평양을 포위하였고, 662년 정월에 방효태의 사수공격과 소정방의 평양공격을 받았다. 이때까지 고구려는 당의 공격을 잘 막아내고 있었다(『삼국사기』 권22, 고구려본기, 보장왕19~21년).

받고 있었다. 즉 백제부흥전쟁을 도와줄 여력이 없었다. 하지만 고구려는 백제가 멸망하게 되면 다음은 고구려라는 사실을 알고 있었다. 그래서 백제부흥전쟁을 도와야 했다. 고구려가 비록 직접 병력을 지원하지 않았으나 나름대로 백제를 돕고 있었다. 사례를 통하여 알아보자.

백제부흥군의 백제부성에 대한 1차 포위공격 직후인 660년 11월, 고구려는 칠중성을 공격하여 신라의 군주 필부를 전사戰死[125]시켰다. 또한 661년 백제부흥군의 2차 백제부성 포위공격이 끝난, 661년 5월에 고구려 장군 뇌음신이 신라의 북한산성을 20여 일간 공격[126]하였다. 그리고 663년에 당에서 손인사가 증원될 때 중도에서 고구려의 군대를 격파하였다[127]는 기록도 풍왕의 청병요청에 고구려가 군대를 파견하였던 것으로 볼 수 있다.

『일본서기』에 662년 10월 당과 신라의 공격에 고구려가 왜에 구원을 요청했다[128]는 기사와 663년 5월 견상군犬上君이 급히 고구려에 가서 군사관계 일을 논의하였다는 기사는 양국이 백제의 부흥을 위해 군사를 운용하는 문제였을 것이다.[129]

한편 백제부흥군은 661년 9월까지 옹산성을 점거하여, 고구려를 침공하던 소정방을 지원하기 위해 투입되었던 김유신의 부대가 661년 9월 남천정으로부터 옹산성으로 진환하도록 하였다. 결국 소정방은 군량보급 등의 어려움 등으로 회군하였다. 결과적으로 백제부흥군은 웅진도독부와 신라군의 고구려 정벌 발목을 잡고 있었다.

---

125) 『삼국사기』 권5, 신라본기, 무열왕7년.
126) 『삼국사기』 권5, 신라본기, 무열왕8년.
127) 『구당서』 권199, 열전149, 백제.
128) 왜는 장군을 보내 소류성(疏留城)에 진을 쳐 당과 고구려의 남쪽경계를 침략할 수가 없었고 신라는 서쪽 보루를 빼앗을 수 없었다(『일본서기』 권27, 천지천황 원년)고 하는데 소류성은 주류성을 말하고 있는 것이다.
129) 군사관계 논의는 663년 3월에 투입된 왜군 2만 7천 명의 운용에 관한 것으로 추정된다.

그러나 백제부흥전쟁이 막을 내리고 왜군도 철수하여 구 백제지역에는 고구려를 침공하는 당과 신라군대를 견제할 어떤 세력도 존재하지 않았다. 설상가상으로 연개소문이 죽고 내분까지 겹쳐, 고구려는 668년 멸망하였고, 보장왕을 비롯한 20만여 명이 당나라로 강제 이주되었다. 결국 백제부흥전쟁의 실패는 고구려의 멸망으로 이어졌다.

3) 군사사적인 교훈

백제의 부흥전쟁은 결국 실패로 끝나고 말았다. 대조영이 고구려 부흥전쟁으로 발해를 건국하게 된 것과는 대조적이었다. 비록 실패로 끝났지만 백제부흥전쟁은 전쟁사적인 측면에서 많은 교훈을 주고 있다. 이에 백제부흥전쟁의 결과에서 군사사적인 측면의 교훈을 알아보자.

(1) 정신전력과 인재

첫째, 정신적력 측면이다. 백제부흥군은 의자왕이 항복하고 국가라는 실체가 사라진 상태에서 거병하였다. 이는 백제군이나 백제인들의 강한 정신력의 소산이었을 것이다. 즉 오랜 기간 동안 신라와 치러왔던 전쟁역사를 통하여 국가관과 사생관 그리고 상대에 대한 적대감이 강한 신념으로 굳어졌을 것이다. 그렇게 형성된 강한 신념은 국가를 위하여 죽을 수 있는 용기를 불러일으켰다. 이는 개인으로부터 국가에 이르기까지 올바른 역사에 대한 인식의 중요성을 일깨워 주는 교훈을 주고 있는 것이다. 따라서 백제인들이 역사인식으로부터 강인한 정신력과 신념을 가질 수 있었던 것처럼, 역사교육의 중요성을 인지하고 다양한 방법으로 노력하여야 한다.

둘째, 일사불란한 지휘체제 유지다. 많은 연구는 백제부흥전쟁의 실패 요인으로 지휘부의 내분을 들고 있다. 전쟁지휘부가 내분이나 갈등 없이 일사불란한 지휘체제가 유지되어야 강력한 힘을 발휘할 수 있다. 그러한 지휘체제 유지를 위해 오늘날 모든 나라가 군법이나 전시법을 별도로 마련하고 있다. 하지만 명문화된 법도 역사를 통하여 반추해보며, 결함사항은 없는지 지속적으로 검토 보완되어야 한다. 그리하여 전쟁목적을 달성할 수 있도록 일사불란한 지휘체제를 유지하여야 한다.

셋째, 전쟁을 지휘하고 이끌어 가는 인재의 중요성이다. 『일본서기』에 "백제왕이 훌륭한 장수를 죽였으므로 신라는 곧바로 주유를 도모하려고 하였다"는 기사는 풍왕이 복신을 처형한 것을 말한다. 반면 당나라는 좌천되었던 유인궤를 백제전역에 투입하여 성공을 거두었다. 또한 고구려 정벌에 나섰던 설인귀와 같이 유배되었다가 다시 전선에 투입되어 전공을 세웠던 경우가 많다. 우리나라의 경우 임진왜란 때, 이순신이 모함을 당하여 투옥되었다가 백의종군 후 수군통제사에 복직되어 대승을 거두며 나라를 구한 사례130)가 있다.

전쟁을 수행하는 군대의 인력은 사회나 정부의 일반 인력과는 상호교류나 호환이 될 수 없다. 즉 군대의 인력은 하루아침에 만들어지지 않는 특수한 인력이다. 그러한 특수한 인력 중에서 경험과 실전을 통하여 전쟁천재가 탄생된다. 전쟁천재야말로 국가의 흥망을 좌우하는 전쟁을 승리로 이끌 수 있는 인재이다. 따라서 군과 국가는 전쟁천재나 인재육성을 위해 노력하여야 하며 그들의 능력을 활용할 수 있는 제도적 장치131) 등이 제대로 구비되어 있는지 심사숙고하며 항상 점검 발전시켜야 한다.

(2) 전략전술과 첨단전력

백제부흥군이 추구한 포위전략이나 고립전략은 나름대로 타당하였다. 하지만 그러한 전략이 실패하게 된 원인은 전력이 부족했던 이유도 있었

---

130) 현대의 유사한 예로 6·25전쟁 때 미국은 정치적인 이유로 맥아더를 해임시켰고, 결국 대한민국은 통일을 하지 못하고 휴전상태로 오늘날까지 고통을 겪고 있다.
131) 정치적인 이유 등으로 경험과 능력을 사장시키는 우를 범하지 않는 것을 말한다.

지만 전술부재도 한 원인으로 볼 수 있다.

첫째, 2차 백제부성을 포위공격할 때 당군은 일체 대응을 하지 않았다. 대응하지 않는 상대를 놓고 실시한 포위공격은 무력시위에 지나지 않는다. 더구나 사비성은 공격하기에 어려운 난공불락의 험한 성이 아니었다. 병력을 어느 한 방향에 집중하여 돌파해 들어가던지, 아니면 적을 유인해 내는 전술을 시행하였다면 어땠을지 궁금하다. 적의 취약지점에 병력을 집중하거나, 결전지대나 살상지대를 선정해 놓고 적을 유인해 내는 전술을 구사했어야 했다.

둘째, 2차로 백제부성을 포위공격할 때 1만여 명의 사상자를 낸 웅진강구 전투이다. 유인궤는 신라군과 합류한 뒤에 논산천이 분지하는 웅진강구에서 도침의 군대를 패퇴시켰다. 백제부흥군 입장에서는 오히려 탄현과 같은 요충지에서 양군의 합류자체를 막아야 효과적이었다. 즉 적을 격멸하고자 할 때에는 부대가 합류하거나 집합하기 전에 각개 격파해야 한다. 또한 이를 위해서는 정확한 정보와 필요한 전력을 원거리까지도 투사할 수 있는 능력을 구비하여야 한다.

한편 양책은 다리로 연결되어 있었다. 그러나 두 진지를 연결하는 다리가 좁아 떨어져 물에 빠져 죽은 자가 많았다. 다리는 연결통로였다. 연결통로는 자연적인 위험요인은 물론 적의 위협으로부터도 안전이 보장되어야 했다. 따라서 축차진지 개념에서 두 개의 진지나 부대를 연결하는 통로는 전방으로의 병력증원과 후방으로의 병력철수 들을 고려하여 안전이 확보되어야 한다.

셋째, 2차 운량도 차단작전 간 진현성 전투의 방첩과 대비태세이다. 당시 당의 사자에게 진현성의 내부를 노출시켰고, 취약점을 드러내는 결과를 가져왔다. 그리고 백제부흥군은 지형이 험하여 적이 오지 못하리라고 판단되는 지역에 병력배치가 없었으며, 자만하고 나태하여 잠들어 있다가 성이 함락되었다. 따라서 어떠한 상황에서도 군대는 전력이나 허점을 노출시키는 보안 즉 방첩을 염두에 두어야 한다. 또한 병력을 배치하지 못하는 곳에는 장애물을 보강하거나 첨단 경보시스템 등을 운용하여야 한다. 그리고 유사시 즉각 병력을 전환하거나 투입할 수 있는 대책이 수립되어야 한다.

넷째, 두량이성 전투와 빈골양 전투 그리고 661년 강 동쪽에서 당군 1천 명을 궤멸시킨 전투 등의 승리요인이다. 이들의 공통점은 신라군이나 당군이 진용을 갖춘 상태에서 맞서 싸운 전투가 아니다. 진지편성 중이거나 이동 중에 공격한 것이다. 따라서 적을 대적하여 승리를 거두려면 적이 예상치 못하는 시간·장소에서 기습이 중요하다. 또한 전투대형을 갖추거나 진지를 점령하기 전 또는 행군이동 등 취약한 시기·장소를 공격하여야 한다.

다섯째, 유인궤의 공작활동과 내부의 적에 관한 사항이다. 중국 측 사서에 유인궤가 "풍왕과 복신이 반드시 서로를 해치게 될 것이니 그때까지 경거망동하지 말라"고 말하는 내용이 있다. 이는 단순히 유인궤의 혜안으로 보아 넘길 수 있다. 그러나 "결국 그의 말대로 되었다"고 한 점을 보면 유인궤의 공작활동일 수도 있다. 이러한 공작활동들은 오늘날도 최고의 비밀132)로 분류되고 있어 사료에 기록되지 않는다. 따라서 적의 활동을 탐지하거나 내부분열을 획책하기 위한 다양한 방법들을 사용하는 등 공작 및 첩보활동은 진·평시를 막론하고 계속되어야 한다.

또한 백제부흥군에는 당군에 항복한 흑치상지와 사타상여가 있었다. 따라서 조직 속에는 언제나 내부의 적이 반드시 있으며, 경우에 따라서는 도중에 변절하여 아군도 적으로 바뀔 수 있다는 교훈을 잊어서는 안 된다. 오히려 내부의 적을 이용하는 방법을 활용할 줄 알아야 한다.

---

132) 오늘날 정보는 인간정보, 신호정보, 영상정보 등으로 구분되고 있는데 인간정보는 합법(백색활동), 비합법(흑색활동), 반합법(회색활동)방법 등이 있으며, 인간정보 분야에서 활동하는 Agent 들에 대한 출처보호를 위해 공작원 자신들도 서로 모르며, 적에 대하여 얼마만큼 알고 있다는 것 자체도 최고의 비밀로 분류하고 있다. 이는 역으로 적이 방첩기능을 강화하게 되기 때문이다.

여섯째, 백제의 전략전술 중에 가장 큰 실책은 초기전역에서 주력군을
조기에 투입했다는 사실이다. 이를 단순히 기만전술에 당하여 주력부대를
조기에 투입했다는 사실로 보아서는 안 된다. 기만전술에 휘말리지 않는
백제의 눈과 귀가 부족했다는 측면에서 보아야 한다. 따라서 전투부대나
국가는 대상 부대나 가상 적국의 동향을 예의주시하며 정보활동 내지는
첩보133)활동을 부단히 하여야 한다.

일곱째, 백촌강 전투에서 제·왜 연합군의 군사력 한계이다. 170척의
당군을 공격한 왜의 500척 중 400척이 침몰되었다. 패인은 무엇보다도 함
선의 차이와 화공작전 그리고 당의 당파전술이었다. 당시 당나라의 몽충·
누선 등 선박제조 기술은 왜가 따라갈 수 없는 상태였다. 그리고 당시에
화전火箭을 쓸 수 있었다는 것도 대단한 기술이었다.134) 또한 당군이 사용
한 큰 배로 왜의 선박을 충격하는 당파전술 등은 당시에는 첨단전력에 의
한 첨단전술이었다. 첨단전력 앞에 재래식전력은 무용지물이 되는 것은
오늘날도 마찬가지이다. 즉 전쟁에서 승리하거나 전쟁을 억제하려면 첨단
전력 개발 및 보유에 대한 노력을 부단히 하여야 한다. 또한 첨단전력에
따른 전술개발도 게을리 할 수 없는 중요한 과제이다.

(3) 외교관계 및 동맹전력

전쟁은 해당 국가만 하는 것이 아니다. 인접국은 당사국의 의지와 관계
없이 참가하기도 한다. 그래서 동서고금을 막론하고, 각국은 국가의 안위

---

133) 첩보는 관측, 보고, 풍문, 사진 및 기타 출처로부터 나온 모든 평가되지 않은 기록
자료 등이며, 통상 첩보를 기록, 평가, 해석의 과정을 거쳐 정보로 전환된다(합동
참모본부, 『합동·연합작전 군사용어사전』, 2010, 382~383쪽).

134) 화살촉에 불을 붙인 경우 비행하면서 공기의 저항으로 인해 불이 금방 꺼져 버린
다. 인이나 화약 등 강력한 인화성 물질을 사용하여야 목표물까지 불이 꺼지지 않
고 비행할 수 있다. 화약은 중국에서 전국시대에 개발되었으나, 본격적인 사용은
8세기 이후로 보고 있다. 따라서 당시에 화전(火箭)을 사용했다면 인이나 다른 인
화성 물질이었을 수도 있다.

를 위하여 외교관계나 군사동맹 등을 맺어 평상시 억제전력으로 활용하기
도 한다. 물론 외교관계가 곧 군사동맹이라고 볼 수는 없다. 그러나 친연
적 외교관계는 인접국의 전쟁에 직간접적으로 이해관계를 같이하게 되어
전쟁을 지원하거나 참전하기도 한다.

백제도 예외가 아니었다. 백제가 당시에 주변국과 군사동맹을 맺었던
것은 아니었다. 하지만 친연관계에 있으면서 자국의 안위 때문에 고구려
와 왜가 참여하였던 백제부흥전쟁의 결과에서 다음과 같은 교훈을 들 수
있다.

첫째, 군사동맹의 필요성이다. 신라가 당과 밀착하게 되자 백제는 고구
려 및 왜와 친연관계를 맺게 되었다. 이러한 친연관계를 바탕으로 백제부
흥전쟁은 어느 정도 유지가 될 수 있었다. 친연관계가 아닌 동맹관계였다
면 상황이 달라 질 수도 있었을 것이다. 따라서 전쟁에 대비하여 인접국
과와 맺는 친연관계나 군사동맹은 국제사회에서 반드시 필요한 것이다.

둘째, 동맹의 효용성이다. 백제의 경우 동맹관계는 아니었지만 북으로
는 고구려와 남으로는 왜와 연결되어 있었다. 그러나 당은 백제를 침공하
기 전에 고구려에 대한 공격을 멈추지 않았고, 침공 당시에도 고구려가
백제를 지원하지 못하도록 한강 유역에서 차단하였다. 한편 왜는 병력과
군수물자를 지원하였다. 그러나 왜의 지원은 너무 늦었고 백제부흥군이
공세를 취하는 동안 역할을 하지 못했다. 즉 군사동맹을 맺는다면 동맹을
맺는 목적에 맞는 효용성이 있는지 검토가 되어야 한다. 효용성 측면에서
보면 가상 적국과의 전력을 비교하여 동맹의 전력이 그를 능가할 때 효과
이다. 또한 전력이 상대의 전력을 능가한다 하더라도 즉각 지원 가능한
체제를 구축하는 등 그 효용성을 높여 나가야 한다.

셋째, 동맹지원의 적시·적절성이다. 백제부흥전쟁은 660년 의자왕 항
복 직후부터 시작되었다. 고구려는 백제부흥군이 1차 백제부성 포위공격
이 끝나는 660년 11월 칠중성을 공격하였다. 그리고 2차 백제부성 포위공

격이 끝나는 661년 5월 신라의 북한산성을 공격하였다. 하지만 고구려의 신라공격은 백제부흥군에게 결정적인 도움은 되지 않았다. 백제부흥군과 연계하여 신라의 주력부대를 대상으로 이루어진 작전이 아니었기 때문이다.

반면 왜의 군사파견은 상대적으로 늦었다. 663년 3월 투입된 2만 7천의 병력을 왜의 본대로 보아야 한다. 이 본대는 663년 6월 백제부흥전쟁과 직접 관련이 적은 신라의 남쪽을 공격하였다.135) 그리고 663년 8월 백촌강 전투에 참여한 1만여 명이 위 본대의 일부로 추정된다. 하지만 본대에 해당하는 2만 7천 병력의 투입 시기는 663년 3월로서 너무 늦은 시기이다. 이때는 백제부흥전쟁 시작 후 2년이 경과하여 쇠퇴기로 접어든 시기로써 사실상 큰 의미가 없는 출병이 되었다.

이는 인접국가의 지원은 적시적절하게 이루어지지 않으면 의미가 없음을 교훈으로 주고 있다. 실제 6.25전쟁 때 미군의 지원은 예상과 달리 신속했다.136) 따라서 국가안위를 위하여 전쟁에 대비한다면 전쟁시나리오를 작성함은 물론, 동맹국의 지원이 적시·적절하게 이루어 질 수 있도록 사전 계획하며, 외교적으로 지속 발전시켜 나가야 한다.

(4) 전략목표 및 지역

백제부흥군의 목표는 웅진도독부였던 백제부성이었다. 백제부성은 백제의 왕도였던 사비성 즉 부여였다. 그리고 전쟁목표 외에 백제부흥군이

---

135) 663년 3월에 출병했다는 왜군은 663년 6월 신라의 沙鼻(현 경남 양산으로 추정), 岐奴江(현 경남 의령으로 추정) 2개의 성을 공략하였다(『일본서기』 권27, 천지천황2년).

136) 실제 김일성은 1950년 6·25전쟁을 30일 안에 종결한다는 계획을 수립하였으며 이는 미국의 지원군이 한반도에 도착하기 이전에 전쟁을 종결시키고자 함이었다. 하지만 미군의 지원은 김일성의 예상과 달리 신속했다. 7월 1일 미 지상군 선발대가 부산에 도착하고 7월 5일 미군 스미스 특수임무부대가 오산 죽미령 전투에 투입되고 있다(이중근 편저, 『6·25전쟁 1129일』, 우정문고, 2013, 56~60쪽).

주로 활동한 지역은 서해안 일대였다. 백제부흥군이 서해안 일대에서 활동하며 사비성을 목표로 삼았던 사례에서 교훈은 도출해보자.

첫째, 왕도 사비성은 백제부흥군에게 전략목표이자 결정적 목표였다. 그 이유는 왕도 사비성을 탈환하여야 백제부성에 주둔하던 당군을 격멸 또는 격퇴할 수 있었다. 또한 백제유민들에게는 왕도탈환이라는 심리적 안정을 줄 수 있기 때문이었다. 한편 백제의 왕도 부여 사비성은 123년간이나 백제의 수도로서 역할을 하여 왔으며, 이전 63년간 수도로서 역할을 하였던 웅진에 비하여 도로망도 잘 발달하였을 것이다. 따라서 당군이나 백제군 입장에서 수도에 잘 발달된 도로망은 보급수송 등 차원에서도 결정적 목표였다.

이러한 사례는 훨씬 후대의 사례이긴 하지만 6·25전쟁 때 인천상륙작전을 들 수 있다. 당시에 원산과 군산, 인천 등 여러 곳이 상륙작전 지역으로 검토되었다. 하지만 조수간만의 차이가 가장 심하다고 참모들이 반대하는데도 불구하고 맥아더는 인천 상륙작전을 감행하였다. 그 이유는 인천은 서울에 근접한 지역으로 수도 서울탈환이 용이하였다. 그리고 서울탈환은 적에게 심리적 타격을 주게 되고, 아군에게는 심리적 안정을 줄 수 있는 전략적 목표였기 때문이었다. 또한 결정적 목표라고 볼 수 있는 이유는 당시 수도 서울을 기점으로는 도로가 잘 발달되어 있어 낙동강 전선에 전투 중인 북한군의 병참선을 차단하여 물리적 마비를 달성할 수 있었기 때문이었다.

둘째, 백제부흥군이 활동하는 지역이 서해안 일대였다는 것이다. 임존성은 예산군 대흥면으로 내포內浦지역이다. 그리고 논란이 되고 있는 주류성도 대부분 서해안 일대에서 찾고자 하고 있다.

그러한 이유는 백제의 수도가 부여에 있어 서해를 통해 당군의 작전이 이루어 졌듯이, 이러한 전장상황 회복도 서해안이어야 했기 때문이다. 이는 평양이 수도였던 고구려 정벌작전 때도 마찬가지였다. 또한 서해안의 중요성은 고려시대 왜구가 서해안 일대에 집중되었던 사실, 몽고 침입 시 강화도 천도 및 삼별초의 항전, 그리고 조선의 수도가 한양에 있어 서해 안에서 열강들의 통상요구가 있어 왔던 점 등에서도 알 수 있다. 이 뿐만 이 아니다. 서해안은 오래전부터 외국인들의 주요통로였다. 충남 서천 마 량진은 1816년 우리나라 최초의 성경전래지이기도 하다.[137] 또한 프랑스 선교사들이 1863년 백령도에 닻을 내린 이래 충청도 내포지방에 상륙하 는 등[138] 충청도의 서해안은 바닷길을 통한 외부와의 연결 장소였다.

따라서 미래전을 대비한다면, 이러한 역사적 사실들을 주목하여야 한 다. 즉 전략목표인 수도 서울에 대한 방어계획과 중요지역으로 볼 수 있 는 서해지역에 대한 강화된 대비태세가 한층 더 요구된다 할 수 있다.

3년 4개월간 지속된 백제부흥전쟁은 백촌강·주류성·임존성 전투로 막 을 내리게 되면서 백제는 역사 속으로 사라졌다. 그러나 백제는 역사 속 으로 제대로 사라지지 못했다. 백제인들의 조국 부흥을 위한 숭고한 전쟁 마저도 승자들에 의해서 각색되고 왜곡되어 전해지고 있기 때문이다. 치 밀한 과학적 설계에 의해 주조되었음을 보여주는 국보 287호 백제 금동대 향로가 전란을 피해 급하게 땅속에 파묻혀 있다가 1,300년이 지난 1993년 에 발굴되었듯이, 백제의 역사는 땅속에서나 겨우 찾을 수 있다.

백제부흥전쟁은 역사적으로, 군사사적으로 많은 의미를 전달하고 있 다. 따라서 우리는 백제군과 백제유민들의 부흥전쟁을 역사적 사실로써 반추해 보는 거울로 삼아야 한다.

---

137) 1816년 영국 정부는 암허스트경(Sir Jeffrey William Pitt Amherst)을 중국에 사절 로 파견하였는데, 이때 사절단을 태우고 중국으로 향한 함선이 알세스트(Alcest)호 와 리라(Lyra)호였다. 당시 두 함선의 함장은 맥스웰(Maxwell)과 바실 홀(Bassil Hall) 대령이었다("마량진 성경전래지"(http://terms.naver.com/ 2016. 12. 28 검 색). 이들이 충남 서천군 마량진에 상륙하여 성경을 전해준 사실은 사료에 기록되 어있다(『조선왕조실록』 순조16년 7월 19일(병인)조).

138) 김정숙, 「프랑스 선교사들 "나는 조선인으로 살려하오!"」 『전근대 서울에 온 외국 인들』, 경인문화사, 2016, 353~355쪽.

결 론

백제는 남으로 마한을 복속시켜 남해안에 이르렀으며, 북으로 고구려
를 공격하며 패권을 다투기도 하였다. 중국의 산동반도와 요서지방에 영
향을 미쳤으며, 일본에 진출하는 등 동아시아의 강력한 국가 중 하나였
다. 이러했던 백제는 660년 나당연합군과 전쟁을 시작한지 10일 만에 항
복하여 멸망하고 말았다.

일반적으로 백제의 멸망원인에 대해 안보태세를 유지하지 못했다거나
지도층의 부패와 분열 때문이라고 한다. 그리고 주변정세 변화에 둔감했
다거나 주변국과 원만한 외교관계를 맺지 못했다고 한다. 또한 신라가 강
력한 당나라를 끌어들였기 때문이라고 보기도 한다.

그러나 백제는 일반적으로 알려진 부패 등 내부적 원인으로 멸망한 것
이 아니었다. 거대한 당의 침입에 불가항력적으로 굴복한 것도 아니었다.
제대로 된 전쟁이나 항거 없이 10일 만에 맥없이 항복한 나라가 아니었다.

백제는 나름대로 당과 신라의 침공전략을 간파하고 있었다. 단순히 산
성전투가 아닌 현대적 방어개념에 부합하는 탄현·기벌포 방어계획을 구
성하고 있었다. 하지만 신라와 당의 움직임은 백제의 예상을 빗나갔다.
당시 5만 신라군은 경기도 이천까지 북상하여 양동작전을 실시하였다. 13
만 당군은 충남 당진에 상륙하여 백제수군을 공격하고 공주방향으로 기동
하였다. 이후 보령에 상륙하여 청양 방면으로 기동하였으며 서천과 군산
지역을 확보하였다. 즉 당군은 20여 일 동안 충남지역 일대에서 양공 및
조공작전과 견부확보 작전을 실시하였다. 이러한 나당연합군의 기만전략
에 속은 백제는 예산·당진 방면에 주력부대를 조기 투입하는 과오를 범하
였다.

결국 주력부대가 빠진 백제는 계백장군에게 병력 5천명밖에 줄 수가

없었다. 그래도 계백은 황산벌에서 김유신과 4번 싸워 4번 모두 승리를 거두었다. 하지만 5만 신라군에게 중과부적으로 패하고 말았다. 그리고 10일 만인 7월 18일 의자왕이 항복하고 말았다.

의자왕이 항복하였다고 해서 전쟁이 끝난 것도 백제가 멸망한 것도 아니었다. 8월, 18만 명에 달하는 나당연합군이 주둔하고 있던 상황에서 의자왕의 항복례가 벌어졌다. 이 때 좌평 정무가 분산되었던 백제군을 모아 두시원악으로부터 당군과 신라군을 공격하였으며, 복신은 임존성에서 거병하여 8월 26일 소정방의 공격을 막아내기도 하였다. 이후 9월 3일 소정방과 무열왕이 철수하면서, 의자왕과 핵심세력 등 1만 2천여 명을 당나라로 압송함으로써 백제 지도부는 사실상 붕괴되었다.

그러나 충남 예산 방면으로 투입되었던 백제 상비군의 주력부대는 살아있었다. 이들은 수도 사비성에 주둔하고 있던 당군 1만 명과 신라군 7천명을 조직적으로 공격하기 시작하였다. 660년 9월 1차 포위공격에 이어 661년 2월 2차 포위공격을 감행하였다. 신라 무열왕과 당의 유인궤가 투입되면서 포위공격은 실패로 끝났다.

연이은 패배로 전력이 약화된 백제부흥군은 포위전략에서 목표를 고립시키는 방향으로 전략을 바꾸었다. 즉 경주로부터 사비에 이르는 군량수송로를 차단하여 부성의 당군을 고립시키는 운량도 차단작전을 실시하게 된 것이다. 1차 운량도 차단작전은 고구려 정벌을 위해 출동한 김유신이 진로를 바꿔 투입됨으로써 실패하였다. 2차 운량도 차단작전은 나름대로 성공적이었으나 승리에 도취된 나머지 방심함으로써 당의 유인궤에 의해 무위로 끝나 버렸다. 마지막 3차 차단작전은 신라군의 대대적인 투입으로 역시 목적을 달성하지 못했다. 하지만 포위전략은 사비부성에 주둔해 있던 당군이 철수를 고민할 정도로 위협적이었고 성공적이었다. 백제부흥군은 662년 8월까지 나름대로 공세를 유지하고 있었다.

662년 5월 백제부흥군이 풍왕을 옹립하고 백제국을 선포하자 당과 신라는 당황하였다. 661년에 시작된 나당연합군의 고구려 정벌이 실패로 끝나고, 백제부흥군 내부에서도 분열이 생겼다. 이 틈을 타 나당연합군은 대대적인 공세에 나섰다. 663년 당에서는 손인사 등 7천명이 추가로 투입되었고, 신라에서는 660년 백제정벌에 버금가는 대대적인 병력이 동원되었다.

이때 왜에서 지원 병력이 대거 투입되었지만, 663년 8월 27일 백촌강에서 대패하고 만다. 풍왕은 고구려로 도망하였다. 주류성은 8월 17일 나당연합군 6만 2천명에게 포위당하여 9월 7일 항복하였다. 11월에는 당군에게 투항한 흑치상지 등에 의하여 임존성마저 함락됨으로써 백제부흥전쟁은 종말을 맞게 되었다.

이러한 백제부흥전쟁이 주는 의의와 교훈은 크게 세 가지로 정리할 수 있다. 첫째, 백제부흥전쟁의 성격이다. 백제부흥전쟁은 660년 7월 18일 이후부터 663년 11월까지 무려 3년 4개월간 치열하게 진행되었다. 이는 백제인의 저력을 보여주는 우리 역사상 최초의 국가회복을 위한 전쟁이자 의병활동이었다. 즉 국가라는 실체가 없어진 상태에서 민·군이 벌인 한국사 최초의 조국회복 전쟁이라 할 수 있다.

둘째, 백제부흥전쟁의 국제적 교훈이다. 수隋와 당唐이 중국을 통일하면서 한반도 삼국의 정립관계가 깨지고 변화하게 되었다. 이러한 점에서 주변국의 강성함이 우리의 안보를 위협할 수 있다는 점을 상기할 필요가 있다. 또한 한반도의 지정학적 여건상 언제든지 백촌강 전투처럼 국제전으로 비화될 수 있다는 점을 주목해야 한다. 이러한 역사적 사실을 거울삼아 오늘날 세계평화를 위해서도 안보에 대한 대비태세를 굳건히 해야 할 것이다.

셋째, 백제부흥전쟁의 군사적 교훈이다. 먼저 국가안보를 위한 외교나 동맹의 필요성을 주지해야 한다. 그리고 유사시 효용성을 발휘할 수 있도록 동맹 간의 제도개선이나 협조관계 등을 지속적으로 발전시켜야 한다.

또한 목표와 지형에 맞는 결정적지점에 대한 전략전술이 개발되어야 한다. 더불어 백촌강 전투결과를 거울삼아 재래식 전력의 현대화 등 첨단전력의 개발이 지속적으로 이루어져야 한다. 이외에 전·평시 부단한 정보활동과 방첩활동이 이루어져야 하며, 내부분열이 아닌 단합을 위한 방안을 모색할 필요가 있다.

끝으로 백제의 멸망과 부흥전쟁은 오늘날 우리에게 역사적·군사적으로 수많은 교훈을 주는 전쟁戰爭이자 전사戰史로서 자리매김되어야 한다.

참고문헌

1. 사료

한국 : 『三國史記』, 『三國遺事』, 『高麗史』, 『高麗史節要』, 『朝鮮王朝實錄』, 『新
增東國輿地勝覽』, 『世宗實錄地理志』, 『增補文獻備考』, 『輿地圖書』, 『東
史綱目』, 『大東地志』

중국 : 『三國志』, 『周書』, 『宋書』, 『梁書』, 『北史』, 『隋書』, 『舊唐書』, 『新唐書』,
『資治通鑑』, 『册府元龜』, 『孫子兵法』, 『李衛公問對』, 『通典』, 『武經總
要』, 『左傳』

일본 : 『日本書紀』, 『日本書紀集解』, 『新撰姓氏錄』, 『翰苑』

금석문 : 「大唐平百濟國碑銘」, 「唐劉仁願紀功碑」

2. 교범 및 군 관련서적

국방대학원, 『안보관계용어집』, 국방대학원, 1991.
국방부 군사편찬연구소, 『한국고대 군사전략』, 신오성기획인쇄사, 2006.
국방부 군사편찬연구소, 『한국의 성곽 공방전 연구』, 국군인쇄창, 2012.
김광석 편저, 『용병술어연구』, 병학사, 1993.
육군본부, 『사단작전』 야전교범 61-100, 육군 인쇄창, 1997.
_____, 『기술 및 군수제원』 야전교범 4-0-1, 육군인쇄창, 2006.
_____, 『인사업무』, 야전교범 6-21, 국군인쇄창, 2016.
_____, 『이동관리』 야전교범 참고-6-7, 국군인쇄창, 2009.
_____, 『1129일간의 전쟁 6·25』, 국군인쇄창, 2014.
육군교육사령부, 『군사이론 연구』, 대전교육사령부, 1987.
합동참모본부, 『합동·연합작전 군사용어사전』, 국군인쇄창, 2010.
_____, 『합동상륙작전』, 합동교범 3-2, 대한기획인쇄, 2008.
해군교육사령부, 『전술기동 문제해설집』, 국군인쇄창, 2016.

3. 발굴 및 조사보고서

김재붕, 『연기지구 고적연구조사보고서』, 전의고적보존회, 1981.

백제문화개발연구원, 『홍성 효학리 산성·석성산성 지표조사보고서』, 2007.
상명여자대학교박물관, 『홍성군 장곡면일대 산성 지표조사보고서』, 홍성군청, 1995.
서정석·이남석, 「운주산성」, 공주대학교박물관, 연기군, 1996.
성주탁, 「금산지방성지 조사보고서」『논문집』 4-3, 충남대학교, 1977.
_____, 박태우, 「청양지방 산성조사 보고서」, 청양군, 향지문화사, 1991.
심정보·공석구, 「계족산성 정밀지표조사보고서」, 대전공업대학, 1992.
_____, 「백강과 주류성」『건지산성』, 충청지방 매장문화재연구원, 1998.
_____, 「계족산성에 대한 고고학적 조사와 문제점과 그 성격」『대전문화』 8, 1998.
예산군 충남발전연구원, 『예산 임존성 - 문화유적 정밀 지표조사 - 』, 삼성디자인
        기획, 2000.
(재) 충청매장문화재연구원, 『한산건지산성』, 공주중앙인쇄소, 2001.
전영래, 「탄현에 관한 연구」『전북유적조사보고』 13, 1982.
충남대학교백제연구소·논산시, 『논산황산벌전적지』, 현대옵 인쇄사, 2000.
충남발전연구원, 『연기운주산성 - 문화유적시굴조사 - 』, 삼성디자인기획, 2000.
충북대학교중원문화연구소, 『중원문화연구총서 - 삼년산성 - 』 24, 1998.

4. 저서

1) 한국어

고려출판사, 『한국사대사전』, 대신문화사, 1996.
과학·백과출판사, 『조선전사5 - 중세편 - 』, 청년사, 1979.
공주대학교 백제문화연구소, 『백제부흥운동사연구』, 서경문화사, 2004.
교학사, 『한국사 대사전』, 교학사공무부, 2013.
국토지리정보원, 『한국지명 유래집 - 중부편 - 』, 국토지리정보원, 2008.
군사학 연구회, 『군사학 개론』, 플래닛미디어, 2014.
권혁재, 『한국지리』, 법문사, 2003.
김영관, 『백제부흥운동 연구』, 서경문화사, 한성인쇄, 2005.
김재봉, 『전의 주류성 고증』, 보전출판사, 1980.
_____, 『백제 주류성 연구』, 연기군, 1995.
_____, 『연기 주류성의 정립』, 연기군, 1997.
_____, 『백제 주류성의 연구』, 연기군, 2001.
노중국, 『백제 정치사 연구』, 일조각, 1988.

노중국, 『백제부흥운동사』, 일조각, 2003.

＿＿＿, 『백제부흥운동 이야기』, 주류성, 2005.

＿＿＿, 『백제사회사상사』, 지식산업사, 2010.

노태돈, 『삼국통일전쟁사』, 서울대학교출판부, 2009.

당진군, 『당진군지』상, 상록동양인쇄문화, 1997.

대한지리학회, 『한국지명유래집 - 충청편 - 』, 국토해양부 국토정보지리원, 2010.

데이코D&S, 『2007 한국축제연감』, 진한M&B, 2006.

문안식, 『백제의 흥망과 전쟁』, 혜안, 2006.

박순발, 『백제의 도성』, 충남대학교출판부, 2010.

박성흥, 『백제부흥전쟁사의 역사지리적 고찰』, 예산향토사 연구회, 1989.

＿＿＿, 『홍주 주류성고』, 홍주문화원, 1989.

＿＿＿, 『임존성·주류성고』, 예산 문화원, 1994.

＿＿＿, 『내포지방의 고대사와 홍주주류성, 당진백촌강 연구』, 조양인쇄사, 2004.

＿＿＿, 박태신, 『진번·목지국과 백제부흥운동』, 주류성, 2008.

박홍수, 『한국도량형 제도사』, 성균관대학교 출판부, 1999.

백선엽, 『군과 나』, 시대정신, 2009.

변인석, 『백강구전쟁과 백제·왜 관계』, 한울아카데미, 1994.

변인석 외, 『백제의 최후, 백강구 전쟁』, 무공문화, 2015.

서영교, 『나당전쟁사 연구』, 아세아문화사, 2007.

서영일, 『신라육상 교통로 연구』, 학연문화사, 1999.

서정석, 『백제의 성곽』, 학연문화사, 2002.

신정도, 『전략학 원론』, 동서병학연구소, 1970.

신채호(이만열 역주), 『역주 조선상고사』하, 형설출판사, 1983.

양종국, 『백제멸망의 진실』, 주류성, 2004.

＿＿＿, 『의자왕과 백제부흥운동 엿보기』, 서경문화사, 2008.

엄정용, 『백강 - 기벌포, 탄현, 주류성의 위치비정 - 』, 바다기획, 2011.

연민수, 『고대 한일교류사』, 혜안, 2003.

＿＿＿ 외, 『역주 일본서기』 3, 동북아역사재단, 2013.

윤형호, 『전략론』, 도서출판 한원, 1994.

이기백·이기동, 『한국사강좌 I』 고대편, 일조각, 1982.

이도학, 『백제장군 흑치상지 평전』, 주류성, 1999.

＿＿＿, 『새로 쓰는 백제사』, 푸른역사, 1997.

이도학, 『한국고대사, 그 의문과 진실』, 김영사, 2001.
_____, 『백제 사비성 시대연구』, 일지사, 2010.
이문기, 『신라병제사 연구』, 일조각, 1997.
이병도, 『한국사 - 고대편 - 』, 진단학회, 1959.
_____ 역주, 『국역 삼국사기』, 을유문화사, 1977.
_____ 역주, 『국역 삼국사기』, 한국학술정보(주), 2012.
이상훈, 『나당전쟁연구』, 주류성, 2012.
이영, 『잊혀진 전쟁 왜구』, 에피스테메, 2007.
李靖(임동석 역주), 『李衛公問對』, 동서문화사, 2009.
이종학, 『한국군사사 연구』, 충남대학교출판부, 2010.
_____ 외, 『현대 전략론』, 충남대출판문화원, 2013.
이중근 편저, 『6·25전쟁 1129일』, 우정문고, 2013.
이형구, 『백제의 도성』, 주류성, 2004.
이호영, 『신라삼국통합과 려·제패망원인 연구』, 서경문화사, 1997.
조광·손승철 편, 『한일역사의 쟁점 2010』 1, 경인문화사, 2010.
조명제, 『기책병서』, 익문사, 1976.
전영래, 『주류성·백강의 위치비정에 관한 신연구』, 부안군, 1976.
_____, 『백촌강에서 대야성까지』, 신아출판사, 1996.
천관우, 『인물로 본 한국고대사』, 정음문화사, 1988.
충청남도역사문화연구원, 『백제의 정치제도와 군사』, 아디람, 2007.
_____, 『백제사자료 역주집 Ⅰ』, 아디람, 2008.
_____, 『백제사자료 역주집 - 일본편 - 』, 아디람, 2008.
충청남도지편찬위원회, 『충청남도지20 - 문화유적-』 20, 충청남도역사문화연구원,
        2010.
한글학회, 『한국지명총람』, 충남편, 보진재, 1974.
한국고대사회연구소편, 『역주 한국고대금석문』 1, 오정인쇄주식회사, 1992.
홍성화, 『국제법 개론』, 건국대학교 출판부, 1990.
황성칠, 『군사전략론』, 한국학술정보(주), 2013.
Lider, Julian, MILITARY Theory : Concept, Structure, Problems, England :
        Swedish Institute of International Affairs : Gower Pub, 1982(유재갑 역,
        『전략론 - 군사전략의 개념과 범위 - 』『안전보장이론』 Ⅰ, 국방대학원,
        1991).

André Beaufre, An Introduction to Strategy, Frederick A, Praeger, New York, N.Y. 1966(국방대학원안보문제연구소, 『전략론』, 공화출판사, 1975).

Carl von Clausewitz(김만수 역), 『Vom Kriege, 전쟁론』 1·3권, 갈무리, 2007.

Hans Delblück(민경길 역), 『Geschicte der Kriegskunst, 兵法史1 - 고대 그리스와 로마 - 』, 육군사관학교화랑대연구소, 2006.

2) 외국어

小田省五, 『朝鮮史大系 上世史』, 朝鮮史學會, 1929.

今西龍, 『百濟史 研究』, 近澤書店, 1934.

林泰輔, 『朝鮮通史』, 進光社書店, 1944.

津田左右吉, 「百濟轉役地理考」『津田左右吉全集』 11, 岩波書店, 1964.

輕部慈恩, 『百濟遺跡の研究』, 吉川弘文館, 1971.

山尾幸久, 『古代の日朝關係』, 塙書房, 1989.

孫繼民, 『唐代行軍制度研究』, 文津出版社, 1995.

森公章, 『白村江以後 - 國家危機と東アジア外交 - 』, 講談社, 1998.

Edward Mead Earle, Makers of Modern Strategy-Military Thought from Machiavelli to Hitler, PRINCETON UNIVERSITY PRESS, 1952.

JCS pub. I : 『Dictionary of Military and Associated Terms』, Washington : US Department of Defense, 1 June 1979.

Arthur F. Lykke, Jr., 「Towards an UndersTanding of Military Strategy」, MILTARY : Theory And Application, U.S. Army War College, May 1982.

5. 논문

1) 한국어

강종원, 「백제 흑치가의 성립과 흑치상지」『백제연구』 38, 2003.

강헌규, 「백제의 우술군(/성)·옹산성 및 그 주변지명과 고려 이후의 계족산(/성)에 대하여」『백제문화』 25, 1996.

_____, 「백제어 연구의 현황과 그 문제점」『백제문화』 25, 1996.

_____, 「남천/남천주·사라에 대하여」『백제문화』 27, 1998.

강현모, 「은산 별신제의 배경설화와 무가의 의미연구」『한민족문화연구』 21, 2007.

권덕영, 「백제멸망 최후의 광경」『역사와 경계』 93, 2014.

김갑동, 「백제 이후의 예산과 임존성」『백제문화』28, 1999.

김기섭, 「백제의 요서경략설 재검토」『한국고대의 고고와 역사』, 학연문화사, 1997.

김병남, 「백제부흥전쟁기 고사비성 전투의 의미」『정신문화연구』35, 2012.

_____, 「백제풍왕 시기의 정치적 상황과 부흥운동의 전개」『정신문화연구』36, 2013.

_____, 「백제부흥전쟁기 옹산성전투와 그 의미」『전북사학』42, 2013.

_____, 「부흥백제국의 성립과 정치적 변동」『군사』89, 2013.

_____, 「백제부흥전쟁기 복신의 활동과 좌절」『한국인물사연구』21, 2014.

김선민, 「일본서기에 보이는 풍장과 교기」『일본역사연구』11, 2000.

김수미, 「백제부성의 실체와 웅진도독부체제로의 전환」『역사학연구』28, 2006.

김수태, 「백제의 멸망과 당」『백제연구』22, 1991.

_____, 「백제 의자왕대의 태자책봉」『백제연구』23, 1992.

_____, 「웅진도독부의 백제부흥운동」『백제부흥운동사 연구』, 서경문화사, 2004.

_____, 「연기지방 백제부흥운동」『선사와 고대』19, 2003.

김승옥, 「한성백제의 형성과정과 대외관계」『百濟史上의 戰爭』, 서경문화사, 2000.

김영관, 「나당연합군의 백제침공전략과 백제의 방어전략」『STRATEGY 21』2-2, 1999.

_____, 「백제부흥운동 연구」, 단국대학교 박사학위논문, 2003.

_____, 「백제부흥운동의 성세와 당군의 대응」『한국고대사연구』35, 2004.

_____, 「백제부흥운동기 홍성에 대한 연구」『백제문화』47, 2012.

_____, 「백제유민들의 당 이주와 활동」『한국사연구』158, 2012.

_____, 「나당연합군의 백제 공격로와 금강」『백제와 금강』, 서경문화사, 2007.

_____, 「660년 신라와 백제의 국경선에 대한 고찰」『신라사학보』20, 2010.

김영심, 「백제지역 출토금석문」『역주 한국고대금석문』1, 가락국사적개발연구원, 1992.

_____, 「주보돈 논문 토론요지」『백제사상의 전쟁』, 서경문화사, 2000.

김용만, 「2차 고구려-당 전쟁(661-662)의 진행 과정과 의의」『민족문화』27, 2004.

김은숙, 「백제부흥운동 이후 天智朝의 국제관계」『일본학』15, 1996.

김재홍, 「농업생산력의 발전단계와 전쟁의 양상」『백제사상의 전쟁』, 서경문화사, 2000.

김정숙, 「金周元世系의 성립과 그 변천」『백산학보』28, 1984.

김정숙, 「신라문화에 나타나는 동물의 상징 – ≪삼국사기≫ 신라본기를 중심으로
　　　－」, 『신라문화』 7, 1990.
_____, 「동물상징에 나타난 고구려인의 정치적 사유」, 『대구사학』 52, 1996.
_____, 「신라사회에서 말의 사육과 상징에 관한 연구」, 『한국사 연구』 123, 2003.
_____, 「울릉도·독도의 역사 지리적 인식」, 『울릉도·독도의 종합적 연구』, 영남대
　　　학교출판부, 2005.
_____, 「프랑스 선교사들 “나는 조선인으로 살려하오!”」, 『전근대 서울에 온 외국
　　　인들』, 경인문화사, 2016.
김종복, 「백제와 고구려 고지에 대한 당의 지배 양상」, 『역사와 현실』 78, 2010.
김종수, 「백제 군제의 성립과 정비」, 『역사교육』 103, 2007.
_____, 「삼국시대의 군사제도」, 『군사연구』 131, 2011.
김주성, 「의자왕대 정치세력의 동향과 백제멸망」, 『백제연구』 19, 1988.
_____, 「웅진도독부의 지리적 위치와 성격」, 『백제연구』 56, 2012.
김영수, 「고대 첩자연구 시론」, 『백산학보』 77, 2007.
김현구, 「백촌강싸움 전야의 동아시아 정세」, 『사대논집』, 고려대 사범대학, 1997.
_____, 「백촌강 싸움 직후 일본의 대륙관계 재개」, 『일본역사연구』 8, 1998.
_____, 「동아시아 세계와 백강구 싸움」, 『일본학』 20, 2001.
_____, 「白江전쟁과 그 역사적 의의」, 『백제문화』 32, 2003.
_____, 「일본의 위기 팽창의 구조」, 『문화사학』 25, 2006.
남정호, 「일본서기에 보이는 풍장과 교기의 재검토」, 『백제연구』 60, 2014.
_____, 「의자왕 후기 지배층의 분열과 백제의 멸망」, 『백제 사비시대 후기의 정국
　　　변화』, 학연문화사, 2016.
노도양, 「백제 주류성고」, 『명지대논문집』 12, 1979·1980.
노중국, 「사비시대 백제 지배체제의 변천」, 『한우근박사 정년기념사학논총』, 지식
　　　산업사, 1981.
_____, 「고구려·백제·신라 사이의 力關係 변화에 대한 일고찰」, 『동방학지』 28,
　　　1981.
_____, 「7세기 백제와 왜와의 관계」, 『국사관논총』 52, 1994.
_____, 「백제 식읍제에 대한 일고찰」, 『경북사학』 23, 2000.
_____, 「부흥백제국의 성립과 몰락」, 『백제부흥운동의 재조명』, 공주대학교, 2002.
노태돈, 「백제부흥운동 백강구전투」, 『한일역사의 쟁점 2010』 1, 경인문화사, 2010.
도수희, 「白·熊·泗沘·伎伐에 대하여」, 『백제연구』 14, 1983.

박노석, 「백제황산벌 전투와 멸망과정의 재조명」『인문과학연구』27, 2010.

박현숙, 「백제 군사조직의 정비와 그 성격」『史叢』47, 1998.

박해현, 「백촌강 전투와 한·일 역사교과서 서술」『한국학논총』34, 2010.

방향숙, 「백제고토에 대한 당의 지배체제」『한국사학논총 - 고대편 - 』, 일조각, 1994.

변인석, 「7세기 백강구전의 서설적 고찰」『부산사총』1, 1985.

_____, 「7세기 중엽 백강구전의 연구사적 검토」『부산사총』2, 1986.

_____, 「7세기 중엽 일본의 백강구전 파병의 성격에 대한 고찰」『인문논총』2, 1991.

_____, 「7세기 중엽 백강구전에 있어서의 일본의 패인에 관한 고찰」『동방학지』75, 1992.

_____, 「7세기 중엽 백강구전을 둘러싼 동아시아의 국제정세」『일본연구논총』6, 1993.

_____, 「고대 한일관계에 있어서의 백강구전의 제문제」『일본연구논총』6, 1993.

_____, 「백강구 전쟁을 통해서 본 고대 한일관계의 접점 - 백강·백강구의 역사지리적 고찰을 중심으로 - 」『동양학』24, 1994.

_____, 「7세기 중엽 백강구전에 참가한 일본군의 성격에 대하여」『국사관논총』52, 1994.

서영대, 「사택지적비」『역주한국고대금석문』1, 가락국사적개발연구원, 1992.

서정석, 「충남지역의 백제산성에 관한 일연구」『백제문화』22, 1992.

_____, 「백제 5방성의 위치에 대한 시고」『호서고고학』3, 2000.

_____, 「부흥운동기 백제의 군사활동과 산성」『백제문화』32, 2003.

_____, 「탄현에 대한 소고」『중원문화논총』7, 2003.

_____, 「백제백강의 위치」『백산학보』69, 2004.

_____, 「사비도성의 방비체제와 금강」『백제와 금강』, 서경문화사, 2007.

_____, 「홍성 석성산성에 대한 고찰」『백제문화』39, 2008.

_____, 「홍성지역 산성과 백제의 군현」『백제문화』47, 2012.

성주탁, 「대전부근 古代城址考」『백제연구』5, 1974.

_____, 「백제 탄현 소고 - 김유신장군의 백제 공격로를 중심으로 - 」『백제논총』2, 1990.

_____, 「백제승 도침의 사상적 배경과 부흥활동」『역사와 담론』19·20, 1992.

송기호, 「백제지역 출토금석문」『역주 한국고대금석문』1, 가락국사적개발연구원,

1992.

송완범, 「백촌강싸움과 왜－동아시아세계의 재편과 관련하여－」『한국고대사연구』 45, 2007.

신동혁, 「한국 서해안 가로림만 퇴적환경과 홀로세 해수면 변동」, 인하대학교 박사학위논문, 1998.

심정보, 「대전부근의 역사지리 연구」『대전공업전문대학논문집』 28·32, 1982·1983.

_____, 「백제부흥군의 주요거점에 관한 연구」『백제연구』 14, 1983.

_____, 「백제 두량윤성에 대하여」『대전개방대학논문집』 1, 1984.

_____, 「우술성고」『윤무병박사 화갑기념논총』, 신흥인쇄주식회사, 1984.

_____, 「백제부흥운동시의 웅진도에 대한 연구」『대전개방대학논문집』 3, 1985.

_____, 「백강에 대한 연구」『대전개방대학논문집』 5, 1986.

_____, 「백제고지 대방주고」『백제연구』 18, 1987.

_____, 「중국측 사료를 통해본 백강의 위치문제」『진단학보』 66, 1988.

_____, 「白江의 위치에 대하여」『한국상고사학보』 2, 1989.

_____, 「대전의 고대산성」『백제연구』 20, 1989.

_____, 「백강의 위치에 대하여」『한국상고사학보』 2, 1989.

_____, 「백제의 부흥운동」『백제의 역사』, 백제문화연구소, 1995.

_____, 「대전지방의 백제부흥운동」『대전문화』 5, 1996.

_____, 「삼국사기 문무왕답서에 나타나는 웅진도에 대하여」『황산이홍종박사 화갑기념논총』, 서라벌인쇄주식회사, 1997.

_____, 「백제 주류성고」『백제문화』 28, 1999.

_____, 「백제부흥운동과 임존성」『백제부흥운동의 재조명』, 공주대학교, 2002.

_____, 「백강에 대한 연구현황과 문제점」『백제문화』 32, 2003.

_____, 「부흥군의 봉기와 부흥활동 전개」『백제의 멸망과 부흥운동』, 충청남도 역사문화연구원, 2007.

양기석, 「백제 부여융 묘지명에 대한 검토」『국사관논총』 62, 1995.

_____, 「홍성지역의 고대사회－지배세력의 성장과 변화를 중심으로－」『백제문화』 47, 2012.

양종국, 「7세기 중엽 의자왕의 정치와 동아시아 국제관계변화」『백제문화』 31, 2002.

_____, 「부흥운동기의 백제사연구의 성과와 과제」『백제문화』 33, 2004.

양종국, 「의자왕의 후예들의 과거와 현재」『백제문화』33, 2004.

_____, 「백제부흥운동과 웅진도독부의 역사적 의미」『백제문화』35, 2006.

양종국, 「취리산 회맹지점 검토」『선사와 고대』31, 2009.

_____, 「백제 의자왕대의 정치와 對中外交 성격검토」『백제문화』47, 2012.

_____, 「7세기 동아시아 국제정세와 백제 의자왕」『백제부흥운동사 연구』, 서경문화사, 2004.

양철호, 「한국의 국제평화유지정책 성공요인에 관한 연구」『치안정책연구』28-2, 2014.

_____, 「한국군의 국제평화유지활동에 관한 정책평가 연구-METT + TC 분석틀에 의한 군 파병 사례분석을 중심으로-」, 한남대학교 박사학위논문, 2015.

연민수, 「개신정권의 성립과 동아시아 외교-을사의 정변에서 백촌강 전투까지-」『일본역사연구』6, 1997.

윤명철, 「당진의 고대 해항도시적인 성격검토와 항로」『동아시아고대학』29, 2012.

윤일영, 「신라군의 행군과 군수」『군사학연구』6, 2008.

_____, 「고대선박의 항해속도 연구-고려도경을 중심으로-」『군사학연구』7, 2009.

유원재, 「백제 흑치씨의 흑치에 대한 검토」『백제문화』28, 1999.

이남석, 「예산 봉수산성(임존성)의 현황과 특징」『백제문화』28, 1999.

이도학, 「웅진도독부의 지배조직과 대일본정책」『백산학보』34, 1987.

_____, 「백제부흥운동의 시작과 끝, 임존성」『백제문화』28, 1999.

_____, 「백제부흥운동에 관한 몇 가지 검토」『동국사학』38, 2002.

_____, 「백제 조국회복 전쟁기의 몇 가지 쟁점검토」『백제문화』32, 2003.

이문기, 「백제 흑치상지 부자 묘지명에 대한 검토」『한국학보』64, 1991.

_____, 「사비시대 백제의 군사조직과 그 운용」『백제연구』28, 1998.

_____, 「군사조직과 그 운용」『백제의 정치제도와 군사』, 아디람, 2007.

_____, 「648·649년 신라의 대백전 승리와 그 의미」『신라문화』47, 2016.

이병렬·조기호, 「7세기 동아시아 국제대전과 백제멸망관 재고찰」『인문학논총』3, 2003.

이병호, 「사비도성의 구조와 운영」『한국의 도성-도성운영의 전통-』, 서울시립대학교부설 서울학연구소, 2003.

이상훈, 「신라의 군사 편제단위와 편성규모」『역사교육논집』46, 2011.

이상훈, 「나당연합군의 군사전략과 백제멸망」『역사와 실학』 59, 2016.

이숭녕, 「백제어 연구와 자료면의 문제점-특히 지명의 고찰을 중심으로 하여-」 『백제연구』 2, 1971.

이재석, 「백제부흥운동과 야마토 정권」『史叢』 57, 2003.

_____, 「7세기 후반 백제부흥운동의 두 노선과 왜국의 선택」『백제연구』 57, 2013.

이재준, 「고려말 金城雨부대의 왜구토벌에 관한 군사학적인 검토」『군사』 80, 2011.

_____, 「660년 소정방의 백제 공격로에 대한 연구」『군사』 98, 2016.

_____, 「나당연합군의 침공전략과 백제의 대응」『한국군사학논집』 72, 2016.

_____, 「백제부흥군의 백제부성 포위공격과 웅진강구 전투」『군사연구』 142, 2016.

_____, 「백제의 멸망과 부흥전쟁에 대한 군사학적 연구」, 영남대학교 박사학위논문, 2017.

이종학, 「주류성·백강의 위치비정에 관하여」『군사』 52, 2003.

이희진, 「백제의 멸망과정에 나타난 군사상황의 재검토」『사학연구』 64, 2001.

장미애, 「백제 말 정치 세력과 백제의 멸망」『백제문화』 58, 2013.

장학근, 「군사전략의 관점에서 본 나·당 연합국과 백제의 전쟁」『해양연구논총』 29, 2002.

정영호, 「김유신의 백제공격로 연구」『사학지』 6, 1972.

정요근, 「통일신라시기의 간선교통로」『한국고대사연구』 63, 2011.

정효운, 「칠세기대의 한일관계의 연구-백강구전에의 왜군 파견동기를 중심으로-」『고고역사학지』 5·6·7, 1990·1991.

_____, 「천지조의 대외정책에 대한 일고찰-백강구 전후의 대외관계를 중심으로-」『한국상고사학보』 14, 1993.

_____, 「7세기 중엽의 백제와 왜」『백제연구』 27, 1997.

주보돈, 「백제초기사에서의 전쟁과 귀족의 출현」『百濟史上의 전쟁』, 서경문화사, 2000.

지헌영, 「탄현에 대하여」『어문연구』 6, 충남대어문연구회, 1970.

_____, 「두량윤성에 대하여」『백제연구』 3, 1972.

_____, 「山長山下 地名考 上-두량윤성에 대하여(續)-」『백제연구』 4, 1973.

전영래, 「삼국통일과 백제 부흥운동-주류성·백강의 군사지리학적 고찰-」『군사』

4, 1982.

최병식, 「백제부흥운동의 시기구분 연구」『상명사학』 10, 2006.

_____, 「백제부흥운동과 공주연기지역」, 상명대학교 박사학위논문, 2006.

최재석, 「663년 백강구전쟁에 참전한 왜군의 성격과 신라와 당의 전후 대외정책」 『한국학보』 90, 1998.

_____, 「일본서기에 나타난 백제왕 풍에 관한 기사에 대하여」『백제연구』 30, 1999.

_____, 「일본서기에 나타난 백제에 의한 大和倭 경영 기사와 그 은폐 기사에 대하여」『한국학보』 96, 1999.

한상수, 「충남전설의 특성 연구」『목원대논문집』 3, 1980.

홍사준, 「탄현고」『역사학보』 35·36, 1967.

_____, 「백제지명고」『백제연구』 창간호, 1970.

황인덕, 「백제패망의 전설들로 본 백제사, 백제의식」『백제연구』 24, 1994.

_____, 「천방사 전설과 백제말기 역사상황」『백제연구』 32, 2000.

_____, 「의자왕 관련 전설의 전개 양상」『백제연구』 33, 2004.

허중권, 「한국고대 전쟁사 연구방법론」『군사』 42, 2001.

馬 馳, 「舊唐書 黑齒常之傳의 補闕과 고변」『백제의 중앙과 지방』, 충남대학교백제연구소, 1997.

田中俊明, 「백제후기 왕도사비의 방어체계」『사비도성과 백제의 성곽』, 서경문화사, 2000.

2) 외국어

津田左右吉, 「百濟戰役地理考」『朝鮮歷史地理』 1, 南滿洲鐵道株式會社, 1913.

大原利武, 「百濟の要害地炭峴に就いて」『朝鮮史講座·朝鮮歷史地理』, 朝鮮總督府, 1922.

_____, 「朝鮮歷史地理」『朝鮮一般史』, 朝鮮總督府, 1924.

_____, 「百濟故地における唐の州縣考」『朝鮮』 159, 朝鮮總督府, 1928.

小田省吾, 「朝鮮上世史」『朝鮮一般史』, 朝鮮總督府, 1924.

_____, 『朝鮮史大系』, 朝鮮總督府, 1927.

山口照吉, 「百濟の白江と白江口(白村江)について」『歷史と地理』 23-6, 1929.

池內宏, 「百濟滅亡後の動亂及び唐羅日三國の關係」『滿鮮地理歷史研究報告』 14, 1933.

池内宏, 「白江及び炭峴に就いて」 『滿鮮地理歷史硏究報告』 14, 1933.

末松保和, 「百濟の故地に置かれた唐の州縣について」 『靑丘學叢』 19, 1935.

鈴木祥造, 「齊明・天智朝の朝鮮問題－百濟救援戰爭の歷史的 意義－」 『大阪學藝 大學紀要』 1, 1952.

利光三津夫, 「百濟亡命政權考」 『法學硏究』 35-12, 慶應義塾大學 法學硏究會, 1962.

鈴木靖民, 「百濟救援の役後の百濟および高句麗の使について」 『日本歷史』 241, 1968.

_____, 「百濟救援の役後日唐交涉－天智紀 唐關係記事の檢討－」 『續日本古 代史論集』上, 1972.

_____, 「對新羅關係と遣唐使」 『古代對外關係史の硏究』, 吉川弘文館, 1985.

輕部慈恩, 「百濟都城及び百濟末期の戰跡に關する歷史地理硏究檢討」 『百濟遺跡 の硏究』, 吉川弘文館, 1971.

村尾次郎, 「白村江の戰」 『軍事史學』 7-1, 1971.

光岡鴉産, 「白村江」 『古代文化を考える』 12, 1985.

八木充, 「百濟の役と民衆」 『小葉田淳官紀念國史論集』, 1970.

鬼頭淸明, 「7世紀後半の國際政治史試論」 『朝鮮史硏究會論文集』 7, 1970.

_____, 「白村江の戰いと律令制の成立」 『日本古代國家の形成と東アジア』, 校倉 書房, 1976.

_____, 「白村江の戰いと山陽道」 『大和朝廷と東アジア』, 吉川弘文館, 1994.

栗原益男, 「7・8世紀の東アジア世界」 『隋唐帝國と東アヅア世界』, 波古書店, 1979.

田村圓澄, 「百濟救援考」 『文學部論集』 5, 能本大學文學會, 1981.

_____, 「百濟救援の歷史的意義」 『日本佛敎史』 4, 1983.

坂元義種, 「白村江の戰い－百濟の滅亡を中心に－」 『歷史讀本』 28-19, 1983.

井上秀雄, 「變動期の東アジアと日本－遣隋使から日本國の成立－」 『百濟の滅亡と 白村江の戰い』, 日本書籍, 1983.

長瀨一平, 「白村江敗戰後における百濟王權について」 『千葉史學』 6, 千葉歷史學 會, 1985.

鈴木英夫, 「百濟救援の役について」 『林陸郎先生還曆紀念 日本古代の政治と制度』, 續群書類完成會, 1985.

_____, 「大化改新直前の倭國と百濟」 『古代の倭國と朝鮮諸國』, 靑木書店, 1996.

_____, 「百濟復興運動と倭王權－鬼室福信斬首の背景－」 『朝鮮社會の史的展 開と東アジア』, 山川出版社, 1996.

直木孝次郎,「近江朝末年における日唐關係 - 唐使·郭務悰の渡來を中心に - 」『古代日本と朝鮮·中國』, 講談社, 1988.

新藏正道,「白村江の戰後の天智朝外交」『史泉』71, 1990.

森公章,「朝鮮半島をめぐる唐と倭 - 白村江會戰前夜 - 」『古代お考える唐と日本』, 1992.

直木孝次郎,「百濟滅亡後の國際關係 - とくに郭務悰の來日をめぐって - 」『朝鮮學報』147, 1993.

笠井倭人,「白村江の戰と水軍の編成」『古代の日朝關係と日本書紀』, 吉川弘文館, 2000.

佐藤信,「白村江の戰いと倭」; 新川登龜南,「白村江の戰いと古代の東アジア」『百濟復興運動과 白江戰爭』, 公州大學校 百濟文化研究所, 2003.

胡口靖夫,「百濟豊璋王について」『國學院雜誌』80-4, 1979.

西本昌弘,「豊璋と翹岐 - 大化改新前後の倭國と百濟 - 」『ヒストリア』107, 1985.

渡邊康一,「百濟王子豊璋の來朝目的」『國史學研究』19, 1993.

高寬敏,「百濟王子豊璋と倭國」『古代朝鮮諸國と倭國』, 雄山閣出版, 1997.

中村修也,「白村江戰鬪以後日本社會」『韓日關係史研究』36, 2010.

菱田哲郎,「白村江以後日本の佛敎寺院に見られる百濟遺民の影響」『東洋美術史學』2, 2013.

余又蓀,「白江口之戰」『大陸雜誌』15-1, 1957.

石曉軍,「唐日白江之戰的兵力及幾個地名考」『狹西師大學報』1983-3, 1983.

嚴佐之,「唐代中日白江之戰及其對兩國關係的影響」『華東師範大學學報』1986-1, 華東師範大學學報, 1986.

韓昇,「唐平百濟前後東亞國際情勢」『唐研究』1, 北京大學, 1995.

胡戟,「中國水軍与白江口之戰」『百濟史上의 戰爭』, 서경문화사, 2000.

態義民,「縱平百濟之役看唐初海軍」『隋唐時代東北亞政局』上, 2003.

6. 기 타

『大東輿地圖』「東輿圖」

朝鮮總督府,「朝鮮半島全圖 - 1:5萬 - 」, 1918.

"국립해양 조사원"(http://www.khoa.go.kr/, 2015년 12월 20일 검색).

"마량진 성경전래지"(http://terms.naver.com/, 2016년 12월 28일 검색).

"유네스코와 유산"(http://heritage.unesco.or.kr/, 2016년 12월 28일 검색).

찾아보기